영재교육의 방법

영재교육의 방법

2006년 4월 15일 1판 1쇄 발행

지은이 한국예술영재학회
발행인 김현표
발행처 **미진사**
서울시 마포구 서교동 464-41 미진빌딩
전화 : 336-6084(代) 팩스 : 338-5391
홈페이지 www.mijinsa.com
이메일 mijinsa@mijinsa.com
등록번호 제1-159호

값 18,000원
ISBN 89-408-0274-8

영재교육의 방법

한국예술영재학회 지음

미진사

CONTENTS 차례

서문

영재교육은 이미 세인의 민감한 관심사가 되었다. 한 사람의 영재가 수많은 사람을 먹여살릴 수 있다는 사실이 현실로 부각되어 있기 때문에 더욱 그러한 것 같다. 마이크로소프트사(社)가 세계의 컴퓨터 시장을 주무르고, 클론 기술은 수십조 원의 잠재력을 가지는 것으로 평가되고 있으며, 〈반지의 제왕〉은 매년 수조 원의 수익을 안겨주고 있다고 한다.

예전에도 영재는 대중의 관심사였고 사랑과 동경의 대상이었다. 르네상스 때는 다빈치와 미켈란젤로, 18세기에는 모차르트, 19세기에는 에디슨과 차이코프스키, 20세기에는 아인슈타인과 피카소 등이 그러했다. 이제 21세기에는 과학과 예술의 영재들이 폭풍처럼 밀려들어올 것이라고 한다. 이제는 창조적인 영재들이 세상과 역사를 지배하는 시대가 열릴 것이다. 이러한 가공할 새로운 시대에 우리는 무엇을 어떻게 준비해왔는가?

선진국의 경우는 이미 반세기 전부터 이러한 새 시대를 대비하며 탄탄한 기초를 닦아왔다. 미국의 길포드(I. Guilford)의 창의성 연구, 렌줄리(Renjuli)의 영재교육 연구 등이 그 예라고 할 수 있다. 미국만이 아니라 프랑스, 독일, 영국, 일본도 나름대로 21세기를 대비하여 영재 및 창의성의 연구와 교육에 만전을 기해왔다. 이런 점에서 우리는 당혹감을 떨칠 수가 없다. 아직도 암기에 치중하는 지식전달의 교육체제에서 벗어나지 못하고 있기 때문이다. 부실한 학교교육, 입시문제 풀이 중심의 학원교육, 암기 중심의 대학 입시, 피상적이고 진부한 내용의 대학교육 등 거의 모두가 그러하다.

이제 우리는 근본적인 교육의 혁신이 필요하다. 영재교육, 창의성 교육이 모든 교육제도나 실천의 핵심이 되는 그런 새로운 교육체제가 필요하다. 그래야만 미래사회에서 살아남을 수 있기 때문이다. 장미꽃 한 송이도 내가 개발한 것이 아니면 팔아먹을 수 없는 시대에, 무엇을 더 이상 망설이고 고집해야 하겠는가? 우리는 배전(倍前)의 노력으로 영재교육의 새로운 기틀을 마련해야 한다. 무엇보다도 먼저 교육의 방향을 바로잡아야 한다. 교육에서 형평성과 수월성은 수레의 두 바퀴와 같다. 그런데 우리는 지나치게 형평성, 즉 평준화에 치우쳐 있다. 이미 1970년대, 늦어도 80년대에는 균형 잡힌 틀이 마련됐어야 했다. 아직도 수월성을 무시하거나 억제하고 있는 것은 시대착오적 고집이다. 수월성도 '사고력'(thinking skills), 특히 형식적 사고가 아닌 실질적(실제적 · 현실적 문제 해결력) 사고에 중점이 주어져야 한다. 그리고 이런 학교교육의 기본적 토대 위에서 '창의적 사고력'에 초점이 맞춰져야 하는 것이다. 이러한 창의적 사고력의 기반이 잘 잡힌 교육의 체제와 실천의 개선 위에서 제대로 된 영재교육의 연구 및 교육이 전개되어야 한다.

다음은 영재의 폭넓은 개념과 접근이다. 그간 우리는 간혹 영재교육 연구나 관계법의 준비, 또는 실험적 접근에 있어서, 주로 과학영재 쪽에 치우치는 경향을 보여왔다. 그러나 과학 · 수학영재는 실제로는 그 출현비율이 정상아동의 1% 수준을 넘지 못하는 데 반해, 예술영재는 38% 순으로 매우 높다(영국 교육과학성의 영재교육 지침서). 미국의 경우에도 1% 수준의 영재아를 위한 속진교육보다는, 20~30%의 일반 우수아를 위한 심화교육이 더 보편적이다. 그것은 렌줄리의 주장대로, 후자가 일반 교육의 고품질화에 크게 도움되기 때문이다. 아무튼 우리는 기본교육의 방향을 바로잡고, 그런 기반 위에서 제대로 된 영재교육을 해나가야 한다. 본서는 이러한 기본시각 위에서 일반 영재 및 예술영재를 위한 접근방식을 구안 · 제시하는 데 주안점을 두었다. 모쪼록 관계 전문가와 학부모에게 도움이 되기를 바라 마지않는다.

2006년 2월

김춘일(본회 학회장)

01

영재교육의 방식과 사례:
미국의 경우를 중심으로*

마코토 / 일본방송대 교수
김춘일 역 / 대구대 교수, 본 학회 회장

* 이 글은 일본 방송대학 교수인 아소 마코토(麻生誠)의 편저 『才能教育』(1999)에 실린 논문을 번역한 것이다.

1. 서론

미국의 브롱크스 과학고등학교는 세계적인 영재교육의 본보기로 이름이 높다. 이곳의 한 학생 켄(Kenne)은 졸업반(11학년)인 18세의 소년이다. 그의 부모는 일본인이지만, 오랜 기간 미국에서 사업을 했고 영주권도 가지고 있다. 그가 다니는 학교는 공립고교로 특히 물리 · 화학 · 생물 분야에서 수준 높고 체계적인 영재교육이 실시되고 있다. 켄은 컴퓨터 프로그램 코스를 밟고 있다. 그는 반년 남짓 걸려 완전히 자력으로 만들어낸 환경문제에 관한 전 지구의 시뮬레이션 프로그램으로, 권위 있는 전국 콘테스트에서 최우수상을 획득했다. 그러나 그러한 과학능력은 물론이거니와 의사전달 능력에 있어서도 높은 성숙도를 보이고 있다. 처음 대면하는 사람의 말을 진지하게 듣고, 자신이 의도하는 것을 정확하게 말하며, 더욱이 자신의 요지를 분명하게 표현한다. 그에게는 과학 같은 특수한 재능만이 아니라 '전인적인' 재능이 있는 것으로 생각된다.

방문자들에게 강한 인상을 주는 또 한 명의 소년 크리스(Kris)는 UCLA(캘리포니아대 로스앤젤레스교)에서 심리학을 전공한다. 조금 긴 듯한 금발과 커다란 눈이 인상적인 소년인데 불과 12세라는 사실에서 누구나 놀라움을 금치 못한다. 사전에 '월반한 우수한 어린 학생'이라고만 들은 방문자들은 마치 어느 헐리우드 영화의 어린이 주인공을 앞에 놓고 보는 듯하다. 그는 높은 학력(學力)과 지능 덕분에 초등학교에 조기입학한 후, 월반을 거듭해 중학교 1학년 때 주립대학 영재 프로그램의 입학을 허가받았다. 여기는 15, 16세의 조기 입학생만 10명 정도인데 크리스는 그 아동다운 몸짓과 말투로 특히 눈에 띈다. 학교 안내자에 의하면, 그의 대학에서의 성적은 정상급으로, 어쩌면 성인이 되기 전에 박사학위를 취득할 수 있을 것이라고 했다.

사실은 위에 언급한 켄과 크리스는 미국 영재교육의 방식에 있어서 2대 방식의 성공적인 사례이다. 2대 방식이란 세칭 '심화교육'

(enrichment)과 '속진교육' (acceleration)이다. 미국에 있어서 영재교육은 이론과 실제의 양면에 걸쳐, 이 2대 방식이 상호 자극하고 경쟁하면서 성장해 왔다고 해도 과언이 아닐 것이다. 본고에서는 심화와 속진교육 방법 각각의 입장과 내용의 개략 및 사회적 배경에 관해서 살펴보도록 한다.

2. 심화교육(enrichment)

심화교육이란 뛰어난 지적 능력을 가진 아동 · 학생에 대해서 종합적인 사고력 · 분석력을 함양(涵養)하기 위해 일반 학급보다는 체계적이고 심화된 교육을 제공하는 방식으로, 원칙적으로 월반을 시키지 않는다. 교재나 학습자료는 표준의 것과는 다르게 작성 · 제시된다. 대부분의 경우 그 내용은 특정 과목에 치우치지 않고 종합적인 것이 되도록 한다. 예를 들면, 통상의 '지리' 과목에서 공해에 대해서 수업을 한다고 하면, 선택된 학생의 프로그램에서는 지역의 여러 가지 오염의 측정, 물질적 요인의 탐색, 사회적 요인의 분석, 해결방식의 구안 · 검토 등에 대해 교사 및 교무담당과 상의해서 계획하고 탐구케 하는 방식을 취한다.

심화교육의 구체적인 방법은 지역에 따라 다양한데, 방과 후 학습, 특정과목의 특별활동, 토요(일) 학습, 혹은 전 과목에 걸친 전면 특별학습 등이 있다. 연구소 중심의 자료수집, 현장견학, 실무자를 초청하는 강연 등 일반의 수업에서는 어려운 학습을 추진하는 경우도 있다. 물론 이런 특별한 수업운영이 많은 것에 대해 '귀족주의적' 이라고 비판하는 이도 있다.

한편 이러한 부가적 커리큘럼은 학생의 부담도 크기 때문에, 이를 위한 수업을 목적으로 통상의 커리큘럼을 압축하여 단기간에 끝내는 단순화한 교육과정 운영방법도 실행되고 있다. 커리큘럼 압축은 현장의 교사나 부모로부터 '특정한 학생의 특별 취급은 공정하지 않다' 는 비판도 많지만, 영재교육 전문가이고 미연방 영재교육 정책요원인 렌줄리(J. Renzuli) 등의 심화교육 추진자들은 이의 보급을 중점목표의 하나로 꼽고 있다.

교육내용의 압축은 확실히 교육기간을 단축하지만, '월반'(grade skipping)과는 매우 성질이 다르다. 아무튼 심화방식은 월반을 꺼려하는데, 예를 들면 월반을 거듭해서 13~15세에 대학에 입학시킨다면, 먼저 3 내지 5년분의 학습내용을 문자 그대로 '겉핥아' 버리기 때문에 지식의 체계적 획득이라는 점에서 보면 마이너스가 많고, 또 지적 능력 이외의 원만한 인성적 발달에도 유해할 수 있다. 앞의 켄과 같은 학생의 양성을 목표로 하는 브롱크스 학교가 심화교육의 이상적인 모델로 인정받는 것은 이러한 이유 때문이다. 오해할 소지가 많지만, 심화교육을 강조하는 사람들은 동일한 내용을 보다 단기간에 습득하는 월반을 가장 싫어한다.

그런데 심화교육을 추진하는 사람들이 주장하는 영재교육의 근거는 크게 두 가지이다. 하나는 영재교육에 의해 교육 전체의 수준을 끌어올리는 것이다. 1988년에 간행된 '국제교육평가협회'(IEA)의 보고서는 다음과 같이 지적하고 있다.

> 가장 우수한 미국의 아동 · 학생의 학력은 다른 10개국(헝가리, 스코틀랜드, 캐나다, 핀란드, 스웨덴, 뉴질랜드, 일본, 벨기에, 잉글랜드, 이스라엘)의 우수한 아동 · 학생보다 확실히 뒤떨어졌다. 특히 고등학교 상급반의 수학에서, 일본의 평균 학생의 점수가 미국의 상위 5% 학생의 점수보다 높았다. 대수(代數)에 있어서도 미국 상위 1%는 11개국의 중급 이하의 점수였다.

렌줄리는 그러한 상황에 입각하여, 단순히 영재아만 아니라 미국의 교육 전체의 학력 수준 향상을 위해서 '심화법'에 의한 영재교육이 필요하다고 주장한다. 근년의 잘못된 평등주의가, 예컨대 교과서 내용을 2학년 정도로 쉽게 만들어 놓았기 때문에, 상당수의 학생이 큰 노력도 없이 학교에서 학습 이전에 그것을 이해해 버린다고 렌줄리는 지적한다. 그렇게 낮은 수준에다 표준을 맞춘 것이 결국 미국교육 전체의 학력수준을 저하시켰다는 것이다. 렌줄리는 심화에 의한 영재교육을 전미(全美)에 보급함으로써, 교육내용의 수준을 전체적으로 끌어올리는 것이 시급하다고 주장한다. 이러한 사고방식은 미연방이나 각 주(州)의 영재교육 행정담당자나 연구자에게 널리 호응을 얻고 있다. 렌줄리는 이렇게 영재교육에 의해서 교육 전체의 수준이 올라가는 효과를 '수월성의 확산현상' (radiance of excellence)이라고 부르고 있다.

또 다른 하나의 심화교육의 방식은 좀더 개별적인 형태를 취하며, '정책적' 인 의도가 짙은 성격을 띤다. 즉 영재 한 사람 한 사람이 각각 다른 능력과 자질을 가지고 있음에도 불구하고, 실제는 일반학급에서 일제수업을 받고 있는 것이다. 그들에게 당연한 권리로서, 개인의 특성과 수준에 맞는 내용과 방법의 교육을 제공해야만 한다고 보는 것이다. 커리큘럼 내용을 '특별히 계획한 심화교육' 인데, 이는 후술할 '속진교육' 이나 전통적인 '엘리트 교육' 과 거의 같은 성격을 띤다.

심화교육의 이러한 특성은 사회정의나 사회적 복지의 달성과, 지역격차의 해소를 목표로 하는 연방 및 주정부에서 채택하는 정책과 일치하게 된다. 이러한 점에서 심화교육 프로그램은 연방교육성과 그 지원 및 지도를 받는 주 수준의 교육행정부가 중심이 되어 추진되고 있다. 그렇기 때문에, 매년 어떤 방식이든 영재교육 프로그램을 이용하고 있는 약 200만 명의 아동 · 학생 중 대략 90% 이상이 심화교육에 속하고, 속진교육은 지극히 드물다는 것이 현재의 정황이다.

심화교육에 속한 대부분의 모든 사업은 원칙적으로 무상으로 실시되며, 사회정책의 일환으로서 정당시되고 있다. 현재 이에 열중하고 있는 곳은 플로리다, 텍사스, 캘리포니아, 조지아 같은 주(州)인데, 대개가 심각한 이민 문제와 소수민족의 문제를 떠안고 있는 지역임을 유의해야 할 것이다.

3. 속진교육(acceleration)

한편 속진(速進)교육이란 가속(加速, accelerate)이라는 말뜻 그대로, 학습속도를 가속하는 속진법을 사용하는 교육이다. 수업을 할 때 자세한 예시나 설명, 반복을 배제하고, 최단기간에 과제를 수행하는 것이다. 그렇기 때문에 7학년(12세) 학생을 10학년(15세) 학급에 넣어 교재를 주고 마스터하게 하거나, 10대 중반에 대학에 조기 입학시킨다거나 하는 방법이 쓰인다. 여기에 사용되는 커리큘럼은 학생 특성에 맞게 새로 작성된 것이 아니라, 일반 10학년이나 일반 대학 수준의 내용 그대로이다. 속진교육 프로그램의 아동 · 학생은 학년 진급에 따른 일반적 교육내용을 월반하면서 일직선상으로 극히 빠른 속도로 진행해 간다. 앞서 말한 크리스는 이 중에서도 특히 학습의 가속 효과가 아주 큰 예라고 할 수 있을 것이다.

속진교육에서 평가의 초점은 오로지 학생들이 얼마만큼 효과적으로 빨리 학습하는가에 맞추어진다. 따라서 '속진교육'에서는 영재선발의 단계부터 매우 엄격한 기준으로 대상자를 선택해야 한다. 이에 반해 '심화교육'은 교육내용의 수준 제고와 사회적 공정성 내지 형평성 유지가 중요하기 때문에, 대상자의 선발기준을 엄격하게 하기보다는, 오히려 대상의 범위를 확대해 가는 최근 경향을 엿볼 수 있다. 일률적으로는 말할 수 없으나, 속진교육의 대상자가 같은 연령층의 1% 이하임에 반해, 심화교육은 15~30%를 대상으로 하는 것이 보통이다.

그런데 미국에서는 현재에도 초등교육이나 중학교 수준에서 '월반'을 종종 볼 수 있다. 어느 아이가 여러 과목에서 상급학년 수준을 달성했을 경우, 담임교사와 교장의 판단과 부모의 동의에 의해서 중간 과정을 생략하고 소정의 상급학년으로 건너뛴다. 그러나 그것만으로는 속진교육이라고 부르지 않는다. 속진교육이란 그런 '결과에 따른 처치'가 아니라, 학력 성취를 가속시키는 무언가 의도된 활동이다. 게다가 그 의도를 집단적 · 체계적으로 수행하는 경우를 가리킨다. 따라서 속진교육 프로그램에서는 먼저 속진교육에 적합한 아동 · 학생을 '발견' 하고, 의도적인 기준에 의해 진단 · 평가하여 '인정' 한다는 선발의 절차가 매우 중요하다. 속진교육에 어울리는 아동은 의도적으로 탐색하여 선발할 수밖에 없다. 속진교육 프로그램을 제공하는 대학 등 많은 교육기관이 영재선발을 위해 상당한 노력을 기울이는 것은 그 때문이다.

속진교육에 대한 비판은 심화교육에 비해 강하다. 그 중에서도 '월반' 이라고 하는 방법적인 측면의 비판이 많다. '빨리 익으면 빨리 썩는다' (early ripe, early rot)는 지적은 전전(戰前)부터 죽 계속되어 왔고, 학년뿐만 아니라 교과내용도 건너뛴다는 데 대한 의구심은 특히 교육자들로부터 계속 제기되고 있다. 그래서 속진교육 쪽에서도 단순히 월반이 아니라, 1년 동안에 2년분의 과제를 이수시키는 방법을 사용하는 프로그램을 찾아볼 수 있게 되었다. 이런 프로그램은 특별히 '텔레스코핑' (telescoping)이라고 불린다.

텔레스코핑은 일견하면 앞에서 본 심화교육에서의 교육내용 압축과 닮아 있다. 그러나 근본적으로 다른 것은, 속진교육의 경우 잉여(剩餘)시간을 다시 상급학년의 교과내용의 학습으로 쓰는 데 반해서, 학습내용에서 '자유탐구' 등으로 교재의 심화학습을 구사하는 점이다. 이는 형태상으로는 유사해도, 목적과 방법이라는 점에서는 확연히 이질적이다. 텔레스코핑은 어디까지나 속진교육의 한 형태인 것이다.

심화교육의 경우와 달리, 속진교육에서는 공공적(公共的) · 사회정책적인 의의를 갖는다. 또한 속진교육의 결과로 얻을 수 있는 혜택은 지극히 '개인적인' 것이기도 하다. 일반적으로 속진교육의 효과는 ① 재능의 신장에 관련된 시간적 낭비의 축소, ② 학비 같은 경제적인 절약성, ③ 성취에 대한 강한 동기화, ④ 영재의 재능을 사회가 이용하는 기간을 증대시킨다는 점 등을 들 수 있다.

그러나 ①에 대해서 '교육상의 비효율성' 을 과연 '낭비' 라고 할 수 있는지, ②에 대해서는 속진교육은 단기간인데도 보통의 공립교육보다 오히려 지출이 많고, ③에 대해서는 동기화는 하기 나름이어서 발달단계나 인성적 성숙도에 있어서 달라지는 바가 별로 없으며, ④에 대해서는 속진교육이 정말로 사회정의에 부합되는가라는 비판도 많다.

현재 가장 설득력 있는 속진교육의 논거는 일반 학급에서 퇴출되거나 불행한 입장에 있는 아동 · 학생 자신 및 그 부모가 '희망하기' 때문이라는 데서 찾아볼 수 있다. 결국 개인적인 사정의 성격이 강한데, 지적(知的)인 조숙성(早熟性)이라고 하는 것을 전제로 할 때, 영재아들에게 학교에서의 일반적인 수업이 '슬로모션 영화'를 보는 것 같은 극히 지루한 고통을 안겨주는 경향이 있다. 지적 성숙이 지나치게 빠른 경우에는 일반교육의 그런 지루함이 그의 창조성을 신장시키는 데 역효과를 주고, 오히려 주위와의 심리적인 갈등과 알력(軋轢) 때문에 결국 좌절에 빠질 위험성을 내포하고 있다. 이런 취약성이 있는 '조숙한 영재'의 경우에는 그 재능의 수준에 맞는 '가장 적절한 조치'(optimal match)가 필요하다는 것이 속진 영재교육의 이론적 근간이 되고 있다. 이런 의미에서 영재아는 상당한 핸디캡을 가지며, 일반 수업에 임하면 잘 이해되지 않고 적응도 안 되는 경우가 적지 않다. 그렇지만 실제 영재아 속진교육에서는 오히려 기대 이상으로 학습속도가 빨라지는 경우가 많다. 반드시 아이들의 심리적 안정이 우선이라는 것에 매달릴 필요는 없을 것이다. 그러나 속진교육의 이론적 · 실천적 전문가인 존스 홉킨스 대학의 J. 스탠리는 이러한 현상에 대해 영재아의 적당한 스트레스는 능력을 높이는 선의의 수단이라고 긍정적으로 평가하기도 한다.

이러한 배경 때문에 속진교육이 공립학교에서 운영되는 경우는 극히 드물다. 시군(市郡)의 영재아교육 책임자로 임명된 사람이, 가끔 심화교육보다는 속진교육을 시행하는 경우(시카고시처럼)는 있지만, 속진교육 프로그램은 대개는 사립시설에 의해 운영되고 있다. 경비의 대부분을 부모가 부담하고, 몇몇 기업 같은 스폰서가 나머지 부족분을 보전(補塡)하고 있는 것이 현재의 실상이다. 이러한 이유로 속진교육의 기회가 비교적 부유한 계층에게만 주어진다는 비판도 있다. 또 실제로 속진교육 프로그램을 받은 학생들이 상급 학생들과 인성의 성숙도에 차이가 있어서, 행복한 학교생활을 보내고 있지 않은 것은 아닌가 하는 의문도 제기되고 있다. 속진교육이 심화교육보다는 훨씬 급진적인 방식인 만큼, 사회적인 회의와 갈등을 무시할 수 없는 형편이다.

〈표 1〉 월반과 텔레스코핑의 비교*

	학생의 학년 진행	비 고
월 반	K - 1 - 2 - 3 - 5 - 6 - 7	4학년 월반
텔레스코핑	K - 1 - 2 - 3/4 - 5 - 6 - 7	3 · 4학년 압축

* Beverly N. Parke. 1989, Gifted Students in Regular Classrooms, Allyn and Bacon, p. 56. K는 유치원

4. 나선형과 직선형의 방식

렌줄리는 인간의 학습과정을 나선형 계단과 같은 것이라고 생각한다. 사람은 일견 몇 번이나 같은 것을 반복해서 학습하는 듯이 보이지만, 실은 끊임없이 조금씩 향상하고, 드디어 나중에는 목적한 수준에 도달한다. 그에 의하면, 심화교육이라고 하는 것은 전체적으로 발전해 가는 속도가 일반교육과 큰 차이를 보이면서도, 그 나선의 중심을 일반교육의 외측으로 되도록 확장 · 심화시키는 것이다. 그래서 저변이 넓고 보다 견실한 지식체계와 사고력을 기를 수 있게 된다. 물론 나선의 지름을 키우면 학생들이 도달해야 할 전체 학습량은 일반 것보다 훨씬 커지기 때문에, 그 분량만큼 단위마다의 학습속도도 증가하게 된다. 즉 심화학습에서 뛰어난 재능을 가진 학생은 일반 학습과제를 소화하고 난 여력을 나선의 지름을 키우는 것으로 전환하는 것이다.

한편 속진교육에서는 교육의 단계를 높이는 데 있어 비효율적인 나선방식을 적극 회피한다. 같은 수준에서 필요없이 오래 머무는 것은 낭비라고 생각하기 때문이다. 우수한 재능을 가진 학생은 가능한 빨리 다음 단계로 진행시킨다는 것이다. 따라서 속진교육에 있어서, 학습은 높

〈표 2〉 심화 · 속진교육과 전통적 엘리트 교육과의 비교

	심화교육	속진교육	엘리트교육
목 적	사회 전체의 교육 수준에서의 향상	고도의 전문적 능력의 발견과 개발	사회적 지도자 육성
목 적	마이너리티의 지원	학교 부적응의 구제	상층계급의 재생산
목 적	학교 부적응의 해소	유명대학의 질 높은 고객층 확보	전통적 상급계층 문화의 유지
주 체	교육의 지역격차 해소		
주 체	주 · 군 · 시 · 연방정부	사립대 부설/비영리 단체, 유명대학(주립대학 포함)	예비/준비학교(급) (prep-school)
주 체	주립대학, 지방학교, 매그닛 스쿨 등	개인 · 부모 · 스폰서 · 기업	유명 대학
선발기준	연령 집단의 10~30%	연령집단의 1% 이하	독자적 시험과 면접에 의한 수시 선발
선발기준	IQ 120 이상(중시)	IQ 150 이상(비중시)	가족 배경의 중시
선발기준	전 분야(예술 체능 포함)	과학 · 수학 중심(영어 포함)	
선발기준	교사 · 부모 · 급우의 추천	SAT, ACT 조기시험	
형태 · 방법	풀 아웃, 선수학습, 특별학교(급)	서머스쿨, 과외학습, 대학별 영재교육 프로그램	기숙제에 의한 전통적 전인교육
형태 · 방법	심화된 종합적 커리큘럼, 독립교재	기존의 상급교재 조기 제공, 단기간 학습	외국어를 중시하며 교양 커리큘럼의 중시
특 징	원칙적으로 월반과 조기 입학은 배제	월반과 조기 대학입학	원칙적으로 월반과 조기 입학의 배제
특 징	공적 보조	개인 부담이 큼	경제적 · 전통적 수입 장벽이 높음
특 징	지역 지향	대도시에 편재	백인문화 중심
특 징	소수민족이 비교적 많음	국제적 지향(아시아계 많음)	

은 산의 직선 경사면을 따라 오르게 한다는 생각이다. 나선형으로 반복해서 돌아갈 이유가 없다는 것이다. 빠르게 직상승하기 위해서는 당연히 학생의 부담도 커지고, 가정이나 교육시설의 도움도 경비도 커진다. 그런데 이러한 경비를 부담해도 얻는 것이 훨씬 더 크다는 것이 속진교육자의 입장이다. 그러나 이에 대해 회의적인 견해도 많다.

지금까지 살펴본 심화교육과 속진교육에 대해서, 전통적인 엘리트교육(학급이나 학년의 소수 성적 우수자를 위한 차별교육)과 비교해 보면 〈표 2〉와 같다.

5. 영재의 선발

1) 심화교육에서의 선발

(1) 영재풀제

심화교육 프로그램 대상자가 되는 영재아의 선발에는 지난 1, 20년 전까지는 IQ가 주로 사용되어 왔다. IQ는 성(性)이나 혈액형과 같이 타고나는 것으로서, 사회적 요인과 노력으로는 잘 바뀌지 않는, 매우 기본적인 능력이라고 생각되었다. 또 이런 이유로 어떤 사회계층에서도 비슷한 모양의 분포도를 보였다. 즉 모든 계층에 거의 동률로 IQ가 높은 아이들이 발생한다고 믿어져 왔다. 따라서 그것을 기준으로 한 선발은 무엇보다 사회적으로 공정하다고 생각되어 왔다.

그러나 실제로는 IQ의 분포에도 사회 · 경제적인 편향이 있는 것은 부정할 수 없는 사실이다. 그렇기 때문에 IQ에 의한 선발은 사회정책으로서의 심화교육에 어울리지 않는다는 비판이 나오게 되었다. 비판의 요지는 대략 다음과 같다(미국영재아협회, The National Association for Gifted Children: NAGC).

❶ 영재아에 대한 특수교육의 적용에는, IQ로 측정할 수 있는 능력뿐만 아니라 사회성, 협동심 같은 다른 특성도 고려돼야 한다.

❷ 영재아교육의 큰 목적은 교육의 수월성을 높인다는 것인데, 이를 위해서는 IQ검사로 지능우수아를 선발하기보다는 더 크고 다양한 집단을 대상으로 하는 것이 더 좋다.

❸ 영재란 반드시 지적 능력만을 가리키는 것은 아니고, 여러 가지 능력을 재는 도구가 필요한데 IQ검사는 매우 미흡하다.

❹ IQ만의 선발로는 예체능 등 다른 특수하고 다양한 영재나 소수민족의 아동이 배제되는 단점이 있다.

이러한 문제의 해소를 위해, 렌줄리는 보다 복합적인 영재아 선발방법을 제기하였다. 그래서 다소 차이는 있으나 많은 지역에서 다른 기본적인 방식에 따라 실제 선발이 행해지고 있다. 그 구체적인 방법은, 4단계에 걸친 '영재풀'(talent pool)의 구성이다. 먼저 일반적인 지적 능력에 관한 표준화(標準化)된 시험 성적으로 92%보다 상위(즉 상위 8%)인 아동이 자동적으로 선택된다(제1단계). 이때에는 IQ가 아니라, 학년별 표준학력검사를 사용하는 것이 바람직하다고 본다. 그러나 미국에서 통일되게 이용할 표준화검사는 아직 만들어져 있지 않고, 약 70종류에 달하는 지역별 표준화 검사가 이용된다. 이것도 1980년대 말에 연방정부가 영재아교육에 본격적으로 투자하기 전까지는 영재아교육(심화교육) 대상자 선발은 각 지역에서 독자적 기준과 검사를 사용해서 행해왔다. 시나 군에서만 사용하고 있는 것을 합치면, 그 수는 수백 종에 이를 것이다. 그것들 중에서 아이오아 기초학력 검사, 캘리포니아 기초학력 검사, 캘리포니아 학력검사, 그리고 스탠포드 학력검사 등이 다른 많은 학구(學區)에서 사용되고 있다. 심화교육 방식의 영재아교육은 본래 지역성이 강한 프로그램이다. 앞으로 연방정부의 적극적인 관여로, 차후 이런 잡다한 검사들이 대폭 정리 · 통합될 것으로 전망되고 있다.

이러한 표준화검사에 의해 선발되는 대상은 영재풀 전체의 약 절반에 달한다. 이러한 아이들을 우선 선발하는 것은 전통적인 의미에서 우수아를 풀에서 배제하는 것을 방지하기 위해서이다. 학력검사에는 나타나지 않는 창의성과 의지나 욕구, 특정 분야에서의 뛰어난 능력 등을 기준으로, 담임교사의 추천에 의해 약간수의 아이들(5~6%)을 영재풀에 수용한다(제2단계). 다시 다른 몇 %는 부모의 신청, 학생들의 추천, 작품의 검토 등에 의해 선발한다. 그리고 같은 전체 학년 집단의 15% 가량의 영재풀을 확보한다(제3단계). 이러한 영재아에 관한 자료는 시군 교육위원회에 설치된 교사 · 심리학자 · 행정직원 등으로 구성되는 '영재아선발위원회'로 보내져서 거기에서 지역 전체의 형평성을 감안하면서 최종적인 영재풀이 결정된다(제4단계).

최종적인 영재풀은 같은 연령집단의 대략 10% 정도의 규모가 된다. 이 아이들이 공적인 심화영재교육의 대상자가 되는 것이다. 이러한 방법을 채택함으로써 IQ 중심의 발견 · 인정의 절차에서는 3~5%라는 적은 비율로, 게다가 계층과 인종에 따라 편향적이 될 수 있었던 데에 비해서, 최근에는 10% 전후의 아동 · 학생이 대상에 고르게 포함되게 되었다. 그렇지만, 학구(學區) 중에는 아직도 지능검사에 의한 선발을 부분적으로 계속하는 곳도 적지 않다. 이러한 경우, 대개 IQ 120부터 130이 선발의 기준이 되고 있다.

물론 앞서 제시한 4단계의 선발방법은, 말하자면 하나의 모형이어서, 미국 전체에서 완전히 그 같은 방식의 발견과 인정의 선발절차가 행해지는 것은 아니다. 주로 주민의 특성, 주체가 되는 시군과 학구의 재정 상태, 주나 시군의 정치적인 의식 등에 따라 다양하게 실시되고 있다. 이제 이와 관련한 몇 개의 선발 사례를 알아보기로 한다.

(2) 메릴랜드주 몽고메리군의 사례

미국에서도 교육열이 높은 사람들이 모여드는 지역의 하나로 유명한 메릴랜드주의 몽고메리군에서는 유치원(1년), 초등학교(5년), 중학교(3년), 고등학교(4년), 총 13년간을 의무교육 기간으로 정하고 있다.

영재교육에 관해서는 영재아센터가 설치되어 있고, 영재아를 위한 종합 프로그램 및 매그닛스쿨(magnet school) 프로그램이 제공되고 있다('매그닛스쿨'이란, 오전에 공통과목을 공부하고, 오후에는 영재아의 특기 · 적성에 따른 개인별 주제 탐구학습을 하는 심화교육 방식의 학교이다-역자 주).

영재아의 선발은 각 학교에 설치된 교장 · 교사 · 카운슬러 등으로 구성된 '학교영재아위원회'가 맡고 있다. 초등학교 3학년이 되기 전에 군내 아동 전원이 영재인정심사를 받는 것이 기본이다. 이 심사는 대개 ① 전체 심사, ② 특별심사, ③ 전문가 심의, ④ 교사 · 부모의 이의제기, ⑤ 최종결정 등 5단계를 거쳐 행해진다.

대규모의 일차심사는 부모와 교사 및 기타 전문가에 의한 체크리스트 기입, 아동에 대한 앙케이트 조사, 표준학력 검사 결과 등을 종합해서 행한다. 전체 심사에서 2개 이상의 체크 항목에 해당하는 아동은 다음 특별심사의 후보가 된다. 특별심사에서는 언어, 유추(類推), 정서, 기억 등 지능검사에 가까운 내용으로 이루어진 시판(市販) 검사지가 사용된다. 교사는 이 결과들을 정리해서 후보자 전원의 사정(査定)표를 작성한다. 흑인과 중남미계의 아동에 대해서는, 이것에 더해 렌줄리 등이 개발한 창의성과 통솔력(統率力)을 포함하는 평가가 행해진다. 두 가지 심사결과를 받은 영재아위원회는 전문가에 의한 소정의 선발기준에 따라 영재아 인정 절차를 수행한다. 전문가 인정 결과에 대해 교사나 부모나 다른 관계자가 이의를 가지는 경우에는, 그 아동의 학습결과나 기타 문서를 제출해서 이의 제기를 할 수 있다. 이러한 일련의 선발과정에 의해서 최종적인 판정이 내려진다.

영재아라고 인정된 2학년을 군내 4개의 센터로 모아서, 그 안에서 각 센터 약 50명씩 합계 약 200명의 아동을 영재아로 인정 · 선발하여, 각종 영재교육 프로그램을 실시한다. 또 각 학교가 개별적으로 행하는 특별 프로그램도 영재아를 위해 준비되고 있다. 이전에는 수학과 과학을 중심으로 한 풀아웃 프로그램(수학과 과학 시간만 영재를 모아서 고난도 수업을 받게 하는 프로그램)이 실시되었지만, 주나 군 재정난 때문에 현재는 중단된 상태다.

(3) 메릴랜드주 프린스조지군의 사례

행정부가 관계하는 심화교육의 영재선발 프로그램의 예로서, 메릴랜드주 프린스조지군의 실제를 예로 들어보자. 프린스조지군의 학교제도는 초등학교 6년, 중학교 2년, 고등학교 4년으로 구성되어 있고, 의무교육 기간은 모두 12년간이다. 영재아교육 시스템으로는 풀아웃 형식의 영재로 인정된 아동들이 특별학급에서 배우는 방식이 모든 초등학교에 있고, 그밖에 초등학교 2학년부터 참여할 수 있는 매그닛스쿨 프로그램이 있다. 영재아 발견은 주로 초등학교 1학년을 대상으로 하는 표준검사, 교사의 평가, 부모의 체크 등 3가지 방법이 병용되고 있다. 표준검사는 SAT(School Ability Test)라는 지능검사에 가까운 내용의 시판 학력검사이다. 20명부터 30명의 아동을 집단검사하는데, 언어와 수량 문제가 중심이다. 프린스조지군에는 약 10만 9천 명에 달하는 의무교육 대상 아동이 살고 있는데, 이 중 영재아로 인정되는 것은 약 11%인 1만 2천 명 정도이다. 그 내용은 2학년부터 6학년까지의 초등학생이 약 6천 명, 중 · 고등학생이 약 6천 명이다. 영재아로 인정되어 영재풀에 선발되었다고 해도, 영재아 프로그램에는 일정한 정원이 있기 때문에, 프로그램에 들어가는 것은 대략 그 반수의 아동뿐이다. 즉 초등학생 약 40%, 중학생 약 50%와 고등학생 55%, 합계 약 5천4백 명만이 매그닛 프로그램에서 공부하고 있다.

(4) 캘리포니아주 몬테베로 통합학구의 사례

캘리포니아주 각 군에서는 중등교육 단계에서 '매그닛 접근법'이라고 불리는 영재교육 시스템을 운영하는 곳이 많다. 이것은 전과목 혹은 특정과목에 뛰어난 능력을 가진 학생을, 학구를 초월해서 하나의 매그닛스쿨로 모아, 심화형 영재교육을 실시하는 것이다. 매그닛에는 그 교육

내용에 따라 영재매그닛, 과학매그닛, 예술매그닛 등의 종류가 있다. 매그닛 방식의 실제를 로스앤젤레스 교외의 몬테베로 통합학구에서 살펴보면 대략 다음과 같다.

몬테베로 통합학구는 85%가 히스패닉(멕시코계)인 비교적 작은 학구이다. 따라서 이 학구에서 영재아의 선발에 있어서 가장 중점을 두는 것은, 영어를 모국어로 하지 않는 사람들 사이에서 어떻게 영재를 발견하고 인정하는가 하는 문제이다.

몬테베로 통합학구에서의 영재아의 선발방법은 교사의 추천과 2단계의 검사가 있다. 먼저 교사가 탁월한 능력을 가진 학생을 발견하여 추천하고, 심리학자 및 부모의 의견이 추가된다. 이어서 IQ와 어휘력을 가늠하는 스탠포드비네 지능검사와 LIPS(Leiter International Performance Scale) 검사가 사용된다. LIPS는 비언어적 테스트이고, 특히 영어를 하지 못하는 아동의 수행능력 평가에 유익하다.

앞서 서술한 것처럼, 이 학구의 대부분이 스페인어계의 문화적 배경을 가진 아이들과 영어를 모국어로 하지 않는 아시아계의 아동이 많기 때문에, 특히 2개 언어(bilingual)를 위한 특별 선발절차를 두고 있다. 이 선발절차상의 서류는 모두 영어와 스페인어 2개국어로 쓴다(이것은 몬테베로 통합학구가 독자로 개발한 것이다). 선발 결과 ① 재능(영재)이 높은 지적인 아동, ② 높은 재능(영재)은 없지만, 학업성취도가 높은 아동, ③ 특정교과에 우수한 아동, ④ 창의성 · 통솔력이 남다른 아동 등 네 가지의 카테고리로 분류된다. 기준이 지적 능력만으로 한정되어 있지 않기 때문에, 영재아로 인정된 아동들의 능력 폭이 매우 넓다. 그러나 가장 중시되는 것은 역시 지적 능력, 특히 IQ인데 140 이상인 자는 자동적으로 매그닛 클래스인 상급 영재아 학급에 들어갈 자격을 얻는다. 그렇기 때문에, 학구 내의 모든 학교에는 IQ 상위자를 대상으로 하는 영재아 학급이 설치되어 있다.

실제의 절차는 먼저 담임교사, 조수(보조교사), 급우가 '척척 배운다', '독창성이 있다', '통찰력이 있다' 하는 등의 항목을 폭넓게 만족시키는 탁월하게 적합한 아동(학생)을 선발한다. 그것을 집계해서 많은 항목에서 선택받은 아동의 성적을 확인 · 참조한다. 이 단계에서 선발된 영재아 후보에 대해서 그 부모와 면접을 시행한다. 최종적인 선발은 교사, 영재교육 컨설턴트, 행정관, 심리학자 등으로 구성된 '위원회' 에서 최종적으로 결정한다. 선발된 아동에게는 영재교육 안내장이 발송되고, 부모의 동의하에 교육이 착수된다. 이러한 선발을 거쳐 실제로 매그닛 학급에서 특별교육의 기회를 얻는 아동은 동연령 집단의 3% 정도이다.

2) 속진교육에서의 선발

(1) SAT와 ACT의 사용

속진교육에 있어서 발견과 인정의 '선발과정' 은 앞의 심화교육에 비교해서 훨씬 엄격하고 중요한 의미를 가진다. 심화교육에서는 원칙적으로 학년 진급체제를 깨뜨리지 않고 프로그램이 진행되기 때문에 일단 영재풀 속에서 선발되고, 특별코스에 참여한 후에 설사 그 코스에 대한 부적응이 나타나는 경우에도 일반학급에로 복귀가 쉽다. 그러나 이 속진교육에서는 보통 학년 진급방식에 따르지 않고 특수 커리큘럼이 부과되기 때문에 학습에 부적응이 생길 경우 빨리 보완되기가 쉽지 않다. 따라서 심화교육의 경우처럼, 가능성의 싹을 다치지 않기 위해서 풀을 가능한 한 크게, 정원을 넉넉하게 잡아서 프로그램을 편성한다는 것은 전혀 합당치가 않다.

방법적으로 보면, 속진교육의 영재선발은 심화교육의 경우에 비해 매우 단순하다고 볼 수 있다. 첫째로, 기준상의 능력이 주로 인지적 능력에 한정되어 있기 때문에, 평가수단은 원칙적으로 필기시험, 특히 객관식의 단순한 문제가 많다. 면접과 기술식 검사의 선발기준을 사용하는 경우와 비교하면 현저히 단순하다. 둘째로, 그런 필기시험에서 재는 것은 되도록 '기본적인' 내용들로, 가능한 한 객관적으로 탁월한 영재를 뽑는 것이기 때문에, 자연히 사용하는 검사는 매우 객관적인 몇 종류에 한정되게 된다. 그리고 셋째로, 영재아로 선발되는 여부는 그 검사들의 점수에 의해서 기계적 · 객관적으로 결정된다.

뒤에서 구체적인 사례에서도 살펴보겠지만, 많은 선발 프로그램에서 사용되는 것은 본래 대학에서 교육받을 준비가 되어 있는지를 검사할 목적으로 만들어진 시험, 즉 SAT(학습적성검사: Scholastic Aptitude Test), 또는 ACT(미국대학검사프로그램: American College Testing Program Assessment)이다. 지역적으로는 전자는 동부에서 많이 이용되고, 후자는 서부에 많은 경향이 있는데, 대부분의 선발(발견 · 인정) 프로그램에서 양자를 함께 사용하는 예도 많다. 전자의 경우는 수리와 언어 등 2종, 후자는 수리, 영어, 독해, 과학, 종합 등 5종의 시험이 있다. 속진교육 프로그램에서는 이 시험들을 12세부터 15세 단계에서 받게 하고, 여기서 일정한 기준이 넘는 학생을 골라 서머세션이나 대학 조기입학 프로그램에 초대한다. 프로그램에 따라서도 그 기준이 다른데, 동 연령 집단의 1%, 나이가 어린 응시자의 2~3% 정도가 보통이다. SAT 점수로 보면, 그 선발된 영재아의 점수는 수학과 언어를 합해서 1,350점부터 1,400점 정도인데, 이것은 대략 유명대학의 입학허가를 충분히 따낼 수 있는 점수이다. 따라서 이 기준을 넘겨 대학에 조기 입학한 어린 학생들은, 적어도 지적인 성취에 관해서는 결코 일반 대학생에게 뒤지지 않고, 경우에 따라서는 오히려 우수하다.

이러한 SAT나 ACT 사용을 통해서 기준 이상(아웃오브레벨)의 수준이 규정되는데, SAT의 경우 총 인원수로 연간 약 100만 명의 수험자 중 약 10%에 해당하는 10만 명 정도가 이런 기준 이상의 영재아라고 볼 수 있다.

그런데 속진교육 지지자들 가운데 상당수가 영재아 선발의 수단으로서, IQ에 대해서는 매우 불신하는 입장이다. IQ에 의한 평가는 몹시 일반적 · 기초적인 지적 능력인데다, 예컨대 수학이나 물리의 특수하고 구체적인 성취 가능성을 예측하지 못한다고 보기 때문이다. 그래서 이 속진교육 방식의 프로그램에서 SAT나 ACT가 중요하게 사용된다. 또 하나의 이유는 속진교육은 지역적인 성격이 강한 심화교육에 비해 훨씬 넓은 지역범위에서 아동을 선발하기 때문에, 어디에서 시험을 치르더라도 신뢰도가 높다는 점이다.

속진교육은 다음에서 보듯이, 교육 프로그램 자체도 독자적인 것을 만들어 쓰기보다는 기존의 커리큘럼을 앞당겨 '선습'(先習)한다는 면이 강하다. 영재아의 선발방법에 관해서도 역시 본래는 다른 목적을 가진 검사를 원용(援用)하는 데 불과하다고 할 수 있다. 속진교육의 성패의 열쇠는 바로 이러한 광범위한 수험자 집단을 확보하는 표준화된 검사 시스템에 좌우된다고 해도 과언이 아니다.

속진교육에서 영재의 선발이 어떻게 행해지고 있는지 실제로 몇 가지 사례를 살펴보기로 한다.

(2) UCLA의 사례

십수 년 전부터 UCLA의 조기입학 프로그램(EEA)에서는 특별 우수 학습성취자 탐색(Search of Exceptional Academic Achievement: SEAA)이라는 이름의 검사 프로그램을 실시하고 있다. 이 프로그램은 본래 11~12학년(고교 2~3학년)을 대상으로 하는 워싱턴대학 준비시험(Washington Pre-College Test: WPT)을 사용해서, 로스앤젤레스 주변의 6~7학년(중학교 1~3학년) 중 표준학력 검사에서 상위 5%에 드는 아동의 능력을 측정할 목적으로 실시되고 있다. 경우에 따라서는 6학년도 참여를 인정하는 경우가 있다. 이 SEAA에는 47달러면 누구나 개인적으로 참여할 수 있는데, 검사의 요령이 학교에 통지되기 때문에, 교장이나 담임교사의 판단으로 누구든 원하면 시험을 받게 하는 것이 일반적이다.

검사내용은 SAT와 유사하고, 각 수험자에 대한 위의 WPT의 결과 통지에도 'SAT라면 이 정도의 점수'라는 '변환점수표'도 들어 있다.

점수가 통산 750점 이상이고, 수학 · 언어도 350점을 밑돌지 않는 경우에는 UCLA에서 PACE라고 불리는 조기이수 프로그램에 참여할 수 있다. PACE는 대학 수업에서 서머세션(하기 수업)만 참가하는 프로그램이다. PACE에서는 매년 약 100명의 학생들이 공부하고 있다. 더욱이 SAT의 예상 점수가 언어와 수학 합쳐서 1,000점 이상이면, 풀타임 학생으로서 UCLA에 입학하고, EEP에 참가하도록 허락된다. SAT의 총점이 1,000점이라고 하는 것은 보통 18세 고졸수험자의 평균득점과 거의 같다. 이 점만을 보면, 지역 주립대학 수준에서 수학(修學)에는 지장이 없다는 뜻이다. EEP는 불과 10년 전에 시작되었는데, 매년 십수 명의 학생들이 합격하여 이 프로그램에서 공부하고 있다.

(3) 존즈홉킨스대학의 SMPY와 CTY의 사례

예외적으로 높은 재능, 특히 수학적인 재능의 보유자를 발견하고, 수학올림픽같은 국제적인 콩쿠르에서 입상을 목표로 교육하기 위해 1971년, 속진교육의 이론적 중심이던 존즈홉킨스대학의 스탠리(J. C. Stanly)가 시작한 것이 바로 이 수학영재 프로그램 MPY(The Study of Mathematically Precocious Youth)이다. 뛰어난 수학적 영재들에게는 월반에 의해 낭비없이 효율적으로 그 재능을 펼칠 기회가 주어져야 한다는 것이 스탠리의 일관된 주장이다. SMPY의 주요 활동은 영재의 발견이고, 특히 사춘기의 길목에 서 있는 12세 집단(7학년 집단)을 대상으로 대학입학자 선발 자격으로 사용되는 SAT를 치르게 해서, 일정 수준의 점수 이상을 획득한 학생에게는 부모와 교사에 대해 월반을 권유하는 등으로 대응한다. 하기(夏期)나 동기(冬期) 휴가 중에 특별 수학강습회 등을 실시하고 있는데, 활동의 중심은 어디까지나 영재의 선발이다.

SMPY의 인정 기준은 12세(7학년) 이하에서 SAT의 수리과목 득점이 700점(만점 800점) 이상이다. 이것은 12세 집단을 기준으로 하면, 남자의 경우 5천 명에 1명(0.02%), 여자의 경우 3만 명에 1명

(0.003%)으로서 극히 적은 출현율이다. 또 SAT를 보통으로 치른 6세 이상 18세 집단을 기준으로 해도, 남자의 경우 상위 7% 이상, 여자의 경우 상위 2% 이상만이 해당하는 점수이다. 미국에 수없이 전개되고 있는 영재선발 중에서도 SMPY의 인정기준은 매우 높은 편이다.

그러나 스탠리의 그러한 생각은 SMPY를 하나의 '사업'으로 발전시키는 데에는 적합하지 않았다. 그래서 1979년에 SMPY는 조직개편을 도모했고, 이전까지의 프로그램과는 다르게 약간 기준을 완화해서 범위를 좀더 넓힌 영재아 선발과 육성을 위한 프로그램을 개설했다. 그것이 '학습영재아센터'(The Center of the Advancement of Academically Talented Youth: CTY)라고 불리는 조직이다. 영재아 선발에 관해서는 SMPY와 CTY 간에 분리 · 공존이 가능하고, 예를 들면 CTY에서는 SAT 수리과목 득점 500점 이상의 집단이 프로그램 대상으로 되어 있지만, 이것은 앞의 SMPY의 기준과 비교하면 200점 낮다. 그러나 그래도 12세 집단의 전체에서 보면, 남자는 상위 1%, 여자는 상위 0.5%에 해당하는 높은 성적이다. 스탠리의 말로 요약하면, CTY는 '아주 우수한'(exceptionally well) 학생을 대상으로 하고, SMPY는 '지극히 우수한'(extremely well) 학생을 대상으로 하고 있다는 것이다.

CTY의 영재 선발프로그램은 1979년에 시작되었다. 1991년에는 20개 주, 38개 국에서 4만명 이상의 우수한 7학년(중학교 1학년)이 참가하고, 약 4천 명이 수강(受講) 자격을 얻었다. 선발에 사용하는 검사는 SAT이다. 1년에 한 번, CTY 후원으로 SAT가 행해지고, 그것을 받으면 〈표 3〉과 같이, 연령에 따라 CTY로부터 수강자격을 인정받는다. 그것 이외에 SAT를 독자적으로 치러도 차후에 인정되지만, 영재선발 프로그램을 거친 경우에는 CTY 서머세션에 우선적으로 참가할 수 있다. 수강자격은 수학과 언어 각각에 대해서 다르게 나온다. 〈표 3〉은 CTY의 참가가 허용되는 기준의 SAT 점수를 연령별로 보여주는 것이다. 이에 의하면, 예를 들어 13세 반 미만의 수험자의 수리과목

〈표 3〉 CTY의 합격기준에 해당하는 SAT 점수의 연령 환산표

연령(세)	13.5미만	13.5~14	14~14.5	14.5~15	15~15.5	15.5~16	16~16.5	16.5~17
언어(V)	≧ 430	≧ 450	≧ 480	≧ 500	≧ 530	≧ 550	≧ 580	≧ 600
수리(M)	≧ 500	≧ 520	≧ 550	≧ 570	≧ 600	≧ 620	≧ 650	≧ 670
합 계	≧ 930	≧ 970	≧ 1030	≧ 1070	≧ 1130	≧ 1170	≧ 1230	≧ 1270

500점이라는 합격점은 15, 6세인 일반 수험자의 670점에 상당하는 것을 알 수 있다.

CTY는 과거 15년 사이에 전 미국으로 퍼진 영재교육, 특히 심화형 영재교육과는 완전히 다른 입장에 서 있다. 가장 다른 점은 영재아의 선발방법이다. 많은 프로그램에서, 예를 들면 'IQ 130 이상'과 같이 IQ가 지표로 이용되었는데, CTY는 IQ를 사용하지 않는다. 그것은 CTY의 관심이 수학 · 과학 · 언어 등의 능력과 같은 구체적인 학구적 재능에 있기 때문이다. IQ와 같은 일반적인 능력이 아닌 것이다. 따라서 CTY에서는 구체성이 없는 일반 영재란 말은 사용하지 않는다. 이러한 것은 물론 앞의 SMPY에서도 공통적으로 볼 수 있다.

(4) 노스웨스턴대학 CTD의 사례

노스웨스턴대학의 영재개발센터(Center for Talent Development: CTD)는 노스웨스턴 대학 교육 · 사회정책학부의 한 부서로서 1982년에 설립되었다. CTD의 사업에서 가장 중요한 것은 중서부 영재발굴사업(Mid-West Search)으로, 이것은 영재아의 선발사업이다. 이 사업에서는 먼저 6~8학년 중에서, 일반 학력검사에서 우수한 성적을 거둔 학생(거의 95% 이상)을 선발하여, 그들에게 SAT 혹은 ACT를 받게 한다. 이 대학진학용 검사들을 이용하는 것은, 존즈홉킨스대학의 스탠리가 제창한 모델, 즉 영재아에게 상당히 어려운 검사를 받게 하여, 검사가 지나치게 쉬워서 발생하는 '천정효과'를 배제하고, 그들의 능

력을 정확히 파악하기 위한 모델을 중시하기 때문이다. 1991년에는 2만 2천 명의 학생이 이 영재발굴 사업에 참가했는데, 그들의 SAT 합계 평균은 약 776점이었다. 득점분포는 〈표 4〉와 같다.

이 득점분포는 통상 SAT나 ACT를 받은 대학진학 지망 고등학교

〈표 4〉 1991년도 중서부 영재발굴사업 SAT 합계득점 분포

득점(점)	600미만	700~	800~	900~	1000~	1100~	1200~	1300~	1400~
비율(%)	87.7	64.9	38.7	19.2	8.1	2.8	0.9	0.2	0.03

수험자: 15,118명, 최고점: 1,480점, 최저점: 410점, 평균: 776점, 표준편차: 153점

〈표 5〉 SAT · ACT 성적과 CTD 프로그램의 대응관계

성 적	CTD가 장려하는 영재아 프로그램 옵션
SAT 언어 200~390점 SAT 수리 200~480점 혹은 ACT 영어 또는 독해 0~21점 ACT 수리 0~17점	① 잘하거나 관심있는 분야의 상급코스 수업에 참가한다. ② 장기적인 학습계획을 세워, 조기에 미래의 직업에 대한 상담을 받는다. ③ 학교수업을 보충하기 위해 심화 영재교육 세미나와 하계 프로그램에 참가한다.
SAT 언어 400~500점 SAT 수리 490~600점 혹은 ACT 영어 또는 독해 22~27점 ACT 수리 18~23점	① 잘하거나 관심있는 분야의 상급코스 수업을 보충하기 위해, 보다 진도 빠른 수업을 받는다. ② 장기적인 학습계획을 세운다. ③ 조기에 AP 코스를 수강한다. ④ 개인지도(mentorship)를 받는다. ⑤ 조기에 미래의 직업에 대해 상담을 받는다.
SAT 언어 500점 이상 SAT 수리 600점 이상 혹은 ACT 영어 또는 독해 27점 이상 ACT 수리 23점 이상	위의 ①~⑤에 더하여 : ⑥ 잘하는 분야에 관해서 진단 · 처리방법을 도입한 개별 학습계획을 짠다. ⑦ 위 학년에의 월반 또는 대학 조기입학을 고려한다.

고학년생에 비하면 낮지만, 6~8학년 평균수준과 비교하면 꽤 높다. 이 검사들에는 고등학교 저학년에서는 학습하지 않는 내용이 많이 포함되기 때문에, 학생이 이 검사에서 고득점을 받기 위해서는 가정에서 자학자습과 무언가 특별한 재능과 고도의 추리력 및 문제 해결력을 필요로 한다. CTD는 영재발굴 사업의 참가학생에 대해서, 그들의 학력수준에 관한 데이터를 제공함과 동시에, 학생의 우수성에 따른 여러 가지 영재교육 프로그램의 정보도 제공하고 있다. 〈표 5〉는 영재발굴사업에 참가한 학생의 SAT 혹은 ACT의 성적에 따라 CTD가 장려하는 영재아 프로그램의 예이다.

CTD의 또 하나의 사업은 1983년부터 매년 실시되고 있는 하기(夏期) 프로그램이다. 이 프로그램에 참가하는 학생은 영재발굴 사업에 있어서 95% 이상이 우수아로 선발된 7~9학년 학생들이다. 이들의 지적능력은 SAT 득점으로 말하면, 거의 언어 430점, 수리 600점 이상에 상당한다. 단지 하기 프로그램 과목은 수학, 물리, 과학, 라틴어, 작문, 경제 등 여러 갈래에 이르기 때문에, 받는 과목에 따라 요구되는 SAT 득점은 다르다. 예를 들면, 수학코스를 밟기 위해서는 SAT의 수리득점이 높지 않으면 안 되지만, 언어득점은 그다지 높지 않아도 된다. 즉 일반적 우수성이 아니라, 특정한 학문분야에서 학습을 따라갈 수 있을 만큼의 우수성과 지식이 요구되는 것이다.

(5) 영재선발의 의미

이렇듯이 심화교육이나 속진교육 어느 방식에서도 영재아의 선발과정은 프로그램 전체 중에서도 매우 중요한 부분임을 알 수 있다. 특히 속진교육 프로그램에서는 선발한 영재아들을 기존의 대학교육을 통해서 지도하는 것이 일반적이기 때문에, 이 사업의 절반이 심화과정에 중점이 주어진다고 해도 과언이 아니다.

이러한 상황은, 굳이 예를 들자면 입학시험에서 운명이 결정되어 버리는, 교육내용에는 그다지 관심을 갖지 않는 우리 대학 현실에 비할 수 없다. 미국은 대학교에서 선발이 매우 원만하지만, 학습과정에서는 훈련이 엄격하다는 것이 정설이다. 그러나 영재교육 시 영재아의 선발과 인정에 관한 한, 오히려 우리와 비슷하다는 생각을 할 수 있다. 즉 선발은 엄격하고 훈련은 원만하다. 효과적인 교육을 목적으로 하는 것이라면, 우리는 지금까지와 달리, 미국처럼 민주주의에 기초한 '평등성'의 원칙과 '투명성'의 원칙으로서, 좀더 합리적 절차와 대책이 필요하다. 영재의 선발에 관한 한 우리는 법률적 장치나 선발과정과 도구 및 시설 · 기법이 제대로 마련되어 있지 못한 실정이다.

심화교육의 경우, 방법적인 '다양성'도 중요하다. 우리나라의 일반적인 학생선발이 학력(수준) 일변도인 데 반해, 미국의 다양성은 뛰어나다. 지적 능력만 아니라, 정서적 능력, 협조성, 사교성, 운동능력 등 중요한 인성적 요소는 거의 모두 검토의 대상으로 한다. 또 교사나 급우, 부모 등 타자의 평가도 중요한 의미를 가진다. 여기에서는 가능한 한 많은 아동을 영재아로 선발하고, 이를 통해 교육 전체의 수준을 향상시켜서 탈락을 방지한다는 심화교육의 지상목표를 뚜렷이 감지할 수 있다. 문제는 그 다양성이 일정한 한도를 넘으면, 내용이나 노력 등 부담이 현저하게 커지는 것과, '영재란 무엇인가'라고 하는 근본적인 교육적 의문이 생긴다는 것이다. 경제적 부담 같은 문제가 있기 때문에, 많은 심화교육의 실천에서는 표준화 검사 같은 객관적 지표에 의존하는 비율이 커지지 않을 수 없다. 또 '탁월한 영재가 진정한 영재다'라는 후자의 문제 때문에, 심화교육은 반대급부인 속진교육자로부터 비판대상이 되기도 한다. 그래서 '속진'과 '심화'는 서로 만나야 할 접점을 찾아야 한다는 과제를 내포하고 있다.

한편, 속진교육의 경우는 기준이 되는 검사의 신뢰성이 높다는 것을 유념치 않으면 안 될 것이다. 그 신뢰성은 주로 SAT 혹은 ACT 같은 시험이 그 역사와 광범위한 활용으로 뒷받침되는 측정도구로서의 타당성을 가지는 데서 온다. 또 그 시험들은 본래 대학입학을 위해 만들어진 것이지만, 고도의 지식을 묻는 것이 아니라 기본적인 사고에 관련된 일반적인 지적 능력의 측정을 목표로 하기 때문에, 우리나라 대학입시와 비교해서 어린 학생의 이용이 쉬운 편이다. 단 그러한 방법은 선발기준이 단순하기 때문에 수리 · 언어에 편중된 재능을 가진 학생을 선발해 버리고, 정서면이 등한시된다는 비판이 제기되고 있다. 그리고 최근에 대도시 주변에서 증가하고 있는 모든 'SAT 학원'(SAT 점수를 높이기 위해 SAT를 집중적으로 학습시키는 사설학원)으로 인하여, 점수가 비약적으로 향상되는 등 기초능력 측정의 신뢰성이 크게 흔들릴지도 모르는 사태도 일어나고 있다. 일반적으로 속진교육 사업은 민간단체가 책임을 지고 있기 때문에, 사업의 확대를 '경영상의' 과제로 보지 않을 수 없다는 것이 현재 직면하고 있는 문제점이다.

6. 초 · 중등학교 영재교육의 실제

1) 심화교육의 실천사례

(1) 영재교육의 3가지 주체

속진교육과 비교할 경우 심화교육은 ① 대상이 되는 영재아의 범위가 넓다, ② 상급학년의 내용을 조기에 앞당겨 학습하는 것이 아니라, ③ 학습 의욕 같은 정서 면을 포함하는 유연하고 복합적인 영재관을 가진다, ④ 영재아를 같은 연령 집단으로부터 완전히 격리하지 않는다는 등의 중요한 특징들이 있다. 이 특징들은 일부 탁월한 우수 영재의 선발과 육성보다는 사회 전체 교육수준의 향상과 다양한 계층 간의 사회적 통합을 목표로 하는 연방정부의 정책과 일치한다. 이런 까닭에, 미국에서 행정적으로 추진하고 있는 초 · 중등교육에서의 영재교육의 대부분은 이런 심화교육의 입장에서 이루어지고 있다.

주지하는 바와 같이, 미국에서 학교교육의 구체적인 방침과 제도를 결정하는 것은 학구(學區) 단위의 '교육위원회'이다. 영재교육에 대해서도 이 교육위원회가 학구 내 각각의 학교에서 실시되는 프로그램의 기본 방침과 시책을 결정한다. 그리고 이러한 학구 공통의 기본적인 틀의 범위 안에서 개별 학교와 교사가 독자적으로 연구하면서 영재교육에 임하고 있다.

미국 중등교육에 있어서, 하나의 학교 전체가 영재교육 프로그램으로 운영하는 경우도 있다. 이와 같은 특수학교는 일반 종합고등학교와는 달리, 영재아만을 선발하여 특색 있는 커리큘럼에 의해서 학생의 영재성을 한층 신장시키는 것을 목적으로 설립되었다. 그런 까닭에 미국의 영재교육, 그 중에서도 공공의 광범위한 지지를 얻고 있는 심화교육의 실태를 알기 위해서, 적어도 학구 · 학급 · 학교라고 하는 세 가지 수준에 대해서 각각의 이념과 방법에 주목할 필요가 있다. 이제 이에 관해서 초 · 중등학교 영재교육의 실천 사례를 알아보자.

(2) 학구 수준: 주민의 특성을 배려한 학구별 방침

먼저 심화교육의 이념과 방법을 사용하여 추진하고 있는 학구의 예로서, 일리노이주 시카고 북부에 위치한 에반스톤스코키 학구의 사례를 보자.

이 학구는 인종 면에서나 사회 · 경제적 계층 면에서나 매우 다양하다. 학구 내 주민의 40%는 흑인이다. 이 학구에서는 이전부터 각 학교가 독자적으로 영재교육에 임해 왔는데, 1991년 이후에는 주의 법령에 준하여 종래 프로그램에 대한 개혁이 진행되고 있다. 현재 이 에반스톤스코키 학구는 다양한 프로그램을 실험적으로 실시하고, 그 성과를 지역 주민에게 평가받음으로써, 과거와 새 프로그램 가운데 어느 것이 유효한지를 검토하고 있는 단계이다.

영재교육에는 IQ 같은 일반적 지적 능력에 의해서 아동을 선발하는 경우도 있지만, 이 학구에는 흑인이 많기 때문에, 인종 간 격차가 생기기 쉬운 IQ검사를 사용하지 않고, 전과목에 걸쳐 과목별 영재아를 찾아내는 방식을 취하고 있다. 영재아 선발기준은 표준검사와 학력검사 성적, 아동의 희망, 교사의 추천, 부모와의 상담 등 여러 측면을 포함하고 있다. 선발은 1년마다 행해지고, 한번 선발된 아동이 다음해에도 선발된다고는 말할 수 없다. 선발을 하는 것은 개별학교이고, 교육위원회는 학생이 어느 과목의 영재아인가를 컴퓨터에 입력하고 관리하는 역할을 맡고 있다. 과목별로 하기 때문에, 전체적으로는 꽤 넓은 범위의 많은 학생이 영재아로 선발되고 있다. 특히 인종과 사회 · 경제적 면에서 불리한 입장에 있는 아동에게 유리한 재능이 있는가를 적극적으로 알아보는 배려가 있기 때문에, 약 38%가 어떤 한 과목의 영재아로 선발되고 있다. 1980년대 이후 미국에서는 사회적으로 혜택받지 못한 입장에 있는 아동 중에서 영재아를 발굴하고, 교육적으로 지원한다고 하는 것이 영재교육의 주요한 목적의 하나가 되고 있다. 이 이념은 1989년에 연방의회에서 채택된 '제이콥 재비츠 영재교육법' (Jacob Javits Gifted and Talented Act)에 반영되어 있다. 에반스톤스코키 학구의 영재교육 방침은 이러한 미국적 경향을 보이는 전형적인 예라고 할 수 있다.

이 학구에서는 영재교육이 과목마다 선발된 학생을 한 학급에 모아 특별수업을 하는 방식으로 실시되고 있다. 특별수업의 내용은 학년별 · 과목별로 다양하다. 아래에 일부 예를 들어보도록 한다.

❶ '어린 작가' 학급 - 대상은 3학년부터 8학년까지의 언어 능력이 우수한 영재아
❷ '기하(幾何) 초보' 학급 - 대상은 5학년부터 8학년까지의 수학적 능력이 우수한 영재아
❸ '이과(理科) 심화' 학급 - 대상은 취학 전부터 6학년까지의 과학적 능력이 우수한 영재아

이런 수업을 담당하는 교사는 특별한 훈련을 받은 교사가 아니라, 각 학교의 교장이 일반교사 중에서 선정하여 배치하고 있다.

이 학구에서는 상담에도 힘을 쏟고 있다. 영재아는 일반수업에 흥미를 가지지 않거나, 특별한 학생의 존재가 수업진행에 방해가 된다는 이

유에서, 교사로부터 등한시되거나 기피되는 문제를 지닌 학생의 경우도 있다. 또 학구의 부모로부터 자신의 아이가 왜 영재아로 선발될 수 없는지 불만이 토로되기도 하고, 영재아로 선발된 경우에도 특별수업을 담당하는 교사의 자질을 좀더 높여달라는 불만이 제기되기도 한다. 그래서 이런 문제들을 해결하기 위해 상담교사가 학생과 부모와 교사에 대해서 상담과 강의를 하여, 영재교육에 대한 이해를 돕고 심화하는 노력이 행해지고 있다.

다른 학구의 사례로서, 같은 일리노이주 내의 윌멧 학구의 경우가 있다. 이 학구에서는 1979년 이후 상급심화 프로그램, 즉 EEP (Extended Enrichment Program)라 불리는 프로그램을 실시하고 있다. EEP는 한 팸플릿에서 그 성격을 다음처럼 제시하고 있다.

윌멧은 교육 프로그램 전반이 잘 정비되어 있고, 학구 내의 아이들도 전체적으로 우수하다. 그러나 이렇게 높은 수준 속에서도 더욱 특별한 우수성을 보이는 아이들이 존재한다. 이들은 다른 아이들과는 다른 특성과 욕구를 가지고 있고, 자신들에게 적절한 교육 프로그램을 필요로 하고 있다. 일반수업에서도 모든 학생들에 대해 충실한 교육이 실시되고 있지만, EEP는 이 특별한 아이들에게 도전의 기회를 제공한다. 또 영재아들은 사회 내에서 자신의 특수한 입장에 대해 대처하는 것도 배우지 않으면 안 된다. EEP는 영재아 자신들이 사회적으로 받아들여지고 있다는 분위기를 전달하고, 그들의 특이성을 억압하는 것이 아니라, 그 잠재능력을 충분히 꽃피우는 것을 목적으로 하고 있다.

여기에 서술되어 있는 것처럼, 윌멧 학구는 앞의 에반스톤스코키 학구와는 달리, 가정의 인종적 · 사회경제적 배경이 꽤 비슷하고, 소수민족 가정이 적은 학구이다. 이러한 교구 특성의 차이가 두 학구 영재아의 개념에 차이를 만들어내고 있는 것이다. 두 학구의 큰 차이는, 에반스톤스코키 학구에서는 과목별로 영재아를 선발하고 있는 데 반해, 윌멧 학구에서는 과목별이 아니라 전반적으로 능력이 우수한, 즉 이해력이 높고 집중력이 강한 지적인 학생이 영재아로 선발되는 것이다.

월멧 학구에서의 영재아 선발은 다음과 같이 행해진다. 먼저 표준검사와 IQ검사, 학력검사 등을 이용해서 상위 10%의 학생을 뽑고, 다시 교사 추천과 여러 심리평가 결과까지 고려한 후 최종적으로 상위 5%의 학생을 뽑아낸다. 이 선발은 초등학교 2학년 말에 행해지고, 선발된 영재아는 3학년부터 주 2회 영재아 학급에 모여 90분간 특별수업을 받는다. 에반스톤스코키 학구와는 대조적으로, 월멧 학구에서는 선발 때의 자료로서 IQ검사 결과가 중시되고 있다. IQ검사를 사용하는 이유는, 학력검사만으로 선발할 경우, 다른 영재아와 함께 영재아 학급에서 특별수업을 받는 사이에 당초의 우수함이 '소멸되어 버리기' 때문이라고 한다. 영재아 학급의 특별수업에서는 특정 과목을 가르치는 것이 아니라, 과목 간의 통합을 중시하고, 반년 단위로 특정 제재(topic)를 정해서 비판적 사고력, 창의적 사고력, 탐구기능 등 다면적인 지적 능력의 신장을 목적으로 하고 있다.

이렇게 월멧 학구의 영재교육은 일반적 우수성의 강조, IQ검사의 사용, 영재아 수의 한정 등에서, 앞에서 살펴본 에반스톤스코키 학구와는 다르다. 같은 주, 같은 법령 하에 있으면서도 학구에 따라 이러한 상이점을 보인다고 하는 것은, 미국 학교의 교육 관리 · 운영에 있어서 학구의 자율성이 존중됨을 말해준다. 앞서 서술한 것처럼, 영재교육의 방침과 시책에 관한 이러한 학구 간의 차이는 학구 내 주민의 특성과 깊은 연관을 가진다. 그러나 상기한 여러 차이점에도 불구하고, 영재아에 대해 일주일에 몇 회의 특별수업을 행하는 방식, 그리고 '가속하기'보다는 '넓히고', '깊게 하는' 심화방식의 교육이 이 두 학구에 공통적임을 보게 된다. 이런 점이 곧 미국 영재교육의 실제 모습임을 알 수 있다.

(3) 학급 수준: 주제별 토론 중심 수업

그러면, 각 학구의 기본적인 틀에서 실제 현장에서는 영재교육을 어떻게 실시하고 있는가? 월멧 학구 내의 초등학교와 중학교 수업장면의 관찰을 중심으로 언급해 보자. 월멧 학구의 영재아 학급 특별수업에서는 반년씩 특정의 제재가 설정되어 있다. 그 사례로서, 먼저 하퍼 초등학교 4학년 영재아 학급의 수업을 소개하기로 한다.

이 학급의 토픽은 '건축 · 설계' 였다. 일반수업은 25분 단위이지만, 특별수업은 90분간 이어진다. 학생은 11명으로, 3개의 커다란 테이블에 앉아 있다. 수업은 먼저 교사가 "인체를 각 부분의 크기대로 충실히 그린다", "미로 만들기", "설계에 사용되는 여러 가지 기호를 사용해서 설계도를 그려보자" 하는 식으로, 몇 개의 과제를 제시한다. 학생들은 각자 좋아하는 과제를 골라 착수한다. 학생이 각각의 과제를 노트에 그려 넣는 사이, 교사는 조용히 학생들의 모습을 둘러보고, 때때로 개별지도를 해준다. 수업 시작부터 약 1시간쯤 지났을 때, 학생들이 과제에 싫증을 내는 분위기가 감돌았다. 그래서 교사는 자신을 중심으로 둘러앉도록 학생들을 모아놓고, "한 남자 아이가 개를 데리고 걷고 있는데, 갑자기 어찔어찔 현기증이 나더니, 다음 순간 개가 없어졌어요. 왜일까요?" 하는 퀴즈를 냈다. 학생들은 제각기 이유를 생각하거나 힌트를 달라는 질문을 하거나 했다. "사건이 일어난 장소는 서해안이다"라는 힌트를 주었다. 한 학생이 이윽고 "현기증이 났던 것은 대지진이 일어났기 때문이고, 개가 없어진 것은 갈라진 틈으로 빠져버렸기 때문이다"라고 대답했다. 이것이 그 중 그럴듯한 답이었다. 교사에 의하면, 이 퀴즈는 논리적인 추리력과 창의적 사고력을 훈련하기 위한 것이었다고 말했다.

같은 하퍼 초등학교에서 관찰한 다른 특별수업은 5학년생 7명의 영재아 학급으로, 제재는 '법률' 이었다. 학생들은 교사와 함께 둥근 테이블에 앉아 "곰식구 일가가 사는 집을 잠깐 비웠는데, 한 여자아이가 들어가 음식을 먹고, 의자를 부수고, 침대에서 잤다"는 단서를 제시하고, 이에 관해 재판한다는 내용의 극본을 읽게 했다. 그리고 등장인물의 역을 맡아서 각본을 다시 읽게 했다. 다 읽은 뒤에 재판에서는 무엇이 요점인지, 원고와 피고 쌍방의 주장은 무언지, 재판이 어떤 절차로 진행되는지 등에 대해서 의논했다. '법률' 이라는 제재의 수업이지만, 관련 법률을 기억한다기보다는 재판의 구조나 법정에서 논리적으로 주장하는 방식을 배우는 것을 목적으로 하고 있었다.

이러한 특별수업은 초등학교뿐만 아니라 학구 내의 중학교에서도 행해지고 있었다. 월멧 중학교에서는 8학년(중학교 2학년)의 '법률' 수업이 있었다. 그 내용은 역시 모의재판으로, 학생들이 실제 법정과 같은 배치로 좌석에 앉아서 원고, 피고, 변호사, 판사, 증인 등의 역할을 각기 수행하고 있었다. 수업은 그때까지 몇 회의 수업에 걸쳐 진행되어 온 모의재판에서 정점에 달했다. 처음에 판사 역이 판결을 내리고, 그 판결의 가부에 대해서 다른 역할의 학생들이 각각의 입장에서 의견을 개진했다. 이 의견들에 대해서 다시 의견을 나누고, 누구의 주장이 가장 훌륭한가를 의논하였다. 교사는 학생 속에 눈에 띄지 않게 앉아 있고, 때때로 자신의 의견을 이야기할 뿐이어서, 학생들의 의견이 존중되고 있는 인상을 주었다. 토론은 모의재판 자체의 문제점에까지 이르고, 수업 마지막에는 학생에게 수업을 평가하는 기술(記述)식 설문지가 돌려졌다. 모의재판은 이 수업으로 종료되고, 다음 수업부터는 법령과 판례의 검토에 들어가는 것이었다. 이 수업도 역시 학생의 합리적 · 비판적 사고력을 목적으로 하고 있었다.

이러한 제재별 수업은 윌멧 학구의 교육위원회 방침에 따른 것이었다. 미국의 심화교육이 반드시 이러한 형태로 행해지는 것은 아니다. 그러나 현실적인 사회생활과 깊은 관련의 제재(題材)를 둘러싼 토론을 통해서 학생의 사고력과 판단력, 표현력을 기르는 방법은 심화교육의 이념과 잘 합치되고 있고, 심화교육을 추진하는 다른 학구의 많은 일반학교에서도 사용되고 있다고 보여진다.

(4) 학교 수준: 자주적 학습과 인성적 발달을 위한 학교

이상은 어느 학구에 속하는 학교에서 특별수업에 의해서 영재교육을 실시하고 있는 사례인데, 이 외에도 특히 고교 수준에서는 한 학교 전체가 영재교육의 장으로 편성되어 운영되는 경우도 있다.

그 예로서 노스캐롤라이나주 이수교(理數校: School of Science and Mathematics)의 사례를 소개하려고 한다. 노스캐롤라이나 이수교는 과학과 수학에 대해 특별한 자질과 관심을 가진 학생을 위해 설립된 미국 최초의 주립 주지사학교이다. 이 학교는 1980년, 제임스 핸트(J. Handt) 주지사가 설립한 지사 직할 이사회에 운영권이 맡겨져 있었다. 현재는 이사회가 지사로부터도 독립되어 있다. 주에서 손꼽히는 우수교로, 커리큘럼뿐만 아니라 수업료나 기숙사비도 주가 전액 부담하는 독특한 운영으로도 잘 알려진 영재학교이다. 수학기간은 2년간으로, 매년 10학년(고등학교 1학년에 해당한다) 중에서 선발된 275명이 노스캐롤라이나주 전역에서 온다. 기숙사 제도이고, 현재 550명의 학생이 재학중이다. 주 80시간 이상 이용 가능한 도서관과, 풍부한 컴퓨터 기기 등 학습시설이 매우 충실하다. 이 학교의 특징은 커리큘럼이 기초 · 필수 교육내용을 정확하게 습득한 후에, 학생들이 스스로 관심을 가지는 주제를 자유롭게 탐구할 수 있도록 되어 있다. 특히 이수교가 가장 중점을 두고 있는 과학교육 내용에는 천문학, 환경과학, 전자공학, 유전학, 세포물리학 등의 다채로운 분야가 포함되어 있다. 학생이 선택하는 연구주제는 "고콜레스테롤 다이어트가 신장(腎臟)에 미치는 영향", "영도(0℃) 안팎의 기온에서 장수풍뎅이의 생존방법" 등으로 특수한 것이 많다. 교사들은 각 학생이 흥미를 갖는 영역에서 창조적이고 독립적인 연구 프로젝트를 진행할 수 있도록, 그들의 학습을 지원한다. 이수교의 교사뿐만 아니라, 근처의 대학이나 때로는 '리서치 트라이앵글'(주립대학이 있는 주도(州都) 랄리, 듀크 대학이 있는 더햄, 노스캐롤라이나 대학이 있는 채플 힐 등 세 도시를 연계한 삼각지대로, 고등교육기관이나 민간 하이테크 연구소가 집중돼 있는 지역-역자 주)에 위치하고 있는 기업에서도 각 분야의 현장 기술자나 과학자가 방문하여 학생들의 연구를 지도한다.

그러나 주목해야 할 것은, 이 이수교가 과학과 수학 분야의 교육에만 힘을 쏟는 것이 아니라, 문과의 모든 과목과 예술활동에 대해서도 풍부한 지원을 제공하고 있다는 것이다. 예를 들면, 문학 분야에서는 구미(歐美)뿐만 아니라 라틴아메리카, 아프리카, 중동 및 아시아에 이르는 다양한 문학작품을 다룸으로써, 자타의 문화에 대한 이해를 깊이 학습하게 하고 있다. 또 사회과학 분야에서도 국제 관계, 종교, 인류학, 경제학 등 많은 과목들 중에서 선택 · 이수가 가능하다. 또 예술 분야에서도 시나리오 제작부터 카메라 기술과 편집에 이르는 일련의 비디오 영화 제작 과정과 전자음악 기술 및 작곡 방법도 학습할 수 있게끔 편성되어 있다.

이 노스캐롤라이나 이수교의 입학 선발은 과학과 수학에 관련한 특별한 활동경험, 중학교 때의 과학 성적, 교사나 상담가의 평가, 이수교 독자의 검사, 지망 동기에 관한 작문과 면접 등 다양한 자료를 수집하고 이에 기초하여 선발과 입학이 결정된다. 이수교의 졸업생은 모두 고등교육(대학)에 진학하고, 각 분야에서 뛰어난 연구성과를 내거나, 각종 콩쿠르에서 우수한 성적을 거두는 사람이 많다.

이러한 학교는 노스캐롤라이나 이수교뿐만이 아니다. 예를 들면, 뉴욕시의 브롱크스 과학고는 공립인데, 과학 · 수학에 힘을 쏟고 있고, 각 학생의 관심에 입각한 연구 프로젝트가 장려되고 있으며, 일선 과학자에 의한 지도를 도입하고 있고, 이수계와 병행해서, 인문과학 · 사회과학에 있어서도 '심화교육'이 행해지고 있다. 이 점에서 노스캐롤라이나 이수교와 같은 특징을 가지고 있는데, 브롱크스 과학고는 전통적인 공립고교로는 드물게 매우 엄격한 선발에 의해서 주 내의 최우수 학생들을 선발하고 있다. 브롱크스 과학고교의 교육실제는 렌줄리 등에 의해 '심화교육'의 이상적인 모델로 소개되고 있다.

이렇게 미국에서는 학구, 학급, 학교라고 하는 각 수준마다 다양한 심화교육 프로그램이 실시되고 있다. 교육내용과 영재아 선발의 방법은 다소 다를 수도 있지만, 특정과목 내용을 억지로 가르치는 '주입식' 방법과는 대조적이다. 풍부한 지적 경험을 스스로 탐구 · 개발케 함으로써, 학생의 사회적응 능력을 키우는 것이 핵심이라는 것을 여실하게 엿볼 수 있다.

2) 보다 완만한 속진교육

(1) 진학과 배치

지금까지는 '심화교육'의 전형적 사례를 소개해 왔는데, 미국의 초·중등교육에 있어서는 심화교육과 대비되는 '속진교육'(accelerated education) 프로그램도 있다. 속진교육은 학생의 능력이 허용되는 한 학습 진도를 빠르게 하는 것을 특징으로 하고, 월반이나 대학 조기입학도 실시한다. 이 경우에는 아동은 동연령 집단으로부터 분리되어, 자신보다 연상인 집단 속에서 학습하게 된다. 그러나 미국에 보급되어 있는 것은 대개는 '급진적인' 방식이 아니라, 특정과목에 대해서만 앞당겨서 내용을 빠른 속도로 학습케 하는 보다 '완만한' 방식의 속진교육이 많다.

그 한 전형이 고등학교 AP(Advanced Placement) 프로그램이다. 이 AP 프로그램은 전형적으로 대학 교육내용의 조기이수라고 규정할 수 있지만, 일반적으로 월반이나 조기입학을 하지 않기 때문에, 심화교육의 성격이 강하다. 이런 의미에서 절충적 또는 양의적(兩義的)인 제도라고 볼 수 있다. 이것은 ① 고교가 대학 수준의 과목을 선택과목으로 개설하고, ② 학생은 해당과목의 이수 후에 '컬리지보드'(고교와 대학이 접속 관련된 교육사업을 경영하는 민간교육 단체, 본부는 뉴저지주 프린스턴)가 실시하는 AP 시험을 치르고, ③ 그 성적에 따라 각 대학이 입학 후에 학점을 인정하는 제도이다. AP의 아이디어는 1950년대 초기에 생겨났는데, 특별히 능력이 우수한 학생을 고교와 대학에 효율성 있게 진학시키고 싶다는 사회적 요구가 그 배경이 되었다. 따라서 당초의 AP 프로그램은 일반학생이 아니라, 특별히 선발된 영재아에 대해서 고교와 대학 커리큘럼의 접속을 목표로 한 것이었다.

AP 프로그램이 생겨난 직접적 계기가 된 것은 캐년대학의 선도로 시작된 속칭 '캐년 연구'라 불리는 프로젝트였다. 12개 대학과 27개

고교가 협력해서, 1953년 9월부터 고교에 대학 수준의 과목을 개설하고, 다음해 봄에 학습성과를 측정하는 시험을 실시했다. 이때의 과목은 국사, 수학, 물리, 화학, 생물, 영작문, 영문학, 프랑스어, 독일어, 라틴어, 스페인어 등 11과목이었다. AP 과목은 대학 1학년 때 배우는 수준을 내용으로 하는 것이기 때문에, 실시에 있어서는 학습내용의 표준화, 학습결과의 평가, 교사의 역량 등 여러 가지 난관이 있었지만, 이미 1955년도부터는 컬리지보드의 AP 프로그램으로서 안정된 사업이 전개되었다.

〈표 6-1〉에서 그 추이를 보여주듯이, 초기에 이 제도에 참여한 고교 수는 104개교, AP 시험 수험자 수는 1,229명에 지나지 않았지만, 1990년 시점에서의 수험자 수는 33만 명에 이르고, 참가 고교도 미국 전체의 42%에 달하고 있다. 대학의 학점을 입학 전에 취득할 수 있고, 대학 입학 후의 학습을 더 효율화할 수 있다는 것이 AP 확대 보급의 최대의 이유가 되고 있다.

수험자 수가 많은 과목은 영문학 및 작문, 미국사, 미분 적분 등이다. 〈표 6-2〉를 보면, 각 고교가 어떤 AP 과목에 힘을 기울이고 있는지 그 개략을 알 수 있다.

〈표 6-1〉 AP 프로그램의 발전(5년 간격)

연 도	고교생	수험자 수	대학생
1955	104	1,229	130
1960	1,126	12,283	617
1965	2,518	38,178	1,076
1970	3,342	57,850	1,382
1975	3,937	75,651	1,580
1980	5,253	133,702	1,955
1985	6,720	240,078	2,170
1990	9,292	330,080	2,537

〈표 6-2〉 1991년도 AP 프로그램 실시 결과

시험과목	참가 고교수	수 험 자 수
미국정치	1,740	20,483
비교정치	630	4,930
미국사	5,554	99,364
구주(歐洲)사	2,047	26,554
매크로 경제	689	5,477
미크로 경제	628	4,535
영어 · 작문	2,415	28,755
영문학 · 작문	7,145	105,519
예술사	442	3,816
스튜디오예술(회화)	486	1,552
스튜디오예술(일반)	801	3,436
음악 · 감상	142	545
음악사	454	1,325
프랑스 어	2,210	11,254
프랑스 문학	333	1,635
독일어	874	2,396
라틴어 · 바질	404	2,150
라틴어 · 홀레스	193	916
스페인어	2,973	24,160
스페인 문학	479	3,364
미분적분 AB	6,655	71,771
미분적분 BC	1,737	13,939
계산기 과학	1,937	10,000
계산기 과학 AB	1,247	6,031
생물	3,698	37,086
화학	2,900	23,173
물리 B	1,511	11,011
물리 C(기계)	1,015	6,325
물리 C(전자 · 전자기(電磁氣))	641	3,689
총 계	**9,786**	**359,122**

AP 시험은 5월 중반에 9일간 실시된다. 1과목에 65달러의 수험료가 든다. 시험시간은 3시간, 문제는 선다형과 기술식 두 가지 형태로 출제된다. 대형 집단을 대상으로 하면서도 여전히 기술식 문제를 중시하여 실시하고 있다는 점에 AP 시험의 특징이 있다.

시험 성적은 5단계로 평가되는데, 수험자 본인에 대한 평가가 아니라 '매우 높은 성적이다(5점)' '추천할 수 없다(1점)'라는 식으로, 수험자가 장래 입학을 희망하는 대학을 위한 추천 점수 방식으로 되어 있다. 물론 결과는 먼저 수험자 본인에게 알려지고, 그 후에 재학중인 고교, 그리고 희망하는 대학에 전달된다. 대학 수준에 따라 요구하는 수험과목과 그 성적 수준이 다른 것은 말할 필요도 없지만, 대학에 따라서는 평점 3 이상을 획득한 과목에 대해서만 학점을 인정하거나, 먼저 상급과목 이수부터 시작하는 것을 허락하는 경우도 있다. 또 세 과목 이상에서 좋은 성적을 받은 경우에는, 대학 2학년에 편입할 수 있는 특례도 있다.

(2) 대학이 제시하는 이수 과목

AP 프로그램 외에도 대학의 하기 프로그램의 이수를 통해서 고교 과목의 이수를 대신케 하는 방식도 있다. 예를 들면, 노스웨스턴대학 영재개발센터가 실시하는 하기 프로그램에서는, 7~9학년 중학교 단계의 동연령 집단의 상위 5% 정도의 영재아를 대상으로 하여, 확률통계 · 화학 · 라틴어 · 심리학 등 다양한 코스가 개설되어 있다. 각각의 코스는 일반학교라면 1년간의 수업에 상당하는 내용을, 7월부터 8월에 걸쳐 3주간, 주 5일, 1일 5시간의 고밀도 스케줄로 학습케 한다. 이 하기 프로그램에서의 학습은 고교의 학습 '단위'로 계산되고, 단위 취득자는 9월 이후 고교에서 보다 발전된 내용의 과목을 선택 · 이수할 수 있다.

또 에반스톤스코키 학구에서도, 수학과 과학 과목에서 초등학교의 커리큘럼을 미리 학습해서 끝내버린 아동에 대해서, 중학교나 고등학교의 수업출석을 허락하고 있다. 앞서 언급한 대로, 이 학구에서는 '심화교육' 을 기본 방침으로 하고 있지만, 프로그램은 사실은 '속진교육' 의 성격을 띠고 있다. 각 영재아의 능력에 따른 개별학습적 대응을 꾀하고 있기 때문에, 속진교육의 방법이 존중되는 것이다. 그러나 이 경우에도 영재아가 본래 재학하는 학교보다 상위의 학교에서 배우는 것은 특정과목의 일부에 지나지 않고, 기타는 일반 아동과 같은 커리큘럼에서 학습을 계속한다.

윌멧 학구에서는 '속진수학' (Accelerated Math)이 근년에 추진되었다. 이것은 초등학교 6학년에 SAT를 치르고, 성적이 상위 5%인 자가 7년차(중학교 1학년)부터 아침 시작 시간 전에 고교에 다니며 특별수업을 받는 프로그램이다. 이렇게 '심화교육' 을 기본방침으로 하는 학구에서도, 수학이나 과학에서 부분적으로 속진교육의 방법이 도입되고 있는 것이다.

속진교육은 예부터 전해오는 '영재교육' 이나 '주입식 교육' 에 가까울지도 모른다. 그러나 특정과목의 학습에 필요한 시간을 효율적으로 단축할 수 있다는 점에서, AP 프로그램과 대학 서머스쿨이 광범위한 지지를 받고 있다. 또 전체적으로는 심화교육의 방침을 채용하는 학구에 있어서도, 특정과목에 대해서는 속진교육에 가까운 프로그램이 실시되고 있다. 어떤 경우도 학생의 진도와 개성에 따라서 가장 '적절한' 교육내용을 제공하려는 유연한 조치가 주목된다고 할 수 있다.

7. 대학 영재교육의 실제

1) 대학 영재교육의 특징

먼저 일반적인 사항에 대해서 조금 정리해 보면, 미국의 영재교육은 그 다양성에 특징이 있다. 이 다양성을 간단히 정리해서 말하기는 쉽지 않다. 고등교육 기관의 교육 실제에서도 마찬가지여서 주마다, 대학마다 독자적인 방법들을 사용하고 있기 때문이다. 미국 각지에서 행해지고 있는 이러한 다양한 실천은, 그러나 크게 분류하면 대략 다음의 5가지 유형이 있다고 볼 수 있다.

❶ 유명 대학이 주최 · 후원하고, 휴가기간이나 주말에 실시되는 대학교육 수준의 집중코스로, 그 수강 성과를 고교가 단위(학점)로 인정한다.
❷ 유명 대학이 주최 · 후원하고, 휴가기간 중이나 주말에 실시되는 대학교육 수준의 집중 코스로, 고교와는 무관하기 때문에 그 성과는 고교에서 단위로 인정되지 않는다.
❸ 대학교육 수준의 내용으로 평가되고 있는 AP 시험 코스를 고교에 개설하고, 마지막에 AP 시험과목을 치르게 하여, 대학 학점을 미리 취득케 한다.
❹ 고교에 재적(在籍)하면서, 인접 대학에서 일반 학부 수준의 과목을 수강시키고, 대학의 학점 취득을 인정한다.
❺ 15세 미만의 조숙아를 대학에 조기 입학시켜, 일반 학생으로서 수업을 받게 한다.

미국 대부분의 대학은 이러한 영재교육 프로그램 중 하나나 몇 개를 병행하여 실시하거나 후원하고 있다. 이 중 ❶부터 ❹까지는 기본적으로 높은 재능을 인정받은 학생들의 학년 진급 · 이행을 일반 다른 학생과 동일하게 두면서, 부가적으로 고도의 내용을 학습할 기회를 주는 방식이다. 이때 대상의 대부분은 최종학년 혹은 그 1년 전의 재적 고교생이다. ❶은 기본적으로 조기이수의 성과를 고교측이 인정하는 시스템이다. 고교에서 졸업 단위의 취득이 가속된다는 의미에서는 학년을 월반하고 조기에 졸업해서 대학에 진학 가능하게 하는 프로그램이다. 한편, ❷는 고교 단위의 인정도 대학 단위 인정도 없는 프로그램이지만, 내용적으로는 순수하게 본래의 '속진' 영재교육이 어떤 제약도 받지 않고 실시되는 방식이다. ❶~❹의 방식으로는 일반적인 소정의 연한

(年限)으로 고교생활을 마치게 되지만, 대학에 들어간 후 강의내용의 이해가 쉬워서 보다 효과적인 학습이 기대되거나 사전에 취득한 대학 학점의 이점을 살려, 일반보다도 짧은 기간에 졸업 가능하게 된다. 일본의 경우에도 '교육상 예외 조치'에 관한 제14기 중앙교육심의회 답신서(中教審答申)가 나온 후에 나고야대학, 교토대학 등에서 시행된 고교생 대학 일반과목 조기이수 프로젝트가 있는데, 이는 장차 ❹에 해당하는 방식을 의도한 조치이다(시행단계에서는 단위의 취득은 없다). 마지막으로 ❺가 속진 영재교육을 전형적으로 구체화한 방식이다. 이른바 대학의 조기입학이라고 불리는 것이다. 사립 존즈홉킨스대학과 주립 워싱턴대학은 이 방면에 장기간에 걸친 경험과 실적을 가진 곳으로 유명하다. 이 두 대학 외에도 영재교육 연구자의 인적 개발과 사업 확장 등에 의해, 미국 각지의 대학에서 오늘날 더욱 발전된 형태의 실천을 볼 수 있다.

그리고 전부를 언급하는 것은 불가능하지만, 대표적이라고 생각되는 4개의 실천에 대해서 간략하게 검토해 보자. 실천의 예로서 언급하는 것은 듀크대학 영재선발 프로그램(TIP), 존즈홉킨스대학 영재아센터(CTY), 워싱턴대학 조기입학 프로그램(EEP), 그리고 캘리포니아 주립대학 로스앤젤레스교 조기입학 프로그램(EEP) 등 5개이다. TIP가 ❶ 및 ❹의 예, CTY가 ❷의 예, 그리고 2개의 EEP가 모두 ❺의 예에 속한다. ❸의 AP에 대해서는 앞서 언급했기 때문에 여기에서는 생략한다.

2) 대학 영재교육의 실천 사례

(1) 듀크대학 TIP

듀크대학 영재선발 프로그램(Talented Identification Program: TIP)에서는, SAT 득점에서 기준에 드는 7학년(중학교 1학년)을 영재아로 인정하고, 여러 종류의 특전을 주고 있다. 대학생의 방학 기간을 이용해서, 듀크대학 캠퍼스에서 실시되는 하기 합숙 프로그램(SRP)의 참가자격 부여도 그 하나이다. SRP 합숙 프로그램은 SAT 수학 득점이 550점 이상, 언어 득점이 500 이상의 우수한 성적을 보이는 소년·소녀를 대상으로, 집중적으로 고속도의 교육을 제공하고, 고교 수준이라면 1년간에, 대학 교양 정도의 수준이라면 1학기 동안에 배울 양의 학습을 불과 3주간에 이수케 하는 것이다.

SRP의 한 학급은 15~20명 정도의 '칩스터즈'라는 아이들로 구성되고, 월요일부터 금요일까지 5일간은 매일 6시간, 토요일에는 3시간 수업을 받는다. 교사는 듀크대학 교수, 혹은 우수한 고교 교사가 맡는다. 그밖에 보조요원으로서 대학원생과 전에 칩스터즈로 참여한 대학생이 학생들을 돌본다. 원생과 학생은 대부분 아이들과 같이 대학 기숙사에 3주간 숙박한다. 이러한 수업 이외의 공동생활과 도서관 등 대학시설의 이용을 통해서, 칩스터즈들은 학구적인 세계의 잠재적인 사회화를 체험할 수 있는 것이다. 수업 내용은 인문과학, 사회과학, 자연과학 등 전 영역에 걸쳐 진행되고, 라틴어·중국어·일본어·법률학·경제학·철학·국제관계 등 고교에서는 이수할 수 없는 내용의 과목이 있다.

개강 기간은 매년 6월 20일 전후부터 8월 중반까지로, 그 사이에 각각 내용이 다른 3기의 세션이 행해진다. 또 듀크대학은 노스캐롤라이나주 대서양 연안에 해양 실험장도 가지고 있는데, 7월 말부터 8월에 걸쳐서는 거기에서 합숙과 현장연구 학습도 제공된다.

경비는 3주간 세션에 1,710달러, 해양실습으로 1,835달러이다. 다른 여러 가지 하기 합숙 프로그램과 비교하면, 특별히 비싼 것은 아니다. 참가자 수는 전 세션을 합해 매년 900명 정도이다. 합숙이기 때문에 관할하는 16주(州)뿐만 아니라, 그 외의 지역에서도 참가하고 있다.

TIP는 또 장차 세계를 리드할 영재아에게 글로벌한 의식을 체득시키는 것을 목적으로, 고등학생에게 해외에서 몇 주간의 학습기회를 제공하는 국제 하기 합숙 프로그램을 1988년부터 실시하고 있다. 교과로는 국제 관계, 역사, 경제학, 어학 등의 코스가 있다. 1991년은 포르투

갈(4주간, 30명), 영국(3주간, 30명), 중국(6주간, 15명), 독일(4주간, 4명), 일본(4주간, 16명), 이탈리아(3주간, 30명) 등 6개국에서 실시했다.

이어서 SRP처럼 탁월한 영재아를 대상으로 한 프로그램은 아니지만, 대학 예비강좌(Pre-College Program: PCP)에 대해서도 언급해 보자. 이 PCP는 11년차 수료(16~17세) 고교생, 혹은 SRP 코스에 참가하여 A 또는 B의 성적을 얻은 10학년 수료자를 대상으로 한다. 6월 초부터 8월 중반까지 6주간에 걸쳐 개강되는 합숙 형식의 세션이다. 참가에는 SRP와 같은 엄격한 선발은 없고, 하고자 하는 태도가 가장 중요시된다. 이 프로그램의 이점은 듀크대학의 교수에 의한 정규수업을 입학 전에 받을 수 있고, 게다가 그 단위(6~8학점)가 정규 단위(학점)로 인정된다는 점이다. 경비는 이수하는 과목에 따라서 다르지만, 6주간에 3천 달러부터 3천 5백 달러 정도이다.

듀크대학과 TIP에서는 그밖에도 주말 학습 프로그램(scholar program) 등 젊은이(어린이)들을 위한 교육기회를 제공하고 있다. 물론 그 모두가 영재아 교육 장르에 속하는 것은 아니고, 오히려 그 내용 면에서나 대상이 되는 학생들의 지적 능력 수준 면에서 우리나라 학원과 유사한 성격을 가진다. 여기에는 SMPY로부터 CTY가 분리 · 독립해서 사업을 확장한 것과 공통된 요소가 있다고 생각된다. 대학입학 예비반의 양과 질 양면의 조기확보라는 점에서, 재정적으로 어려운 대학의 생존전략이라고도 말할 수 있다. 듀크대학과 TIP의 경우에도, SRP 이외의 프로그램에서는 그러한 정황이 뚜렷하다. 또 SRP라고 해도, 물론 영재아 교육의 글로벌한 이념을 근저(根底)에 깔고 운영되고는 있지만, 과거의 SRP 참가자의 약 4%가 듀크대학에 진학한다는 사실에서, 말하자면 신입생 조기 확보라는 의도는 부정할 수가 없는 것이다.

(2) 존즈홉킨스대학의 STY

존즈홉킨스대학 영재아센터(CTY)에서, 프로그램의 중심은 하기 합숙 프로그램(summer residence program)이다. 프로그램은 6월부터 8월에 걸쳐 3번, 매서추세츠, 펜실베니아, 캘리포니아, 뉴욕 등 각 주와 스위스 주네브에서 각각 3주간의 합숙 강좌가 열린다. 또 같은 시기에 메릴랜드주 볼티모어에서 통학제 강좌가 열린다. 한 학급은 8명부터 18명(평균 15명), 연령적으로는 12세부터 16세까지로 폭이 넓다. 교사는 선발된 고교교사, 대학교수, 대학원생, 문필가 등의 전문가로서, 학급당 각각 1사람의 교사와 1사람의 조교가 붙는다. 1993년도에는 총 3천 5백 명 이상의 학생이 41개주, 35개국에서 참가했다.

경비는 국내 합숙 코스가 1,550달러, 주네브 해외 합숙은 2천 6백 달러였다. 당연한 일이지만, 볼티모어 통학 코스는 615달러로 매우 싸게 책정되었다. 과목은 수학, 과학, 정보과학, 인문과학으로 나뉘어 있고, 대학 교양과정 수준의 교재가 이용된다. 〈표 7-1〉에 나타난 것은 CTY 하기 합숙 프로그램의 일과표이다.

〈표 7-1〉 CTY 하기 합숙 프로그램 일과표

7:00 ~ 9:00	세면 · 아침 식사
9:00 ~ 12:00	오전 수업(미분적분학의 기초)
12:00 ~ 1:00	점심 식사
1:00 ~ 3:00	오후 수업(환경과학 실습)
3:30 ~ 5:30	단체 활동(박물관 견학)
6:30 ~ 7:30	저녁 식사 · 친목(親睦)
7:30 ~ 9:30	자습
9:30 ~ 10:30	친목 · 숙소 미팅
10:30	소등 · 취침

학습 내용으로는, 예를 들면 수학에는 「미적분 기초」, 「고등수학 입문」 같은 강좌, 과학에는 「환경과학」, 「고교물리속수(速修)」, 「유전발생학」 등의 과목이 개설되어 있다. 인문과학에는 「어원(語原)학」, 「논

리학」, 「라틴어」, 「일본 언어와 문화」, 「세계의 지정학」, 「심리학 입문」 등이 있고, 정보과학에는 「파스칼의 기초」가 있다. 이렇게 보면, 속수(速修) 과목을 제외하면, 거의가 대학 교양 과목에 속하는 내용인 것을 알 수 있다.

CTY의 영재교육에 대한 기본적인 방침은 '무제한' (no limitation)과 '최적의 처우(處遇)' (optimal match)이다. 어디까지나 개인 능력의 가장 효율적인 함양을 목적으로 하기 때문에, 나라와 주, 혹은 존즈홉킨스대학으로부터도 지원받지 않고, 영재센터의 경비(또는 기업의 후원금)만으로 사업을 진행하고 있다. 따라서 CTY는 『아메리카 2000』(부시대통령)에서 보여지는 연방교육성의 지침, 즉 개인의 능력을 최대한으로 신장시키고 국가에 봉사하여, 보다 훌륭한 미국을 만든다고 하는 입장을 취한다.

(3) 워싱턴대학 EEP

주립 워싱턴대학의 조기 입학 프로그램(Early Entrance Program: EEP)에서는 12~14세의 영재아를 정규 대학생으로 입학시키고 있다. 여기서는 영재교육에 대한 독특한 계획이 함축되어 있고, 그 특성은 미국에 널리 알려져 있다. EEP는 1977년 H. 로빈슨(H. Robinson) 등에 의해 시작되었고, 현재는 동료이고 반려자인 N. 로빈슨(N. Robinson)에 의해 계속 유지되고 있다. 학생의 모집부터 결정까지의 절차는 대학캠퍼스 내에 있는 영재아연구센터가 수행하고 있다. 이 센터의 목적은 영재아의 상호교류와 그에 적절한 교육프로그램을 제공한다는 것이다.

EEP에 있어서의 영재교육은, 먼저 희망자가 각자 워싱턴대학이 실시하는 SAT와 비슷한 프리컬리지 테스트(대학적성검사)를 받는 것으로부터 시작한다. 통상 이 검사는 고교 2~3학년이 치른다. 이 결과에다 면접, 지능검사, 작문 등의 심사가 더 있고, 매년 15명의 합격자가 결정된다.

합격자가 결정되어도 그들이 곧 정규 학생이 되는 것은 아니다. 전원이 우선 준비반(準備級, Transition School: TS)이라고 불리는 1년 과정에 재적하지 않으면 안 된다. 이는 아무리 지적으로 성숙해 있어도 사회성과 정서나 신체의 발달에서 꽤 차이가 큰 다른 대학생들 속에 들어가 바로 학습을 시작하는 것은 정신적으로 지나치게 부담을 주기 때문이다. 그래서 같은 경우의 지적 조숙아를 한동안 따로 모아서 입학 후에 적응의 조건을 갖추도록 장치한 것이다. TS는 준비과정이라고는 해도, 많은 수업료(연간 약 5천 8백 달러)가 든다. 사회적으로도 성숙할 수 있도록 가정적인 시설이 되어 있고, 또래 집단이 있으며, 심리학자나 워싱턴대학의 교수로 구성된 상담자도 있는 교육의 장(場)이다. TS 기간 동안, 학생은 부모의 집에서(그것이 무리인 경우는 친척이나 지인의 집에서) 통학하도록 하는데, 그것도 같은 배려에서이다.

TS의 학생은 연령적으로는 중학생이다. 따라서 적어도 고등학교에서의 학습내용의 많은 부분이 생략된다. 그러나 EEP에서는 잃어버린 중등교육의 내용을 다시 확보한다는 것에는 구애받지 않는다. 그보다도 대학에서 우수한 학습성과를 얻기 위해서 필요한 지식과 기능이 무엇인가 하는 관점에서, 필요한 과목들을 '압축한' 교육과정이 편성되는 것이다. TS에 있어서 교육과정 편성기준은 워싱턴대학의 것을 쓰고, 수학 · 문학 · 문장력 · 역사학 · 물리학 등의 과목이 중시된다. 또 학습하는 과목의 내용과는 별도로, 노트필기법과 시간관리 같은 학습기능, 그리고 최적의 학습 플랜을 갖기 위해서 대학과 상담하고 조정하는 '학습의 방법'에 관한 기술을 익히는 데 꽤 비중을 두고 있다. 모든 것을 학생에 맡겨버리는 우리의 실정과는 사뭇 다르다.

당연한 일이지만, TS에 있는 동안 공부는 꽤 벅차다. 예를 들면, 매일 수업에서 4~5시간의 지도를 받고, 집에서 숙제에 4시간을 소비하는 학습부담이 요구된다. 또 TS에서 배우면서 동시에 대학의 정규과목을 이수하는 것도 가능하고, 처음 가을학기와 겨울학기를 지나 봄학기가 될 때까지는, 대부분의 TS생이 적어도 1~2과목을 더 수강한다고 한다.

이러한 1년간의 TS 기간을 거치면, 탈락하든가 또는 다른 대학으로 코스를 옮기지 않으면, 이 지적 조숙아들은 그대로 워싱턴대학에 입학하여, 일반 학생들과 같은 대학생이 되는 것이다. 따라서 그 교육의 성과도 중요한 관심사가 된다. 조기 입학제를 시작하고부터 10년이 경과된 현시점에서, 영재아연구센터에서는 43명의 지적 조숙아가 어떻게 성장했는지에 대한 평가가 이뤄지고 있다. 이를 간단히 소개하면, 워싱턴대학을 그대로 졸업한 사람은 27명(63%)이고, 그 중 24명이 대학원과 고급전문학교에 진학했다. 이에 더해서 다른 10명(23%)이 타 대학으로 전학해서 졸업했다. 거의 90%가 대학에서 성공적으로 공부한 것이다. 이 중에는 18세에 수학 박사, 23세에 지구물리학 박사를 취득한 2명의 사례도 포함되어 있다. 한편 이에 반해 입학 후에 심각한 부적응을 일으킨 예도 7명(16%)이 보고되어 있고, 완전히 대학으로부터 탈락한 것은 단 1명뿐이었다고 한다.

(4) UCLA의 사례

UCLA에는 속진 영재교육 프로그램으로 두 종류가 있다. 하나는, 중등교육 재학생에게 대학수업 및 과목을 이수케 하는 심화교육적인 프로그램이다. 다른 하나는 중등교육을 수료하지 않은 사람에 대해, 대학 조기입학을 인정하는 속진 교육적인 조기입학 프로그램이다. 전자는 그 학습의 정도에 따라 두 개의 프로그램으로 나누어진다. 따라서 UCLA에서는 상시(常時)로 다음의 세 가지 영재교육 프로그램이 실시되고 있는 셈이다.

❶ 조기 수업이수 프로그램(ACE): 이 프로그램은 고등학교 상급 학년에 재적하고, 높은 능력을 보이며, 성적 평균이 B 이상인 학생을 대상으로 한다. 등록은 상담교사 또는 교장의 동의를 필요로 한다. 참가자는 대학의 정규수업을 매 학기 하나 내지 2개의 코스를 이수한다. UCLA에서는 오후 및 야간에 폭넓은 코스가 준비되어 있어서, 고등학

교 방과 후의 이수도 가능하다. 여기서의 취득 단위는 대학의 학점이 된다. 물론 무상은 아니고 각 학기 38달러의 수업료를 내지 않으면 안 된다. 이 프로그램은 1972년부터 계속 이어지고 있다.

❷ 예비수업 이수 프로그램(PACE): 이 프로그램은 ACE보다 어린 9~11학년(중학교 3학년~고등학교 2학년)의 영재아로 선발된 학생을 대상으로 한다. 등록은 교장 또는 고등학교 교사, 상담자의 확인 및 보호자의 동의가 있어야 한다. 이 프로그램은 단지 여름학기에 대학의 정규수업을 하나 내지 2개 이수한다. 여기서의 취득 단위는 대학의 학점이 된다. 비용은 ACE와 같다. 이 프로그램은 1976년부터 이어지고 있다. ACE, PACE 프로그램은 모두 대학의 정규수업을 그대로 개방한 단순한 영재 프로그램이다. 후기 중등교육 학생을 받아들이는 이런 방식은 캘리포니아주의 모든 대학에서 꽤 쉽게 찾아볼 수 있다. 그러나 초등학교와 중학교 단계의 아동 · 학생을 받아들이는 곳은 드물다. 참가자는 여름학기가 약 5백 명, 기타 학기는 약 50명으로, 양적으로는 거의 정체(停滯)된 상태다. UCLA가 있는 로스앤젤레스 종합 학구에서는 여름방학 기간을 단축하는 방침을 세우고 있고, 현재는 7주간뿐이다. 이에 반해 PACE는 10주간이기 때문에, 로스앤젤레스 학구로부터의 참가자가 감소되고 있다. 참가하는 사회계층은 다양한데, 가난한 가정의 아동도 다수 참가한다.

❸ 조기입학 프로그램(EEP): EEP는 1980년대 중반에 시작된 12~16세 학생을 대학 정규 학생으로 받아들이는 프로그램으로, 워싱턴대학의 EEP를 모델로 하고 있다. 현재 18명의 아이들이 이 프로그램에 참여하고 있다. 전공은 여러 가지인데 수학 · 물리학 · 심리학 등 난이도가 높은 과목이 압도적으로 많다. 매년 연소한 16세 아동이 졸업자격을 획득하는데, 그 중에는 16세에 박사논문을 제출한 아이와, 같은 16세에 대학 스피치클래스의 교수가 된 경우, 15세에 메디컬스쿨(의학전문대학원)에 들어간 경우 등 상식과는 동떨어진 탁월함을 보이는 아동도 여럿 있다고 한다.

영재아가 EEP를 선호하는 것은 일반 교실에서 지루해하던 아이들이기 때문에, 전문적으로 설계된 EEP 교실에서 활기차게 또래 친구들과 이야기하고 서로 장난칠 수 있는 분위기 때문이다. 그런 모습은 누가 봐도 좋은 것으로 느껴진다. 그러나 문제가 없는 것도 아니다. 일반 학생과 연령차가 크기 때문에, 교실에서 친구를 사귈 수가 없다. UCLA에는 30대 이상의 성인 학생도 많은데, 그들 속에 섞여 EEP 아이들이 학습하는 모습은 우리 눈에는 색다르게 비친다. 성인 학생도 자신들의 자식 같은 아이를 쉽게 받아들이지 못한다. EEP의 방 앞을 지나가던 40대 중반의 한 흑인 남학생은 "이 방 안에 있는 애는 귀신(신동)이에요" 하고 말한다. 캠퍼스는 때로는 이러한 아이들에게 위험하기도 하기 때문에 부모가 매일 등하교시키고, 기타 여러 부담이 매우 크다. 학구적 능력의 발달에 비해서 사회성이 따르지 못한다는 것도 문제가 된다. 그러나 이런 아이들은 일반 중학교나 고등학교에 들어가도 다른 학생과의 부적응은 해결되지 않는다. 조기입학 프로그램에는 많건 적건 이런 종류의 딜레마는 불가피한 것이다. 또 인종적 차별의 문제도 있다. 현재 흑인 재적자는 1명도 없고, 히스패닉(hispanic)도 극히 적다. 거꾸로 백인과 아시아계 아동의 비율은 높다. 그래서 주세(州稅)라는 공적 자금으로 운영되고 있는 프로그램이기 때문에 납세자들로부터 여러 비판의 소리가 있다.

8. 영재를 위한 교사 교육

1) 영재교육 담당자로서의 교사

(1) 미국의 공립학교 교사

지금까지 보아온 것처럼 영재교육의 '선진국'인 미국에서는, 실제로 다양한 형태의 영재교육이 수행되고 있다. 이런 배경에는 영재교육을 위한 우수한 이론이 발달돼 있다는 장점도 있다. 그러나 그러한 이론을 실천하는 '우수한 교사들'의 존재도 역시 간과할 수 없는 중요한 요인이다.

이제 미국의 다양한 형태의 영재교육을 담당하는 교사의 육성에 대해서 언급하기로 한다. 이에 앞서, 미국의 공립학교 교사의 양적인 상황에 대해서 살펴보자. 〈표 8-1〉은 공립 초등학교 및 중·고등학교의 교사 수, 성별, 학위 등에 관한 통계를 보여준다. 미국의 중등 교사의 약 47%가 학사, 약 46%가 석사, 약 5%가 전문가, 그리고 약 1%가 박사 학위를 가지고 있다. 그러나 연방교육성에서도 영재교육에 관계하는 교사의 수는 정확히 파악하고 있지 못하다. 특히 현재 여러 형태의 교육개혁이 진행되고, 여러 새로운 계획을 시작하려고 하는 다수의 프로젝트와 프로그램이 진행중이기 때문에, 현시점에서 영재교사의 정확한 수를 파악하기가 어려운 것이다. 현지에서 조사한 매그닛스쿨의 영재교사는 거의가 석사 이상의 학력을 가지고 있다. 또 1989~1990 학년도 공립학교의 영재교육에 관한 한 통계에 의하면, 약 198만 명의 아동이 영재교육을 받고 있다(National Center of Education Statistics, Department of Education, U. S. A, Digest of Education Statistics, 1993). 같은 해 공립학교에 재적한 아동의 수가 약 4천 54만 명이기 때문에, 이 중 적어도 약 5%(약 22만 명)가 영재교육을 받고 있는 셈이다.

〈표 8-1〉 미국 공립학교 교원

학위 / 급별	학년도	교원수	성별 (%)		학 위 (%)				
			여성	남성	학사이하	학사	석사	전문사	박사
전 미	1993/94	256만	72.9	27.1	0.8	52.0	?	47.3	?
초등학교	1990/91	146만	-	-	-	56.7	38.7	4.1	0.4
하이스쿨	1990/91	97만	-	-	-	46.9	45.5	5.2	1.2

(2) 영재교육 시스템에서 교사의 역할

영재교사는 교육실천 속에서 먼저 영재의 평가자(evaluator), 교육이론의 수행자, 그리고 조정자(coordinator)로서 다양한 역할을 하게 된다. 구체적인 역할을 좀더 언급해 보면 다음과 같다.

❶ 먼저 교사는 탐색단계에서 주로 ① 영재아의 발견, ② 영재아의 선정이라는 두 가지 과정에 관계한다. 즉 탐색검사의 실시, 부모와 아동의 면접을 통한 영재아의 발견과 선정이다. 영재아 선정은 교사와 교육위원회에서 파견된 전문가에 의해 수행되는 방법이 널리 채용된다. 그러나 최종적으로 교사의 의견이 중요시된다. 그리고 영재아의 선발에 사용되는 학년 표준검사의 작성에 관계하는 경우도 있다.

❷ 교육이론의 실천 단계에서는 주로 ① 영재교육 계획의 작성, ② 교육내용의 결정, ③ 교육방법의 결정, ④ 교육평가, ⑤ 상담, ⑥ 진로지도 같은 6가지 역할이 있다. 교육이론의 실천단계에 있어서, 교사의 역할 중 가장 중요한 것은 일반 교육과 마찬가지로 교육내용과 그 교육방법의 결정과 지도 및 평가이다.

❸ 영재교육을 담당하는 교사에게 중요한 역할의 하나가(일반 프로그램을 담당하는 일반교사의 경우 부모와의 상담 외에는 거의 없는) 연락 · 조정자로서의 역할이 더 있다. 영재교사는 다음의 여러 가지의 역할을 다하지 않으면 안 되는 것이다. ① 부모와의 연락 · 조정, ② 일반 프로그램 담당 교사와 상담교사와의 연락 · 조정, ③ 교육위원회와 영재아센터 등과의 연락 · 조정, ④ 교육관련 외부 기관과의 연락 · 조정, ⑤ 대학과의 연락 · 조정, ⑥ 영재아의 추수 조사연구 등이다.

(3) 영재교육의 과정에서 교사의 역할

일반 아동과는 다른 장소와 코스에서 배우는 영재아는, 때로는 소외감이나 불만을 느끼거나 혹은 정신적 및 지적 발달의 불균형에서 오는 정신적 · 육체적 부조화 증세에 빠지는 경우도 있다. 교사는 부모나 카운

슬러와 항상 연락을 취해서 함께 문제 해결을 하는 시스템을 구성한다. 영재아도 일반 아동과 마찬가지로 아이답게 자연스럽게 행동하는 학교 환경을 조성할 필요가 있다. 만약 문제가 생기는 경우에는 이 시스템을 통해 해결하지 않으면 안 되고, 조정자로서의 교사는 정신적 · 인격적으로 원숙한 경지에 들어야 한다.

영재교육의 방법과 내용도 일반의 경우와는 다르다. 지적 흥미가 강한 영재아의 특질을 살리기 위해 지식을 퍼주는 교육방법이 아니라, '문제 해결' 중심의 교육방법이 사용되기 때문에, 교사는 '감독자'가 아니라 '지원자' '조정자'가 되어야 한다. 지적 흥미가 강한 영재아의 질문에 대해서 정확한 대응을 해야 하고, 그래서 높은 지성과 학식, 전문 분야의 풍부한 지식과, 다양한 흥미를 통해 얻은 풍부한 타 분야의 지식이 필요하다. 문제 해결 중심의 교육을 하기 위해 자주 대학, 도서관, 박물관, 농장, 산업체 등 학교 밖의 여러 가지 시설을 이용 가능할 수 있도록 교사는 항상 다양한 제휴를 유지할 필요가 있다. 때로 교사의 능력을 초월하는 영재아의 요구에도 반응하기 위해서 교사는 영재아가 전문가나 연구가의 지도를 받을 수 있도록, 평상시에 연락과 제휴를 하지 않으면 안 된다. 이렇게 영재교육에 종사하는 교사는 항상 다방면으로 뛰고 연구해야 하기 때문에, 일반 교사에 비해서 더 많은 노력과 더 높은 자질이 요구되는 것이다.

(4) 영재교육 교사의 자질

다면적인 역할을 수행하는 영재교사에게는 일반 교사가 갖지 않은 보다 많은 자질이 요구된다. 이런 자질에는 정신적 · 심리적 · 사회적인 면, 교육적 · 기술적인 면의 두 가지 특성이 있다.

먼저 정신적 · 심리적 · 사회적인 자질로서는 다음과 같은 항목을 들 수 있다. ① 정신적으로 성숙되어 있다, ② 정서적으로 안정되어 있다, ③ 유연한 사고방식을 가진다, ④ 지속성이 강하다, ⑤ 집중력이 높다, ⑥ 겸손하다, ⑦ 솔직하다, ⑧ 주의 깊다, ⑨ 성실하다, ⑩ 통찰력 있다,

⑪ 사려성이 높다, ⑫ 남을 헤아리는 마음이 있다, ⑬ 믿음직하다, ⑭ 창의적이다, ⑮ 건설적이다, ⑯ 자제심이 강하다, ⑰ 자기반성적이다, ⑱ 실천력이 강하다, ⑲ 정력적이다, ⑳ 독립심을 가진다, ㉑ 자신감이 있다, ㉒ 영재아의 문제에 민감하다, ㉓ 유머감각이 있다.

한편 교육적 · 기술적인 자질은 다음과 같은 것들이다. ① 높은 지성과 학식을 가지고 있다, ② 전문 분야의 지식이 풍부하다, ③ 학문에 열의를 가지고 있다, ④ 타분야의 지식과 학식이 풍부하다, ⑤ 문화에 관심이 깊다, ⑥ 다양한 흥미를 가지고 있다, ⑦ 가르치기보다는 조정자의 기질이 있다, ⑧ 교실에서 감정을 표출하지 않고 정확한 행동을 취할 수 있다, ⑨ 교육을 위한 준비를 즐겨한다, ⑩ 가르치는 것을 좋아한다, ⑪ 전문적인 내용을 쉽게 설명한다, ⑫ 영재교육에 흥미가 깊고, ⑬ 일반학급에서도 높은 평가를 받는다.

위의 자질들은 일반교사의 자질로서도 바람직한 것임은 말할 나위도 없지만, 많은 영재교육 연구자들은 그 중에서도 정신적 성숙, 높은 지성, 전문 분야의 풍부한 지식, 다양한 흥미, 그리고 교육에의 정열이 가장 중요한 자질이라고 말하고 있다.

이런 자질들을 고려해서 일반교사 가운데서 영재교육에 적합한 교사가 선발된다. 그러나 많은 경우는 취임하기 전에 대학이나 교육위원회의 영재교육 코스에 관계하거나 적을 두고 필요한 지식과 기술을 장기간 습득 · 연마하는 것이 중요하다.

2) 영재교사 양성의 실제

(1) 양성의 개념

연방교육성은 미국 대학들의 교육학부 가운데 영재교육 코스를 두고 있는 대학은 100개 이상이라고 보고하고 있다. 〈표 8-1〉의 교사 학위 보유율이 보여주는 것처럼, 미국 교사교육의 주류는 학부교육으로부터 이미 대학원교육으로 그 중심이 옮겨졌고, 영재교사 양성에 있어서도 대학원이 주류가 되어 있다.

미국의 교육계열 대학원에서의 영재교사 양성의 컨셉은 어떤 것인가? 한 사례로서 애리조나대학 대학원 교육학 연구과와 특수교육 및 재활학과(rehabilitation) 영재교육 코스를 살펴본다.

❶ 학습, 교수(教授), 인간발달 등에 관한 다양한 이론을 이해한다.

❷ 각종 이론의 장단점을 적절하게 평가하고, 교수-학습 과정에 적용하는 능력을 기른다.

❸ 각종 미디어를 이용한 의사소통 기술의 개발과 그 사용 능력을 육성한다.

❹ 영재교사는 이하의 ⓐ~ⓗ에서 학생의 모범이 된다.

ⓐ 생애를 통해 학습하는 기쁨을 안다, ⓑ 새로운 사고방식을 존중한다, ⓒ 열의를 가지고 개인의 성장을 지원한다, ⓓ 개성의 차이를 존중하고 이해한다, ⓔ 학생이 주장하는 의견과 방식을 존중하고, 그것을 활용하는 능력을 육성한다, ⓕ 유연하게 사고한다, ⓖ 상대를 마음으로 받아들이고 존중한다, ⓗ 꾸준한 자기평가와 개선에 의해 자신의 목표를 성취한다.

❺ 영재아에게는 다양한 얼굴만큼 여러 가지 유형이 있다. 전통적으로 학력이 우수한 영재아와 마찬가지로, 색다른 재능을 가진 특수 영재아가 있다는 것을 이해한다.

❻ 영재아의 교육에 유익한 정보와 기술을 가능한 한 여러 가지 학술 분야에서 습득한다.

❼ 실천에 의한 학습은 모든 연령층과 발달단계의 학습자에게 중요하다.

❽ 영재아를 위한 프로그램의 중요한 내용이 '탐구 기능'의 발달에 있기 때문에, 영재아에게 연구방법과 과정을 지도할 수 있도록, 영재교사는 지속적으로 연구하지 않으면 안 된다.

❾ 대학원 학생(예비영재교사)은 영재아를 위한 교수방법과 상담을 연

마하지 않으면 안된다.

⑩ 지식도 중요하지만, 대학원의 교육은 특별한 목적을 위해 정보를 응용 · 분석 · 종합 · 평가하는 데 중점을 둔다.

⑪ 대학원생은 지도자로부터 피드백에 기초한 자신의 성과를 재점검하고, 개선하기 위한 많은 기회를 갖는다.

⑫ 학생 간의 상호작용도 교수와 학생의 상호작용과 마찬가지로 중요하다.

⑬ 대학원생의 중요한 책무는 후배에 대한 선배로서의 적절한 조언이다. 이것은 학생이 대학원에서 공부할 때는 물론, 수료 후에도 계속된다.

여기에서도 교육내용은 명백하게 교사의 역할과 자질에 기초하여 편성되어 있음을 이해할 수 있다.

(2) 교육의 과정

미국 대학원의 교육학과와 영재교육과는 교육학석사(MA, Ed. M) 교육학전문가(Ed. S), 교육학박사(Ed. D), 철학박사(Ph. D) 등의 과정이 있다.

'석사 과정'의 목적은 학사 학위를 가진 학생이 더욱 지식과 교육기술을 심화하고, 영재아를 위한 보다 좋은 교육 프로그램을 제공할 수 있는 유능한 교사로 기르는 것이다.

'교육전문가'(educational specialist) 과정의 목적은 ① 다른 코스의 석사 학위를 가진 교사를 유능한 영재교육 교사로 기른다, ② 영재교육에 관련한 사무적 능력 및 감독 능력을 가진 인재를 육성한다, ③ 영재교육 커리큘럼을 개발하는 능력을 가진 인재로 기른다, ④ 영재교육에 관련한 리더십을 가진 인재로 육성한다.

이렇게 실천 중심의 과정이기 때문에, 수료 후에는 주나 군의 교육경영 관리자나 교육자를 육성하는 부서에 취직하고 있다.

'교육학박사' 과정의 목적은 실천에 중점을 둔 경험이 풍부한 영재교육자의 육성에 있다. 수료 후에는 주나 군의 영재교육의 지도자적 위치에 서는 경우가 많다.

'철학박사' 과정은 영재교육 전문연구인의 양성을 목적으로 하는 과정이다.

〈표 8-2〉는 애리조나대학, 버지니아대학, 컬럼비아대학에서 영재교사 과정의 수료요건에 대해 보여준다. 이것을 보면, 우리의 대학원 교육학의 수료 조건이 일반적으로, 석사과정에서 30단위의 강의 이수와 종합시험 및 석사논문, 박사과정에서는 20단위의 강의 이수와 종합시

〈표 8-2〉 미국 대학원의 교육연구과의 각 과정의 수료 요건(숫자는 학점단위)

과정	코스	애리조나대학 교육학 연구과	버지니아대학 컬리지	스쿨컬럼비아 대학 교원 컬리지
석사	M. A	36+실기시험 or 32+석사논문+구술시험	30+실시교육+석사논문	32+석사논문
	Ed. M	-	-	60①
전문가	Ed. S	구술시험+64+필기시험②	66+종합시험③	
교육학 박사	Ed. D	54+필기시험+박사논문+구술시험	54+종합시험+종합발표+4년이내 실습 6+연구 6+박사논문④	90⑤
철학 박사	Ph. D	54+필기시험+박사논문+구술시험	42+박사논문	75+박사논문

① 60 중 30은 M.A 또는 M.S로 취득한 단위

② 64 중 4는 영재교육 관련 과목이 아니면 안 됨

③ 66 중 36은 석사과정 단위, 나머지 30 중 18은 해당 과정에서 취득함

④ 54 중 30은 석사 및 전문가 과정 단위, 나머지 24는 15개월 이내에 이수함

⑤ 90 중 45는 석사 및 전문가 과정 단위, 나머지 5는 신규로 취득함

험 및 박사논문인 것과 비교해, 매우 엄격하다는 것을 이해할 수 있다.

미국의 대학에 있어서 영재교사 양성의 예로서, 컬럼비아대학 교원 컬리지의 교육내용을 소개하고, 다시 군이나 학교 구에서 현지교원들을 연수시켜 영재교사로 양성하는 예로서 메릴랜드주의 예를 소개한다.

컬럼비아대학 교원 컬리지는 고등교육 기관으로서, 영재교육에 종사해 온 가장 긴 역사를 가진다. 1920년대에 홀링워스(Leta Holingworth)는 지적 능력과 기타 특별한 능력을 가진 영재아의 연구, 또는 영재교육자의 양성을 시작했고, 뒤에 영재아를 위한 실험학급(Speyer School)을 조직했다. 홀링워스의 사업을 이은 패소우(Hary A. Pssow) 교수는 1950년대부터 60년대에 걸쳐 「재능 있는 젊은이 프로젝트」를 개시했다. 이어서 유명한 영재교육가 테넌바움(Abraham J. Tannenbaum) 교수는 1970년대부터 80년대에 걸쳐 졸업생 지도력 함양 프로젝트를 시작했다. 이 기간 동안 많은 교원이 영재교육을 위한 이론의 확립과 연구의 발전, 교육의 혁신 등에 기여했다. 현재 교육 컬리지에서 영재교육자의 양성과 영재교육 연구에 관계하고 있는 기관은, 영재아 연구 · 교육 센터와 특수교육전공과(科)의 영재아교육 전문 과정 둘이다.

영재아 연구 · 교육 센터의 주요 역할은, 영재아의 특질과 교육에 관한 연구 및 영재교육에 관련한 학교 구, 각종 기관, 개인 등으로부터 폭넓은 교육상담과 질문에 대해 회답하는 등의 교육서비스 제공이다. 예를 들면, 영재아를 위한 학교 프로그램의 설정, 그 프로그램을 각 학교의 실정에 맞도록 수정하는 지원, 학교구가 개발한 학교 프로그램의 평가, 영재아 선발법의 개발, 장 · 단기의 현장 교사를 위한 프로그램 개발, 학생 중에서 영재아를 찾아내기 위한 검사의 작성과 그 결과의 평가, 혹은 각 학생을 위한 지도계획의 작성 등이다.

교육실천 활동으로서는 토요일의 심화코스, 영재아 부모를 위한 세미나, 영재아를 위한 홀링워스 하계학교, 홀링워스 프리스쿨, 각종 전문적 워크숍 개최 등이 있다. 영재교육에 관심이 있는 교원 컬리지의 학생에게 현장체험을 통해 영재교육의 실천을 가르치는 것도 센터의 중요한 역할이다.

석사과정 영재교육 코스의 목적은 프리스쿨부터 고등학교까지의 영재아를 위한 프로그램 개발과 영재교육자의 양성이다. 이 코스는 현장에서 영재교육 실천에 초점이 맞춰진 강의 및 현장교육으로 구성되고, 영재아의 심리와 교육에 관한 기초지식을 가르친다. 실습과 현장교육은 앞에 서술한 센터, 뉴욕 시립대학 헨터컬리지 내의 캠퍼스스쿨 등에서 행해진다. 전체 강의는 5개의 요소로 구성되고, 그 중의 두 가지는 영재교육 프로그램의 핵심이 되는 부분으로, 영재아의 특질 및 영재교육에 대한 강의이다. 그 외에는 발달심리학, 계량심리학, 교육철학 및 특별한 영역의 강의 등이다. 특별한 영역의 강의란 미술 및 미술교육, 컴퓨터화와 교육, 수학교육, 심리교육, 사회교육, 국어교수법 등의 강의이다. 그리고 실습과 실기, 석사과정의 총정리로 주제를 연구 · 발표케 한다. 대부분의 학생은 전공하는 과정의 교과에 있어서, 영재아를 위한 커리큘럼 개발을 수행한다. 마지막으로 석사논문을 제출하면 과정을 수료한다.

박사과정 영재교육 전공과의 목적은, 급속히 발전하는 이 분야의 지식과 기술을 연구하고, 영재교육 및 그 실천의 리더를 양성하는 데 있다. 박사과정에 있어서 주요과목의 강의, 전문세미나, 현장교육, 연구방법 등 영재교육에 대한 전문적인 강의와 관련 분야의 강의, 교육 일반에 관한 강의 및 학위논문이 필수적이다.

이어서 현직교사의 연수를 통한 영재교사 양성의 사례로서, 메릴랜드주 프린스조지군의 경우를 살펴보자. 프린스조지군에서는 초 · 중등교육의 매그닛스쿨에서 영재교육에 종사하는 교사의 교육과 연수가 행해지고 있다. 군교육위원회는 군립 커뮤니티컬리지의 협력을 얻어, 연 3회의 영재교육자 양성 및 재교육 프로그램을 실시하고 있다. 이 프로그램에는 각 학교에서 영재교육에 관심을 가지는 교사와 현재 영재교육에 종사하고 있는 교사가 영재교육에 관한 지식과 기술을 배우고 연수하기 위해 참가한다. 프로그램 참가의 최종 결정은 각 학교장에게 위임되어 있다. 강의는 매주 화요일 저녁 오후 6시부터 9시까지 3시간을 한 세션으로 해서 총 15세션이다. '특별한 욕구가 있는 학생의 학습지도' 라는 주제의 강의내용은 영재아의 특질, 영재아를 위한 커리큘럼, 영재아의 문제점 등 세 가지가 큰 줄기를 구성한다.

이상 대학원의 여러 과정과 현직교사를 대상으로 하는 군의 영재교사의 양성 및 재교육에 대해서 언급했다. 영재교육이 사회에 널리 인식되어 있는 미국에 있어서는, 많은 영재교육자의 양성과 재교육이 행해지고 있음을 이해할 수 있다. 특히 어느 기관에서나, 심화교육 프로그램 같은 영재교육의 실천과 영재교사의 양성 프로그램이 유기적으로 포함되어 있고, 섬세한 상호의존 관계가 형성되어 있다는 것을 알아볼 수 있다.

02 영재판별의 중요성과 예술영재

송인섭 / 숙대 교수, 한국교육평가학회장

1. 한국 영재교육의 현재와 반성

1) 외국의 영재교육에 비추어 본 우리의 모습

미적분 수학 문제를 술술 풀고, 영어 듣고 이해하기가 기본생활인 7살짜리 아이가 검정고시를 통해 초등학교를 건너뛰고 상급학교에 진학할 수 있을까요? 우리 교육제도 아래선 불가능합니다. 이 아이의 부모가 행정소송을 냈습니다.
지난 달 취학통지서를 받은 7살 송유근 군. 유근이의 하루는 인터넷으로 미국의 인권운동가 마틴 루터 킹 목사의 영어 연설을 들으며 시작됩니다. 2차 방정식 정도는 쉬운 문제. 고등학생도 쩔쩔매는 미적분까지 유근이는 술술 풀어갑니다.
친구들보다 너무 뛰어나서 유치원도 '왕따' 때문에 그만 둔 유근이. 유근이가 누나를 통해 보는 학교생활은 그다지 신통치 않습니다.
〔송유근(7세): 친구가 친구를 때리구요. 효정이 누나는 매일 시시한 숙제만 하구요. 그래서 학교가 싫어요.〕

보다 못한 부모는 지난해 7월부터 영어와 수학, 천문학을 가르쳤습니다. 발레리나를 꿈꾸는 유근이에게 발레와 피아노 연습도 중요한 학습 일과입니다. 〔박옥선: 얘가 무슨 공부만 하는 것 같지만 발레, 음악회 활동을 더 많이 하거든요. 집에 있으니까 다른 애들보다 공부에 매달리는 시간보다는요.〕
부모는 아들을 학교에 보내는 대신, 당장 검정고시를 보게 해 달라고 요청했습니다. 박옥선/송군 어머니: 얘가 지금 들어가서 곰 한 마리, 곰 두 마리 세고 있어야 되니까. 편안한 게 아니라 얘한테는 고문일 수 있죠.〕 하지만 교육당국은 의무교육을 들며 만 12살 이전의 검정고시는 불가능하다는 답만 되풀이합니다.
〔박재윤/교육인적자원부 학교정책과: 의무교육의 취지는 지식만이 아니라 사회성을 가르치는 것으로 국민들은 누구나 자녀를 학교에 보내야 합니다.〕 결국 유근이의 부모는 검정고시의 연령 제한을 풀어달라는 행정소송을 제기했습니다. 이것이 우리 교육의 현주소입니다(SBS 2004, 2, 28. 8시 뉴스 '영재 학교 안 보낸다').

때로는 지나쳐버릴 수도 있는 짧은 이 스케치는 한국의 영재교육의 현주소의 한 단면을 제시하고 있는 듯하다. 많은 경우, 한국의 영재들은 이러한 이야기의 당사자로 꽃을 피우지 못하고 의미 없게 시드는 것이 아닌가 하고 생각하면서 오늘의 한국교육의 한 단면을 생각해 본다.

영재의 특성은 지적 · 정의적 · 성격적 측면 등등에서 다양하다. 그러나 그 중 특별한 것은 조숙성이라는 측면에 초점을 맞출 수 있다. 조숙성은 신체적인 연령에 비해서 다양한 지적 특성이 3년 또는 5년 이상 빨리 성장하고 있다는 것을 말한다. 그러나 일반적으로 우리가 가지고 있는 역사적 인식의 개념은 신체연령에 따른 정신연령의 고정관념이다. 이러한 고정관념에서 좀 이탈될 때 그를 문제아로 또는 부적응아로 보는 경우가 있다. 그래서 가능하면 우리는 우리가 가지고 있는 고정관념 속에 모든 학생을 단일 집단으로 묶으려는 의식과 강박관념을 갖고 있다.

여기에 바로 영재교육의 큰 장벽이 있다. 우리가 이 같은 문제점을 어떻게 해결하느냐에 따라 새로운 영재교육의 가능성 여부가 결정된다고 볼 수 있다. 이러한 문제에 대한 인식이 최근 조금은 바뀌고 있지만 더 근본적인 제도와 실제에서 대전환이 요구된다.

더욱이 지금까지 많은 영재아동들 대부분이 과거에 신동(神童)이었다는 사실 외에 특별한 점이 없는 보통사람으로 성장한 결과를 낳고 있는 것이 우리의 역사가 아닌가 한다. 많은 경우 기본 영재교육마저 받지 못한 아이도 많다. 이에 대비되는 한 예를 외국의 경우에서 찾아보고자 한다.

10살 때 대학에 입학해 9년 동안 학부와 대학원 석박사 과정을 마친 올해 19살짜리 소년이 아칸소대에서 물리학 박사학위를 취득했다. 화제의 주인공은 존 카터로 4살 때 이미 읽고 쓰는 것을 익혔으며, 9살 때 대학 기초수학과정을 모두 이수했다. 카터의 부모는 카터가 10살이 되는 해에 핵물리학자 그레그 베일에게 보내 배우도록 했으며, 초등학교 4학년 나이에 대학생이 된 카터는 학교

당국으로부터 정상적인 나이의 학생에 비해 훨씬 더 우수한 학생으로 인정받았다. 카터는 미주리주 네오쇼에 있는 크라우더 컬리지에서 올 여름학기부터 교수로 일할 예정이다(중앙일보 5. 15).

존 카터의 삶의 성장 과정을 보고 우리는 무엇을 느끼고 있나? 무엇을 생각해야 하는가? '10살에 대학입학', 그리고 '19살에 물리학 박사 취득'. 일반적인 나이의 학습과정과 비교해 볼 때 이는 가능한 것인가? 19살에 박사학위라니? 조숙한 존의 모습을 통하여 영재교육의 한 모습을 볼 수 있다. '9살 때 기초 수학과정을 모두 이수'. 이 또한 일반적인 교육현장에서 볼 수 있는 일인가? 쉽게 접할 수 있는 일련의 교육과정이라기보다는 조숙성과 자생성의 특징을 볼 수 있다. '10살에 그레그 베릴에게 보내 배우도록' 했다. 이는 특별한 교육환경 제공을 의미한다. '19살의 대학교수 임용계획'은 자신의 자아실현과 자기가 속한 집단에 대한 기여가 아닌가? 이 같은 진성 영재교육이 우리도 가능한가?

우리의 경우와 외국에서의 한 꼬마의 학습 및 성장과정을 보면서 우리는 많은 생각을 하게 된다. 우리 스스로에게 질문을 해보자. 우리도 종종 무엇에 특별한 능력이 있다는 영재의 출현에 대해서 듣고 또 들은 경험이 있다. 잠깐의 관심을 보이고 뒤에는 특별한 의미가 없었다는 식으로, 지나간 뉴스 정도로 우리의 뇌리를 스쳐간 많은 한국적 사건과 비교해 볼 필요가 있다. 아니, 그 가능성을 차단하는 우리의 의식과 제도에 어떤 한계가 있음을 우리는 확인할 수 있다.

한 아이가 갖는 영재성은 유전적 특성도 있지만, 교육적 환경에 따라 지속적으로 변한다. 터먼 교수는 1920년경에 지능지수 135 이상의 11살 영재 1,500명을 3년간 추적 연구하였다. 그 결과 지능 자체는 한 사람의 성공을 보장할 수 없었고, 교육환경이 어떠하냐에 따라 성취를 하거나 실패할 수 있음을 알게 되었다. 러시아 학자 바바에바는 타고난 영재의 25%는 아예 발굴되지도 못한 채 사라진다고 주장한 바 있다.

영재는 또래의 보통 아동과는 학습특성이 매우 다르다. 따라서 보편적인 교육내용과 교육방법으로는 학교생활에 잘 적응할 수 없다.

특히 21세기는 국민의 지식정보 창출 능력이 국가의 존립까지 결정하는 정보화시대이다. 영재들의 가능성을 사장시키지만 않아도 우리의 정보창출 능력은 수십 배로 증가할 수 있다. 우리는 언제까지나 영재교육을 남의 일로 방치해야만 하느냐 하는 자성이 필요한 시점이다.

2) 인간의 특성상 영재교육은 필요하다

교육에 대한 개념은 교육을 생각하는 개인의 철학과 관점에 따라 다양하고 때로는 상충되는 논의가 가능하다. 그러나 교육의 핵심적 대상은 '인간' 이라는 점에서는 큰 이견이 없는 것 같다. 또 하나는 그 인간의 '변화' 에 대한 관심이다. 이 둘의 통합을 '인간 자아의 형성' 이라 할 수 있을 것이다(송인섭, 1996).

'인간 자아의 형성' 에서 교육학이 영재교육에 관심을 가져야 하는 이유는 이렇다. 첫째, 교육학이 인간을 보는 관점에서 찾을 수 있다. 교육학은 인간특성을 '정상분포' 로 설명하고 있다. 교육학자들은 인간에 대한 본질적 질문 중 하나를 개인차에 관한 영역으로 본다. 개인차에 관한 연구는 하버드대학의 성장 연구, 버클리대학의 성장 연구 등과 같은 장기간에 걸친 계속적인 연구가 그 뒷받침이 되고 있다. 좋건 싫건 개인차는 어느 행동 특성이든 존재하는 특성이며, 그것이 유전적인 변인이건 환경에 의해 형성된 변인이건 관계없이 보편적으로 관찰할 수 있는 현상이다. 이 같은 학생들의 개인차의 수준과 특성에 맞는 개별화된 교육이 바로 영재교육이다.

그래서 영재교육은 한 개인의 특수한 특성에 맞춰 교육목적 및 학습경험을 세워야 한다는 일반적인 법칙에 따라 어떠한 학생인가, 학생의 특수한 요구가 무엇이며, 교과목에 관련된 특수한 요구는 무엇인가? 학생의 현재 및 미래의 요구에 부응하기 위해서는 어떠한 이론을 내놓아야 하는가? 현재 학생이 가지고 있는 특수한 문제는 무엇이며 미래의 문제는 무엇인가 등에 대해 '영재학'은 제대로 답해야 할 것이다.

둘째, 영재교육은 기회균등과 교육에서의 정의의 원칙 속에서 의미를 찾아야 한다. 경쟁과 관련하여 기회균등의 원칙은 학생의 필요에 따라 주어져야 한다는 것이고, 또 각 학생에게는 그 개인에게 적합한 보상적인 대우가 따라야 한다는 것이다. 한 개인의 성장을 조성하려면 선택 과정을 통해서 그 나름으로 발전해 나갈 수 있는 길도 열어주어야 한다. 이러한 근거 위에서 볼 때, 영재교육의 타당성은 정상분포상에서 한 개인의 위치에 맞는 교육을 받을 수 있다는 학습자의 권리 면에서 교육적 의미를 찾을 수 있다.

셋째, 각 개인이 갖고 있는 흥미와 장점을 찾아 자연스럽게 계발시켜 주자는 입장이다. 이것이 저학년에 갈수록 강조되고 있어 유치원 수준에서의 영재교육은 다양한 교육환경 속에 한 개인을 자리잡게 하고 그의 흥미와 적성에 따라 자신이 가지고 있는 잠재 가능성을 극대화하도록 하고 있다. 이때 이들은 다양한 방법으로 선발된 학생들이라는 점에서 일반 학교 학생들과 차이가 있다.

2. 영재교육에 대한 인식과 실제에 대한 변화의 필요성

1) 단일 차원에서 분화 차원으로

영재교육을 한 개인이 처한 사회 · 문화적 환경의 상황과 관련해서 논의할 필요가 있다. 영재교육은 진공상태에서 논의될 수 없다는 말이다. 물론 영재교육의 기본구조는 언제 어디서나 동일하다고 볼 수 있다. 언제 어디서 왜 되느냐에 대한 강조는 시간적인 차원과 상황적인 차원에서 영재교육에 대한 논의를 말한다. 영재교육은 시간적, 그리고 상황적으로 일관성 있어야 한다는 전제는 이미 받아들여지고 있다.

그러나 영재교육을 위한 내용에서의 강조점은 시간과 상황적으로 달라질 수 있다. 영재교육이 가지고 있는 기본 특성은 일관성이 있으나, 언제 어디서 어떠한 모습으로 강조되느냐는 상이할 수 있다는 또 하나의 전제가 필요하다. 영재교육의 시간적 · 상황적 일관성을 너무 강하게 전제하면, 우리는 영재교육의 여러 특성에 대해 너무 정태적인 생각에 빠지기 쉽다. 그러나 이러한 정태적 시각은 바뀌어야 하고 교육의 여건 속에서 시간이라는 개념이 중요한 명제로 대두될 수 있다.

정보산업사회라는 시점과 상황에 비추어 영재교육을 생각해 볼 수 있다. 분명히 21세기는 20세기와 시간의 연속선상에 있지만 많은 차이를 미래학자들은 예측하고 있다. 그렇다면 영재교육도 현존하는 영재교육을 보면서 앞으로의 영재교육은 어떠한 형태가 강조되어야 하느냐를 생각해 볼 차례다. 물론 시간과 상황은 우리의 몫이 아니다. 이는 주어지는 것일 뿐이기 때문이다. 그렇다면 우리의 몫은 그 시간과 상황에 맞는 영재교육의 개념화이다. 이 문제는 앞에서 정보사회 구조의 설명에서 정보사회의 인간성과 관련시켜 이미 논의한 바 있다.

우선 영재의 개념을 보면, 영재성에 대한 초기의 연구에서는 일반적으로 영재성의 개념 규정이 '지능'이라는 단일 요인에 근거하여 이루어졌다. 그러나 지능검사가 갖는 타당성과 지능검사에 포함된 특성의 제한성에 대한 문제가 있기 때문에, 영재의 다양한 특성을 측정하는 도구로서 현재의 많은 지능검사는 한계가 있다는 점이 지적되고 있다. 지능 요인을 좀더 넓게 보아야 한다는 제안으로 길포드(Guilford)의 인간의 지적 능력의 구조적 모형, 게젤스(Getzels)와 잭슨(Jackson)의 지능과 함께 창의성도 포함되어야 한다는 주장, 가드너(Gardner)의 다중지능 이론 등이 있다.

미국 교육성도 영재를 지적 · 창의적 · 특정 학문적 · 지도력 또는 예체능적 영역에서, 높은 성취의 증거가 있는 잠재능력을 지닌 아동으로 보고, 적용 여하에 따라 학령전 및 저학년에서도 판별할 수 있다고 하였다. 또한 영국의 교육과학성에서는 영재를 지적 능력이 우수하다고 인정되거나 지능검사에서 IQ 130 이상인 자, 어려서부터 성취 수준이나 학업성적이 탁월하고 특정한 발달 정도를 나타내는 자, 그리고 교과 영역이나 음악 · 운동 또는 예능 분야에서 월등한 성취를 이룰 것으로 기대되는 자로 보고 있다. 렌줄리는 평균 이상의 능력 · 과제 집중력 · 창의성의 세 요소를 도입하고, 이 세 요인이 동일한 비중으로 고려되어야 한다는 점을 강조하였다.

스턴버그(Sternberg, 1985)는 영재성을 그의 실천지능 이론인 "요소적 하위이론으로 설명하면서 지적 행동을 계획하고, 수행하고, 평가하는 데 필요한 심리적 과정과 기제를 구체적으로 제시하여 지능을 정의한다." 스턴버그는 여러 하위이론에서 나타나는 능력들이 어떻게 조합되는가에 따라 여러 가지 형태의 영재성이 나타날 수 있다고 주장하였다. 스턴버그에 따르면 "이 삼위이론은 지금까지의 어떤 이론보다도 광범위한 영재성을 포함하게 되며, 집착력과 창의성까지도 고려한 영재성을 정의하게 된다"고 주장하였다. 데이비드슨 교수는 스턴버그의 요소적 하위이론을 빌려 영재성을 '통찰력'으로 정의하였다.

갸네(Gagné, 1991)는 "영재성은 인간의 적성 중 한 가지 이상의 영역에서 평균 이상으로 타고난 능력을 말하고, 특수재능은 인간 활동의 한 가지 이상의 분야에서 나타나는 평균 이상의 성취를 말한다"고 하였다. 그러므로 어린 아동에게서 나타난 영재성이 특수재능으로까지 발전하는 데는 흥미 · 집중 · 집착력과 같은 동기적 측면과 자아존중감 · 자신감 · 자율성과 같은 성격이라는 두 가지 개인 내적 촉진제가 있어야 한다. 이러한 개인적인 요소는 잘 갖추고 있다고 하더라도 기회가 주어지지 않으면 안 되므로 가정 · 학교 · 사회의 환경적인 요소가 이런 적성을 계발하는 데 촉진제 역할을 해야 한다.

이상의 영재의 개념화 과정에서 나타나는 새로운 영재교육 패러다임의 특징은 영재성을 '단일' 개념에서 '분화된' 개념으로 보는 것이다. 이론적으로 분화에 대한 개념은 오래 전부터 논의됐으나, 현장에서 실제로 적용된 경우는 드물다. 이는 분화개념의 모호성과 현장적용에 필요한 준비 부족 때문이다. 그러나 현장에 정착시키기 위한 노력은 계속될 필요가 있다. 이는 영재의 개념을 비네(Binet)식의 단일 지능지수라는 한 가지 요인이 아니라 여러 요인에 의해 정의하려는 경향과, 생산적인 성취수준으로 보고 있음을 의미한다. 더 나아가 영재교육의 궁극적인 목적은 아동이 잠재능력과 창의성을 발휘하여 나름으로 가치 있는 업적을 이룰 수 있도록 이끌어 주는 데 있다는 것을 강조하고 있다.

2) 일반성에서 특수성으로

"학문적 영재아는 학교의 모든 과목에서 영재성을 나타내는 일반 지적 능력 요인에서 우수한 아동을 말한다"는 지금까지의 주장은 영재교육에 대한 하나의 신화일 뿐이다. 터먼(Terman)의 이 같은 전통적 개념은 '영재'라는 탐구 대상에 포함시키고 있었던 인식의 영역과 범위가 지나치게 일반성에 의거하고 있기 때문에 다양성이 결여된 경향이 있다. '영재교육'이라고 하면, 학생들의 종합적 학업성취 및 지적 능력에 관한 수준과 질을 파악하고, 그 기초 위에서 교육을 한다는 그런 시각은 한 개인이 가지고 있는 다양한 특성에 대한 변별적 접근의 가능성을 차단하였다. 예컨대 단일화된 지능지수를 중요한 준거로 보는 종래의 시각이 단적인 경우이다.

앞으로 영재성은 영역 특수성으로 정의될 수 있다. 인간의 특성을 나타내는 지표는 균일특성 지표(even profiles)라기보다는 비균일특성 지표(uneven profiles)이다.

모든 학문적인 영역에서 골고루 영재성을 나타내는 아이는 비교적 드물다. 그래서 차라리 영재성은 어떤 영역의 특수성으로 개념화될 필요가 있다. 비균일특성 지표는 균일특성 지표보다 좀더 한 인간의 특성을 나타내는 일반적인 지표인 것 같다. 수학과 언어능력에서 모두 우수한 학생보다는 그 중 하나에 우수한 학생이 더 많은 것으로 밝혀지고 있다. 그러나 두 능력에서 우수한 학생도 종종 발견되는데, 이는 높은 언어능력의 전략을 수학에서 그대로 사용하기 때문인 것으로 보인다. 대개는 한 영역에서 우수한 어린이들이 종종 다른 영역에서는 지진아인 것으로 나타나는 경우가 더 많다(Ellen Winner, 1966).

인간의 특성은 환경과의 상호작용을 통해서 계발되고 분화된다. 특히 21세기의 삶의 환경은 우리의 예측이 거의 불가능할 정도로 급변하고 있다. 우리가 가지고 있는 현재의 인간의 특성에 대한 가정과 연구 결과는 좀더 다양한 특성으로 재개념화될 것이다. 그리고 한 개인이 갖는 특성도 강 · 약으로 변별적 의미를 갖게 될 것이다. 사람들이 모든 면에서 영재성을 발휘하기보다는 한 가지 분야에서 영재성을 보일 수 있다는 의미이다. 그러나 이들에 관련된 이론적 연구가 아직 미흡하고 더욱이 현장에서는 적용이 안 되고 있다. 이 문제는 앞으로 계속 논의해야 할 부분이다.

3) 뛰어난 IQ에서 다측면으로

지금까지 영재성은 IQ 지표의 높고 낮은 지수에만 주로 의존해 왔다. 그러나 뛰어난 IQ를 가지고 있지 않은 음악, 미술 등의 특수 분야에서도 영재아를 찾을 수 있다. 미술영재아는 IQ가 79~133의 범위이고 평균이 107이고, 음악영재아는 IQ가 95~139 사이를 나타내고, 평균이 121이라고 보는 이도 있다.

뛰어난 지능지수를 가지고 있지 않은, 음악과 미술 분야의 영재들을 무수히 볼 수 있다. 지능지수는 높지 않으나 그들은 영재의 고유한 특성들을 갖고 있다. 즉 영재이다. 극단적으로 낮은 지능지수를 가지고 있음에도 불구하고 그들은 뛰어난 피아노 연주, 뛰어난 그리기, 계산하기 등의 특별한 재능을 가지고 있다.

20세기는 비네식의 지능지수의 시대였다고 볼 수 있다. 20세기를 지배하던 사회구조는 우수한 지능지수를 가진 사람을 필요로 했다. 그러나 지능지수가 갖는 한계성은 이미 인간능력의 측정학에서 밝혀지고 있다. 그 지수는 인간특성을 제대로 포괄하지 못해 인간에 대한 정확한 설명을 하지 못하고 있다. 특히 영재판별의 준거로 단순한 지능지수를 고집하는 것은 영재에 대한 패러다임의 변화를 가로막는 결과를 낳는다. 영재의 개념과 판별에서 비네식의 지능지수로부터 해방될 필요가 있다.

지능을 영재아 판별의 한 부분으로 보더라도, 지금까지의 전통적 준거에 따라 지능지수 정상분포에서의 5% 내외로 볼 것이냐, 아니면 생산성을 준거로 하여 다양한 지적 · 정의적 특성을 포함하는 종합적 판별기준에 따를 것이냐 하는 무수한 논의를 필요로 하기 때문에, 영재의 개념과 판별은 여전히 숙제로 남아 있다.

영재판별 방법도 다원적 과정으로 연결될 필요가 있다. 특히 실제 판별 시에 양화와 질화하는 과정에서 타당한 자료의 수집방법이 도출될 필요가 있다. 더 나아가 이론과 실제의 차이가 크다는 것도 유념할 필요가 있다. 결국 다특성 · 다방법 접근이 요구되고 있다.

4) 영재의 정서적 건강에 대한 관심

지금까지 영재아는 일반적 아동들보다 적응을 좀더 잘하고 인기가 있으며 행복해한다고 설명되고 있다. 터먼은 자신이 연구 대상으로 했던 표본 집단의 정서상태가 긍정적이며 건강한 것으로 제시하고 있다. 이 때의 IQ 평균은 135 정도였다.

그러나 터먼이 연구집단으로 선택한 결과를 얼마나 일반화시킬 수 있느냐가 문제로 제기될 수 있다. 홀링워드(Hollingworth)는 영재의 개념을 상(IQ 150 이상) · 중(IQ 135~150) · 하(IQ 120~135)로 개념화하면서, 상의 집단에 속하는 영재아들은 정신적으로 건강하지 않다고 지적하고 있다. 이 극단적인 영재아들은 친구들의 공통관심사에 흥미가 없고 친구들로부터 외톨이가 된다.

그들은 극단적으로 긴장하고 내성적이며 외로운 고독을 즐긴다. 시간을 홀로 보내는 것은 지식획득과 기능의 발달을 낳기 때문에, 그나름으로 고독의 보상은 크다. 만약에 잘 적응한다는 것이 다른 사람과 조화를 잘 이룬다는 것을 의미한다면, 이 영재들은 분명히 잘 적응하지 못한다고 볼 수 있다. 그들은 다른 사람과 다르고, 스스로도 그 점을 안다. 그들은 함께 학습하고 성취할 만한 타인을 발견하지 못하게 되면, 고독해지고 외로워지며 절망한다. 그들은 오만해지고 다른 사람을 경멸하는 위험이 있는가 하면, 반면에 자아존중감이 없는 미성취아도 될 수 있다.

5) 접수자에서 자생자로

영재교육의 방향은 창의적이고 자율적인 인간상이다. 단순히 무엇을 받아들이는 접수자 · 수용자가 아니라, 스스로 만들어내는 자생자 · 생산자를 만드는 것이 영재교육이다. 이를 위해서 창의력을 갖춘 전문가를 길러내는 영재교육이 필요하다. 현재 우리가 살고 있는 사회는 지력(知力) 중심의 전문가 사회이다. 이 사회를 이끌어갈 능력을 갖춘 인력을 양성하는 일이 영재교육의 목표가 된다.

전문가 중심의 지력 사회는 성격상 다양한 전문분야가 각기 독자적인 원리에 따라 번창하는 기능주의 사회를 말한다. 이러한 사회의 주역들은 다양한 부문에서 창의력을 발휘하는 사람들이다. 이들은 각 분야에서 사회구성원, 즉 수요자와 사회 각 부문의 필요를 발견하고 이를 해결하는 능력을 갖춘 그러한 사람들이다. 당연한 일이지만 이들은 설계사요 디자이너이며 문제를 찾아내는 문제 발굴자이며 해결사이다. 이들은 단순히 상부의 지시에 따라 조립이나 용접만을 하는 공장 노동자와는 다르다. 따라서 사고하는 능력이 있어야 하고 문제를 찾아내고 문제를 풀어 해답을 얻어내는 능력을 갖추어야 하며, 변화된 환경조건에서 신축성을 발휘해야 한다. 이렇게 자생할 수 있는 능력을 갖춘 한 인간을 만들고자 하는 일이 곧 이론적으로나 실제적으로 영재교육의 한 테마가 되어야 한다.

6) 단순 사고에서 고차원 사고로

단순 사고로부터 해방된 고차원의 사고를 촉진할 수 있는 교육방법이 필요하다. 다양한 부문의 전문가를 길러내려면 전통적인 교육방법으로는 안 된다. 주입식 교육은 스스로 생각하고 해답을 찾는 창의력 배양 교육으로 전환되어야 하고, 암기 위주에서 사고 위주로 전환되어야 한다. 감각, 논리, 정보기술, 다양성 등이 단순한 암기능력보다 훨씬 중요하다. 모든 피교육자를 각각의 개성이나 소질과는 관계없이 획일적으로 만드는 교육이 아니라, 각자가 지닌 소질과 능력에 따라 다양한 재능을 계발할 수 있는 교육이 되어야 한다.

직업의 성격에 따라 교육방법도 달라져야 한다. 그리고 유연성이 높아지도록 이들 영역 간의 기능을 복합적으로 갖출 수 있도록 학문의 융합화도 필요하다. 흑백논리가 아니라 다양한 견해가 공존할 수 있다는 것을 중시해야 한다. 이를 위해서는 강의 위주보다 탐구와 토론식 교육이 효과적일 수 있다. 교육자의 권위주의보다 피교육자의 자율과 자유가 보장되는 자유주의 교육이 중요하다.

7) 입시에서의 해방: 단계별 영재교육의 목표를 다양하게

우리 영재교육의 현주소는 초등학교 이전의 영재교육과 중등학교로 나누어 생각할 수 있다. 고등교육인 대학교육은 조기졸업 등을 통하여 개인의 적성을 극대화하거나, 복수전공 등의 방법으로 갈 길은 멀지만 영재교육의 가능성을 그래도 열어놓은 듯하다. 그러나 초 · 중등교육에서의 영재교육은 현재 여러 가지 당면한 문제가 있는 것으로 보인다.

첫째, 초등학교 저학년과 유아교육에서 당면한 문제 중 하나는 영재교육의 본질에 있다. 이는 주로 한국교육에서의 지식위주의 교육이 잉태한 결과로 볼 수 있다. 저학년과 유치원 때부터 가능하면 많은 지식을 이해하고 기억하도록 요구하는 부모와 학교의 교육방식으로 인해서 영재교육이 제대로 이루어지지 않고 있다. 영재교육의 출발점은 여러 가지 있겠지만, 특히 중요한 것은 사고력과 창의력의 함양에 있다고 볼 수 있다.

유치원과 초등학교 저학년은 사실적 지식으로부터 상당히 자유로운 시점에 있다. 그럼에도 불구하고 이 시기에 많은 사실적 지식을 기억하고 알기를 요구하는 한국적 교육상황 때문에, 영재교육이 전개되지 못한다는 사실을 직시할 필요가 있다. 이 시점에는 가능하면 무엇을 얼마나 기억하고 있느냐는 질문보다는 어떠한 사고력과, 생산적이며 자생적인 능력의 힘을 가지고 있느냐를 강조할 필요가 있다. 그때 바로 영재교육의 가능성을 열어놓을 수 있는 것이다.

둘째, 중등교육에서 영재교육의 문제점은 대학입시와 관련된 문제이다. 물론 한국사회에서 어느 대학에 들어가느냐 하는 것은 누구나의 관심사이고 어느 누구에게도 중요하다는 것을 부인할 수는 없다. 그러나 우리나라 대학입시 제도가 주로 정규교육 과정에서 얼마나 많이 알고 기억하느냐에 관심을 두고 있기 때문에, 자생적인 창의력을 중시하는 영재교육과 대학입시 중심 교육 사이에 부조화를 낳고 있다. 많은 특수고등학교에서도 영재교육의 본질에 접근하기보다는, 대학입시에 관심을 두고 있는 것이 오히려 현실이다. 이에 대한 해결책이 절실히 필요하다.

그 해결은 현재 시도하고 있는 각 대학의 입시제도의 다양화에서 그 가능성을 찾을 수 있으나, 아직도 대학입시의 핵심적 요소는 고등학교에서의 정규 교육과정을 통한 입시준비에 초점을 맞추기 때문에, 자생적 · 창의적 사고를 요구하는 영재교육과는 거리가 멀다. 그래서 영재교육을 받는 학생들의 영재성을 특별히 고려하는 대학입시 제도로의 부분적인 변화가 있든지, 아니면 특별한 전형방법이나 입시제도 자체를 국가적인 차원에서 크게 변화시키지 않는 한, 중등학교에서의 정상적인 영재교육은 어려울 것으로 보인다.

3. 영재판별 도구의 한 예: 송인섭의 다단계 · 다특성 영재판별[1)]

1) 영재판별의 접근

(1) 본 판별 접근에서의 영재성의 개념

영재의 개념은 앞의 학자들의 논의에서 보았듯이 다양한 정의가 있다. 이같이 영재의 개념에 대한 논의 자체는 오랜 역사를 갖고 있으나, 아직 이렇다 할 타당하고 신뢰성이 있는 개념으로 또는 합의된 개념으로 정리되지 못하고 있다. 영재를 어떻게 개념화하느냐에 따라서 영재를 어떻게 선별할 것이냐가 결정되고, 또 이들을 어떻게 교육시킬 것인가에 영향을 주기 때문에, 영재의 개념을 타당하게 정의하는 문제는 아주 중요하다.

일반적으로 영재성에 대한 초기의 연구는 영재성의 개념 규정이 지능이라는 단일 요인에 근거하여 이루어졌다. 그러나 지능검사가 갖는 타당성과 지능검사에 포함된 특성의 제한성에 대한 문제가 제기되면서 지능 요인을 좀더 넓게 보아야 한다는 제안이 나왔다. 길포드는 인간의 지적 능력은 조작 · 내용 · 결과의 3차원으로 구성되는 120가지 서로 다른 능력으로 구성된다고 하였고, 게젤스와 잭슨도 우수성을 논할 때, 지능과 함께 창의성도 포함되어야 한다고 주장하였다. 또한 가드너는 인간의 다양한 능력들에 대한 동등성 · 다양성을 강조하는 입장에서, 모든 인간이 가지는 지적 능력을 언어적 · 음악적 · 논리수학적 · 공간적 · 신체 운동적 · 개인 내적 · 개인 간, 그리고 자연의 지능으로 보았다.

미국 교육성도 영재를 지적 · 창의적 · 특정 학문적 · 지도력 또는 예체능적 영역에서 높은 성취의 증거가 있는 잠재능력을 지닌 아동으로 보고, 적용 여하에 따라 학령 전 · 저학년에서도 판별될 수 있다고 하였

---

1) 영재판별 검사는 5~6세용, 7~8세용, 그리고 9~13세용이 있으나 여기서는 7~8세용을 근거로 논의하겠음.

다. 또한 영국의 교육과학성에서는 영재를 지적 능력이 우수하다고 인정되거나 지능검사에서 IQ 130 이상인 자, 어려서부터 성취 수준이나 학업성적이 탁월하고 특정한 발달 정도를 나타내는 자, 그리고 교과 영역이나 음악 · 운동 또는 예능 분야에서 월등한 성취를 이룰 것으로 기대되는 자로 보았다. 렌줄리는 평균 이상의 능력 · 과제 집착력 · 창의성의 세 요소를 도입하고 이 세 요인이 동일한 비중으로 고려되어야 한다는 점을 강조하였다.

이상을 근거로 하여 본 접근에서는 영재의 개념을 지능의 단일 요인이 아닌, 다요인에 따라 정의하고 생산적인 성취 수준으로 보고자 한다. 더 나아가 영재교육의 궁극적인 목적은 아동이 능력과 창의성을 발휘하여 가치 있는 업적을 이룰 수 있도록 이끌어 주는 데 있다는 것을 강조하고자 한다. 이러한 입장에서 다단계적이고 다특성적인 접근을 통해 영재를 판별할 수 있다(송인섭, 1997).

(2) 본 판별방법의 특징

영재판별이 가지고 있는 문제점과 논쟁들을 모두 고려하기는 쉬운 일이 아니다. 그러나 본 영재판별 접근방법은 가능한 한 문제로 제기된 사안들을 포괄적으로 정리하여 다음과 같이 시도하고자 한다.

첫째, 지금까지의 전통적인 단일 지표에 의한 영재판별 방법을 지양하고, 다단계 · 다특성 접근을 통하여 영재판별에 필요한 가능한 모든 정보를 획득하여 영재판별의 신뢰성과 타당성을 극대화하고자 노력한다.

둘째, 영재판별의 역사를 보면 지적인 특성에 주로 준거를 두었다. 그러나 영재판별 방법의 과정에서 다특성, 특히 정의적인 특성에 대한 관심이 높아지고 있다. 이를 충분히 반영하여 본 접근방법에서는 지적인 특성뿐만 아니라, 정의적인 특성을 고려하는 접근방법을 시도하고자 한다. 그래서 본 판별방법의 도구들은 지적 성취도만 한정하지 않고 영재의 다양한 측면을 고려하고자 한다. 다양한 검사도구의 점수들이 합리적인 절차를 통하여 양적인 점수로 산출되도록 하였다.

셋째, 영재판별에서 사용되는 다양한 검사도구의 타당성에 대한 문제가 역시 제기되고 있다. 일반적으로 영재판별을 위한 도구를 사용하기보다는 단순히 기존에 만들어진 검사를 영재판별에 사용하는 한계점이 있다. 예를 들면, 성취검사와 지능검사가 상호 교환적으로 사용됨에 따라, 특수 학업능력과 일반적인 지적 능력을 구별하여 측정하지 못하고 있다. 이러한 문제를 해결하기 위해서 본 영재판별에서 사용되는 검사도구들은 영재판별을 위한 도구로 계획되어 만들어진 검사를 사용하여 영재판별의 타당성을 높이고자 하였다. 특히 본 판별 접근에서는 평정 척도, 체크리스트 같은 주관적인 절차들은 판별의 제1단계에서 사용한다. 이를 통하여 판별과정에서 드러나기 어려운 '예기치 못한' 측면들이 충분히 고려되도록 하였다.

넷째, 본 판별방법은 단순한 표준화된 검사를 측정하는 차원을 넘어 아동의 실제 사고능력을 보기 위한 수행평가를 포함하여, 사고과정을 포함시켰다. 이는 극도의 틀에 박힌 심리검사보다 한 단계 높인 수행능력에 대한 정보획득 방법의 시도이다.

다섯째, 전통적으로 영재판별은 주로 극소수의 3% 이내에 관심을 두었다. 영재성을 잠재가능성의 시각에서 볼 때, 이러한 준거는 그 타당성을 충분히 갖고 있다고 볼 수 없다. 이러한 문제를 개선하기 위해서 본 영재판별에서는 재능 차원의 접근을 통하여 가능한 한 많은 학생들을 영재그룹에 포함시키고자 시도하였다. 더 나아가 홀링워드가 주장하듯이 영재성을 상중하로 나누어 영재성 안에서의 특성을 정도에 따라 재분화하고자 시도하였다.

(3) 영재판별의 계획 및 절차

❶ 판별 절차

최근의 영재판별 방법은 단일 접근보다는 다단계 · 다방법을 통하여 판별의 타당성을 높이고자 하는 경향이 있다. 본 영재판별 접근도 단일 방법보다는 다단계 · 다방법 접근을 시도하고자 한다. 본 영재의 판별 접근 방법은 다음과 같은 세 단계를 사용함으로써 영재아에 대한 판별 과정의 타당성을 높이고자 하였다.

① 1단계: 중요 타인을 통한 영재 행동특성 평정척도 검사

1단계의 중요 타인에 의한 체크리스트를 통한 정보는 주로 부모, 교사가 영재성의 특성에 대한 체크리스트에 있는 문항에 반응을 하여 얻는 영재판별의 정보이다. 이 같은 평정척도의 방법은 다양하며 평정자도 역시 다양하다. 한 예로 렌줄리(1983)는 교사가 사용하는 SRBCSS (Scales for Rating Behavioral Characteristics of Superior Students)를 개발하여 지적 능력(학습), 창의성, 동기, 리더십과, 이 밖에 예술, 음악, 연극, 계획, 의사소통의 정확성, 의사소통의 표현력 등을 검사하도록 하였다.

부모가 작성하는 림(Rimm, 1986a)의 AIM(Achievement Identification Measure)은 77개의 평가척도 문항으로 구성되어 있으며, 학습부진 아동을 판별하기 위해서 고안된 것으로, 본질적으로 학생들의 학습동기를 측정한다. 또한 GAIM(Group Achievement Identification Measure, Rimm, 1987b)은 학생들이 직접 평정한다. AIM-TO(Achievement Identification Measure-Teacher Observation, Rimm, 1988)는 교사용 평정척도이다. 상술한 세 가지 평정척도에는 경쟁심, 책임감, 자기통제, 성취에 관한 의사소통, 존경 등의 항목을 평가하는 문항이 포함되어 있다.

이와 유사한 접근으로 교사지명 방법이 있다. 교사들이 높은 창의성, 높은 동기, 독특한 흥미나 재능, 또는 특수한 영역에서의 뛰어난 수행, 잠재성 등을 고려해서 교사가 학생을 지명하게 되는데, 이러한 방법은 교사들의 불필요한 이해관계나 사무 처리를 줄일 수 있다. 교사지명의 결과는 검사점수에 의한 지명 결과와 동등하게 처리한다.

이러한 중요 타인에 의한 평가는 편견 가능성이 있어 객관적인 정보를 부여하지 못할 수도 있다는 단점이 있다. 한 예로, 교사들이 '협조적이고 명랑하고 잘 보이려고 애쓰며 맡은 일을 즉시 깔끔하게 잘 처리하는 학생'에게 호감을 갖는 것은 당연한 일일 것이다. 교사를 기쁘게 하는 이러한 학생들은 학급에서 최고의 영재일 수도 있고 아닐 수도 있다. 그러나 교사들은 이들에게 영재성이 있다는 판정을 할 가능성이 있다.

그래서 이러한 중요 타인에 의한 체크 리스트 방법만으로는 한계가 있기 때문에 본 접근방법에서는 3단계의 다단계 접근을 통하여 점차적으로 영재를 판별하고자 하는 방법을 시도하고자 한다.

본 판별의 제1단계에서는「중요 타인을 통한 체크리스트에 의한 행동특성에 대한 정보」의 획득 단계로, 부모와 교사가 점수를 부여한 체크 리스트 정보를 통하여 영재성의 가능성을 본다.

체크리스트에 의한 영재성 특성검사는 다양한 영역에서 아동의 영재성을 알아보는 것으로, 다른 검사 상황에서 간과되기 쉬운 능력과 잠재 가능성을 판별할 수 있다. 본 판별의 영재성 특성검사는 가드너의 다중지능론에 근거하여 작성하였다.

② 2단계: 사고과정에 대한 수행학습 검사

유치원부터 초등학생까지는 실제 수행능력검사나 문제의 조작능력이나 실제 수업상황에서의 다양한 아동의 행동을 통한 영재성 판별이 필요하다. 한 예로, 학생이 이미 수행하고 있는 과제의 지적인 활동은 그 학생의 지적 수준에 가장 가까운 지표일 수 있다. 그러한 정보들은 전반적인 판별과정에 매우 유용하게 사용될 수 있다.

이 단계는「사고력 과정에 대한 수행학습에 대한 정보」의 획득단계로서, 사고과제에 대한 수행평가를 통하여 영재성을 검증하고자 한다. 그래서 이 단계는 단순히 표준화된 검사에 의하여 실시되는 정보의 한계성을 극복하고 사고과정을 통하여 일어나는 일련의 정보획득 단계이다.

③ 3단계: 지적 능력과 정의적 특성의 비율적 합산 결과에 따른 영재성 지수

제1단계의 중요 타인에 의한 영재성에 대한 체크리스트와 제2단계인 수행과정을 통하여 영재성을 검증 선발한 후, 제3단계에 이르게 된다.

이렇게 선발된 아동들에 대해 제3단계에서는 최종적으로 영재판별에서 많이 활용되는 지적 능력과 정의적 특성의 비율적 합산을 통하여 최종 영재아동을 선발한다. 이러한 3단계 접근은 단순히 지능에만 의존하여 선별하는 영재판별의 한계성을 극복하고, 가능한 한 다양한 정보를 통해서 영재판별을 시도하는 접근방법으로, 영재판별에서의 타당성과 신뢰성을 극대화할 수 있는 가능성을 열어놓은 단계이다.

갸네(1991)는 "영재성은 인간의 적성 중 한 가지 이상의 영역에서 평균 이상의 타고난 능력을 말하고, 특수재능은 인간 활동의 한 가지 이상의 분야에서 나타나는 평균 이상의 성취를 말한다"고 하였다. 그러므로 어린 아동에게서 나타난 영재성이 특수재능으로까지 발전하는 데는 집중, 집착력과 같은 동기적 측면과 자아존중감, 자신감, 자율성과 같은 성격이라는 개인 내적 촉진제가 있어야 한다.

렌줄리는 평균 이상의 능력, 창의성, 과제 집착력이 주요 특성이라는 것을 확인하였다. 그는 이 세 가지가 거의 비슷한 비중으로 중요하게 작용하며, 적어도 각 특성이 85% 이상이면서 적어도 한 가지 특성에서는 98% 이상일 때, 뛰어난 성취를 할 가능성이 더 높아진다고 하였다. 이에 따라 렌줄리의 정의에서는 일반 학생의 15~20%가 영재교육의 대상이 되어야 한다고 주장하였다. 즉 1~3%의 아동들만이 영재로서 특별한 교육을 받을 필요가 있는 아동이라는 제한적인 정의에 대해서 도전한 것이다.

펠드후젠(Feldhusen)은 정보를 받아들이고 처리하여 새로운 문제의 해결에 적용하는 능력으로, 높은 지적 능력과 적성 등의 우수한 능력뿐만 아니라, 자신에 대한 긍정적인 인식과 긍정적인 자아개념을 강조하고 성취에 대한 내재적 동기유발과 외재적 동기유발을 영재성의

중요한 요인으로 보고 있다.

본 접근방법은 이들 이론을 근거로 제3단계 접근을 시도한다. 본 판별에서 활용되는 검사는 송인섭(2004)의 「유아용 지능검사」와 「유아용 성격검사」이다.

이 단계는 「지적 능력과 정의적 특성의 비율적 합산 결과」를 통한 과학적이고 통합적인 최종의 영재 판별이다. 인간 행동의 결과는 지적 · 정의적 특성의 결과로 나타난다. 따라서 영재성을 설명하는 변인은 지적 · 정의적 특성이 통합되어야 한다. 특히 여기서 포함되는 성격검사는 성격의 다양한 측면으로서 성취성, 책임성, 지도성, 사회성, 그리고 정서성 등을 포함하는 성격지수이다. 본 접근에서는 이에 대한 이론을 근거로 하여, 각 검사의 비중에서 지능검사 80%, 성격 특성 20% 정도의 비중을 둔다(블룸, 1971; 송인섭, 1982, 1997; 황정규, 1998).

본 영재판별의 전체적인 흐름은 아래의 〈그림 1〉과 같다. 이 그림처럼 아동은 상담실에서 보다 객관적이고 과학적인 정보자료를 제공하고 다양한 프로그램 단계에 맞는 사정을 위해서 일련의 과정을 거치게 된다. 여기서 나온 결과와 부모상담 및 그 외의 정보자료를 가지고, 영재

〈표 1〉 영재판별 접근절차

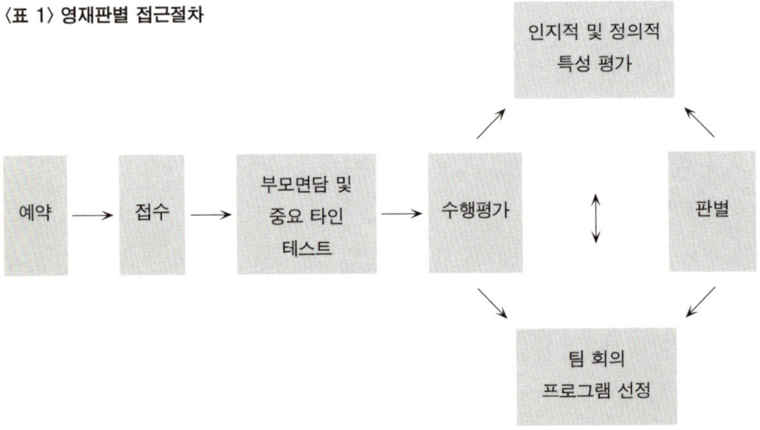

판별 전문가 집단인 판별팀이 회의를 거쳐 최종판별을 하게 된다. 판별 후, 가능하면 아동들의 능력에 맞는 교육 프로그램으로 인도한다.

과학적이고 통합적인 판별이 되게 하기 위하여 다단계 · 다특성적인 접근을 통해 영재를 판별해야 하므로, 중요 타인 지명의 영재 특성 검사, 수행행동 검사, 지능 검사, 성격 검사 등의 여러 가지 과정을 거치게 된다.

4. 미술과 음악의 영재 판별을 위한 준거

종종 미술이나 음악에서 특별한 능력을 가지고 있는 아동들을 '영재아' 라고 하기보다는 '재능아' 라고 하는 것 같다. 그러나 미술과 음악에서 높은 능력을 가진 아동들은 실제로 학문적 영재아들과 중요한 면에서 공통점을 가지고 있다. 그들은 영재성의 세 가지 요소 모두를 가지고 있다. 즉 조숙하고, 자신의 보조에 맞추어 나가며, 숙달에 대한 열망을 가지고 있다. 그리고 학문적 영재아들처럼, 그들은 주로 특별하고, 특수영역에서 영재성을 나타내며, 나머지 분야에서는 보통 수준의 능력을 나타낸다. 미술에서 피터, 음악에서 자콥이라는 아동에 대한 사례를 살펴보자.

1) 미술영재

(1) 그림 그리기를 열망하는 아동

피터 아동의 예는 미술영재아들이 학문적 영재아들과 얼마나 눈에 띌 정도로 닮았는지를 보여준다. 내가 6살의 피터를 알게 되었을 때, 그는 그림 그리기에 빠져 있었다. 피터의 특별한 능력은 유아기 때에 알아볼 수 있었다. 피터는 10개월 남짓 되었을 때 처음으로 그림을 그리려고 하였다.

다섯 살 무렵에, 피터는 때로는 IQ검사로 사용될 수 있는 구디너프 인물화 검사(Goodenough Draw-a-Person Test)를 받았다. 이 검사는 아동에게 사람을 그리게 하고 그림을 상세하게 그리면 그릴수록 높은 점수를 준다. 피터의 그림은 14살 일반 아동들의 그림보다 더 높은 수준의 점수를 받았다. 시험관은 피터의 그림이 "특별한 수준의 지각, 차원, 상세함을 반영하고 있다"고 하였다. 그리고 "피터는 놀라운 유동성을 가지고 그림을 그린다. … 더 놀라운 것은 그가 독학을 했으며 힘을 들이지 않고 그림을 그리는 것 같다는 사실이다"라고 보고서에 썼다. 〈그림 1〉은 피터가 이 검사를 위해 그렸던 그림 중의 하나를 보여준다.

여기서 두드러지는 것은 세부 사항들(눈썹, 눈동자, 목, 소매, 소매끝)이고 사물의 정확하고 유동적인 형태(입술, 눈, 구보다 타원형으로

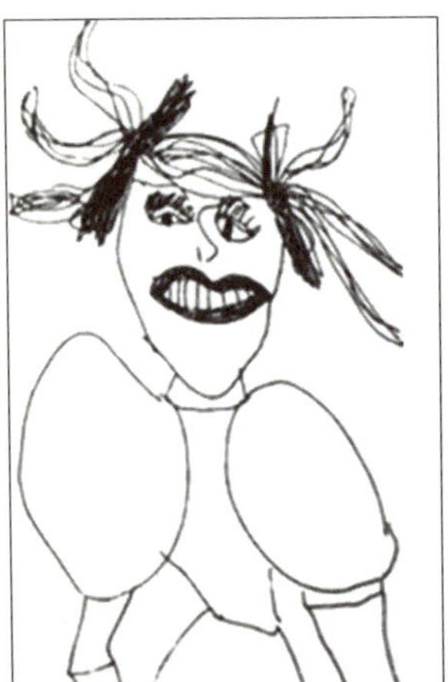

〈그림 1〉 5살 6개월인 피터가 구디너프 인물화 검사를 받았을 때 그렸던 이 그림은 뛰어난 세부묘사와 우아하고 부드러우며 정확한 윤곽을 보여주고 있다(로이스 보렐리의 허락을 받아 인쇄).

〈그림 2〉 5살 일반아동이 그린 이 그림은 세부적인 묘사가 미흡한 도식적 형태를 보여주고 있다(필자가 수집한 그림에서 발췌).

생긴 머리, 코)이다. 〈그림 2〉에 보여지는 일반 아동의 인물 그림과 〈그림 1〉의 피터의 인물 그림을 비교해 보자. 〈그림 2〉는 그리기에 특별한 능력을 가지고 있지 않은 5살 정도의 아동이 그린 것이다. 형태들은 공식화된 도식(예를 들어 머리와 눈은 동그란 모양이고, 입은 U 모양이다)으로 그려져 있고, 세부 사항은 거의 나타나지 않는다(예를 들면 눈동자, 허리, 눈썹 등이 없다).

❶ 집념

피터는 아침에 눈을 뜨자마자 몸을 일으키기도 전에 종이와 펜을 갖다 달라고 소리쳤다. 아침식사가 준비되는 동안에도 식탁에서 그림을 그리면서 기다렸고, 아침을 먹으면서 계속해서 그림을 그렸다.

피터는 그림 그리기를 허락받으면 하루 종일 그림을 그린다. 피터는 다른 활동에도 기꺼이 참여를 하지만 무엇을 하든지 간에 언제나 그 속에 그림을 포함시키려 했다. 그리고 피터는 그림을 위한 아이디어를 얻기 위해서 텔레비전을 사용하곤 한다. 비디오를 보거나 오락게임을 하는 동안 자신이 그리고 싶은 어떤 것을 보면 피터는 어린 동생의 심한 저항에도 불구하고 고집을 피워 테이프를 멈추게 하고 급히 집 안 주위에서 종이와 연필을 찾아 그리곤 했다.

❷ 피터의 그림들

2살 무렵, 피터는 삼각형 매듭과 긴 줄을 달고 높이 날아오르는 완벽한 풍선을 그렸다(〈그림 3〉). 대부분 아동들이 '올챙이' 형태의 사람 그림(〈그림 4a〉)을 그리는 나이에, 피터는 〈그림 4b〉에서 보듯이 신체 모든 부분에 대해 정확한 그림을 그렸다. 4살 무렵에 피터는 가장 좋아하는 특별한 주제를 개발하였다. 그는 멋지게 늘어진 화려한 긴 원피스를 입고 날아다니는 여자, 거꾸로 떨어지는 여자, 걷고 있는 여자, 춤추는 여자 그림들을 그렸다(〈그림 5, 6〉).

피터는 관찰을 통해서 그림을 그리는 방법을 가르쳐 준 사람이 아무도 없었음에도 불구하고 스스로 그러한 방법을 터득하였다. 그리고 피

〈그림 3〉 2살 때 피터는 삼각형 매듭까지도 살려서 날아오르는 풍선 그림을 그렸다.

〈그림 4a〉 3살의 일반 아동은 전형적인 올챙이 형태의 그림을 그린다.

〈그림 4b〉 3살 7개월에 피터가 그린 이 그림은 인물의 세부적인 모든 부분들을 그리고 있다. 일반 아동과 영재아 사이의 두드러진 차이가 보인다.

〈그림 5〉 피터가 4살 때 가장 즐겨 그린 주제의 그림이다. 멋지게 늘어진 원피스를 입고 움직이는 여자. 이 그림은 피터가 갓 4살이 되었을 때 그린 그림이다.

〈그림 6〉 4살 6개월에 피터가 그린 소녀의 그림이다. 몸과 얼굴 표정의 형태를 매우 정확하게 묘사하는 우아하고 부드러운 선을 사용하고 있다.

〈그림 7〉 5살에 피터가 그린 뒷모습의 그림이다.

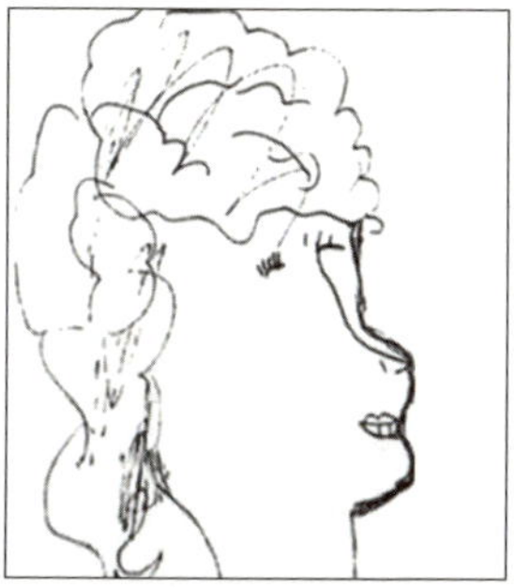

〈그림 8〉 6살 1개월에 피터가 그린 3/4 측면의 자화상 그림이다.

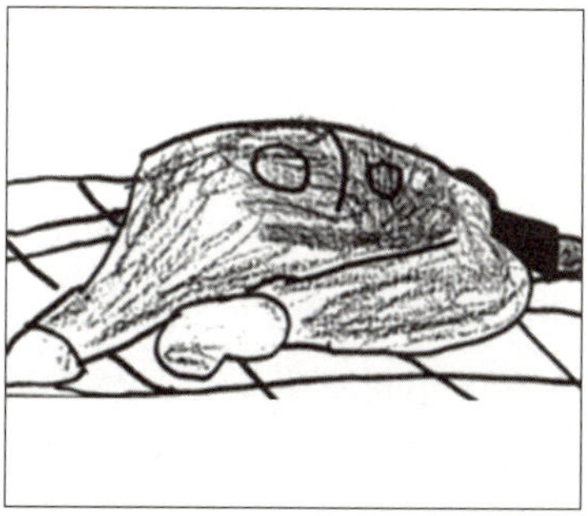

〈그림 9〉 6살 9개월에 피터가 원근법을 사용해서 그린, 누워 있는 사람의 그림이다.

터는 관찰을 해서 그릴 때는 독창성 없이 있는 그대로 베끼지 않고 그가 관찰한 것에 대한 묘한 해석을 해서 그렸다.

❸ 도전하기

학문적 영재아들처럼 피터는 자신의 환경을 더 자극적으로 만들려고 했다. 학문적 영재아들은 점차 어려운 책을 읽거나 수학을 단기간에 끝마치는 것으로 환경을 자극적으로 만든다. 피터는 그림에서 시각적 · 공간적으로 표현하기 어려운 부분에 스스로 도전하였다. 피터는 그림의 배경(〈그림 7과 9〉)에서 볼 수 있듯이 비정상적인 위치에 있는, 움직이거나 누워 있는 사람을 그렸다.

피터는 6살 되는 생일에 자신이 영화를 만들 수 있다고 생각하였다.

피터는 긴 컴퓨터 용지 한 장을 가져와서 어린 인어공주(The Little Mermaid) 이야기에 나오는 다양한 장면들을 그렸다. 그러고 나서 어머니에게 비디오 카메라로 각 그림을 왼쪽에서 오른쪽으로 촬영하게 해서 만화영화를 성공적으로 완성하였다. 피터는 그림 그리기 분야의 범위를 넓혀서 자신의 생각만으로 만든 만화를 개발하였다. 피터의 만화영화의 발견은 마이클 커니의 몇몇 대수학 규칙의 발견과 비교된다. 누구의 도움 없이도 어떤 영역에서 이러한 발견을 하게 되는 능력은 영재아들이 다른 아동들과 매우 달라 보이게 하는 특성이며, 이것이 영재아들을 자신의 보조에 맞추어 나아가게 하는 변인이 된다.

❹ 다른 시각적 · 공간적 능력

피터가 그림에 대해 가지는 감응은 퍼즐과 블록과 같은 다른 종류의 시각적 · 공간적 활동으로 넓혀가게 했다. 퍼즐이 그에게 너무 쉬워지면, 피터는 4개의 다른 퍼즐의 조각을 섞은 뒤, 다시 각각의 개별적인 퍼즐로 되돌려 조합함으로써 더 어려운 것에 도전을 하였다.

피터는 또한 뛰어난 시각 기억력을 가지고 있었다. 18개월인 피터가 플로리다에 계시는 할아버지 댁을 방문했을 때, 할아버지 자동차 뒤의 창문에 줄로 매여 있는 조가비를 보았었다. 14개월 후, 피터는 플로리다에 다시 와서 할아버지 자동차를 타고서는 그 조가비가 없어진 것을 알아차렸다. 그 조가비에 대해서 완전히 잊어버리고 있었던 할아버지는 2살 반밖에 되지 않은 손자가 그것을 기억하고 다시 보고 싶어하는 것을 보고 깜짝 놀랐다. 피터는 세상을 집중해서 관찰하는 것이었다.

❺ 학문적 능력

피터는 학교에서 배우는 과목에는 거의 흥미를 가지지 못했다. 그러나 피터는 자신의 그림 그리기 흥미와 조화를 이룰 수 있는 언어와 수학활동을 능숙하게 해내었다.

예를 들면, 피터의 초기 언어는 그가 시각에 관해 흥미를 가지고 있다는 것을 반영하였다. 12개월밖에 되지 않았을 때, 피터는 사물들을 파랑, 빨강, 초록, 오렌지색으로 정확하게 지칭하였다. 심지어 피터가

1년 6개월이 되었을 때는 뚜렷하지 않은 색깔도 묘사할 수 있었다. 예를 들면 피터가 적갈색 크레용을 보고는 한참 동안 생각하고 나서 그것을 "짙은 빨강"이라고 말하였다. 2살 정도 되었을 때 피터는 어떤 색깔이라도 사실적으로 묘사하였다(그는 묘사하는 것을 좋아하였다). 피터의 언어는 분명히 시각적인 세계에 대한 그의 흥미를 반영하고 있었다.

피터의 그림은 또한 그의 글짓기 속에서도 드러났다. 피터가 2살이었을 때, 모든 대문자를 '그릴' 수 있었다. 3살 3개월이 되었을 때, 그는 실제 단어를 쓰기 시작했다. 그러나 이것은 단지 그의 그림에 등장하는 인물들 사이에 대화를 시키기 위한 것이었다.

〈그림 10〉 피터가 쓴 장식이 된 글자들이다. 피터는 규격에 맞는 글자체를 싫어했다(로이스 보렐리의 허락을 받아 인쇄).

피터는 글자와 숫자를 표준에 맞게 규격화된 방법으로 쓰는 것을 좋아하지 않고, 다양한 색깔과 꼬불꼬불 구부러지게 디자인해서 글자와 숫자를 장식해서 쓰려고 하였다(〈그림 10〉). 피터의 유치원 선생님은 자신이 가르쳐주는 표준화된 스타일과는 다르게 글자와 숫자를 쓰는 피터를 계속해서 야단쳤다. 그러나 피터는 선생님에게 순응하지 않고 자신의 방법을 끝까지 고수하였다. 어떤 영역인가에 상관없이 자신의 방법대로 하기를 원하는 것은 영재아들에 대한 설명에서 반복되는 내용이다.

피터의 읽기는 느리게 진행되었다. 피터가 2살에 알파벳 대문자를 알아볼 수 있었던 반면에 6살 6개월인 1학년 나이에도 읽기가 되지 않았다. 피터가 지루해하는 수학 수행 정도는 보통 수준이었고 더하기를 싫어했다. 6살에 그는 숫자를 대부분 셀 수 있었지만, 쓰여져 있는 숫자를 알아보는 데에는 여전히 어려워했다. 예를 들면, 피터의 어머니가 20이라는 숫자를 쓰고 그것이 뭐냐고 물으면 피터는 12라고 말하였다. 피터는 숫자를 그리고, 장식하는 것으로 생각할 때만 수학을 하고 싶어했다.

(2) 영재의 그림에 대한 일반화

눈에 띄는 미술영재아의 핵심능력은 2차원 표면에 3차원의 물건의 윤곽을 나타낼 수 있을 만큼 조숙한 시각적 · 공간적 운동감각이다. 이 능력은 영재들이 많은 기법에서 기성 미술가들의 작품과 닮은 그림을 그릴 수 있게 하는 특성이다.

❶ 인식 가능한 형태

아동들이 3살 때까지는 일반적으로 낙서를 하는 반면 미술영재아들은 2살에 형태를 분명하게 인식한다. 피터가 2살 때 그린 풍선 그림을 다시 떠올려보자. 〈그림 11a〉와 〈그림 11b〉는 2살 된 일반 아동의 그림과 조숙한 2살 아동의 그림을 대조한 것이다. 일반 아동은 사과 2개를 그리기 위해 2개의 사선을 그렸다. 사선 하나가 어떤 무언가를 상징하고 있는 것이다. 조숙한 아이는 꼭지가 달린 2개의 사과 형태를 그렸다. 여기서 원은 사과를 그리기 위해서 사과의 윤곽선을 나타내는 것

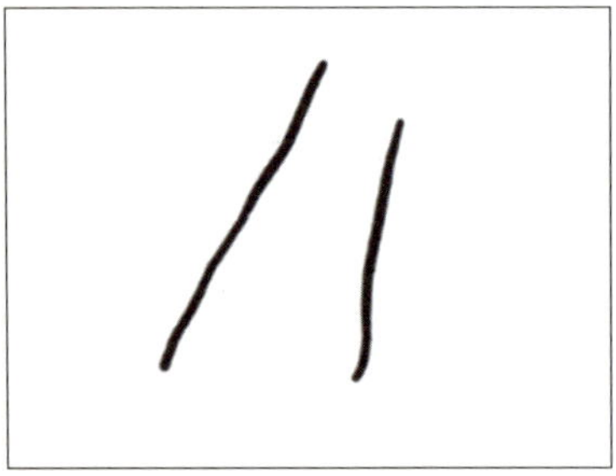

〈그림 11a〉 2살 일반 아동이 사선 2개를 사용해서 그린 사과 그림이다(필자가 수집한 그림에서 발췌).

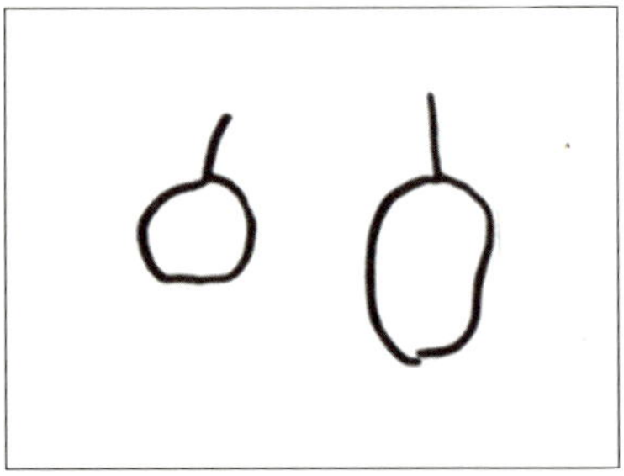

〈그림 11b〉 2살 미술 영재아 라이언 설리반이 그린 사과 그림이다(라이언 설리반의 허락을 받아 인쇄).

같다. 유사한 능력은 아동심리학자 클레어 골롬브에 의해 자세하게 연구된 2살 에이탄이 그린 고기 그림에서 보여진다(〈그림 12〉). 이 그림 또한 그려진 사물의 형상을 표현하는 능력을 반영하고 있다. 일반 아동들은 도식(예를 들면, 머리는 원으로, 팔은 선으로)으로 그림을 그렸지만, 미술영재아들은 사물의 실제 형태를 알아보는 것 같다.

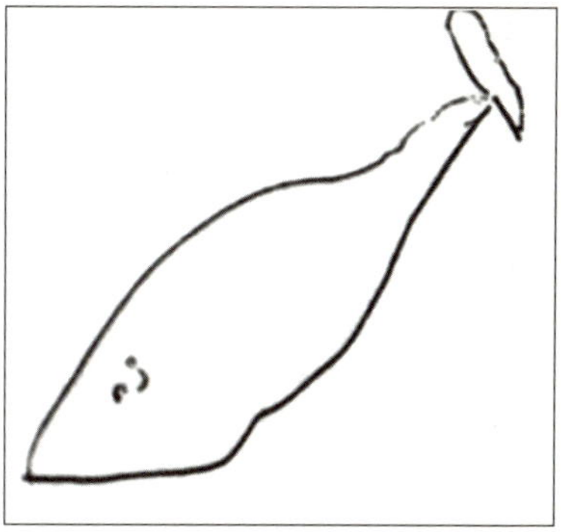

〈그림 12〉 에이탄이 2살에 그린 부드러운 윤곽선을 보여주는 고기 그림이다.

❷ 유연하고 확실한 윤곽선

취학전 유아들은 보통 기하학적인 도형을 나열하는 방식으로 그림을 그린다. 예를 들어, 말 한 마리를 그릴 때 머리는 타원형, 몸도 타원형, 다리는 타원형에 직사각형을, 귀는 삼각형의 모양으로 나타낸다(〈그림 13〉). 이러한 그림을 '도식적' 그림이라고 부른다. 이와는 대조적으로, 미술에 조숙한 아이들은 유연하고 명확한 선으로 사물을 표현한다(〈그림 4b〉, 피터가 수영복을 입고 있는 소녀를 그린 앞의 그림을 회상하라).

〈그림 13〉 일반적인 5살 아동이 그린 말 그림

미술영재아들은 물체의 기본형상만 그리지 않고 세부 사항까지 자세하게 나타낸다. 예를 들어, 피터는 사람에 수영복을 입혀 표현하였다. 이탄은 차 안에 가스탱크, 차축, 라디에이터그릴, 범퍼, 헤드라이트, 브레이크 박스를 그려 넣었다(〈그림 15, 17〉). 또 다른 영재아는 과학적 정확성과 필요한 정보를 얻기 위하여 고생물학 책을 이용하여 공룡 그림을 그렸다. 그림을 그릴 때, 세부 사항까지 나타내는 것은 미술에 조숙한 아동들이 그림에 사실성을 부여하는 방법 중의 하나이다.

미술영재아들은 표현하고자 하는 사물의 이미지를 빠르고 쉽게 인식하여 그려낸다. 피터처럼 그들은 물체의 어떤 부분에 초점을 맞추어 그것을 중심으로 그림 그리기를 시작할 수 있다. 피카소 역시 어려서 이러한 방법으로 그림을 그렸다. 그는 개를 그릴 때, 자신있게 귀부터 그리기 시작하여 이를 완성하였다(이것은 보통 그림을 그릴 때 시작하는 방법이 아니다).

❸ 크기와 깊이 표현

미술영재아들은 사물을 묘사할 때, 구별된 형체와 세부사항들을 그릴 뿐만 아니라, 3차원적 묘사 기법까지 사용하여 현실적 착각을 불러일으키게 한다. 그들은 서양화 기법이라고 알려진 모든 것을 사용하는데, 예를 들어, 공간의 깊은 부분은 원근법을 사용하여 나타내고, 폐쇄성, 거리에 따른 크기의 축소, 그리고 심지어 가장 어려운 기법 중 하나인 선형 원근법까지 사용한다. 그리고 그들은 보통 아동들에 비해 이러한 기법들을 훨씬 더 빨리 터득한다. 선형 원근법은 조숙한 미술영재아들이 그림을 그리기 시작하자마자 사용하는 방법이다. 미술영재아들은 개념적 전략보다는 형상, 인식적 전략을 사용한다. 즉 그들은 사물의 형태를 본 후, 깊이를 희미하게 표현한다거나 크기를 줄이거나 또는 원근법을 사용함으로써, 그 공간과 입체감을 실감 있게 표현한다. 그들은 학습된 체계적 원근법을 사용하지 않는다. 일반적으로 보통의 아동들은 아동기 후반이나 심지어 청소년기 초반까지 원근법을 적용하여 그림을 그리지 못한다. 그리고 그림을 그릴 때 이들은 개념적 방식을 사용하고, 이전에 배웠던 규칙을 적용한다.

그렇다면 여기서 어떻게 미술영재아들이 보통의 아동들에 비해 빠른 학습을 할 뿐만 아니라, 그들과 질적으로 다른지 그 예를 다시 보기로 하자. 만약 여러분이 사물의 형태를 있는 그대로 보고 그릴 때는 대개 인습적인 방법을 사용하여 표현하는 데 반해, 미술영재아들은 그렇

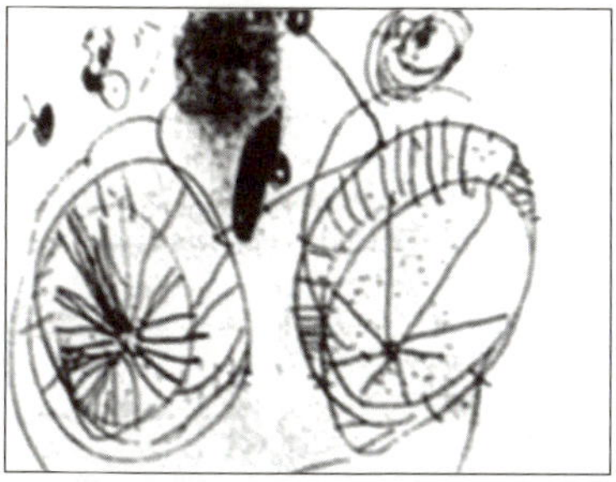

〈그림 14〉 이탄이 2살 2개월 때 그린 트랙터와 자전거 그림. 바퀴에 가장 초점을 두고 이를 병렬 형태로 배치하였으며 3차원적인 형태로 그렸다(글롬브, 1992와 클리어 글롬브의 허락으로 재인쇄).

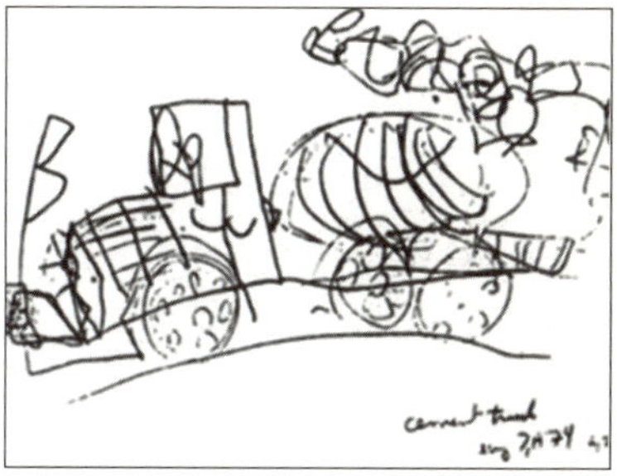

〈그림 15〉 이탄이 2살 7개월 때 그린 시멘트 트럭 그림. 트럭의 옆부분, 맨 위의 후드, 앞부분의 그릴과 범퍼를 그렸다.

〈그림 16〉 이탄이 3살 7개월 때 그린 트럭 그림. 3차원 형태를 평행한 사선을 사용하여 원근법을 적용하였다.

〈그림 17〉 이탄이 6살 6개월 때 그린 근처의 사고 현장 그림. 원근법을 체계적으로 사용하였음을 보여주고 있다.

게 표현하지 않는다(예를 들어, 머리를 원으로 그리는 것). 그들은 어떻게 그릴지에 대해 책 속에서 찾는 등 여러 가지 전략을 사용한다.

시각적 원근법적 표현은 미술영재아들이 초기에 사용하는 방법이고, 이는 그림의 한 페이지 내에서 표현하고자 하는 사물들의 조화된 방식이 아니라, 그림 전체에 균형적으로 분류하여 보다 사실감 있게 표현하기 위해 나름대로 적용하는 방법이다. 매우 어린 아이들이 이 원근법을 사용하여 그림 체제를 구축해 나간다는 것은 실로 놀라운 일이라

할 수 있다.

❹ 도전적인 사물 그리기

영재아들은 사물의 다양한 방향에서 그림을 그리지만, 일반적인 범재아들은 사물의 앞면이나 옆면에 초점을 맞춰 그린다.

한 연구에서 11~14살의 보통의 아동들 중 단지 15%만이 사람의 형태 중 정면이나 측면이 아닌 4분의 3의 시각에서 그릴 수 있음을 확인하였다. 여기서 4분의 3의 시각에서의 표현은 사람을 표현할 때 시각적으로 입체적 거리감을 나타내기 위해 원근법을 적용하여 나타냄을 말한다. 이 아동들은 사람의 형체에 사실성을 부여하기 위해, 부분적으로 크기와 형태를 왜곡시켜 보다 현실감 있게 표현한 것이다.

❺ 구성

어떻게 아동들은 그리 많은 학습을 받지 않고도 화면의 짜임, 즉 구도를 체계적으로 짤 수 있을까? 여기에서도 우리는 범재아와 영재아 사이의 차이점을 알 수 있다. 범재아들은 보통 임의적으로 그림의 구도를 구성한다. 몇 년 동안 학습을 한 후, 체계적으로 그림의 구도를 짤 수 있게 되고, 배경에 맞게 물체를 배열할 수도 있게 된다. 하지만 미술영재아들은 루돌프 아른하임이 언급한 '역동적 균형'의 기법을 범재아에 비해 훨씬 더 잘 사용한다. 여기서 역동적 균형이란 예를 들어, 오른쪽에 큰 사물을, 왼쪽에는 작은 사물을 배열하여 먼저 균형을 잡고, 무거운 쪽은 진하게 색칠하여 표현하는 방법을 말한다. 이러한 형식으로 조형적 균형을 갖추는데, 이는 엄격하게 있는 그대로 반영하는 대칭구조보다 훨씬 더 정교하고 섬세한 고등 표현이다.

❻ 시각적 담화

아동 중기와 청소년기에 특히 예술적으로 재능 있는 아이들은 상상적인 상황과 환상적인 캐릭터를 그림 속에 넣는다. 그리고 그들의 그림에서는 그 캐릭터들의 삶에 관한 에피소드가 표현되어 있다. 심리학자 브렌튼과 마조리 윌슨 연구에서, 한 아동은 다음과 같이 말하였다. "대부분의 사람들은 … 단지 그림만 본다거나 사람들이 정말 좋아하는 것과 그 그림 뒤에 숨겨진 이야기가 무엇인지 이해하지 않고 말한다." 윌슨은 몇몇의 영재아들이 그림에서 구도나 디자인을 관찰하는 것보다 상상적인 세계를 만드는 것에 더 많은 관심을 가지고 있음을 발견하였다. 그 과정에서 그들은 셀 수 없이 많은 그림을 만들어내고, 거기에서 또한 유창하고 다양하며 기술적인 기법을 발명해낼 수 있게 된다. 6살의 피터를 상상해 보라. 그는 그림 속의 동물들에 대한 이야기를 계속해서 만들어 낼 수 있다. 그의 어머니는 자신에게 피터가 이야기를 길게 연관지을 수도 있고, 다양한 이야기의 내용에 대해서도 설명할 수 있다고 하였다.

2) 음악영재

(1) 음악영재의 일반적 특성

❶ 음악에 대한 열망

자콥은 집에 있을 동안에도 목에 기타를 걸고 돌아다니면서 끊임없이 연주하였다. 주말이나 방학 때 보통 하루에 서너 시간씩 기타를 연주하였다. 피터가 친구들에게 자신의 그림을 보여주고 설명하기를 좋아했던 것과 마찬가지로, 자콥도 친구들을 자주 집에 초대한 후 그들의 지루함에는 아랑곳없이 연주를 계속해서 들려주곤 하였다.

자콥은 기타 연주를 해도 되는지 부모님께 허락받아야만 했다. 대부분의 경우 부모들이 아이가 악기 연주를 잘하고 있는지 수시로 확인한다. 또한 아이들이 연습을 열심히 하는지도 확인한다. 심지어 음악적인 재능이 있을 때는 더더욱 그러하다. 대부분의 세계적인 피아니스트들은 자발적으로 피아노 연습을 하지 않았다고 한다. 그러나 자콥은 부모가 연습하라고 말할 필요가 없었다. 그 부모는 연습이라는 단어를 사용한 적도 없었고 결코 연습하라고 요구한 적도 없었다.

❷ 놀라운 음악 기억

자콥은 오로지 귀로 듣고 록 음악을 즉각적으로 연주하였다. 선생님은 악보를 읽는 것을 가르쳐 주려고 하였으나, 자콥은 저항을 하였고 그것이 어렵다고 하였다. 새로운 음악을 배울 때, 그는 반주나 녹음된 리드 기타의 부분에 귀 기울여 들었고, 그것을 다시 기억해 내어 연주하였다. 긴 기타 솔로 곡에 대한 그의 기억력은 피터의 시각적 정보에 대한 기억과 같이 비범한 것이었다. 자콥은 에릭 클립튼이나 지미 핸드릭스의 어떠한 곡도 듣고 기억해 내어 완벽하게 연주하였다.

자콥은 연주를 시작하자마자 작곡도 하기 시작했다. 그가 악보를 읽을 수 없었기 때문에 작곡한 것을 악보에 기록할 수는 없었다. 자콥은 단지 완벽한 기억에 의해 스스로 만든 곡을 연주할 뿐이었다. 어느 날 선생님은 학교에 자콥의 재능을 보여주고자 그가 작곡한 음악을 녹음하러 스튜디오에 갔다. 자콥은 5부분이나 되고 어려운 손가락 주법이 있는 곡을 연주하였다. 스튜디오에서 3시간 정도를 녹음했는데, 이 때문에 선생님은 매우 지치게 되었다. 그러나 자콥은 녹음했던 것을 듣고 그리 마음에 들어하지 않았다. 그가 2박자라고 들었던 부분이 그렇게 표현되지 않았기 때문이었다. 그래서 자콥은 선생님에게 전체적으로 다시 그것을 녹음하기를 주장하였다. 이러한 끈기와 수행능력은 어떤 영역에서든 영재아의 전형적인 모습이다.

❸ 즉흥적으로 연주하기

선생님이 자콥에게 E에서 어떻게 블루스를 연주해야 할지를 보여주었을 때, 그 음계를 그 자리에서 즉흥적으로 연주하였다. 사실상 그는 배웠던 모든 것을 즉흥적으로 연주를 할 수 있었을 뿐만 아니라 다양한 방법으로 연주도 할 수 있었다.

6개월 정도 지나자 자콥은 길거리에서 연주하는 한 록 밴드에게 다가갔다. 그리고 그들과 함께 하기를 요청하였다. 밴드의 리드 기타리스트는 웃으면서 자콥이 어린아이처럼 연주할 것이라고 생각하고 기타를 건네주었다. 하지만 성인 연주자와 같은 뛰어난 능력을 가진 7살밖에 안된 소년의 즉흥적인 연주를 듣고 모두들 놀라워하였다. "저애는 핸드릭스의 환생임에 틀림없다"라고 그 자리에 있었던 사람들은 중얼거렸다.

❹ 도전하기

피터처럼 자콥은 스스로 도전을 하였고 그러한 일을 잘해 내었다. 그는 음악작업을 행복해하였고, 선생님은 그의 학습속도와 연주의 정확성을 향상시키기 위해 도전적인 과제를 주고 연습하도록 하였다. 그는 어려운 것을 더 열심히 연습하였고, 그것이 이해가 될 때까지 계속해서 반복하였다. 그는 마음의 귀로 어떻게 그 음악이 소리가 나야 하는지 들을 수 있었다. 그때까지 계속해서 연습을 하였다.

선생님이 그에게 평범한 것이 아닌 특별한 방법의 연주를 가능한 한 모두 보여달라고 요청했을 때, 그는 선생님에게 어떻게 한 음에서 다른 음으로 부드럽게 움직이는지, 옥타브 변화는 어떻게 하는지, 화성은 어떻게 처리하는지에 대해서 명확한 설명과 함께 보여주었다.

(2) 오케스트라 악보를 읽은 아이

스테픈은 연주보다는 음악 이론과 작곡에 훨씬 더 많은 관심을 가지고 있었다. 그가 좋아하는 활동은 클래식 음악을 듣거나 클래식 연주회에 참석하는 것이고, 음악을 들을 때 오케스트라 악보를 읽는 것이었다. 그는 악보를 읽을 때 머릿속에서 그 음악이 들린다고 말하였다.

5살 때 그는 전문적인 음악 선생님이 아닌 사람에게서 방과후 프로그램으로 매우 단순한 피아노 레슨을 받기 시작하였다. 그는 곧 음악표시를 읽는 방법을 이해하였다. 수업을 한 지 몇 달도 채 지나지 않아 선생님은 스테픈의 부모에게 그가 보기 드문 음악적 자질이 있다고 말하였다. 그리고 그의 뛰어난 자질을 표현하기를 "음악을 완전히 흡수했다"라고 하였다. 따라서 스테픈의 부모는 '진짜' 음악 선생님을 찾아야 했다.

그 뒤 스테픈은 매주 한 시간씩 전문적인 선생님께 레슨을 받기 시작했다. 그러나 그는 기계적인 연습을 거부했다. 대신에 그가 좋아했던 것은 피아노 또는 오케스트라 악보를 즉석에서 보고 연주하는 것이었다. 스테픈 역시 즉흥적으로 연주하기와 화음 넣기(6살 때), 작곡하기

(7살 때)를 좋아하였다. 종종 그가 작곡하는 것은 연주한 것보다 훨씬 더 진보된 수준이었다.

❶ 음악 기록가와 이론가

9살 때 스테픈은 고급 성인 음악이론 책을 읽었고, 매서추세츠 케임브리지의 롱기음악학교에서 이론수업을 받기 시작했다. 이 수업시간에 그가 한 활동 중 하나는 음악 듣고 쓰기를 하는 것이었다. 즉 선생님이 그에게 들려주는 것은 무엇이든지 악보에 써 내려가는 것이었다. 그는 거의 실패 없이 정확했다. 9살 때 그는 롱기학교의 음악이론상을 받았다. 이 상은 성인 학생들이 받아왔던 것이었다.

피아노 선생님은 왜 스테픈의 연주가 더 발전하지 않는지 이해하고 있었다. 그가 무언가 연주하려는 욕구가 있을 때에는 그가 속한 학년의 수준을 넘어 매우 뛰어난 연주를 하였음을 피아노 교사는 부모에게 이야기해 주었다. 그러나 스테픈은 연주하는 활동으로부터 신체적인 즐거움을 거의 느끼지 못하였다. 만약 스테픈이 음악을 계속한다면, 연주자보다 작곡가나 지휘자가 될 것 같다. 아니면, 자콥은 아마도 즉석에서 연주하는 즉흥연주자가 될 것이다.

❷ 모든 종류의 음악 기호에 매료

스테픈은 음악 기호를 솜씨 있게 다루는 것을 포함하여 수많은 뛰어난 능력들을 가지고 있었다. 그는 카세트 테이프에 나오는 노래의 목록을 공부하는 동안 어떠한 지시 없이도 이를 읽기 시작하였다. 그때 나이가 3살이었다. 또한 3살 때 글을 쓰기 시작했고, 4살 때에는 필기체를 읽을 수 있었을 뿐만 아니라, 복잡한 지도나 차트, 도표를 그릴 수 있었다. 그러나 관찰하여 그림을 그린다거나 색칠하는 것에는 관심이 없었다. 8살 때는 컴퓨터 프로그램을 만드는 것을 습득하였다. 그 뒤 다양한 컴퓨터 언어로 프로그램을 만들기 시작하였다. 뿐만 아니라 외국어에도 매력을 느끼고 있었다. 수 년 동안 지속된 그의 흥미 중 하나는 새로운 알파벳을 만드는 것이었다. 그리고 체스게임을 할 때도, 실제로 말을 움직이는 것보다 체스 기호를 기록하는 것에 흥미를 가지고 있었다. 이는 음악을 연주하는 데 음악기호에 많은 관심을 두고 연주하는 것처럼 강한 흥미였다.

스테픈은 사람들이 음악적인 흥미를 갖고 있지 않다거나, 컴퓨터 프로그램 만들기 또는 악보를 보며 음악을 듣는 것에 대해 관심을 갖고 있지 않으면, 그 사람들과 사회적 관계를 갖지 않았다. 그림을 그리는 동안 친구들을 쩔쩔매게 만드는 피터처럼, 기타를 가지고 친구들에게 자신의 연주를 지겨울 때까지 듣게 하는 자콥처럼, 스테픈도 그런 점에서 닮았음을 볼 수 있다.

(3) 음악영재아동에 대한 일반화

자콥과 스테픈은 얼마나 다양한 방법으로 음악에 재능이 있는지를 보여준다. 이는 음악에 많은 활동들이 있기 때문이다. 어떤 이는 연주를 할 수 있고(자콥처럼), 또 어떤 이는 작곡을 하고 악보를 읽으며 지휘를 할 수 있다(스테픈처럼).

음악적으로 재능 있는 아이들은 거의 전형적으로 연주하는 데 뛰어난 능력을 보인다. 스테픈보다 훨씬 더 자콥이 그러하다. 하지만 귀로 듣고 록 음악을 연주하는 자콥과 같은 아이를 찾는 것보다, 클래식 음악 훈련 속에서 악보를 통해 연주하는 음악적 재능을 가진 아이들을 찾는 것이 훨씬 더 흔한 일이다.

음악영재아들의 핵심 능력 중 하나로 음악 구조에 대한 민감성을 들 수 있다. 음조, 음정, 화음, 그리고 리듬에 대한 이 민감성은 아이들이 음악을 기억하고 쉽게 목소리나 혹은 악기로 연주할 수 있게 한다. 음의 구조에 대한 민감성은 한 주제의 음악을 새로운 주제로 바꿀 수 있고, 주어진 주제를 즉흥적으로 연주할 수 있으며, 멜로디를 만들어 내기도 하는 등 음악적으로 재능 있는 아이들에게서 많이 나타난다. 음악영재아들은 음악적인 구조에 대해 큰 민감성을 보이는데, 이것은 보통 아이들에게는 드문 일이기 때문에 우리를 놀라게 한다. 반면에 모든 아이들은 언어적인 구조에서 대단한 민감성을 보이고, 이것은 보편적이기 때문에 우리는 당연히 그러한 것으로 본다.

사실상 음악적 재능은 다른 영역의 기술에 비해 그 능력이 더 빨리 나타나게 된다. 많은 위대한 연주가나 작곡가는 음악적 재능이 1살이나 2살, 그리고 대부분 거의 6살 이전에 나타났었다. 모차르트는 3살 때 피아노 선율을 따라 연주하기를 시작했고, 6살 때 작곡을 하였다. 피아니스트인 로린 혼랜더는 3살 반 때 하이든의 4중주 리허설을 들은 후 악보로 그리고 나서 보여주었다. 그는 "나는 그 음악에 빠져 있었다. 4분 안에 나는 악보, 음자리표 그 모든 것을 알았다"라고 말했다. 바이올린 연주자인 에후디 뮌헨은 7살 때 오케스트라와 함께 연주를 하였다. 47명의 음악가들의 조사에서 그들의 능력은 평균 4살 9개월에 발견되었음이 드러났다. 대부분의 유명한 바이올린 연주가들은 어린 천재였다. 그것은 아마 음악이 높은 규칙성을 가지고 있고, 형식적으로 구조화된 영역이기 때문에 더욱 그럴 것이다.

❶ 어린 시절의 신호

청각적으로 뛰어난 능력은 음악영재를 나타내는 징표가 아니다. 음악영재의 특징으로 가장 빠른 단서는 음에 대한 강한 흥미와 음악적 소리들을 즐거워하는 것이다.

또 다른 음악적 재능의 초기 신호는 들었던 노래들을 정확하게 따라 부르는 능력이다. 이 능력은 특별한 음악적 기억에 의해 가능한 것으로 음악적 재능 중 가장 중심적인 것이다. 자콥은 한두 번 들은 것을 따라 연주할 수 있었다. 그리고 스테픈은 2살 때 수많은 헝가리 민속 노래를 배웠고, 후에 이를 완벽하게 따라 부를 수 있었다.

전형적으로 아이들이 18개월 정도일 때 노래를 부르기 시작하는데, 음악적으로 재능이 있는 아이들은 더 일찍 노래를 부르기 시작한다. 그리고 이는 종종 말하기 전에 나타나기도 한다. 에르윈 나이레자하치는 7살 아이였을 때 헝가리의 음악 신동이었다. 그는 1살 때 듣고 노래를 따라 부를 수 있었다. 헨델 역시 말하기 전에 노래를 불렀다고 한다.

음악영재아들은 한 번 들은 노래를 따라할 수 있고, TV에서 나오는 것들을 별 다른 노력 없이 빠르게 배울 수 있다. 페필로 아레올라라는 신동은 3살 반 때 20곡을 기억하여 연주할 수 있었다. 피아니스트 아서 루빈스틴은 3살 때 누나가 피아노 치는 것을 듣고 몇 번 연습한 뒤 실수 없이 연주해 냄으로써 가족들을 깜짝 놀라게 했다. 4살 때 에르윈 나이레자하치 역시 들었던 피아노 선율을 정확하게 따라할 수 있었다. 7살 때에는 복잡한 베토벤의 소나타를 기억해 연주할 수도 있었다. 그리고 14살 때 모차르트는 단지 몇 번을 들은 후에 9부분이나 되는 복잡한 악장을 쓸 수 있었다. 음악 심리학자 지니 반베르거는 롱기음악학교의 음악영재아들이 쉬는 시간에도 유명한 연주곡을 듣고 이를 따라 연주하면서 시간을 보내는 것을 관찰하였다.

7살 때 나이레자하치는 성인 음악가와 비교해 보았을 때, 그의 음악적 기억력은 동등한 수준으로 우수하였다. 나이레자하치의 기억력은 '구조-의존적' 인 것이었다. 즉 나이레자하치는 익숙한 구조와 화음, 리듬을 일정하지 않은 화음보다 훨씬 더 익숙하게 회상할 수 있었다.

익숙한 형식을 우수하게 회상하는 것은 적어도 무의식의 수준에서 나타내는 것이다. 자콥이 의욕적으로 즉흥연주를 하는 능력은 만약에 그가 서양 록음악의 구조를 자기 것으로 흡수하지 않았다면, 가능하지 않은 일일 것이다. 그러나 음악영재아들이 들었던 것을 다시 연주할 수 있는 비범한 능력은 암시적이라 할 수 있다. 그러한 아이들은 만약 그것에 대해 의식적으로 생각해 내려고 한다면, 이를 잘할 수 없다고 말한다.

❷ 절대음감

절대음감의 재능은 매우 어려운 능력으로, 보통 만 명 중 한 명꼴로 발견된다. 그러나 절대음감은 영재들 사이에는 훨씬 흔한 일이고 일반적으로 5살 이전에 나타난다. 스테픈은 절대음감을 가지고 있었고, 나이레자하치 역시 그러하였으며 3살 때 피아노로 연주도 할 수 있었다.

그러나 절대음감은 일관성 있게 음악적 천재와 연관되지는 않는다. 바그너는 절대음감을 가지고 있지 않았고 차이코프스키도 그러하였으며 몇몇 작곡가도 그러하였다. 절대음감은 그러므로 음악적인 재능에 필수적인 요소는 아니다.

어떤 피아니스트는 절대음감은 어떤 음악을 들었을 때, 이를 기록하거나 다시 연주하는 것으로, 그것을 이조(移調)하는 것은 자신에겐 매우 어려운 일이라고 말하였다. 그녀는 나에게 정해진 악보보다 4분의 1 높은 음감으로 연주하기를 지휘자가 원할 때는, 화음을 맞추기가 어려웠다고 말하였다. 그녀는 절대음감 대신에 상대적인 음감(G로 인식한 것)으로 부르는 것을 원하였다. 상대적인 음감이란 연주자가 인식한 음감을 의미한다.

❸ 즉석 시보 연주

절대음감의 기술을 가지고 즉석에서 악보를 보고 연주하는 시보 능력은 음악에서 재능과 지속적으로 연관된 것은 아니다. 모차르트와 스테픈은 이러한 기술을 소유하였다. 8살 때 모차르트는 결코 이전엔 보지 못했던 악보를 마치 성인이 글을 읽는 것처럼 주저 없이 보면서 연주할 수 있었다. 피아니스트 글랜 글라우드는 글을 읽기 전에 악보를 읽을 수 있었다고 말하였다. 그러나 자콥은 많은 록 연주가들처럼 어떻게 악보를 읽는지에 대해 알지 못했다.

❹ 음악의 생산성

이미 존재하는 음악을 연주하는 것과 새로운 음악을 만드는 것 사이에는 분명한 구분을 할 수 있다. 새로운 음악을 작곡하는 것과 2개의 주어진 형식 속에서 창작하는 것에는 더 많은 차이가 있다. 멜로디를 유지하며 새로운 장조로 주어진 음악을 바꾸는 것, 즉석에서 연주하기 등이 그렇다.

대부분의 모든 아이들은 18개월 때 스스로 노래를 하기 시작한다. 자콥과 스테픈과 같이 음악영재아들은 다른 모습을 보인다. 대부분의 음악영재아들은 악기 연주하는 것을 배운다. 그리고 그것을 시작하면서 곧 '음악적 생산성' 을 보인다. 이 생산성은 처음에는 음조를 새로운 음조로 변형하는 능력이나 즉흥적으로 연주하는 형식으로 나타난다.

자콥과 스테픈도 이 능력을 가지고 있었다. 나이레자하치도 7살 때 새로운 음조로 바꿀 수 있었다. 10살 때 그는 어떤 음조의 복잡한 음악일지라도 정확하고 쉽게 바꿀 수 있었다.

나이레자하치는 스테픈처럼 이른 시기에 작곡을 시작한 드문 경우에 해당한다. 하이든이나 모차르트, 말러, 마이어베어, 세인드샌스. 그리고 스트라우스 역시 10살 이전에 처음 작곡을 시작하였다. 모차르트는 4살 때 작곡을 시작했고, 8살 때 이미 피아노와 바이올린 연주를 위한 소나타와 3개의 작은 오케스트라 합주곡을 썼다.

❺ 음악을 마음으로 표현하기: 더 많은 발산

비영재 집단의 훈련받은 성인들은 '형식적' 전략을 사용했다. 훈련받지 않은 집단과는 달리 이 집단 사람들은 C장조의 형식적인 구조와 관련하여 음률에 초점을 맞추었다.

영재 집단은 다소 달랐다. 그들은 과제에 대한 전략을 바꾸었다. 처음에 그들은 훈련받지 않은 피험자와 같았다. 그들은 각각의 음감을 찾는 것으로 수식 전략을 시작하였고 왼쪽에서 오른쪽으로 그것들을 선에 올렸다. 첫 번째 부분에서(반짝 반짝 작은 별) 그들은 C-G-A로 벨을 연주하였다. 그러나 그들은 '별' 부분을 할 때 형식적인 전략을 바꾸었다. 그들은 '반짝'에서 사용하였던 G를 다시 움직였다. 그러므로 그들은 3개의 G를 같이 조작한 것이다. 그들은 그러고 나서 F를 이해할 때 딜레마에 직면했다. 만약에 그들이 나타난 순서대로 벨을 들어올리는 전략을 처음에 했을지라도 그들은 A 오른쪽에 F를 두었을 것이다. 그러나 이러한 움직임은 G를 F로 움직이는 것으로 나타나지는 않았다. 그리고 그런 움직임은 순수한 수식 전략을 가져다 주었다. 왜냐하면 A 위의 G로부터 F로 건너뛰기를 요구했기 때문이다. 만일 반대로 그들이 새로운 전략을 따랐다면, F는 이전의 G 왼쪽에 가야 했다. 그것이 더 낮은 음이기 때문이다. 그러나 C 벨은 이미 G 옆에 있었다. 왜냐하면 나온 순서대로 벨을 위치시키는 초기의 수식 전략이기 때문이었다.

과제의 노래를 기록하라고 요청했을 때 누군가는 그것을 연주할 수 있었고, 영재집단에서는 표준적인 기록을 사용하진 않았다. 비록 그들이 그러한 것을 잘 알고 있을지라도 말이다. 대신에 그들은 그들 방식대로 과제를 기록하였다. 또한 그들이 만들었던 것과는 다른 형식으로 이해하기를 요청했을 때, 비영재 집단에서는 아무도 이 과제를 수행할 수 없었고, 훈련을 받았거나 그렇지 않았거나 그들 스스로 기록한 것을 이해할 수 없었다. 그것은 내적인 표현과 같은 것이다. 반면에 영재 집단의 아이들은 쉽게 또 다른 기록을 이해할 수 있었고, 새로운 기록을 같은 음률로 만들어 내기 위해 벨을 재배열할 수 있었다. 예를 들어, 악보의 위치를 숫자로 기록하여 음률의 순서를 이해하였다.

영재들(수학, 언어, 예술 또는 음악 영재들)은 불규칙적인 방식으로 그들의 영역에서 학습을 빨리 하거나 정보를 표현한다. 영재아는 특유의 방식으로 수학 문제를 풀기 때문에 기존의 형식적인 방식으로 문제를 풀라고 요구받았을 때는 오히려 어려움을 느꼈다. 자신이 사용했던 방식이 아닌 선형 유형으로 풀라고 요구받았을 때 어려워했다. 언어 영재아들은 단순히 단어의 방식을 보고 소리를 낸다. 그리고 그들은 단어 하나하나에 의해 소리를 내지 않고, 정교한 음성적 전략을 사용한다. 고도의 현실적인 그림을 그리는 아동들은 그림에 대해 많은 생각을 하지 않고 전체적인 구조에 초점을 두고 조형적 전략을 사용한다. 그러나 그들에게 형식적 원근법의 규칙으로 그림을 그리라고 할 때, 그림을 그리기가 어렵다고 말한다.

학문적으로나 심리적인 영역에서 영재아들은 모두 재능적이고 영재성의 위치에 있어야만 한다. 만약 음악이나 예술적 영역의 재능이 학문적 능력과 같다면, 이 역시 학문적으로 능력이 있는 것을 의미하고 얼마나 IQ가 높은가로 해석해야 하는 것인가? 그리고 그들의 높은 성취 뒤에 있는 높은 잠재력은 과연 무엇인가? 우리는 이제 이러한 질문을 진지하게 제기하고 연구할 때이다.

3) 예술영재와 IQ 신화

학문적 영재는 종종 수학 영역보다 언어 영역이 우수하거나 그 반대인 불균형한 측면이 있다. 이런 불균형은 전체적인 IQ를 감소시킬 수 있다. 따라서 우리가 전체적인 IQ를 본다면 단일 영역에서 강점을 가진 영재를 찾을 수 없을 것이다.

(1) 미술영재성과 IQ

칸딘스키나 케페스 같은 예술가를 제외하면, 시각 예술가는 학구적 영재의 경향을 보이지 않는 경우가 많다. 피터는 학교에서 지루해했고 크라이네 고롬이 연구한 학생 중 1명인 바다도 마찬가지였다. 미술에 소질이 있는 3학년 아동은 1학년 아동처럼 천천히 힘들게 책을 읽었다. 이들은 높은 지능은 아니지만 미술이나 음악, 혹은 기술 적성 능력과 같은 특별한 재능으로 교사에게 추천받았고, 이들 중 15명이 미술 능력으로 추천되었다. 단지 1명만이 영재 프로그램을 위한 기준 IQ 130을 통과하였다. 그들의 IQ 범위는 79에서 133이고 평균은 107이다. 이 아동들은 터먼 연구를 위한 최종 표본에서 제외되었다.

그림에서의 영재 아동은 정상 모집단과 비교하여 난독증과 같은 읽기 장애를 더 많이 보인다. 피터는 읽기 학습에 어려움을 보였고 심리학자 콘스탄스 밀브래스가 연구한 미술영재 조엘은 난독증으로 10살 때까지 읽지 못했다. 심지어 대학 시절, 그는 이미지화할 수 있다면 개념들을 이해할 수 있다고 말했다. 미술영재와 종종 관련되는 읽기 장애는 학교를 사랑하고 학교에서 우수한 수행을 하는 미술영재아를 방해하는 요인 중 하나이다.

미술영재와 IQ 영재 간의 분리는 실제로 놀라운 것이 아니다. 그림 영재는 시공간 능력에 의존하지만 IQ검사는 주로 언어와 수 능력과 추상적 추리를 측정한다. 영재 미술가가 우수한 부분은 읽기, 추론, 수학이 아니라 이미지를 보고 기억하고 시각화하고 변환하는 능력이다. 수

학자가 가진 공간 능력은 그리기 능력에서의 공간 능력보다 더 추상적인 유형일 것이다.

시각 미술영재는 복잡한 설계에서 숨겨진 기하학적 형태를 인식하는 능력에서 우수하다.

숨겨진 형태를 보는 미술영재의 능력은 언어성 IQ와 독립적인 능력이다. 표상 과제에서 그림영재 아동과 그림 능력은 단지 평균이지만 언어성 IQ에서는 영재 집단인 아동을 비교한 연구를 통해, 표상 능력과 언어성 IQ는 관련이 없다는 것을 알았다. 시각적으로 상상하는 능력은 언어성 IQ와 독립적이다.

수학영재 아동처럼, 시각 예술 영재아동 또한 시각적 기억에서 우수하다. 미켈란젤로나 로트렉은 한 번 본 형상에 대해서도 놀라운 시각 기억을 가진 것으로 유명하다.

실험연구 또한 미술영재아가 시각적 장기기억과 단기기억 모두에서 우수하다는 것을 증명했다. 한 연구에서 연구자는 미술영재인 아동이 사진의 색, 구성, 형태, 선 특징, 내용 등의 회상에서 뛰어남을 발견했다. 그리고 다른 연구에서 이런 능력은 언어성 IQ와 상관되지 않음을 보여주었다.

(2) 음악영재성과 IQ

위에서 보았듯이 음악영재가 미술영재보다 IQ와 더 관련된다는 것을 알 수 있을 것이다. 높은 IQ를 가진 음악영재에 대한 많은 연구가 있다. 터먼의 특별 능력집단에 음악 능력으로 추천된 11살 아동들은 IQ가 95부터 139 범위였으며 평균 121이었다. 이것은 특별히 높은 것은 아니지만 미술 능력의 경우보다 평균 14점이 높은 것이다. 그러나 더 면밀한 조사는 음악 능력이 IQ에 의존하지 않는다는 것을 보여준다. IQ와 음악 적성과의 관계는 정적이고 낮은 관계이다. IQ 90 수준에서는 음악 능력을 예측하기 어렵다. 반대로 높은 음악 능력도 반드시 높은 지능을 필요로 하는 것은 아니다.

음악 학생들이 학문적 강점을 보이는 또 다른 증거는 에우디 멘힌 음악학교 학생들의 IQ 점수에서 발견된다. 음악 학생들의 IQ 범위는 93부터 166이고 평균이 약 130이며, 이는 학교 영재 프로그램에 사용되는 기준이다. 그러나 높은 IQ가 음악영재성의 필수적인 구성요소가 아니라는 증거는, 읽기와 수학 모두에서 결핍이 있는 매우 낮은 IQ를 지닌 학생이 음악가 상을 수상했다는 사실이다.

왜 음악영재아가 미술영재아보다 학교에서 더 우수할까? 이 질문에 대한 체계적인 연구가 실행되지 않았기 때문에 여기서는 단지 추측할 수밖에 없다. 한 가지 이유는 이 결과가 완전히 전통적인 수업을 받은 학생을 기초로 한 것이기 때문일지 모른다. 이런 아동은 가정에서 자극적이고 지적인 분위기를 제공하는 부모에게 교육받았을 것이다. 또한 시각 예술 영재는 학교성적에서 덜 우수하다. 왜냐하면 그들은 종종 언어를 담당하는 뇌의 좌반구에 어떤 결핍을 시사하는 읽기 관련 장애를 가지기 때문이다.

그러나 음악영재가 미술영재보다 뛰어난 학교 수행을 보이는 다른 이유는 전통적 수업을 받은 음악영재가 정규적인 악보 읽기와 학생들에게 앉아 있기를 요구하는 활동에 참여하기 때문이다.

음악영재의 탁월함은 IQ에 있는 것이 아니라, 그림영재 아동처럼 시공지각 능력에 있다. 화가나 작가와 같이 음악가는 시각과 청각의 기억에서 조숙성을 가진다고 알려져 왔다. 이는 숨겨진 철자 찾기나 단일한 이미지로 비연속적인 시각 자극을 조합하는 과제에서 실험적으로 밝혀졌다. 때때로 음악영재는 시각 미술영재보다 더 뛰어나다. 예를 들어, 공간 추리 과제에서 음악영재(작곡가나 연주가 모두)는 미술영재와 통제집단 모두를 능가했다. 큰 패턴에서 숨겨진 패턴을 찾는 과제에서도 음악영재는 통제집단보다 우수한 미술영재들을 능가했다.

음악 훈련은 공간 능력 개발을 도와준다. 최근 연구는 취학 전 아동의 공간 추리가 8개월 동안의 음악 수업에 의해 강화되었음을 보여준다. 유사하게, 모차르트를 듣는 것이 몇 분 후에 검사되는 아동의 공간

추리 능력을 증가시킨다는 결과도 있다.

5. 결론: 영재교육의 기능과 미래

1) 순기능과 역기능

영재교육은 모든 제도에서와 같이 순기능과 역기능을 가지고 있다. 우선 순기능을 보면, 미래의 정보사회에서는 두뇌의 척도가 국력을 대변하게 되기 때문에 뛰어난 두뇌 계발의 가능성을 열어 놓았다는 점이다. 이런 배경에서 나온 것이 교육의 '수월성'이다. 수월성은 '평준화'의 반대 개념으로 파악되기도 하나, 이보다는 개개인의 타고난 잠재적 적성을 극대화하는 데 관심을 두고자 한다. 이런 시각에서 볼 때 영재교육은 국가경쟁력을 기르기 위한 방법으로 학생 개개인의 능력을 최대한 발휘할 수 있는 가능성을 열어놓는다.

그러나 그에 따른 역기능이 크게 우려되고 있다. 자유시장의 경쟁논리를 교육에 적용시킴으로써, 학생들을 지나치게 경쟁 속에서 키우게 된다는 점이다. 또 영재교육이라는 미명 아래 사교육이 공교육 이상으로 비대해져 가는 뒤틀린 우리 교육 현실에서, 극소수 영재만을 배려하는 교육정책은 자칫 왜곡된 과외의 광풍을 가져올 가능성이 높다(현재 영재교육이 제도권 속에서 자리를 잡지 못하기 때문에).

우리는 역기능을 극소화하고 순기능을 극대화하는 방향으로 영재교육의 발전 모델을 정립해야만 한다. 경쟁을 통해 교육의 수월성을 확보하고 영재를 발굴 · 육성하는 것만이 국가경쟁에서 살아남을 수 있는 유일한 길이기 때문이다. 그러나 현 시점에서 볼 때 영재교육은 여러 가지 측면에서 문제점을 갖고 있다. 이와 같은 문제를 해결하기 위해서 다음과 같은 논의들이 선행되어야 한다.

넓게 생각하면 영재교육에만 국한된 내용이라기보다, 한국사회가 미래사회에 대처하기 위한 교육활동이라고도 볼 수 있다.

첫째, 영재교육을 위한 논의는 한국적 상황에 적용할 수 있는 교육활동에서부터 출발해야 하고, 이론과 실제가 복합적으로 논의되어야 한다. 이론이 현장에 적용될 때의 한계성, 그리고 적용상의 문제들에 대한 구체적이고 실제적인 논의가 이루어질 필요가 있다. 또한 지금까지의 영재교육을 보면, 이론적이고 경험적인 연구, 현장적용상의 논의보다는, 무작위적인 활동이 이루어져 영재교육다운 교육과는 거리가 먼 교육에 더 많은 시간이 소요되고 있는 듯하다. 이 같은 문제점을 직시하면서 이 분야에 관련된 이론과 현장의 목소리를 통합하는 발전된 연구가 계속될 필요가 있다.

둘째, 영재교육은 다양한 전공의 학문적 소유자와 현장의 교육경험을 갖고 있는 교사와의 통합적이고 종합적인 사고에서 이론과 실제가 나올 때 그 신뢰성과 타당성을 가질 수 있다. 이를 위해서는 영재교육에 관심 있는 통합적인 사고를 할 수 있는 이론과 현장경험자 간의 협의체 구성이 필요하다. 교육학 자체가 이론과 실제를 요구하듯이 영재교육에 대한 접근도 다양하고 종합적인 사고가 요구된다.

즉 영재교육에 대한 출발점은 교육에 대한 철학과 인간에 대한 가정에서부터 시작된다. 그래서 인간에 대한 특성과 다양성에 대한 합리적이고 충분한 근거가 필요하다. 특히 영재교육에서 그 무엇보다 중요한 출발점이라 볼 수 있는 영재의 선별과정을 몇 가지 잣대를 가지고 자르는 의미 없는 접근은 영재교육 자체를 무용하게 만들 수 있다. 왜냐하면 의미 없는 잣대는 의미 없는 결과를 낳기 때문이다. 그래서 선발과정은 인간의 특성에 대한 종합적인 생각을 가져야 한다고 생각한다. 또한 측정에 대한 다양한 접근으로 측정이 갖는 비사실성, 비신뢰성, 비타당성에 대한 측정학적 이해가 필요하다.

영재교육 과정에서도 재론할 필요가 없이 통합적 사고를 필요로 한다. 특히 영재교육에 대한 이론을 현장에 적용하기 위해서는 현장 경험도 필요하다. 영재교육이 꽃피려면 다양한 교육학에 대한 배경을 갖고 있으면서 영재교육에 대한 필요를 느끼는 학도들의 종합적인 사고가 요구된다. 이러한 과정에 대한 이론 · 경험적 근거는 교육학에서 찾아야 할 것이다. 영재교육은 책상 위에서 되는 것이 아니다. 그 한 예로 코네티컷대학에 본부를 두고, 뉴욕대학, 스탠퍼드대학, 예일대학, 버지니아대학 등이 참가하는 NRC/GT(The National Research Center On The Gifted And Talented)를 들 수 있다. 20여 명의 각 대학을 대표하는 영재교육 연구 학자들의 세미나인 이 모임이 하트포드(Hartford)에서 1997년 2월 13일에 열렸다. 그 모임에 참석해 서울 코리아(Seoul, Korea)라는 명패 앞에서 그들과 함께 영재교육에 관하여 논의해 봤다. 이 세미나는 6개의 대학들이 영재 판별, 교육과정 개발 등등의 문제를 각자 연구해서 종합하는 열띤 토론의 장이었다. 이 모임은 서로 격려와 비판을 하면서 영재교육을 이론과 실제 면에서 발전시키고 있었다. 특히 연방정부에서 연구비를 받았기 때문에 정부에서 파견된 3명의 전문가들이 참여하여 함께 논의하고 연구비의 타당한 지출과 연구의 성과에 대한 평가도 있었다.

셋째, 영재교육은 일련의 과정이 논리적 · 합리적인 근거 위에서 단계마다 논의되고 영재교육 모형 위에 반영되어야 한다. 이 과정의 단계단계에 영재교육의 이론적 교육학도들과 현장의 교육경험자들이 상호보완적 의미에서 역할을 증대시켜야 한다. 왜냐하면 교육학의 제이론은 영재교육의 과정에 다양한 이론과 현장에서의 경험적 결과를 부여할 수 있기 때문이다. 오늘날의 다양한 주제들이 통합된다면, 그 자체가 영재교육의 이론적 · 경험적 근거가 될 수 있다.

어떠한 판별이냐에 따라 영재교육의 전 과정이 형성되어야 한다. 지금까지의 영재교육의 현장을 보면 판별, 교육과정, 교수 · 학습 활동, 그리고 평가가 각각 깊은 연계성이 없이 각 단계가 상충되어 교육의 극대화를 가져오지 못한 것으로 보인다. 그러면 전체 과정의 출발 지점은 어디냐의 문제가 제기될 수 있다. 보기에 따라 다르겠으나 '상황'이 바로 시작점이다. 한국에서 행해지는 영재교육은 '한국이라는 현장의 상황' 에서 출발해야지, 외국의 '누구의 모형' 을 도입해서 억지로 꿰맞추는 식은 이제 지양할 때가 된 것 같다.

넷째, 영재교육 과정의 설계와 시행에 관련된 개념들의 조화이다. 영재교육의 설계와 실제에서 나타나는 개념은 속진 · 심화 · 정교화 · 신기성이라 볼 수 있다. 이 중 어떠한 개념이 영재교육 과정 속에서 의미를 가져야 하느냐의 문제는 서로 개념들 간의 상충 · 조화를 요구하는 개념들이기 때문에 많은 논의가 요구되고 있다. 여러 학자와 학교들은 그들 나름대로 각자의 철학에 따라 위에 논의된 개념 중에서 하나 혹은 몇 개의 개념에 강조를 두고 있고, 프로그램에 따라 강조점을 달리하고 있었다. 퍼듀(Purdue)대학의 경우 슈퍼 토요일(Super Saturday) 프로그램에서는 심화에, 서머(Summer) 특별프로그램에서는 속진에 초점을 맞추고 있었다. 일리노이대학에 있는 창의적 발견학교(Creative Discovery School)의 경우는 심화에 초점을 맞추고 있었으나 속진을 필요로 하는 학생들의 문제로 어려움을 겪고 있었다. 또한 코네티컷대학 주위에 있는 대학들은 전교심화교육 모형(Schoolwide Enrichment Model)을 정규학교에 어떻게 적용하느냐에 관심을 두고 있었다.

위의 개념들을 영재교육의 핵심개념으로 볼 때 영재교육의 이론과 실제 간에 상호 보완적 과정이 이루어질 필요가 있다. 영재교육이 이루어 질 필요가 있다. 그러나 강조는 '상황' 에 근거를 두어야 할 것이다. 문제는 이와 같은 개념상의 문제를 해소할 만한 추수연구의 경험적 결과가 없다는 것이다.

다섯째, 국가와 사회적 차원의 전폭적인 연구와 교육에 대한 관심이 거의 없다는 점이다. 영재교육은 왜 종합적인 의미에서 많은 사람들의 관심을 모으지 못하느냐 하는 아쉬움이 있었다. 어느 곳을 가봐도 소수인의 관심으로 국한되어 있다는 생각이 들었다. 교육의 대상이 적어서인가 하는 생각도 해보았으나 이것은 이유가 되지 않는다. 왜냐하면 영재교육의 결과는 모든 사람에게 돌아가기 때문이다. 물론 외국의 경우에도 영재교육에 대한 지원에는 한계가 있다. 한 외국인 학자에게 특수교육이 21세기 미국교육의 주요 과제라면 왜 영재교육은 특수교육에 포함되지 않느냐고 질문했을 때 '그렇게 될 것이다' 라는 대답을 들었으나 '아직' 이라는 생각으로 결론을 내렸다.

여섯째, 현장의 정규학교 속에 영재교육을 접목시키려는 다양한 방법이 시행될 필요가 있다. 이제 우리도 영재교육에 대한 법적 장치를 갖고 있는 만큼 공교육 속에 영재교육을 접목시키고자 하는 노력을 할 필요가 있다. 그래서 다양한 정규교육 속에 접목시키는 방법, 즉 정규수업 속에서 특별반과 특별시간을 운영하는 방법과 토요일 또는 방학을 통하여 속진과 심화교육 과정을 운영하는 방법 등을 생각할 수 있다. 즉 다양한 운영방법을 통해서 영재성을 계발하려는 활동이 이루어져야 한다.

2) 희망의 나라로

영재교육은 이론과 개념 차원을 넘어 실재한다. 아래에 송유근의 현재의 상황을 소개하면서 영재교육의 현실적 안착을 바라 마지않으며 글을 마무리하고자 한다.

8세 수학영재 초등교 졸업장:
수학 분야에서 영재성을 인정받아 초등학교 6학년으로 입학했다가 절차상 하자를 이유로 입학이 취소됐던 송유근(8세) 군이 초등학교를 졸업하게 됐다.
의정부지검 1부는 2005년 4월 18일 송군의 부모와 남양주시 신석초등학교를 상대로 낸 입학취소처분 무효 확인 청구소송에서 입학취소처분을 취소하라며 원고승소 판결했다.
재판부는 의무교육은 교육받을 권리를 근본취지로 하고 있고 기득권을 보호하는 차원에서 원고를 졸업시키는 것이 타당하다고 밝혔다. 송군은 지난해 11월 영재성을 인정받아 만 6세에 심석초교 6학년에 입학했으나 올해 중학교 입학을 앞둔 시점에서 절차상 문제가 있다는 교육인적자원부와 경기도 교육청의 유권해석에 따라 입학이 취소되었다. 송군은 정규학교교육이수에 제약이 뒤따르자 5일 고입자격 검정고시를 치러 고교입학 자격을 앞둔 상태다.
합격이 되면 8월 고졸 자격 검정고시를 치러 올해 대학수학능력시험에 도전하거나 지방의 영재 과학고에 진학하는 방안을 고려하는 것으로 알려졌다(동아일보 2005. 4. 19).

법원의 '입학처분취소', '송유근 부모의 승소 판결', 그리고 '과학고 정규진학 길 열려' 등은 8살의 영재 아동이 한국의 교육 현실에서 경험한 사실이다. 본 발표논문의 서두에서 송군의 안타까운 사실을 소개한 바 있다. 인간의 교육을 받을 수 있는 권리, 그리고 자신의 능력에 맞는 교육환경의 대우를 받을 권리 등등이 교육적인 판단이 아닌 사법적인 판단으로 결정되었다는 것이 한국교육, 특히 영재교육이 당면한 현실이다. 인간은 기본적으로 정상분포 선상에서 어디에 위치해 있느냐에 따라 교육을 받을 기본적인 실존의 가치를 가지고 있다. 그러나 이 송군의 예에서 보듯이 그 실존을 현실화하는 과정에서 많은 어려움과 제재를 받고 있는 것이 사실이다.

그러나 이 예에서 보듯이, 한국교육이라는 배는 이제 희망의 기치를 달고 희망의 나라로 출발하고 있음을 볼 수 있다. 교육이라는 사회화 현상은 사회의 역동과 환경 속에서 시간과 더불어 발전하는 모형을 갖고 있음이 역사의 교훈이다. 이제 출발한 우리 희망의 배는 발전선상에서의 목표를 향해서 계속 정진할 것을 믿어 의심하지 않는다. 우리 영재교육학도들은 희망을 가지고 한국의 영재교육이 그 모습을 완성에 가깝게 만들 때까지 우리에게 주어진 숙제를 해결해야 할 의무가 있다.

참고문헌

강철규(1995). 지력사회의 도래와 창의력 교육, 21세기와 우수인력, 영재교육심포지엄, 한국영재연구소.

김주훈(1996). 영재를 위한 학습프로그램 개발 및 지도, 심포지엄 자료집, 한국교육개발원.

박경숙(1996). 영재교육 운영의 실제: 속진제를 중심으로, 심포지엄 자료집, 한국교육개발원.

송인섭(1995). 영재교육과 수월성, 교수신문, 7월 31일.

———(1995). 영재교육의 전제조건, 한국교육신문, 6월 21일.

———(1996). 21세기를 위한 준비: 한국의 표준화된 지능검사의 문제와 전망, 한국교육평가연구회 학술대회.

———(1997). 영재교육에 대한 새로운 인식, 한국교육학회 소식, 제33권 제2호.

———(1997). 정보산업사회와 영재교육, 국제학술대회자료집, GEIK한국영재연구원.

조석희 외(1996). 영재교육의 이론과 실제: 교사용 연수자료, 한국교육개발원.

한국영재연구원(1996). 영재교육 소개책자.

한완상(1995). 21세기와 영재교육, 21세기와 우수인력, 영재교육심포지엄, 한국영재교육연구소.

Boom, J. S., *Texanomy of Educational Objectives, Handbook I*: Cognitive Domain, New York: Longmass Green.

Feldhusen, J. F.(1992). *Talent identification and development in education Sarasota*, FL: Center for Creative Learning.

Gagne, F.(1993). Definitions of Giftedness, In Heller, K. Passow, H. Monks, *International handbook on research and development of giftedness and talent*, Oxford: Pergramon Press.

Gardner, H.(1983). *Frames of mind*, New York: Basic.

Guilford, J. P.(1982). The Structure of Intelligent in Maker, C. J., *Teaching model in Education of the Gifted*, London: Aspen System Cooperation.

Renzulli, J. & Reis, S.(1991). The schoolwide enrichment model: A comprehen sive plan for the development of creative productivity, In N. Colangelo(Ed.) *Handbook of gifted education*, MA: Allyn & Bacon.

Tannenbaum, A. J.(1986). Giftedness: A psychological approach, In R. J. Sternbag(Ed.). *The nature of creativity(99~121)*, New York: Cambridge University Press.

03

예술영재 육성의 방략

김재은 / 이화여대 명예교수

1. 머리글

우리나라에도 2004년에 예술영재학회가 창립되어 매년 2회에 걸쳐 연구논문을 발표하고 논문집을 발간하는 등 예술영재와 그 교육에 대한 학술적 연구가 본격적으로 시작하게 되었다. 광복된 지 60년이 지나서야 겨우 이런 주제로 학자들과 전문가들이 모여서 학술적 연구를 시작하게 되었지만, 이러한 모임만으로도 우리의 예술영재 육성과 연구의 전망은 밝아 보인다. 그러나 이제 시작에 불과하다. 현장에서 실질적으로 개선하야 할 정책, 제도, 커리큘럼, 교수방법, 교사훈련 등등 우리가 해결해야 할 연구과제는 산적해 있다.

필자는 이런 학술적 · 실제적 문제에 가로놓여 있는 본질적인 문제 중에서, 예술영재교육과 관련해서 예술교육 자체의 근본문제 몇 가지를 제기하려 한다. 이런 논의가 지침이 되어서 다음 단계의 문제 해결에 도움이 되었으면 한다.

2. 예술교육 목표와 예술영재 교육

우리나라의 학교교육에서는 음악, 미술과만 교과목 표제로 된 과목이고, 무용(체육의 일부)과 문학(국어과의 일부)은 교과목 표시가 없다. 마찬가지로 '예술교육'이라는 표제가 달린 커리큘럼도 과목도 없다. 음악, 미술, 체육 교과를 통합하여 '예체능교과'라 부른다.

여기서는 예술의 '술'(術)자 대신 '능'(能)자를 쓴다. '술'은 기술을 줄인 글자이고, '능'은 기능을 줄인 글자이다. 굳이 어의를 따진다면, 술은 테크닉(technique)이고, 능은 스킬(skill)인데 기술은 기능보다 위상이 높은 개념이다.

기능은 단편적 · 구체적 능숙성이지만 기술은 종합적 · 추상적인 문제 해결 능력이다. 발재간이 좋아서 드리블을 능란하게 잘하는 것은 기능이지만, 공을 골대 안에 정확하게 잘 차 넣는 능력은 기술이다. 이 기술은 골키퍼의 위치와 자세에 대한 정확한 예측능력+공을 찰 때의 각도+힘+페인팅 모션까지를 몇십분의 1초 사이에 종합적으로 판단해서 공을 차는 능력이다. 따라서 우리나라에는 '예능교육'만 있고 '예술교육'이 없었다는 것은 음악, 미술 교과를 기능교과로만 다루어왔다는 것을 반증하는 것이다. 교과목의 목표나 커리큘럼에 기술되어 있는 목표를 분석해 보더라도, 평가목표가 지식과 이해, 기능, 태도, 능력 등으로만 표현되어 있지 기술이라는 용어는 쓰지 않는다. 왜냐하면 일반 교육의 하나로서의 음악, 미술, 무용, 문학 등은 그 자체가 지니고 있는 특성 때문에 제대로만 가르치면 기술적인 측면의 교육도 가능하다. 즉 기술자를 만드는 교육이 아니라, 예술이 지니고 있는 인간형성의 기능, 창의적이고 개성적인 자기표현의 기능을 다할 수 있도록 가르칠 수가 있다. 그럼에도 우리가 지금까지 기능위주로 교육을 하려 했기 때문에, 기능향상에서 뒤쳐진 학생은 예술의 다른 본질적 특성에도 접근 못하고 교육을 끝내게 된다. 허버트 리드(Herbert Read)의 이론을 지지한다면, 우리는 "예술을 통한 교육에"에 소홀했던 것 같고, 교육의 기초로서가 아니라 기능교육과로만 다루어왔던 것이 사실이다.

예능교과의 장르별 학교교육 과정상의 목표를 분석해 보겠다. 초, 중, 고등 일반 기초교육 과정상의 미술교육의 목표를 종합해 보면, 일반교육으로서 미술교육은 인간성 형성의 필수적인 학습경험으로서의 특색을 가지고 있다. 학습내용과 관계없이 "미술의 표현과 감상능력을 높이고, 미적 감수성을 풍부하게 하며, 창조적 활동의 기초능력을 기른다"로 되어 있다. 이 표현 속에는 자유롭고 개성적이고, 전인적인 인간활동을 고양시키며, 창조활동의 기초적인 태도나 능력을 기르는 것을 목표로 하는 것이기 때문에, 미술교육이 인간형성으로서의 가치를 가지고 있다는 점을 포함하고 있는 것이다.

음악교육은 어떠한가? 음악교육은 고대희랍이나 고대부터 중국사회에서는 교양인, 지도자 교육에서 필수교과로 인정하였다는 기록이 남아 있다. 즉 지금으로부터 약 2400, 2500년 전부터 음악교육을 해온 것이다.

따라서 역사적으로 보면 미술보다도 더 오랜, 더 깊은 역사적 근거를 가지고 있는 것이다. 그러니까 미술교육과 마찬가지로 인간형성의 기초적 학습으로서 필수적인 과정이었던 것이다. 현대의 학교교육에서 보면 목소리로나 악기를 통해서 연주하는 표현활동이나, 음악적 이미지를 '음악'으로 정리하는 창작활동(작곡), 음악을 청취하고, 음미하고, 이해하는 감상활동 등 이해, 감득, 표현의 여러 능력을 높여줌으로써, 풍부한 정서와 창의성과 개성이 풍부한 인간, 즉 그런 인간성을 육성하는 것이 목표로 되어 있다. 음악에 관한 지식, 기술, 이해를 얻고, 그것을 응용하는 능력도 기르는 목표가 포함되어 있다.

무용은 일반교육에는 신체의 발달 돕기, 지적 발달(이해력), 상상력과 창의성 기르기, 심미적 능력과 감상능력 등으로 표현되어 있다. 이 밖에 국어과에 속하는 내용이지만, 문학과 연극도 논의할 수 있을 것이다. 문학교육이란 선진 외국에서는 국어과와는 별도로 문학교과를 독립적으로 개설하고 있는 나라가 많은데, 우리나라에서는 국어과 영역에서 다루고 있다. 국어에서 다루는 문학교육의 목표는 문학작품 감상, 창작활동, 작품과 작가, 문학이론에 대한 지식의 교육 등으로 분류해볼 수 있다. 이것도 일반교육의 목표로서 문학교육의 목표인 문학작품의 독해, 감상 활동을 통해서 언어능력을 높이고, 풍부한 인간성 형성에 공헌하게 되어 있고, 시나 소설, 산문 등의 창작활동을 통해서도 창의적 인간 문화활동의 기초로서의 의미도 가지고 있는 것이다.

이런 여러 교과의 일반교육 목표 등을 관찰해 보면, 이런 예술교과의 목표에는 그 장르에 고유한 내용영역의 지식 이해, 감상능력의 향상, 그리고 표현기능과 능력 향상 등으로 요약할 수 있다. 이 가운데서 특히 창조적 표현능력과 기능의 함양은 예술교과의 가장 핵심적인 특징이라고 할 수 있다.

그러면 이 모든 교과를 '예술교과'로 묶는다면 예술교육의 핵심적인 목표는 무엇이 될 수 있을까? 채프먼(Chapman)은 적절히 다음과 같이 정리하였다(1998). 그는 예술교육의 목표를 크게 다음 세 가지로 요약하였다.

1) 예술을 통한 인격 완성
2) 예술적 유산에 관한 지식과 이해
3) 사회 안에서의 예술의 역할 이해

그리고 이런 목표를 구체적으로 커리큘럼을 편성할 때와 교수-학습 과정에서 확인해야 할 때, 학습목표로 재정의하면 다음과 같다.

1) 예술을 통한 인격 완성

학생들이 예술을 창작하고 예술적 매체에 반응하려는 노력을 하게 하며, 이런 노력을 통해서 자기의 삶이 더욱 풍요로워진다는 것을 학습하게 한다. 그렇게 하도록 하기 위해서는 학생들로 하여금 ① 예술활동을 통해서 개인적 표현을 위한 자기 자신의 독특하고 고유한 아이디어를 창출해 내도록 지도하고 격려한다. ② 표현을 위한 아이디어를 세련되게 만들고 수정하게 하며, ③ 자신의 표현 욕구나 의지를 전달하기 위한 적절한 매체를 사용할 수 있도록 한다. ④ 아주 명확하면서 미묘한 표현 대상이나 내용의 특질을 정확하게 파악하는 안목과 능력을 기른다. ⑤ 그들이 지각한 대상이나 내용, 사상이나 감정의 의미를 해석할 수 있게 하고 ⑥ 자기가 체험한 내용이나 대상에 대해서 그 의미를 확실하게 파악하도록 하며, 그렇게 하는 데 있어서 개인마다 서로 다른 방법과 양식을 사용한다는 것을 학습할 필요가 있다.

예술에 있어서 진정한 창조적 경험이란, 예술매체와 무수히 많은, 목적 없이 하는 실험과 시행착오와 같은 가치를 갖는다. '그림 한 장이 몇천 마디 말의 값어치를 한다' 라는 격언이 있는데, 바로 이런 끊임없는 실험의 결과로 얻어진 진실은 그 생명력이 길다. 이 말을 되씹어보면, 단순히 활동을 해왔다거나 우연히 성공한다는 것은 학습 과정이 빈약했다는 것을 말해주는 것이다.

우리가 우리 자신의 인간적 긍지를 느끼고 자기 자신에 관해서 어떤 표현을 시도할 때, 내적 힘의 역동성을 경험하게 된다. 그런 강한 내적 충동 때문에 때로는 광적으로 되기도 한다. 그러나 그것만으로 표현이 완결되는 것은 아니다. 그런 의미에서 순수한 자기표현(self-expression)이란 쉽지 않다. 예술이란 우리의 사상(아이디어)과 감정(정서)을 생성하게 만드는 잠재력을 가지고 있는 수단이지만, 그런 사상과 정서가 표현적으로 가능하도록 하기 위해서는, 자기 자신이나 집합적인 사람(민족문화 같은 것)들의 경험에 대한 정확한 느낌과 심상(imagery)을 포착하고 담아낼 수 있는 예술형식을 발견하거나 만들어 내야 한다. 감각적 경험(시각, 청각, 운동감각 등)을 지각하고, 그 경험의 의미를 정확하게 해석하고 그 경험의 중요성을 결정할 수 있도록 학생들을 효과적으로 지도한다면, 학생들은 자기완성에 더 가까이 갈 수 있을 것이다. 한 가지 예를 들어보자. 1970년대 중간쯤, 당시 감리교 신학대학 학장이었던 윤성범 박사가 친구의 생일잔치에 초대를 받아 참가했는데, 분위기가 무르익자 그 주인댁 부인의 바이올린을 빌려서 즉석에서 즉흥적으로 축하 연주를 한 일이 있다. 그 당시 윤 박사의 연령은 50대 후반이었던 것으로 기억한다. 자기는 40년 간 바이올린을 켜본 일이 없는데 고등학교 때 배운 실력으로 악기를 연주했다. 이런 경험은 바로 예술이 자기완성에 한몫 한다는 것을 보여주는 사례라고 할 수 있다.

2) 예술적 유산에 관한 지식과 이해

학생들이 자기의 작품 창작에 대한 아이디어를 만들어내고 표현 특징을 적절히 사용하고, 매체와 도구를 사용하고, 예술을 지각하고, 이에 대해 설명하고, 예술작품을 평가하고, 작품의 가치를 판단함에 있어서, 전문가들이 어떻게 하고 있는지를 학습하는 것을 의미한다.

예술유산은 문화유산의 일부로서 중요하며, 미술가, 건축가, 음악가, 디자이너, 작가, 공예가 들의 과거와 현재의 작품이 포함되며, 그들이 우리의 삶에 공헌한 가치가 포함된다. 그런 것들이 우리의 삶에 아무런 연관성을 갖지 못한다면 학생들 개개인의 학습에도 별로 의미가 없다. 이런 관련성은 분명해야 하며, 작품 제작의 연대, 작가명, 작품명과 같이 작가의 외형적인 정보뿐만 아니라, 창작의 정신과 과정에 초점을 맞추는 것이 교육적으로 더욱 중요하다. 이러한 연계성은 어른, 예술가, 학생의 만남에서 아주 자연스럽게 효과적으로 이루어질 수가 있을 것이다. 그래서 많은 작품의 감상, 작품제작의 기술, 지각과정에 대한 통찰, 전문가들이 제작과정에서 사용한 방법이나 기법에 익숙해지는 것은 예술작품이 창작되는 과정에 충분히 반응함으로써 작품을 감상하는 데 크게 기여하게 될 것이다. 따라서 예술가들이 어떻게 예술에 대해서 지각하고 설명하는지, 어떻게 작품을 평가하고 판단하는지를 확실하게 학습하는 것은 가치 있는 일이다.

3) 사회 안에서의 예술의 역할 이해

우리가 문화나 사회를 이해하려면 부분적으로는 그 사회가 생산해내거나 창조해낸 예술작품과 동일시할 수 있다. 가령 우리나라 역사상의 왕조였던 신라나 고려시대를 이해하려면, 그 시대가 남겨놓은 불교문화유산, 즉 사찰, 조각, 탱화, 불교 경전 등을 분석해 보면 된다. 서양 르네상스를 이해하려면 그 시대의 건축과 회화, 조각 작품을 보면 된다. 따라서 그 사회뿐만 아니라 다른 사회에서의 중요한 표현수단을 이해하는 것이 매우 중요하다. 원시사회의 표현수단은 벽화나 도자기에 새겨놓은 흔적을 보면 되고, 이집트를 이해하려면 그들의 석조신전과 무덤, 그리고 파피루스에 적은 상형문자를 읽어내면 된다.

학생들은 한국사회와 문화뿐만 아니라, 다른 사회와 문화권에 사는 사람들이 어떻게 새로운 예술형식을 탄생시켰고, 그들의 신념을 표현하는 데 매체를 어떻게 사용했으며, 그들은 자기네 환경 속에서 어떻게 새로운 예술형식을 지각했고, 사회적 표현으로서의 예술적 형식을 어떻게 해석했으며, 사회 안에서 그런 새로운 형식을 어떻게 평가하고 판단했는가를 이해하기 위해 학습하는 것은 중요하다.

이런 목표들 중에서 중요한 것은, 우리 학생들이 항상 스스로 자신의 환경 속에 존재하는 관심 분야의 예술에 대해서 지속적으로 반응하게 하는 일이다. 표현과 반응은 상호의존 관계에 있기 때문에, 표현에 관심을 가질수록 예술작품과 새로운 예술형식에 계속 관심을 보이는 것이 교육적으로 중요한 과제가 된다. 그러기 위해서는 학생 자신의 탐구정신과 표현충동을 충분히 살려주는 수업을 하는 일과, 작가들의 작품에도 관심을 갖게 하는 것이 무엇보다도 중요하다.

3. 예술교육의 목표에 비추어 본 예술영재 교육

예술영재들을 성공적으로 육성하려면 다음과 같은 조건이 전제되어야 한다. ① 영재성의 발견과 판별 ② 기초교육의 충실화 ③ 개별적 특별지도 프로그램 준비 ④ 장기간에 걸친 계획적 지도 ⑤ 교사의 훈련 ⑥ 영재성 발현의 기회 제공과 같은 단계를 거쳐야 한다.

그러나 과거 우리나라의 예술영재는 이와 같이 상정할 수 있는 성장단계를 거의 개개 가정에서 전담관리했으며, 학교교육에서 담당하거나 관리해준 사례가 극소수다. 각 장르별로 예를 들면, 음악 분야에서는 부모가 우연히 관심을 가지고 학원이나 개인 지도교사에게 보내 교육을 받게 한 것이 계기가 되어, 아이의 학습성취가 특별히 빠르고 기능이 뛰어나다는 사실을 알게 되면, 다음 단계의 좀더 높은 전문성을 가진 음악 전문가에게 지도를 의뢰하게 된다. 다음 단계는 예술계 고등학교에 들어가서 그 학교의 전문교사 및 톱 랭킹에 위치하고 있는 교수들에게 집중적으로 개인 레슨을 받거나, 예술계 고등학교가 아닌 경우에는 톱 랭킹 전문가의 지도를 받거나 외국에 유학을 가서 공부를 한다. 다음 단계는 대학에 들어가서 전문교육을 받거나 외국의 컨세르바토리에 입학해서 공부한다. 거기서는 세계적 수준의 교수나 준세계적 수준의 지도자로부터 교육을 받는다.

다음은 어떤 기회에 콩쿠르에서 입상을 한다. 그래서 영재로서의 공인을 받게 되는 것이다. 대개 이와 같은 4~5단계를 거쳐서 성장하게 되는 것이 음악영재가 커가는 유형이다. 물론 12, 3세경에 국제적으로 인정받는 예도 있으나, 그런 경우는 학교교육의 틀에서 다루기가 힘들다. 특수한 사례가 아니더라도 음악영재가 성장하는 과정에 학교의 예술교육(음악교육)이 이바지할 수 있는 부분이 전무하다. 교육과정 운영상 수업시간 수도 상대적으로 적을뿐더러, 지도내용과 방법도 영재를 키울 수 있는 수업 풍토가 준비되어 있지 않다.

그 중요한 이유로는 ① 교사의 준비부족이나 자질 부족 ② 교재 · 교구 시설의 부족과 미비 ③ 교사의 지도기술의 미흡 등을 들 수 있다. 여기에 예능과목의 일반적 인식 부족도 한몫 한다. 여전히 주요 교과에 시간이 비중 있게 배당되는 교육과정의 편성과 운영의 현실은 광복 후 60년이 지나서도 바뀌지 않고 있다. 음악교육이 주로 가창 위주로 이루어지고, 거기에 감상이 곁들여지는 아주 편파적인 수업이 주류를 이루고 있다. 이런 상황에서는 음악영재성이 싹틀 수 있는 풍토를 제공하기 어렵다.

미술에서의 영재성은 음악영재보다 그 발견이 더 어렵다. 더욱이 음악의 영재는 유아기부터 싹트지만, 미술은 사춘기가 지나야 싹트기 때문이다. 그 이유로는 음악에 비해서 미술은 다른 인지적 영역의 발달과 발달심리상 연관성이 높기 때문에, 어느 정도 인지적 성숙도의 준비성이 요구된다. 따라서 미술영재의 발견 · 육성 프로그램은 음악의 경우와는 특이하게 훨씬 다른 성격을 띤다. 즉 일반적으로 고등학교 수준

이전까지는 미술영재가 잘 발견되지 않는다는 것이다. 그리고 미술대학 입시도 관습적이고 일률적인 선발제도를 채택하고 있고, 심지어 타대학교수가 채점에 참여하는 방식을 택하고 있어서, 영재가 선발될 가능성이 적다. 다만 현행의 특기 · 적성 점수(전국대회나 국제대회 수상 경력 등 참조)로 선발하는 대학이 많아짐으로써 영재선발에 숨통이 트였다고 할 수 있다. 그러나 그렇게 선발된 학생들이 단순히 우수자인지 영재인지 판별할 수 있는 기준이 되는 것은 아니다. 그러니까 학원이나 개인지도를 통해 길러진 기능 덕분에 수상한 것인지, 아니면 영재성이 인정되어서 평가받은 것인지 확인할 길이 없다. 그래서 특기 · 적성 평가 방법으로 뽑힌 학생이 과연 영재로서 재능을 펼 수 있을지를 예측할 수가 없다. 왜냐하면 특기 · 적성 점수 속에 영재의 중요한 특성인 창의성, 독창성, 풍부한 상상력 등이 과연 반영되어 있을까에 대한 확신이 없기 때문이다. 일본이나 유럽의 경우는 대학 입시의 실기시험을 3~4개월 간 실시하는 예가 많다. 그러나 우리나라는 하루에 끝내는 경우가 대부분이다.

미술의 경우는 음악영역과는 달리 영재성이 발휘되려면 연령적으로 청소년 중기(15~16세) 이후가 되어야 분명해지고, 개인전이나 그룹전을 통해서 능력이 인정받아야 하기 때문이다. 이때 지도교사의 평가뿐만 아니라 미술전문가의 평가를 거쳐야 한다. 기록에 의하면, 음악의 경우는 개인 리사이틀이나 연령 제한이 있는 콩쿠르에서 수상하면 되지만, 미술의 경우는 청소년기에 개인전을 해서 데뷔하는 예가 드물다. 음악과 미술 영역의 영재성 발견과정을 비교정리하면 다음과 같다. ① 음악영재는 10세 전후에 발견되는 예가 대부분이나, 미술영재는 15~16세 이후가 되어야 한다. 기록으로 보면 13세 미만의 미술영재로 인정받고 일생을 창조적인 작가로 활동한 사람이 거의 없다. ② 음악적 재능과 미술적 재능은 그 성장 패턴이 다르다. ③ 영재로 인정을 받았을 경우에도 음악은 지속적으로 지도자가 동반된다. 그러나 미술은 그렇지 않다. 개인적으로 사사하기보다는, 순수하게 개인적으로 창작 · 습작에 임하는 예가 더 많다.

무용영재에 대해서 분석하겠다. 무용영재는 의외로 일찍 발견되기도 해서, 빨리는 5~6세부터이고, 대개는 사춘기 이후가 되어 영재성을 인정받게 된다. 무용의 경우는 영재성이 신체 구조, 체격, 체능 등 신체 성장의 변화와 관련된다. 일단 영재성이 발견되면 개인지도와 그룹 지도를 병행해서 수련을 받게 된다. 공개적인 공연에서 역량을 인정받으면 국제적 콩쿠르에 출연해서 공인을 받게 된다.

다음 문학의 경우는 다른 영역과는 달라서 인지적 성숙이 수반되어야 하기 때문에, 빨라도 16~17세가 지나야 영재성이 나타나는 것이 일반적이다. 일단 전문가(작가나 평론가, 국어 교사)에 의해 영재성이 발견되면 대개는 개인지도를 통해서 글쓰기에 전념하게 된다. 그리고 몇 년 간의 수련을 통해서 문단에 데뷔하게 된다. 이와 같은 음악, 미술, 무용, 문학 영역의 장르별 영재성의 발견, 성장 과정을 표로 정리하면 〈표 1〉과 같다.

〈표 1〉 장르별 영재성 성장 경로

	음악	미술	무용	문학
1. 영재성 발견 시기	5~6세 전후	13~15세	5~6세	16~17세
2. 최초의 상황	개인지도	학교교육, 특활	개인지도	학교교육, 특활
3. 기초교육	지역 전문가에게 지도	학교나 학원	지역 전문가에게 지도	학교교육, 개인 지도
4. 예비적 데뷔	지역규모 콩쿠르	지역규모 실기 대회 공모전	지역규모 콩쿠르	학교교육, 개인 지도, 작품 공모
5. 데뷔	전국규모 콩쿠르 입선, 전국 수준 개인 지도	전국규모 실기대회나 공모전 입선	전국규모 콩쿠르 입선, 전국 수준 개인지도	문학지 추천 공모 입상 개인작품 발표

이렇게 분석해 보면, 예술영재는 두 갈래로 성장해 간다는 사실을 발견할 수 있다. 즉 음악과 무용의 영재성장 과정이 유사하고, 미술과 문학의 영재가 성장하는 과정이 유사하다는 것이다. 즉 음악과 무용은 유아기에 영재성이 발견되기 쉽고, 개인지도(초기, 중기, 데뷔까지)를 주로 받고, 콩쿠르 입상의 순서를 가진다. 그러나 미술과 문학은 청소년기에 가서야 영재성이 발견되기 쉽고 학교교사나 학원에 의해 지도받거나 특활활동을 통해서 개인지도를 받는다(초기, 중기, 데뷔까지). 미술은 공모전 입상이나 그룹전을 통해서, 문학은 문학잡지 게재나 개인 출판을 통해 이루어진다. 미술은 전국규모의 공모전을 통해서 데뷔하고, 문학은 추천이나 신춘문예 당선을 통해서 데뷔한다. 여기서 필자는 두 가지에 관심을 둔다. 하나는 제1형(음악, 무용)으로서 영재성의 조기 발견, 장기간에 걸친 개인지도, 콩쿠르 입상이라는 과정을 거쳐서 영재로 공인을 받는다. 또 하나는 제2형(미술, 문학)으로서 영재성의 지연 발견, 학교교육의 영향, 개인지도, 공개적인 매체를 통해서 발표하거나 입상한다.

제1형은 무대공연(performance)적 성격을 띤 예술장르이고, 긴 시간 동안의 수련과 많은 교육비(레슨비)를 필요로 하는 예술이다. 따라서 제1형의 영재성의 발견에는 시간과 경제적 지원이라는 두 가지 면에서 막대한 투자가 필요하다. 그럼에도 이 두 부분에서는 교육비를 거의 개개 가정이 부담하고 있다. 즉 가족의 지원과 희생이 없으면 영재성은 발현을 기다리다 꺼지는 불꽃이 되고 만다. 제1형은 시간예술로서 객관적인 증거를 기록 매체를 통해서 기록해 주지 않으면 재생이 어렵다. 따라서 영재성 판정에 어려움이 있으나, 지금은 영상 및 전자기기의 기술로 반영구적 기록 장치가 있기 때문에 그럴 염려는 없다. 제2형은 데뷔 시기가 10대 후반에서 20대 초반이 대부분이고 이 시기를 놓치면 영재로서 인정받기가 어렵다.

제2형은 객관적 증거물로 평가받는 좀더 엄격한 기준이 적용되는 장르이다. 개성적이고 독창적인 자기표현 능력 여하로 평가받기 때문에 영재성 발현 시기와 데뷔는 뒤로 미루어지게 된다. 미술과 문학 두 가지는 선배나 스승이나 전문가의 추천으로 데뷔하게 되고, 공개적인 발표를 통해서 검증받게 된다. 그러나 제2형은 데뷔 시기가 불확실하며, 20대 후반에서 30대 초반에 많이 몰리게 되는데, 이때에는 작가로서 데뷔하는 것이지 영재로서 데뷔하는 것이 아니기 때문에, 반드시 데뷔라는 사실이 영재성을 증명해 주는 것은 아니다. 제2형은 학교교육의 영향을 비교적 많이 받고 교사나 전문가의 지도가 후일의 성공 여부에 큰 영향을 준다. 다만 제1형과 다른 점은 제2형의 영재교육은 학교교육 수준에서 거의 개입 · 지원하지 않으며, 대개 개인적 노력의 결과로 이룩된 영재성이라는 점이다. 그리고 제1형에 비해서 반복 연습을 많이 안 해도 되고, 경제적 부담도 그렇게 크지 않다는 특징을 가지고 있다.

4. 교육을 기초로 한 예술영재 교육을 위한 방략

앞에서 분석한 결과를 토대로 예술영재 교육을 위한 방략을 논의해 보고자 한다.

첫째, 예술 장르에 따라 방략을 차별적으로 수립해야 한다.

종래와 같이 예술영재는 자기 자신의 역량으로 혼자서 가족의 지원만으로 성장하는 것으로 방치할 것이 아니라, 국가나 조직이 계획적으로 의도적으로 육성하며, 이를 장르에 따라 육성 방안과 제도, 방법을 차별적으로 개발해서 진행시켜야 한다.

둘째, 아주 적절한 시기, 혹은 최적기에 영재성을 발견하고 판별해야 한다.

앞에서 분석한 바와 같이 조기 발견이나 자연 발견이나 간에 영재성의 싹이 엿보일 때 제대로 발견해서 계획적 프로그램에 참여하게 하지 않으면, 영재성이 사그라지거나 후일에 가서 발견됨으로써 효율성이 떨어지는 위험성을 감수해야 한다.

셋째, 학교에서의 예술교육(예능과 교육)의 기초를 좀더 충실하게 해야 한다.

지금까지의 예능교육 경시 사상과 부실한 수업으로는 영재가 발견되고 자랄 바탕을 상실하게 되므로, 기초교육 과정에서 영재성의 싹이 나타날 수 있도록 실험의 기회를 제공해서 빨리 발견하도록 교육의 시스템이 바뀌어야 한다. 조기영재의 발견은 충실하고 튼튼한 기초교육을 통해서 나타나기 때문이다. 그러기 위해서는 유치원과 초 · 중등학교 교사의 연수가 필요하다.

넷째, 영재의 발견에서 데뷔까지 성장 · 육성을 관리하는 주체가 있어야 한다. 즉 100명의 어린아이 중 학술영재아(과학, 수학)와 예술영재아가 조기에 발견되면, 적어도 고등학교 졸업 때까지 개별적인 성장 · 육성 관리를 맡는 전문 기관이 필요하다. 그래야 판별 프로그램의 연속성, 연계성, 지속성이 보장된다.

다섯째, 발견된 영재가 데뷔할 때까지 국가 · 신화의 재정적 지원을 통해서 지속적으로 성장할 수 있도록 지원해 주어야 한다.

이것을 위해서는 지자체나 교육 당국과 국가 기관, 혹은 특수 재단의 설립이나 후원이 필요하다. '영재육성재단' 을 만들어 재정 지원을 하는 방안도 생각할 수 있다.

여섯째, 예술영재가 양적으로 많이 배출되게 하기 위해서는 일반교육에서 예술교육의 목표를 충실히 달성하도록 노력해야 한다. 그런 튼튼하고 넓은 기반이 있으면 양적으로 풍성한 수확이 가능하다. 모든 예술 장르를 넘어선 공통목표인 인격의 완성과 창의적 자기표현(creative self-expression), 표현 매체에 대한 친숙함(familiarity with expression media) 같은 것에 교육과정 편성자나 일선 교사들이 지대한 관심을 가지고 노력한다면, 우리는 예술영재를 보다 많이 생산해낼 수가 있을 것이다.

5. 마무리 글

우리나라의 국가적 발전뿐 아니라 문화의 진흥과 발전에 기여하고 국민의 잠재력을 개발 성장시키기 위한 예술영재의 육성을 위해서는 첫째, 기초 · 일반 교육에서의 예능 교과의 교육을 그 목적에 기초해서 더욱 충실하게 해야 한다. 그런 튼튼한 기반 위에서만 많은 예술인재를 길러낼 수 있다. 둘째, 영재의 조기 발견을 위한 노력을 더 해야 하며, 발견된 영재의 지속적 지도를 위한 개별적 교육, 육성 프로그램을 준비해야 한다. 그리고 예술 장르에 따른 영재육성지원 방략을 국가적 수준에서 수립하는 정책이 필요하다. 예술영재도 과학영재와 함께 국가적 차원의 원조, 육성의 정책을 가지고 있지 않으면 영재육성은 성공하지 못하게 될 것이다.

04

음악영재의 이해와 선발

현경실 / 성신여대 교수

01_음악영재의 이해

1) 음악영재의 존재

2) 영재의 정의

3) 음악영재의 정의

4) 음악영재의 특성

02_음악영재의 선발

1) 영재선발의 필요성

2) 영재선발 원칙의 기본방향

3) 음악검사 도구들

4) 영재선발의 주의점

1. 음악영재의 이해

1) 음악영재의 존재

"모든 아이들이 공부를 다 잘할 수 있을까?" "누구나 노력하면 명문대에 들어갈 수 있을까?" "명문대에 들어간 학생이라면 그들을 다 영재라 볼 수 있을까?" 대답하기 쉽지 않은 질문들이다. 이와 같은 질문들은 '영재'를 어떻게 생각하느냐에 따라 답이 달라질 수 있다. 같은 질문을 음악에 적용해 보면 다음과 같다.

"모든 아이들이 음악을 다 잘할 수 있을까?"
"누구나 노력하면 좋은 음대에 들어갈 수 있을까?"
"유명 음대에 들어간 학생이라면 그들을 다 영재라 볼 수 있을까?"

이런 질문들을 음악에 적용해 보면 처음 질문과는 대답이 상당히 다를 수도 있다는 것을 알 수 있다. 또한 음악을 전공한 사람과 음악을 전공하지 않은 사람들의 대답은 또 다를 것이다. 그렇다면 어떤 사람들이 음악을 잘할 수 있을까? 음악을 빼어나게 잘하는 사람을 우리는 보통 '음악영재'라 한다. 그렇다면 어떤 사람들이 음악영재일까? 영재란 과연 존재하는 것일까? 우리는 영재를 구별할 수 있을 것인가? 일반 영재와 음악영재는 무엇이 다른 것일까? 음악영재가 있다면 어떻게 선발할 수 있을 것인가?

2) 영재의 정의

사람들은 보통 '영재'라 하면 '머리가 좋은 아이' '공부를 잘하는 아이' '지능이 높은 아이'라고 생각한다. 보통 사람들이 생각하는 영재란 일반 학습능력과 관련이 깊다. 그러나 학교의 일반 학습능력 외에 사람에게는 다양한 능력이 있다.

하버드 대학교수인 하워드 가드너(Howard Gardner, 1983)는 보통 IQ검사로 측정되는 언어와 수리 능력은 인간이 가진 능력 중 일부분뿐이라는 것을 주장하였다. 사람은 언어와 수리능력이 주가 되는 일반 학습능력 외에 여러 가지 능력과 적성을 가지고 태어나며, 또 자라면서 길러진다. 그는 인간의 기본적인 지능을 여덟 가지로 분류, 정의하고 다중지능 이론[1]을 발표하여 현재는 많은 학자들이 그 의견에 동의하고 있다. 음악도 이 여덟 가지 지능 중의 하나이다.

교육의 목적은 각 개인의 능력과 적성들을 발견하여 계발하는 것이라 해도 과언이 아닐 것이다. 그렇기 때문에 많은 학자들이 각 개인의 숨겨진 능력과 적성들을 찾아내려고 노력해 왔다. 어떤 분야의 영재는 여러 가지 능력 중 특정 분야의 능력이 뛰어난 사람을 말한다. 지능은 그 적성 중 일부분일 뿐이다. 그러므로 진정한 영재란 IQ로 대변되는 지능지수만이 높은 것을 뜻하지는 않는다.

영재의 정의에 관한 연구를 살펴보면, 대부분의 학자들이 영재성을 '뛰어난 능력'으로 지칭하고 있으며 '가치 있는 영역 중 특정 영역에서 뛰어난 능력을 발휘하는 사람을 영재로 보아야 한다'고 하는 주장이 설득력이 있다.

영재에 대한 정의는 여러 가지가 있지만 영재에 관한 정의 중 미국 문부성의 정의(Davis & Rimm, 1994, 재인용, p. 35)와 렌줄리(1986)의 세 고리 정의가 가장 대표적인 정의들이다. 이 정의들은 세계적으로 잘 알려져 있고 학교 현장에서 가장 많이 수용되고 있는 정의

1) 가드너가 제시한 인간의 여덟 가지 지능은 음악적 지능(musical intelligence), 신체-운동적 지능(bodily-kinesthetic intelligence), 논리-수학적 지능(logical-mathematical intelligence), 언어적 지능(linguistic intelligence), 공간적 지능(spatial intelligence), 대인관계 지능(interpersonal intelligence), 자기이해 지능(intra-personal intelligence), 그리고 자연탐구 지능(naturalist intelligence)이다.

이다.

(1) 1972년 미국 문부성의 정의

영재에 대한 미국 문부성의 정의를 살펴보면, 다음과 같은 영역에서 뛰어난 능력을 보이거나 잠재력을 가진 학생들을 영재라고 정의하고 있다. 미국 문부성은 사회를 위해서는 이들을 선별하여 이들만을 위한 '특별한 교육'이 필요하다고 공표하고 있다.

❶ 일반 지능
❷ 특수한 학업 적성
❸ 창의적 혹은 생산적 사고
❹ 리더십
❺ 시각 및 공연 예술 능력
❻ 심리 운동 능력

위와 같은 미국 문부성의 정의는 다음과 같은 점에서 의미가 있다고 본다.

첫째, 일반 지능뿐만 아니라 구체적 학문 영역과 예술 분야의 재능도 고려한다. 둘째, 창의적 · 지도자적 · 정신 운동적 재능에도 관심을 보일 것을 촉구하고 있다. 셋째, 영재들은 '변별적인 교육 프로그램과 서비스'가 필요하다는 점을 명백히 하였다. 넷째, 영재들을 위하여 특별 프로그램을 개발 · 제공하는 것을 합리화하였다. 다섯째, 영재교육 프로그램의 목적으로서 영재아동들로 하여금 자신의 높은 잠재 능력을 계발시키도록 돕는 것뿐만 아니라 사회에 훈련이 잘된 창의적 지도자와 문제 해결자를 제공한다. 여섯째, 잠재 능력이 있는 자를 포함시킴으로써 이미 높은 성취를 보이지 않는 아동도 영재교육의 혜택을 받을 수 있도록 하였다.

(2) 렌줄리의 세 고리 모형

영재교육의 세계적인 권위자인 렌줄리는 미국 문부성이 내린 정의가 앞서 살펴본 바대로, 우수하긴 하나 세 가지 문제점이 있음을 지적하였다.

첫째, 사회에 훌륭한 공헌을 한 사람들이 보이는 중요한 특성 중의 하나인 성취동기를 소홀히 한다. 둘째, 제시된 영재성이 나타나는 분야들이 서로 배타적이거나 독립적이지 않다. 셋째, 이 정의를 사용하는 교육자들은 영재의 정의를 분야별로 정해놓고도, 실제로 영재를 판별할 때는 일반적으로 측정하기 쉬운 지능 또는 학교 성적만을 이용하게 된다.

이러한 문제점을 보완할 목적으로 미국 코네티컷대학의 렌줄리 교수는 높은 창의성, 높은 과제 집착력, 반드시 높을 필요는 없는 평균 이상의 지적 능력 등의 세 가지를 모두 가진 사람을 영재라고 정의하였다(〈표 1〉).

랜줄리의 정의 세 가지를 더 자세히 살펴보면 다음과 같다.

❶ 평균 이상의 지적 능력: 렌줄리의 정의 중 가장 특이한 부분은 그가 영재의 조건으로 단지 "평균 이상의 지적 능력"만을 이야기했다는 것

〈표 1〉 렌줄리의 세 고리 모형

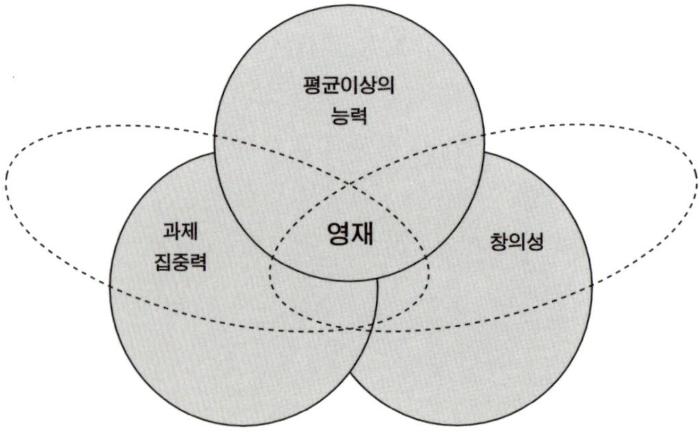

이다. 일반적으로는 특정 영역에서 뛰어난 업적을 이룬 사람들이 지적 능력 면에서 매우 뛰어났을 것으로 생각되지만, 실제는 평균 이상 정도의 능력이면 충분하다는 것이다. 이 점에 대해서 많은 사람들은 의아스럽게 생각할 수 있다. 그러나 실제로 학생으로서의 학업 성취 정도와 성인으로서의 성취 정도 사이에는 보통 생각하는 것보다 상관이 낮다는 보고가 많이 있다. 학자들은 학문적인 성공과 졸업 후의 성공 간에는 거의 관계가 없다고 보고하고 있다.

❷ 창의성: 최근 연구에 의하면, 렌줄리의 세 가지 영역 중 영재성의 가장 중요한 요소는 창의성이라고 한다. 창의성에 대한 정의는 다양하다. 길포드 등은 창의성을 '문제 해결력'으로 정의하였다. 이들의 견해는 여러 학자들의 연구로 이어졌는데, 스턴버그(1988)는 "새롭고 문제 상황에 적절한 것을 만들어낼 수 있는 능력", 어반(Urban, 1995)은 "주어진 문제나 감지된 문제로부터 통찰력을 동원하여 새롭고 신기하고 독창적이며 유용한 산출물을 만들어내는 능력" 등을 창의성으로 정의하였다.

따라서 창의성의 정의는 인지적 요소, 개인적 성향, 사회적 환경이 모두 복합적으로 작용하여 창의성이 발휘되는 문제 해결 능력에 영향을 미친다는 통합적 접근이 가장 널리 인정받고 있다(Sternberg & Lubart, 1995). 창의성은 분명히 영재 개념의 중요한 부분이지만, 이를 측정하는 방법에는 아직까지 많은 문제가 있다.

또 다른 창의성의 특징은 한 영역에서 창의적인 사람이 다른 모든 영역에서는 창의적이지 않을 수도 있다는 점이다. 가드너(1983)는 그의 다중이론에서 한 영역에서 높은 능력이 있다고 해서 다른 영역에서도 높은 능력을 보이는 것은 아니라고 밝혔다. 창의성의 영역 한정적 특성이 강조됨에 따라, 특정 분야에서의 창의성을 보다 구체적이며 독립적으로 정의할 필요가 대두되었다. 즉 다음의 음악영재를 정의함에 있어 음악에 관련된 창의성을 정의하고 규명할 필요가 있는 것이다.

❸ 과제 집중력: 이는 어떤 한 가지 과제나 영역에 자신의 에너지를 집

중시키는 힘을 일컫는다. 많은 학자들은 뭔가를 성취하는 데 과제 집중력의 중요성을 역설하였다. 영재에 관한 기념비적 연구를 한 터먼(Turman)은 성공에 영향을 끼치는 비지적(非知的) 요인을 탐색하기 위하여, 영재 중에서 가장 성공한 자와 가장 실패한 자를 각각 150명씩 선정하여 면밀히 분석한 끝에, 성공 여부를 결정짓는 것은 성격적 요인이라고 밝혔다. 즉 양 집단에서 가장 현저한 차이를 보인 성격 요인은, 목표 달성을 위한 지속력, 통합력 및 자신감이라고 하였다.

그렇다면 영재라고 정의할 수 있는 사람은 얼마나 될까? 렌줄리에 의하면, 영재이기 위해서는 이 세 가지 특성 모두가 뛰어날 필요는 없다고 한다. 각 특성이 상위 15%이며, 그 중 한 요인에서는 적어도 상위 2% 이내에 속하는 사람을 영재라고 본다.

렌줄리는 또 영재의 세 가지 요소의 특징을 연구하였다. 그의 의견에 의하면, 이 세 가지 특징 가운데 평균 이상 수준의 지적 능력은 일반적으로 일정 기간에 걸쳐 안정적으로 발휘된다고 밝히고 있다. 즉 한 개인이 일반 지식이나 특정 영역의 수학 또는 과학 영역에서 높은 능력을 발휘한다면, 이 능력은 1년 또는 2년에 걸쳐 지속적으로 나타난다는 것이다. 따라서 한 개인이 일반 영역이나 특정 영역에서 높은 지적 능력을 보인다면 영재성으로 간주할 수 있다.

반면 과제 집중력과 창의성은 지적 능력 요소와는 별개의 특징을 보인다. 지속적이기보다는 시간과 환경 조건에 따라 다양한 수준에서 발휘된다. 따라서 이 두 요소는 적절한 자극과 훈련에 의해 효율적으로 신장될 수 있을 뿐만 아니라, 서로 상호적으로 작용하여 지적 능력의 계발 효과를 높일 수 있다.

이처럼 세 가지 요소는 같은 수준으로 작용한다는 전제보다는, 개인별로 높은 지적 수준에 도달하지 않더라도 과제 집중력과 창의성이 높은 경우가 있으며, 반대로 높은 수준의 지적 능력을 보이지만 과제 집중력이나 창의성이 낮은 경우가 있을 수 있다는 점을 전제하고 있다. 더불어 과제 집중력은 높지만 창의성이나 지적 능력의 수준이 낮은 경우도 있다는 점을 전제로 하고 있다.

3) 음악영재의 정의

음악영재는 영재의 일반적 정의에 특정 영역인 음악을 적용하여 정의되어야 할 것이다. 따라서 '음악 영역에서 탁월한 능력을 발휘하거나 발휘할 가능성이 높은 사람'을 '음악영재'로 정의할 수 있다.

위의 렌줄리의 정의에 맞추어 음악영재의 정의를 내려보면 음악영재는 다음의 세 가지를 갖추어야 한다.

❶ 평균 이상의 음악적 능력

❷ 음악적 창의성

❸ 음악 과제에 대한 집중력

즉 음악적 능력, 음악적 창의성, 음악 과제에 대한 집착력 모두가 상위 15% 안에 들고, 어느 한 능력이 상위 2% 안에 들면 렌줄리의 정의에 의한 음악영재라고 볼 수 있다.

위의 이론들을 종합하여 음악영재의 정의를 내리면, 음악영재는 문제 해결 관련의 음악 창의성이 뛰어난 사람을 의미한다. 결론적으로, 음악영재는 "음악 관련 지적 능력 및 실천적 · 지적 능력이 높고, 강한 성취 동기, 호기심 등의 개인적 성향을 지니며, 음악 영역에서 뛰어난 성과를 나타내거나 나타낼 잠재력이 높은 사람"으로 정의된다.

4) 음악영재의 특성

(1) 일반적인 특성

렌줄리의 세 고리 모형에 기초한 음악영재의 일반적인 특성을 살펴보면 다음과 같다. 음악영재는 첫째, 음악에 관련된 분야에서 평균 이상의 지적 능력을 보유하고 있다. 이러한 능력은 개념이나 기본 원리를 빠르게 이해하고, 필요한 것을 쉽고 빠르게 배우며, 예리한 직관력으로 음악들 간의 차이를 쉽게 파악하는 능력 등으로 나타난다. 둘째, 높은 창의성을 가진다. 이것은 문제를 발견하고 해결하는 능력이나, 독특한 아이디어의 창출, 기존 지식을 생활에 응용하는 능력, 그리고 하나의 문제에 대한 다양한 해결방법의 시도 등으로 나타난다. 셋째, 과제 집중력, 성취 동기, 목표의 지향 등 영재성 발현에 영향을 끼칠 개인적 성향 요소를 내재하고 있다. 결론적으로, 음악영재의 특성이란 영재의 일반적 특성 범주에 포함되면서, 음악의 특정영역의 특징을 포함한다. 음악영재의 특성을 도표로 타나내면 〈표 2〉와 같다.

〈표 2〉 음악영재의 특성

음악영재

평균이상의 음악적 능력	음악적 창의성	음악과제 집중력
음악 관련 분야에서 평균 이상의 지적 능력 예리하고 날카로운 관찰력 예리한 관찰을 통해 음악들 간의 차이를 쉽게 파악하는 능력 빠른 습득 능력 개념이나 기본 원리에 대한 빠른 이해 필요한 것을 쉽고 빠르게 학습	영감과 호기심 다양한 주제에의 흥미 기존 지식을 음악에 응용하는 능력 독특한 아이디어 새로운 관점의 수용 탐구과제, 문제 발견력 새로운 것에 적응 하나의 문제에 대한 다양한 해결 방법의 시도 아이디어의 유창성 사고의 유연성 문제해결, 산출물의 독창성 애매성, 불확실성의 수용능력 복잡성의 수용능력 독특한 아이디어 창출	모험심과 결단성 불굴의 끈기 어려운 문제에의 도전 목표 지향성 자신감 주의 집중력 과제 완성을 위한 노력 흥미 내적 동기 지적 욕구 및 호기심 끝없는 의문 제기

(2) 특성

음악영재에게서 관찰되는 음악적인 특성을 좀더 자세히 알아보자. 다음은 김영연, 오주일(2004)이 "유아의 음악 영재성에 대한 고찰"이라는 논문에서 밝힌, 일반적으로 생각되는 음악영재의 음악적인 특징이다.

❶ 음량, 음고, 음질, 음의 길이 등 음에 대한 미세한 차이를 직관적으로 인지하는 능력이 뛰어나다. 단순히 음에 대한 반응뿐만 아니라 선율, 리듬, 화성 등의 본질적인 성질을 이해하고 그 본질을 바탕으로 음악적 요소를 지각하는 능력으로 파악되어야 한다. 이에 대한 일반적인 특징은 다음과 같다.

- 음악 소리에 예민하게 반응하며, 그 소리만의 특징을 발견하고 말로 표현할 수 있다.
- 어떤 음악을 들을 때 여러 선율 중에서 중심 선율을 발견하고 그 중심 선율을 노래하고 변형할 수 있다.
- 매우 복잡한 리듬을 신체적으로 느끼고 그 리듬에 맞춰 자연스럽게 몸을 움직일 수 있다.
- 다른 아이들보다 음악적으로 더 어렵고 복잡한 노래를 좋아한다.

❷ 음에 대한 기억력이 우수하다. 새로운 노래를 듣자마자, 그 음악의 멜로디와 리듬의 패턴을 거의 자발적으로 그대로 기억하여 노래로 부르거나 악기로 재현해 낸다. 또한 잘 아는 노래를 음의 높이와 리듬이 정확하여 노래를 시작할 때와 같은 음높이를 끝날 때까지 계속 유지하며 부른다. 노래를 부를 때, 리듬이 빨라졌다 느려졌다 하지 않고 계속 같은 리듬을 유지한다.

그 음악에 담겨 있는 음악적 특성과 의미를 파악하여 간직해두고 이후에 간직한 음악적 특성과 의미를 재구성하여 다시 드러낼 수 있다. 이와 관련된 음악적 특성을 보면 다음과 같다.

- 새로운 음악을 또래 아이들보다 훨씬 빨리 배운다.
- 악보를 볼 수 있다면, 다른 이들보다 쉽게 악보를 읽는 초견 능력이

있다.

- 음악을 들었을 때 그 음악을 노래 또는 악기로 재현할 수 있다.

❸ 음악을 만들거나 표현하는 능력이 우수하다. 이것은 '무'에서 '유'를 창조하는 것이 아니라 기존에 알고 있는 음악적 개념과 기술, 그리고 개인 내적 요소가 상호 작용하여 보다 새로운 것을 계발하는 능력이다. 이와 관련된 창의성이라고 기대되는 행동은 다음과 같은 것들이 있다.

가) 자기 스스로 노래를 작곡하여 부르기를 좋아한다. 이때 리듬, 멜로디, 피치 등에서 음악적인 원리를 적용하여 작곡한다. 예를 들면, 노래라고 생각되지 않는 노래를 부르기보다는 하모니와 대조법 등의 음악적 원칙을 적용하여 노래를 작곡한다.

- 주어진 노래나 리듬의 선율을 다양하게 변형해서 부를 수 있다.

- 다양한 음악적 재료를 가지고 자신만의 독특한 방식으로 소리를 구성할 수 있다.

❹ 음악적 표현력이 뛰어나다. 음악적 표현력이란 분석적인 귀를 가지고 있어서 음악적 요소와 구조의 특성을 분명히 말할 수 있는 능력이며, 음악적으로 매우 창의적인 작품이나 연주가 앞으로 어떻게 흐를 것인지를 미리 예상하고 기대할 수 있는 능력이다. 연주 기술이 있다면 뛰어난 음악적 표현력을 보여줄 수 있지만, 만약 완벽하지 못하더라도 음악적 생각을 표현할 수 있다. 음악적 표현이 뛰어난 사람은 다음과 같은 특징을 보인다.

가) 어떤 음악의 특징적인 면을 발견하고 자신만의 말로 표현한다.

- 다른 사람의 연주를 듣고 본인은 어떻게 다르게 연주할 것인지를 생각하고 이야기한다.

- 음악에 대한 해석을 하거나 연주에 대한 감정을 표현하는 것에 매우 흥미를 갖는다.

- 똑같은 악기를 여러 번 연주하며 다양한 소리를 내본다.

❺ 일반 영재가 욕구, 흥미, 집중력, 인내력 등의 내적인 요소가 중요하듯이 음악영재도 집중력, 지속력, 인내력, 높은 학습 의욕, 자신감, 독

립성, 자율성, 리더십, 건강함, 집중력, 흥미 등이 음악 성취도를 좌우하는 데 매우 중요하다. 음악영재는 다음과 같은 특징을 보인다.

- 음악적인 활동을 하는 동안에 매우 집중하며 적극적으로 참여한다.
- 음악활동이 끝나는 것을 아쉬워하며 다음 음악활동 시간을 기다린다.
- 음악적 특성에 대해 호기심을 가지고 많은 질문을 한다.
- 시간을 초과해서라도 완성되지 않은 작품은 끝까지 완성하려고 노력한다.

2. 음악영재의 선발

1) 영재선발의 필요성

산업화 시대가 막을 내리면서 획일적인 교육은 탈피할 때가 되었다. 일류학교만 나오면 성공이 보장되는 시대는 지났다. 현대사회가 복잡해지고 모든 직업이 세분화되어 전문적인 지식이나 지능이 요구되고 있는 실정이다. 특히 세계화와 정보화 시대를 맞아 남들이 못하는 개인의 특기와 적성을 잘 살려 계발하는 것이 살아남는, 더 나아가 성공하는 지름길이다. 스티븐 스필버그는 '영화' 한 장르로 우리나라 현대 자동차의 수입에 버금가는 수입을 올린다 하니, 재능 있는 한 사람을 키우는 것이 나라의 존망에 관련될 만큼 중요한 일이 될 수도 있다.

특히 음악의 분야는 그 특수성 때문에 영재의 판별과 선발이 더욱 필요한 분야이다. 현재 우리나라 학교의 음악교육만으로는 한 가지 악기를 자유자재로 연주할 수 있거나, 원하는 곡을 작곡하는 일이 거의 불가능하다 해도 과언이 아니다. 악기로 원하는 곡을 연주하거나 곡을 만드는 일은 한 가지 외국어를 마스터하는 일에 비길 만큼 어렵다. 즉 악기 하나를 자유자재로 연주할 수 있는 능력은 외국어 하나를 능숙하게 구사하는 능력을 갖추는 것만큼이나 노력이 필요한 일이다.

또 음악전문가로 활동하는 전문가의 수는 다른 분야에 비하여 매우 적다. 그렇기 때문에 음악 분야에서 성공적으로 일하기 위해서는 그 경쟁이 무척 심하다. 음악을 본격적으로 공부하려는 사람은 필히 음악에 재능이 있는 사람이어야 한다. 재능이 없는 사람이 음악을 하게 되면 다른 분야보다 더욱 살아남기가 어렵다. 그러므로 음악영재를 선별하여 교육시키는 일은 무엇보다도 중요하다.

2) 영재선발 원칙의 기본방향

영재를 선별하여 교육시키는 것이 반드시 필요하다면, 어떻게 영재를 판별할 것인가? 영재를 선발하는 데는 다음의 원칙이 먼저 고려되어야 한다. 그 원칙에 따라 모든 평가기준이 달라진다.

첫째, 영재의 정의를 명확히 하여야 한다. 영재의 정의를 어떻게 내리느냐에 따라 평가의 기준이 많이 달라지기 때문이다. 음악영재의 판별 · 선발 과정은, 음악영재의 정의에 의거해야 한다.

둘째, 시행될 영재 프로그램의 범위와 목표, 방법을 명확히 명시하고 판별 방법에 적용해야 한다.

셋째, 영재의 판별을 객관적인 근거로 다단계의 선발 과정을 거쳐 선발한다.

최근 영재선발 과정의 방향은 이러한 기본 원칙들을 포함하며 다음과 같은 특징들을 나타내고 있다고, 조석희(2002)는 "영재성의 개념과 판별"이라는 논문에서 밝혔다.

첫째, 이미 습득된 지식보다는 습득한 지식을 활용할 수 있는 능력에 중점을 둔다.

둘째, 새로운 자료를 조작하는 능력에 중점을 둔다.

셋째, 다단계 선발 절차를 사용한다.

넷째, 다양한 준거와 방법을 활용한다.

다섯째, 지필 검사보다는 산출물과 수행 과정을 직접 관찰을 통해 평가하려는 경향이 증가하고 있다.

여섯째, 수업에서의 태도와 능력을 직접 관찰하고 평가하는 경향이 증가하고 있다.

일곱째, 능력뿐 아니라 개인적 성향을 평가의 대상으로 하는 경향이 증가하고 있다.

일반 영재의 판별은 여러 가지가 쓰이는데, 다음의 항목들이 모두 동시에 쓰이거나 일부의 실시를 통하여 영재를 판별할 수 있다.

❶ 지능검사: 여러 가지 영역의 지능검사를 말한다.

❷ 성취도 검사: 음악 성취도 검사의 대표적인 것은 실기고사이다. 음악판별의 도구 중 가장 많이 쓰이는 방법이다.

❸ 창의성 검사: 창의성 검사는 사실 개발이 쉽지 않기 때문에, 개발된 일반 창의성 검사를 쓸 수 있다. 음악 영역에서는 표준화된 창의성 검사가 없으므로 음악 창의성을 측정할 수 있는 검사를 개발하여 쓰는 것도 한 방법일 것이다.

❹ 교사의 추천: 학생을 잘 아는 담임교사 음악교사의 추천을 받을 수 있을 것이다.

❺ 부모의 지명: 아이를 가장 잘 아는 것은 아무래도 부모이다. 아이의 흥미나 재능을 고려한 부모의 추천도 도움이 된다.

❻ 또래 지명: 또래 동료들도 객관적으로 판단할 수 있다. 또래의 지명도 때로는 도움이 된다.

❼ 자기 지명: 모든 성취는 자기 자신이 가장 중요하다. 본인의 의지나 성취의욕 등을 자기 소개서 등의 형식을 통해 알 수 있다.

❽ 산출물 실적 등의 평가: 학생이 연주한 경력이나 창작곡이나 과제 등을 다양한 각도에서 평가도구로 사용할 수 있다.

❾ 행동특성 평정척도: 과제 집착력 등을 알아보기 위해서는 여러 가지 행동특성 척도를 쓸 수 있다.

〈표 3〉 음악 다단계 평가의 예

단계	평가 내용	평가 영역
1단계	음악학업 성취도 교사의 관찰 교사의 추천서 음악경시대회 입상 결과 개인의 음악 아이디어 산출물 자기 지원서, 소개서	음악지능(학업 성취도) 창의성(음악 산출물) 개인적 성향(과제집중력, 성취 동기)
2단계	음악적성 검사 흥미 검사 창의성 검사 음악 성취도 검사	음악적 지능 음악적 창의성
3단계	학생들의 음악을 위해 거치는 문제 해결의 과정, 학생들이 완성된 음악 작품을 설명하는 설명회 등을 평가	음악 관련 문제 해결 능력 개인적 성향(성격, 태도 등)
4단계	학생들이 참여하는 교육프로그램을 통한 관찰	음악적 능력 창의성 개인적 성향

⑩ 음악적성 검사 등 각 재능 판별도구 등: 음악영재를 판별하기 위해서는 음악적성 등 각 재능을 판별도구로 쓰는 것도 필요하다.

영재의 판별 · 선발의 원칙과 특징은 음악영재의 판별 · 선발 과정에도 동일하게 적용되어야 할 것이다. 즉 음악영재의 판별 · 선발 과정은, 음악영재의 정의에 의거하고, 다양한 자료를 활용하며 음악영재들을 위한 음악교육 프로그램의 내용과 목표를 반영해야 한다. 특히 습득한 지식을 활용하는 측면에 중점을 두는 것과, 산출물과 수행 과정을 직접 관찰하고, 수업 태도 및 개인적 성향을 고려하는 것은 음악영재 선발 · 판별 과정에서 반드시 적용해야 할 요소들이다. 또한 일회성 판별보다는 다단계 판별 방법을 적용하는 것이 바람직하다. 〈표 3〉은 일반적 다단계 판별 절차에 비추어, 음악영재 판별 과정에 적용 가능한 평가기준과 평가도구를 분석한 것으로서, 음악영재 판별 · 선발 및 도구 선택에 관한 예시를 종합적으로 제시하고 있다.

음악영재의 판별은 음악 관련 분야의 지능과 기술적 창의성, 과제 집중력, 흥미 등의 개인적 성향이 모두 기준으로 적용되어야 하며, 평가도구는 학업 성취도나 각종 검사 결과, 음악경시대회 입상 경력, 산출물 및 아이디어 등 여러 종류의 가시적 결과와 교사 및 영역 전문가에 의한 관찰 평가, 추천 등도 다양하게 적용하는 것이 바람직하다.

3) 음악검사 도구들

음악영재를 선발하는 척도는 그 종류가 다양하다. 가장 많이 쓰이는 검사는 음악적성 검사와 음악 성취도 검사이다. 다음이 가장 보편적으로 쓰이는 음악영재 선발도구이다.

(1) 음악성 검사

❶ 음악성의 정의

'음악성' 이란 무엇인가? '음악 적성', '음악성', '음악적 감각', '음악적 소양', '음악적 능력', '음감', '음악적 재능', '음악적 감성', '음악적 지능', '음악 소질' 등 음악성을 표현하는 말은 많다. 과거의 전통적인 음악 적성의 정의는 '천부적인 능력' 이라는 의미를 함축하고 있었다. 그러나 보일과 래도시(Boyle & Radocy, 1987)는 음악적성을 "유전적인 재능과 자연적 성장에 더불어 정규 교육을 받지 않고 발달되는 음악적 기술의 결과"라고 정의하였다. 또 고든(Gordon, 1993)은 음악적성은 "음악을 배울 수 있는 잠재력"(potential to learn music)이라 정의하였다.

'음악성' 이라 함은 '어떤 사람이 음악을 배울 경우, 얼마나 잘 배울 수 있나 하는 잠재적인 가능성' 을 말한다. 예를 들면 개인별로 차이는 있지만 누구나 악기를 배울 수 있는 능력을 갖고 있다. 그러나 학생들이 음악을 배우는 데 어떤 학생은 빨리 배우고 어떤 학생은 늦게 배운다. 그 이유는 여러 가지 있을 수 있으나, 그 중 하나가 각 학생의 음악성에 차이가 있기 때문이다. 또한 음악성 안에서도 여러 가지 능력이 있어 개인에 따라 그 능력이 차이가 날 수 있다. 예를 들어, 어떤 학생이 가락에서는 우수하나 리듬에서는 열등한 경우가 있고, 다른 학생은 리듬에서는 우수하고 가락에서 열등한 경우도 있다.

'음악성' 과 '음악 성취' 는 다르다. 음악 성취도는 '어떤 사람이 음악을 얼마만큼 현재까지 배웠느냐 하는 현재의 학습 성취 정도' 를 말한다. 즉 현재 피아노를 얼마나 잘 칠 수 있는가? 악보를 얼마나 정확하게 읽는가? 연주를 얼마나 잘하는가? 특정 양식의 작곡 기법을 어느 정도 이해하는가? 등의 현재까지의 학습된 정도를 의미한다. 반면에, '음악성' 은 음악 학습을 한 적이 있는 사람은 물론, 음악을 전혀 배운 적이 없는 사람도 가지고 있는 '잠재적인 가능성' 을 말한다. 음악을 정식으로 배운 적이 없어도, 듣는 노래마다 피아노로 연주가 가능한 사람이 있고, 악보는 볼 줄 몰라도 음을 정확히 가려낼 수 있는 사람이 있다. 이런 경우를 '음악성이 높다' 라고 하고 그 학생은 음악 공부를 더 하는 것을 심각히 고려해야 할 것이다. 음악성과 음악 성취와의 차이는 음악을 배워본 적이 없는 사람의 경우 더욱 뚜렷해진다. 즉, 음악을 배워 본 적이 없는 사람은 음악 성취는 낮지만, 음악성은 성취도와 상관없이 높을 수도 낮을 수도 있다.

또 음악 성취가 높은 학생이 높은 음악성을 갖고 있다. 그렇다고 해서 음악 성취가 낮은 학생이 반드시 낮은 음악성을 가지고 있는 것은 아니다. 이는 음악 성취가 낮은 학생들의 원인이 음악성이 낮아서가 아니라 적절한 교육을 받은 적이 없어서, 혹은 음악을 배우거나 계속할 동기유발이 되지 않은 것일 수도 있다. 만일 이러한 학생들이 적절한 음악교육을 받는다면 머지않아 높은 음악 성취를 이루게 될 것이다. 사람이면 누구나 어느 정도의 지능을 갖고 있는 것처럼, 사람은 누구나 음악성을 갖고 있으며 다만 개인차가 있을 뿐이다.

각 개인은 적성, 진도, 필요에 따라 개인차를 지니고 있다. 그리고 학습이란 학습자 속에서 일어나는 개인적인 일이다. 또 각 학습자는 특별한 신체적 장애가 없는 한 그들 각자의 음악적 적성, 진도, 필요에 따라 학습한다면 소정의 과정을 만족할 만한 수준까지 성취할 수 있는 가능성을 가지고 있다. 즉 음악적성만이 미래의 학생의 음악적 성공을 예견하는 것은 아니다. 레인보우(Rainbow, 1965)와 헤든(Hedden, 1982)은 학문적 성취, 지능, 사회 경제적 환경 등이 음악적 능력을 예언하는 비음악적 변인이며, 음악적 예언 변인은 음정 기억, 음악성취, 음악의 흥미도 등이라고 하였다. 특히 헤든은 음악적 · 비음악적 변인 중에서, 학문적 성취가 음악적 성취를 예상할 수 있는 주요한 변인이라고 하였다. 이러한 변인들이 음악적이든 학문적이든 음악에서의 성공을 예상하는 주요한 변인이며, 개인차를 탐색하는 데도 고려되어야 할 특성이다. 특히 이러한 변인 중 가장 중요한 음악성의 측정은 미래의 음악적 성취를 예상하는 데 중요한 정보를 제공할 수 있을 것이다.

❷ 음악성의 특성

음악성의 특성은 무엇인가? 음악성은 선천적인가, 후천적인가? 유전은 어느 정도 중요한 것인가? 불행히도 이와 같은 질문에 대해 학자들은 아직 자신 있게 대답하지 못하고 있다. 하지만 학자들이 인정하고 있는 음악성의 특징에는 다음과 같은 것이 있다(Gordon, 1989).

첫째, 모든 사람은 정상인이라면 누구나 얼마만큼의 음악성, 즉 음악을 배울 수 있는 능력을 타고난다. 누구나 언어를 배울 수 있는 능력을 타고나며, 얼마만큼의 지능을 가지고 태어나는 것과 같은 이치이다.

둘째, 음악성은 정상분포를 이룬다. 즉 대부분의 사람들은 평균 수준의 음악성을 갖고 있으며, 소수의 사람들만이 아주 낮거나 높은 음악성을 갖고 있다.

셋째, 타고나는 음악성은 사람마다 각각 다르다. 각각 다른 근본적인 이유는 알 수 없지만 헤커와 지헨(Haecker & Ziehen), 코흐와 면(Koch & Mjoen), 파이스(Feis) 등에 의하면, 양부모가 다 음악성이 높은 경우 자녀의 음악성도 높을 가능성이 많다는 사실을 발견했다(Gordon, 1987). 스탠톤(Stanton)이 가족 중의 한 사람이 음악가인 58명의 가족을 대상으로 조사한 결과, 그 가족들은 음악가가 없는 가족보다 높은 음악성을 나타내었다(Gordon, 1987).

넷째, 음악성은 타고나는 것 이상으로 환경적 요소가 중요하다. 즉 어떤 사람의 음악적 환경이 그 사람의 음악성의 상당한 부분을 좌우한다는 것이다. 어린아이일수록 환경이 미치는 영향이 크다. 그렇기 때문에, 어떤 사람의 어릴 적 음악 환경은 그 사람의 음악성을 계발하는 데 매우 중요하다. 어떤 사람이 타고난 음악성이 높다고 하더라도 음악에 접할 기회가 적다면 그의 소질은 잘 나타나지 못할 것이며, 제한된 소질밖에 갖고 있지 않다 하더라도, 음악을 많이 접하면 그 소질은 빛날 것이다.

다섯째, 9살 때까지 음악성은 형성된다. 고든에 의하면 "모든 사람은 특정 수준의 음악성을 가지고 태어난다. 이 음악성은 9살 정도가 될 때까지, 공식 또는 비공식적인 음악적 환경에 따라 변하며 그 후에는 고정된다." 9살 때까지는 환경과 교육적 영향에 의하여 음악성이 변한다. 9살 이전의 음악성을 '계발되는 음악성' (Developmental Music Aptitude)이라 한다. 9살이 지나면 음악성은 고정된다. 즉 음악성이 교육이나 환경에 의하여 변하지 않는다는 것이다. 그래서 9살 이후의 음악성을 '안정된 음악성' (Stabilized Music Aptitude)이라 부른다.

포샤(Fosha), 타렐(Tarrell), 고든 등은 음악성 소질 검사의 점수가 4학년, 즉 10살이 지나면 그 후에 음악을 배우더라도 별로 변하지 않음을 증명하였다. 또 해링톤(Harrington)의 연구에 의하면, 저학년의 음악성 점수는 고학년의 점수에 비하여 변화가 심한 것으로 나타났다.

그것은 저학년에서는 음악교육이 음악성에 영향을 주지만 4학년이 지나면 그 음악성이 고정된다는 것을 보여준다(Gordon, 1987, 재인용).

9살 이후에 음악성이 변하지 않는다는 것이 9살 이후에는 음악을 배울 수 없다는 뜻은 아니다. 음악을 배운다는 것은 음악을 성취한다는 것으로 음악성을 계발한다는 것과는 의미가 서로 다르다. 똑같이 배워도 각자의 소질에 따라 그 성취도에서 차이가 난다는 것이다.

여섯째, 음악성과 지능지수와는 상관이 별로 없다. 일반적으로는 지능지수가 높으면 음악성도 높을 것이라고 생각하기 쉬우나 사실은 음악성은 지능지수와도 관련이 없다는 것이 밝혀졌다(Shuter-Dyson & Gabriel, 1981). 이것은 한국 학생들에게도 사실임이 밝혀졌다(현경실, 1990). 그러나 음악성취의 경우 지능지수와 관련이 있어 보인다. 레인보우(1965)와 헤든(1982)은 학문적 성취, 지능, 사회 경제적 환경 등이 음악적 능력을 예언하는 비음악적 변인이며, 음악적 예언변인은 음정 기억, 음악 성취, 음악의 흥미도 등이라고 하였다. 특히 헤든은 음악적 · 비음악적 변인 중에서 학문적 성취가 음악적 성취를 예상할 수 있는 주요한 변인이라고 하였다.

❸ 음악성의 형성과정

음악성은 어떻게 형성되는가? 음악은 소리이다. 그렇기 때문에 음악성은 소리를 인지하는 능력과 관련이 깊다. 소리를 인지하는 능력과 관련되는 대표적인 것이 모국어를 습득하는 능력이다. 학자들도 음악적 능력은 모국어를 배우는 능력과 깊은 관련이 있다는 것에 동의한다. 일상생활에서 가까운 예인 문자와 언어를 배울 수 있는 능력이 어떻게 형성되는가를 살펴봄으로써 음악성의 형성과정을 설명해 보려고 한다.

외진 아프리카의 한 부락에서 그들의 말로 성경을 번역해 주고 있는 선교사의 말을 들은 적이 있다. 그 부락은 말은 있어도 글은 없는 부족이다. 그렇기에 성경을 번역하려면 무엇보다도 먼저 그들 언어에 합당한 글을 만들어야 했다. 그들에게 글을 만들어 주어 쓰게 하는 데 가장 어려운 점은 그들에게 만들어진 글을 가르치는 것이라고 한다. 그 부족민들은 아주 간단한 상형화된 그림도 구별할 능력이 없다는 것이었다. 예를 들면, 동그라미와 네모도 구별할 능력이 없다는 것이다. 그와는 대조적으로, 문화인들이 비슷한 동물의 발자국으로밖에 보지 않는 것을 그들은 귀신같이 식별해낸다는 사실을 발견하였다. 즉 그들에게는 사냥을 위해서 비슷비슷한 동물의 발자국을 식별하는 능력은 계발됐지만, 문자가 없기 때문에 문자의 기초가 되는 동그라미, 선, 네모, 세모 등을 식별하는 능력은 전혀 계발되지 못한 것이다. 그런 사람들이 문자를 배우는 것을 문화에 익숙해 있는 우리들이 문자를 배우는 것과 비교하면 그 차이는 엄청나게 크리라고 쉽게 예측할 수 있다. 즉 그들은 문화적 환경으로 인해 문자를 배울 수 있는 기본 소질이 전혀 계발되지 않은 것이다.

우리가 언어를 배우는 것도 마찬가지 원리이다. 예를 들어, 어려서부터 미국에서 키운 한국 사람이 있다고 하자. 그는 한국인이지만 한국말을 접할 기회가 없었기에 한국말을 전혀 못할 뿐만 아니라, 그가 어른이 되어 한국말을 배우려 한다면 순수한 외국인이 한국말을 배우는 것과 똑같은 어려움을 겪을 것이다. 반면에 영어는 다른 미국인과 마찬가지로 잘할 것이다. 그는 한국인이지만 그의 발음 습관이라든지 억양 등으로 볼 때, 한국말을 배울 수 있는 기본 소질이 전혀 계발되어 있지 않다고 볼 수 있다. 그의 한국말 소질을 측정한다면 한국에서 자란 한국 사람과는 비교도 안 되게 낮을 것이다.

비슷한 예로서, 우리 한국인은 누구나 영어를 발음하는 데 비슷한 어려움을 겪는다. 예를 들면 많은 한국인들이 'R' 발음과 'L' 발음, 또는 'F' 발음과 'P' 발음을 구별하는 데 어려움을 겪는다. 왜냐하면 우리나라 말에는 'R'이나 'L'에 해당하는 발음은 'ㄹ' 하나밖에, 'F'나 'P'에 해당하는 발음은 'ㅍ' 하나밖에 없기 때문이다. 즉 한국인의 특징상 'R'이나 'L' 또는 'F'나 'P' 발음을 구별해내는 언어적 감각, 즉 소질 계발이 안 되었기 때문이다. 미국 사람이 한국어를 배워도 마찬가지이다. 'ㅃ' 발음이라든지 'ㄸ' 발음 등은 영어에 그 발음 자체가 없기에 발음하기가 매우 어렵다.

하지만 한국인이면서도 한국어와 영어를 동시에 완벽하게 구사할 수 있는 방법이 있다. 동시에 두 언어문화를 접하면 되는 것이다. 예를 들어 어릴 때 미국으로 가서 살 기회가 있다든지, 한국에 살지만 외국인 학교에 어릴 때부터 다닌다든지 하면, 2개의 언어를 모두 그 나라 사람처럼 말할 수 있게 되는 것이다. 우리나라에 사는 중국인 화교들이 그 좋은 예이다. 그들은 중국인 학교를 다니기에 중국말과 한국말을 동시에 액센트 없이 구사할 수 있는 것이다.

여기서 중요한 것은 '어릴 때'에 그 나라 언어문화를 접해야 한다는 것이다. 어른이 되어 미국으로 이민 간 사람은, 30년을 미국에서 살아도 영어로 하고 싶은 말을 액센트 없이 구사하기란 불가능하다. 즉 아무리 영어를 잘해도, 누가 듣든, 영어가 모국어가 아니라는 것을 곧 알아차릴 만큼 자기 모국어의 액센트를 가지고 있는 것이다. 어릴 때 그 언어를 접해야 그 언어를 완벽하게 배울 수 있는 능력, 즉 특정 언어 소질이 형성되는 것이다.

언어학자 촘스키(Chomsky)에 의하면, 사람은 누구나 언어를 배울 수 있는 능력, 즉 보편적 언어 소질을 타고난다고 한다(1965). 그 능력이 어떤 언어문화를 접하느냐에 따라, 접한 특정 언어를 배울 수 있는 능력만이 계발되어 그 소질이 고정된다는 것이다. 결론적으로 그 소질이 고정되기 전에 가능한 한 많은 언어문화를 접해야 여러 가지 언어를 무리 없이 배울 수 있는 것이다(〈표 4〉).

고든, 스즈키(Suzuki), 오르프(Orff) 등 많은 학자들이 음악을 배우는 것도 언어를 배우는 것과 같은 원리라고 주장한다. 누구나 보편적으로 음악을 배울 수 있는 능력, 즉 보편적 음악성을 타고난다. 타고나는 음악성은 사람마다 각각 다르다. 왜 다르게 태어나는지 정확한 이유는 알 수 없다. 타고난 보편적 능력이 어느 특정 음악 문화를 접하느냐에 따라 그 특정 음악을 배우는 능력으로만 계발된다. 어릴 적부터 한 가

〈표 4〉 언어소질의 발달

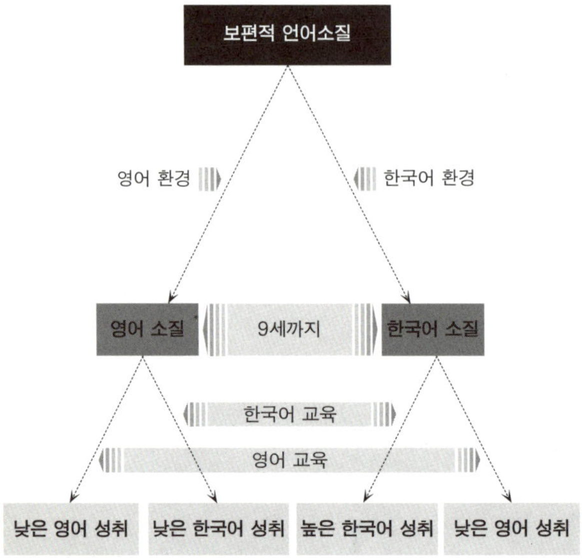

〈표 5〉 음악성의 발달

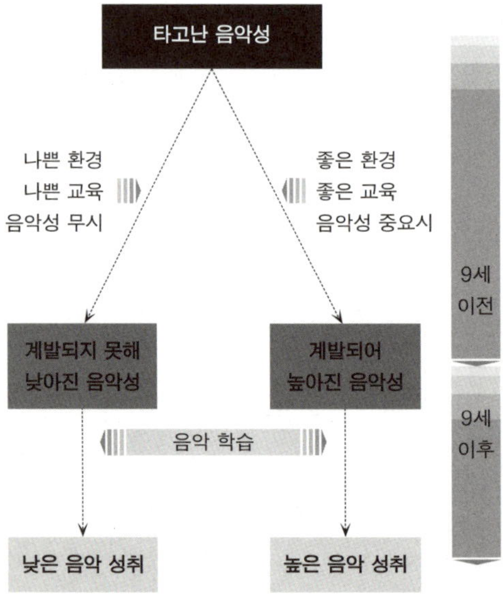

지 음악만 접한 사람은 그 사람의 보편적 음악 능력이 특정 음악만을 배울 수 있는 소질로 굳어지므로 나중에 전혀 성질이 다른 음악을 배우려고 하는 경우, 어려움을 겪는 것이다. 즉 서양음악만을 접한 사람의 경우, 서양음악과 성질이 다른 한국음악이나 다른 민족 음악을 배우기가 서양음악을 배우기보다 더 어려울 것이라는 것을 쉽게 예상할 수 있다. 때문에 고든은 어릴 때부터의 다양한 음악적 경험이 여러 가지 음악성을 개발하는 데 매우 중요하다고 주장한다(1990). 선법을 예로 든다면, 장조만 많이 듣고 자란 사람은 장조 외의 단조나 다른 선법(도리안, 믹솔리디안 등)을 공부할 때에 어려움을 겪는다고 말한다. 그래서 그는 모든 학교교육 과정에서는 물론, 어릴 적부터 여러 가지 다양한 음악을 경험시키는 것이 매우 중요하다고 한다. 그러므로 음악성의 형성은 선천적 · 후천적 영향을 모두 받는다. 출생한 후에도 9살까지는 경험하는 것에 따라 많이 좌우된다. 그러므로 출생 후의 어떤 환경에서 자라느냐가 매우 중요하다(〈표 5〉).

❹ 음악성의 측정

어떤 사람의 음악성을 잰다고 할 때, 그 사람의 보편적 음악성을 잴 수 있다면 더 말할 나위 없이 좋을 것이다. 그 음악성 검사를 전 세계가 다 사용할 수 있을 테니까 말이다. 하지만 그것은 불행히도 매우 어려운 일이다. 한 검사가 모든 음악 문화를 포괄하기란 거의 불가능하기 때문이다. 서양음악과 한국음악의 소질만 놓고 보더라도, 영어와 한국어가 다르듯이 음악도 다르기에, 그 두 다른 음악성을 동시에 측정하는 검사를 만들기란 쉽지 않다.

지능검사의 경우도 마찬가지이다. 지능검사는 학습소질 능력을 측정하는 테스트이다. 즉 한 학생이 학습을 할 경우 얼마나 잘 성취할 수 있나 하는 능력을 측정하는 검사이다. 지능검사 영역 중 언어능력은 매우 중요한 영역이다. 하지만 그 언어능력 측정에서, 보편적(universal) 언어능력을 측정하기란 매우 어려우므로 각 나라는 그 나라 언어를 이용하여 언어능력을 측정한다.

또 하나 고려해야 할 중요한 원리는 보편적이고 근본적인 음악성이 있다 하더라도, 늑대소년의 예화처럼 문화적 환경에 접하지 않았을 때는 그 음악적 능력이 계발되지 않는다는 것이다. 그렇기 때문에 우리는 음악성을 잴 때 특정 문화 속에서 어린 시절에 획득한 것을 잴 수밖에 없다. 어릴 때 형성된 특정 분야의 성취도가 그 분야의 기초적 소질이 되기에, 어릴 적에 습득된 성취도를 측정할 수밖에 없다. 좀더 구체적으로 말하면 한국음악의 소질은 어릴 적에 그 사람이 얼마나 한국음악을 많이 접했느냐와 깊은 관계가 있다.

음악성을 측정하는 데 또 한 가지 어려운 점은 '음악성'과 '음악 성취'가 서로 다르기는 하지만, 이 2개를 정확히 나누기란 불가능하다는 것이다. 음악성 검사는 음악성을 측정하기 위해 만들어진 검사지만, 순수한 '음악성'만을 측정하기란 불가능에 가까운 일이다. 어떤 검사가 음악성을 중점적으로 측정하고 있으면 음악성 검사이고, 음악 성취도를 중점적으로 측정하고 있으면 음악 성취 검사이다. 다시 이야기하면, 아무리 잘 만들어진 음악성 검사라 하더라도 음악 성취의 요소를 전부 배제하기는 어렵다는 것이다.

❺ 한국인의 음악성

그렇다면 한국인의 음악성은 어떨까? 아직도 한국음악은 대중에게 그 뿌리를 내리지 못하고 있다. TV나 라디오 등 대중매체는 물론 정식학교 음악교육까지도 서양음악 일변도이다. 앞에서 자세히 설명했듯이, 사람은 누구나 언어를 배울 일반적인 능력을 가지고 있는 것처럼 음악을 배울 수 있는 일반적인 음악성을 가지고 있다. 그 일반적인 음악성이 특정 환경만을 접함으로써, 무한하던 가능성은 점점 경험된 특정 음악성으로만 한정되어 계발된다. 반면에 경험해 보지 않은 음악을 배울 수 있는 소질은 점점 퇴행한다. 그 현상은 나이가 들수록 점점 심해진다. 경험이 있는 음악을 배우기보다 전혀 경험이 없는 음악을 배우기는 더욱 어렵다.

그렇기에 한국음악 경험이 매우 적은 사람들의 경우, 한국 음악성이 서양 음악성보다 계발이 덜 되어 있을 것으로 예상할 수 있다. 또 어떤 사람은 한국음악을 배워본 적이 없다는 이유로 한국음악성이 전혀 없다고 생각할지도 모른다. 하지만 의도된 음악교육이 없었다 하더라도 자기도 모르게 주위 환경으로부터 얻어진 경험이 음악성의 기본이 되는 것이기 때문에 한국사회에서 자란 보통의 한국사람은 누구나 무의식적으로 개인적인 차이는 있겠지만 한국음악을 접한 경험이 있고, 그렇기에 한국 음악성도 계발이 되어 있다고 본다. 그 구체적인 예를 들면, 보통 한국인은 어떤 음악을 들을 때 이 음악이 서양음악인지 한국음악인지, 또는 서양음악도 아니고 한국음악도 아닌 제3의 나라 음악인지 구별할 수 있다. 또 누구나 흥겨운 한국음악에 맞추어 어깨춤 정도는 출 수 있다(서양에서 자란 외국인이 한국 음악을 듣고 바로 어깨춤을 추기는 어렵다).

신대철(1993)은 그의 책 『우리 음악, 그 맛과 소리깔』에서, 그래도 우리나라 사람들이 한국음악에 젖어 있다는 증거로 재미있는 예를 들고 있다. 그는 어떻게 우리나라 사람들이 서양음악까지도 우리 음악식으로 부르고 있는지 예를 들어 설명하였다. 찬송가를 끌어올리거나 내린다든지, 요성을 쓴다든지, 혹은 부점을 정확히 잘 연주하지 못한다든지 하는 것이 그렇다고 한다. 이와 같은 예들이, 알게 모르게 우리나라 사람들이 우리 음악에 젖어 있기 때문에 나타나는 현상이라고 생각한다. 혹자는 단지 '한국인'이기에 그렇다고 생각할지 모르나, 어릴 때부터 외국에서 자란 한국 사람에게서는 그런 현상을 찾기가 매우 어렵다. 그런 현상들은 어디까지나 음악적 환경과 문화의 영향이라고 보는 것이 옳다. 그렇기에 필자는 한국에서 자란 보통 한국인은 한국 음악성이 계발되어 있다고 믿으며, 그 소질을 측정하는 것도 가능하다고 믿는다.

❻ 음악성 검사의 종류

〈외국의 표준화된 음악성 검사〉

많은 학자들이 여러 가지 방법으로 음악성을 측정해 보려고 노력해 왔다. 유럽과 미국의 일부 학자들은 음악실기 점수를 음악성의 지수로 사용하였다(Gordon, 1968). 음악실기 테스트로 음악성을 측정하면 실기가 떨어지는 학생이 높은 음악성을 가지고 있을 가능성을 고려하지 못한다. 바람직한 음악성 테스트는 실기를 잘못하는 학생이나 실기를 배워보지 못한 학생들 중에서도 높은 수준의 음악성을 가진 학생을 선별할 수 있어야 한다.

서양에서는 1800년대 후반부터 많은 학자들이 음악성을 측정하는 데 관심을 가져왔다. 실제로 많은 학자들이 음악성 검사들을 만들어 왔으며 실험과 연구를 반복함으로써 좋은 검사로, 즉 신뢰도와 타당도가 높은 검사로 발전시켜 왔다. 그 검사들은 크게 두 개의 그룹으로 나눌 수 있는데, 첫 번째 그룹은 초창기에 주로 만들어지고 시도된 검사들로서 표준화되지 않아 시중에서 구할 수가 없어 사용이 불가능한 것들이고, 두 번째 그룹은 비교적 근래에 개발된 검사들로서 표준화되어 시중에서 구입해 사용할 수 있다.

* 시쇼어 음악재능 검사(The Seashore Measures of Musical Talents)

1919년에 최초의 표준화된 음악성 검사가 시쇼어에 의해 발간되었다. 이것은 역사적으로 매우 의미 있는 검사이다. 이후의 모든 소질 검사들은 시쇼어 음악재능 검사의 영향을 받았다 해도 과언이 아닐 만큼 이 검사의 영향력은 대단한 것이었다. 시쇼어는 음악교육의 영향을 받기 전의 기초적 음악능력(소질)을 측정하려고 시도하였다. 그의 검사는 일종의 청각지각(Aural Discrimination) 검사이다. 그는 음악재능이 순수한 소리를 지각하는 것과 깊은 관련이 있다고 믿었다.

그래서 음악성의 요소를 소리 파장의 물리적 측면인 진동수(Frequency), 진동폭(Amplitude), 진동 길이(Duration), 진동 형태

(Form)로 나타낼 수 있는 음의 높낮이(Pitch), 크기(Loudness), 시간(Time), 음색(Timbre) 등으로 구별하였다. 그의 검사에는 위의 네 가지 음향학적 측면의 하위검사 외에도 리듬과 음 기억을 측정하는(Tonal Memory) 하위검사가 더 포함되어 있다.

시쇼어는 각 하위검사에서 '순수한 음'을 사용하기 위해 악기는 사용하지 않았으며, 전자악기를 사용하였다(Audio Oscillator).

① 음높이 구별 검사(50쌍의 문제): 한 쌍 중 두 번째 음이 첫 번째 음보다 높은가, 낮은가? 이 검사에서 사용한 두 음 사이의 차이는 반음보다 작은 것이 많다(59센트에서 9센트까지 1센트는 반음의 1/100이다).
② 음 크기 구별 검사(50쌍의 문제) : 두 번째 음이 첫 번째 음보다 센가, 약한가?(4.0에서 0.5데시벨의 차이)
③ 리듬 검사(리듬 패턴 30쌍) : 같은가, 다른가?(2/4, 3/4, 4/4)
④ 시간구별 검사(50쌍의 문제) : 음의 길이가 같은가, 다른가?(차이는 .30에서 .05초이다)
⑤ 음색구별 검사(50쌍의 문제) : 2개의 음이 음색이 같은가, 다른가?
⑥ 음 · 기억력 검사(30쌍의 문제): 음이 3개, 4개 혹은 5개로 만들어진 멜로디에서 다른 음 찾기

시쇼어 검사 지침서에 나타난 신뢰도는 .55~.85 사이였다. 그 뒤 다른 연구자(Farnsworth)에 의해 조사된 이 검사의 신뢰도는 시쇼어 자신이 한 것보다 훨씬 낮게 나타났다(.45~.77).

시쇼어 검사는 맨 처음 표준화된 것으로서 역사적 의의는 크지만 그 뒤 하인라인(Heinlein), 머셀(Mursell), 고든 같은 여러 학자들에 의해 다음과 같은 문제점이 지적되었다.

① 음높이 검사에서 두 음의 차이가 너무 작기 때문에 전문음악가들도

구별하기 어렵다.
② 음높이, 시간, 크기, 음색 등의 검사에서 두 음의 다른 점을 구별하게 되어 있는데, 모두 음악적인 관점에서보다는 음향적인 관점에서 구분하는 것이다.
③ 음 기억력 검사에서 쓰는 멜로디도, 조성감이 전혀 없는 음들로만 이루어졌기 때문에 음악적이라 할 수 없다.
④ 선호도 검사가 없다는 것도 음악적이지 못하다는 지적이다.
⑤ 검사의 타당도가 의문시된다. 스탠톤(Stanton)이 시쇼어 검사의 타당도를 10여 년에 걸쳐 측정했으나, 그는 시쇼어 검사뿐 아니라, 과거의 성취도, IQ, 학업성적 등을 모두 이용하여 음악성취 예언도를 측정했기 때문에 이 검사의 예언적 타당도라고 하기에는 적합하지 않다.

결론적으로, 시쇼어 음악재능 검사는 청각지각 검사로서는 의의가 크지만, 음악적인 검사로서는 적절하지 못했다.

* 윙의 음악지능 검사(The Standardized Tests of Musical Intelligence)

영국의 윙(Wing)은 1960년에 표준화된 음악지능 검사를 발표하였다. 그는 유럽의 다른 학자들처럼 게슈탈트(Gestalt) 심리학의 영향을 받아 음악을 배우는 데 전체적으로 영향을 줄 '음악성의 일반적인 요소'를 찾으려 하였다. 시쇼어 검사는 각 하위검사의 점수들을 따로따로 사용하도록 되어 있는 반면에, 윙의 검사는 종합점수를 사용하게 되어 있다. 윙의 검사는 크게 비선호도 검사와 선호도 검사로 나누어진다. 비선호도 검사에는 화음 분석, 음고의 변화, 음기억 등의 하위검사가 있으며, 이 검사들은 음감과 관계가 있다. 선호도 검사에는 리듬 액센트, 화성, 음의 셈여림, 악절 등의 하위검사가 있으며, 이 검사들은 응시자들의 음악적 신호를 묻는 검사들이다.

윙의 검사는 두 가지 점에서 시쇼어 검사와 다르다.

① 모든 검사에는 실제 악기인 피아노가 사용되고 있으며,

② 모든 문항의 물음은 시쇼어의 것보다 훨씬 더 음악적이다.

윙의 7개 하위검사를 좀더 구체적으로 설명하면 다음과 같다.

① 화음 분석(20문항) : 화음을 듣고 몇 개의 음이 연주되었는가 답하기

② 음고 변화(30문항) : 2개의 화음(Chord)이 연주된 후 그 두 화음이 똑같은지, 다르다면 음이 높아졌는지 낮아졌는지 답하기

③ 음 기억(30문항) : 1개의 문항에 3개에서 10개 사이의 음으로 된 멜로디가 2개 있는데, 첫 번째 멜로디와 두 번째 멜로디가 똑같은지, 다르다면 어느 음이 달라졌는지 답하기

④ 리듬 액센트(14문항) : 1개의 문항에 같은 리듬 패턴이 액센트가 각각 다르게 2번 연주되는데 2개 중 좋은 것 고르기

⑤ 화성

⑥ 음의 세기

⑦ 악절감의 검사들은 리듬 액센트 검사와 같은 형식인데 각각 더 잘 어울리는 화성, 더 좋은 셈여림, 더 잘 어울리는 악절(Phrasing) 고르기이며, 각각 14문항이다.

전체 검사의 신뢰도는 .91로 매우 높은 편이다.

윙(1968)이 검사의 점수에 따라 응시자들을 상 · 중 · 하의 세 그룹으로 나누어, 각 세 그룹의 계속적인 음악활동을 조사함으로써 예언적 타당도를 조사하였는데, 하위 그룹은 40%가, 중간 그룹은 27%가, 상위 그룹은 오직 2%만이 악기 배우기를 중간에 포기하였다.

윙의 중요한 공헌은 작곡된 음악과 실제 악기를 사용했다는 데 있다. 또 음악성을 단지 기계적인 음지각 능력이 아니라, 음악을 이해하는 능력으로 보고, 이를 측정하기 위해 4개의 선호도 검사를 포함시켰다.

윙의 음악성 검사는 음악공부의 계속성을 예견하는 데는 유용한 검

사라고 보여진다. 반면에 리듬 액센트, 악절감, 화음, 음의 세기 등의 선호도 검사는 음악성이기보다는 음악 성취가 아니냐는 비판도 있다.

* 벤틀리의 음악적 능력 검사(The Measure of Musical Abilities)
벤틀리(Bentley)는 1966년에 영국에서 음악적 능력 검사라는 음악성 검사를 발표하였다.

이 검사는 4개의 하위검사로 이루어져 있다.
① 음고 구별 : 이 검사는 시쇼어 검사와 비슷한데 두 개의 음이 같은지, 다르다면 높은지 낮은지를 구별하는 검사이다(100에서 12센트의 차이, 100센트는 반음이다). 실제 악기를 사용하지 않고 전자악기의 전신인 음 발진기(Oscillator)를 사용하였다.
② 멜로디 기억력 : 이 검사 역시 시쇼어의 것과 비슷한데 응시자들은 10쌍의 오르간 멜로디를 듣고 처음 멜로디와 나중 멜로디가 같은지, 아니면 어떤 음이 바뀌었는지 대답하도록 되어 있다.
③ 화음 분석 : 이 검사는 윙의 검사와 비슷한데 화음을 듣고 몇 개의 음으로 되어 있는지를 답하게 되어 있다.
④ 리듬 기억 : 한 쌍의 리듬패턴을 듣고 같은지, 다르다면 어느 것이 다른지 대답하는 문제이다.

벤틀리에 의해 발표된 각 하위검사의 신뢰도는 .53~.74이며 전체 검사의 신뢰도는 .84이다.

* 고든의 음악적성 프로파일(The Musical Aptitude Profile : MAP)
고든은 1965년에 음악적성 프로파일을 만들었다.

MAP에는 비선호 검사와 선호 검사가 있다. 이 MAP의 특징은 처음부터 끝까지 고든 자신이 작곡한 곡으로 구성되어 있으며 전문음악인에 의해 연주, 녹음되었다. 사용된 악기는 바이올린과 첼로이다.

MAP는 세 가지 주 영역으로 이루어져 있다. 음감(Tonal), 리듬감(Rhythm), 음악적 감수성(Musical Sensitivity)이다. 이 세 영역은 다시 7개의 하위검사로 나누어져 있다. 음감에는 선율과 화성 하위검사가, 리듬감에는 템포와 박자 하위검사가, 음악적 감수성에는 악절, 균형, 스타일 하위검사가 각각 포함되어 있다.

MAP의 또 한 가지 특징은 응시자들이 2개의 멜로디를 듣고 똑같은가 다른가, 또는 어느 연주가 나은가를 답하게 되어 있는데, 만약에 잘 모르겠으면 '?' 부분에 표시를 하게 되어 있다. 고든은 응시자들의 추측을 배제하기 위하여 이 방법을 쓴 것이다. 이 방법은 MAP의 신뢰도를 높이는 데 기여하였다.

① 선율(Melody, 40문항) : 한 문항은 한 쌍의 멜로디로 되어 있으며 두 번째 선율이 첫 번째 선율의 변형인가 아니면 다른 선율인가 결정하는 문제. 고든은 여러 가지 조(선법 포함)를 사용하였으며 리듬도 두 박자, 세 박자 계통은 물론 혼합박자 등 다양한 리듬을 사용하였다.
② 화성(Harmony, 40문항) : 한 문항은 한 쌍의 음악으로 되어 있으며 바이올린이 높은 파트를, 첼로가 낮은 파트를 담당한다. 응시자들은 처음 노래와 나중 노래가 똑같은지 다른지 결정해야 한다.
③ 빠르기(Tempo, 40문항) : 한 문항은 한 쌍의 멜로디로 되어 있으며, 응시자들은 처음 멜로디와 나중 멜로디의 빠르기가 같은지 다른지를 결정해야 한다.
④ 박자(meter, 40문항) : 한 문항이 한 쌍의 멜로디로 되어 있는데 그 두 멜로디의 리듬이 같은가 다른가를 묻는다.
⑤ 악절(Phrasing, 30문항): 각 문항은 역시 한 쌍으로 되어 있는데 한 쌍의 멜로디를 듣고 어느 것이 더 '나은 악절' 인지를 결정하도록 되어 있다.
⑥ 균형(Balance, 30문항): 각 문항은 역시 한 쌍으로 되어 있는데 각 멜로디는 처음 부분은 비슷하고 뒤의 마침 부분은 다르다. 그 2개의 멜

로디를 듣고 어느 것이 더 '나은지' 를 결정하도록 되어 있다.

⑦ 스타일(Style) : 각 문항은 역시 한 쌍으로 되어 있는데 한 쌍의 멜로디를 듣고 스타일 면에서 어느 것이 더 '나은지' 를 결정하도록 되어 있다.

MAP의 신뢰도와 타당도는 매우 높은 편이다. 고든은 그의 검사 지침서에서 학년별로 각 하위검사는 물론 종합적으로도 높은 신뢰도를 보여주고 있다. MAP의 신뢰도는 .66에서 .96 사이로 나타나고 있다. 고든은 또 3년간의 예언적 타당도를 실시하였는데 .38에서 .73으로 예언적 타당도도 높은 편이라고 할 수 있다.

MAP의 문제점은 검사의 길이이다. 매일 1시간씩 3일 동안에 실시하게 되어 있는데, 실제 학교 상황에서 사용하는 데는 무리가 있다. 그럼에도 불구하고 여러 가지 면에서 MAP는 아주 좋은 검사라는 평을 받고 있다.

* 고든의 음악 오디에이션 검사 : 기초와 중급(Primary Measures of Music Audiation과 Intermediate Measures of Music Audiation)

고든은 음악 오디에이션의 기초검사(PMMA)와 중급검사(IMMA)를 1979년과 1982년에 각각 내놓았다. 시쇼어, 윙, 고든의 MAP 검사는 4학년부터 성인을 위한 검사이고, 벤틀리의 검사만이 7살부터 사용할 수 있다. PMMA는 특별히 유치원생부터 3학년 학생들을 위한 검사이고, IMMA는 1학년부터 4학년을 위해 만들어진 검사이다. 이 두 검사는 검사 방법에서 매우 비슷한 형식을 취하고 있다.

이 두 검사는 각각 리듬감과 음감 2개의 하위검사로 이루어져 있고, 각 하위검사는 40문항으로 되어 있다. 모든 문항은 전자악기로 연주, 녹음되었다. 모든 문항은 고든 자신이 작곡한 것이다. 단지 IMMA는 PMMA보다 조금 어렵게 디자인되어 있다. 각 검사는 글을 못 읽는 어린 학생들을 위하여 특별히 그림으로 표시된 답안지를 사용하고 있다는 점도 특이하다.

① 음감 : 음감 하위검사에서는 똑같은 길이의 음만을 사용하여 리듬의 요소가 배제된 순수한 음감 검사이다. 응시자들은 한 문제에서 한 쌍의 음 높낮이로만 된 패턴을 듣고 같은가 다른가를 답하게 되어 있다.

② 리듬감 : 음감 검사에서와 마찬가지로 음높이가 없는 리듬 패턴을 사용했다. 응시자들은 한 쌍의 리듬 패턴을 듣고 같은가 다른가를 답하도록 되어 있다.

PMMA의 신뢰도는 .60에서 .92 사이이며, IMMA의 신뢰도는 .70에서 .91 사이로 조사되었다. 고든은 음악을 상상하는 상상력, 즉 오디에이션[2)]이 음악소리의 기본이 되는 능력이라 믿기 때문에, 그는 그의 모든 검사에서 '오디에이션' 능력을 재려고 노력하였다.

* 고든의 음악 오디에이션 검사 : 고급(Advanced Measures of Music Audiation : AMMA)

고든은 1989년에 음악 전공자들을 위한 음악성 검사인 AMMA를 내놓았다. AMMA는 그 모든 형식에 있어서 PMMA나 IMMA와 매우 흡사하다. 그러나 이 테스트는 음감과 리듬감이 따로 분류되어 있지 않고, 한 문항은 한 쌍의 멜로디를 듣고 그 두 멜로디가 같은지 다른지를 답하도록 되어 있는데, 다르다면 음 부분이 다른지, 리듬 부분이 다른지에 따라 대답해야 한다. 추측을 안 하도록 하기 위해 잘 모르겠으면 '?' 부분에 답하도록 되어 있다. 하위검사로 나뉘어 있지는 않지만 점수는 음감과 리듬감, 종합점수로 나온다. 이 검사는 원래 음악 전공자들을 위해 만들어졌으나, MAP의 문제점인 검사 길이를 해결하였기 때

2) 고든은 '오디에이션'이라는 자신만의 용어를 만들어 사용했으며, 오디에이션을 "실제 음악 소리가 들리지 않을 때, 그 음악을 상상하여 듣고 그 음악을 이해하는 것"이라고 정의하였다.

〈표 6〉 외국의 표준화된 음악성 검사 비교

제작자	청각·음향 지각	음감	리듬감	선호도	대상	사용기구	실시시간
시쇼어 (1919~1939)	①음높이 구별 ②음크기 구별 ③시간 구별 ④음색 구별	음기억	리듬기억		10살~성인	전자악기	1시간
윙(1961)		①화음 분석 ②음고 분석 ③음기억		①리듬액센트 ②화성 ③음의 세기 ④악절감	8살~성인	피아노	1시간
벤틀리(1966)	음고 구별	①멜로디 기억력 ②화음 분석	리듬기억		7살~성인	전자악기 오르간	20분
고든 MAP (1965~1988)		①멜로디 ②화성	①빠르기 ②박자	①악절감 ②균형 ③스타일	10살~성인	바이올린 첼로	3시간
고든 PMMA IMAA			리듬감		5살~10살	전자악기	20분
고든 AMAA			리듬감		음악전공자 13살~	전자악기	20분

문에(실제 실시 시간은 20분이다), 점차로 음악 비전공자에게도 사용되고 있다. 고든은 최근 중학교 · 고등학교 일반 학생을 위한 표준점수 기준도 발표하였다. 고든에 의한 AMMA 신뢰도는 .80~.89 사이이며 MAP와 AMA의 상관도는 .78이다.

각 검사의 종합적인 비교는 〈표 6〉에 나타나 있다.

〈한국 음악성 검사〉

현경실(2004)은 한국 학생들을 위해 「한국 음악성 검사」(Korean Music Aptitude Test; KMAT)를 개발하였다. 이 KMAT는 9살 이상의 정상적인 사람이면 누구나 치를 수 있다. 이 검사는 장애가 있거나 아주 음악적으로 뛰어난 학생들을 위해 개발된 검사가 아닌, 정상적인 일반 학생들을 대상으로 실시하게 만들어진 검사이다. 일반 학생들의 음악성을 측정하여 학교 음악교사나 그 외 음악을 담당하는 교사들이 이 검사의 결과를 교육하는 데 이용함으로써, 학생들의 음악학습에 도움을 주기 위해 만들어진 검사이다. 물론 이 검사를 통해 음악적으로 뛰어난 학생도 가려낼 수 있으나, 그것이 이 검사의 가장 중요한 목적은 아니다. 이 검사는 그룹으로 실시할 수도 있고 개인으로 실시할 수도 있도록 디자인되었다. KMAT는 리듬과 가락 검사로 이루어져 있다.

KMAT는 CD에 녹음되어 만들어진 듣기 검사이다. 검사의 총 실시 시간은 22분이다. 답안지를 나누어주고, 이름을 쓰게 하고, 모으고 정리하는 시간을 감안하면 40분 정도면 KMAT를 실시할 수 있다. 녹음된 검사에는 시험을 치르는 요령, 시험 시 주의사항 등이 들어 있다. 학생들이 검사 방법을 연습하기 위한 예시 문제를 리듬과 가락 시험에 각각 2개씩 넣었다. 녹음된 CD만 틀어놓으면 사전 지식이 없이도 누구나 이 검사를 치를 수 있도록 디자인되었다. 문항 수는 리듬과 가락 각각 30문항, 총 60문항이다.

❼ 음악 성취도 검사

음악성 검사가 '미래 음악수행 능력'을 잰다면, 음악 성취도 검사는 '현재까지의 음악수행 능력'을 재는 것이다. 음악 테스트의 종류는 어떤 음악적 행위를 측정하느냐에 따라 달라진다. 보일은 음악적 행위를 연주(악기 연주 혹은 가창) 읽기와 쓰기, 듣기, 음악과 관련된 지식 등으로 분류하였다. 보일과 래도시는 음악 성취 테스트의 종류를 ① 실기 테스트, ② 일반적인 음악적 지식 테스트, ③ 악보 테스트, ④ 청음 테스트, ⑤ 감상 테스트, ⑥ 창작 테스트 등 여섯 가지로 분류하였다.

〈실기 테스트(Performance Test)〉

일반적으로 실기 테스트는 채점자에 따라 점수가 좌우되기 때문에 다

예) **아주 우수 / 양호 / 보통 / 보통 이하 / 아주 나쁨**

① 리듬

② 음정

③ 프레이징

④ 테크닉

⑤ 음악적 센스

5 4 3 2 1

른 테스트에 비해서 주관적이다. 실기고사의 가장 어려운 문제는 연주를 듣고 그 연주의 어떤 면들이 평가되어야 하는가이다(예를 들면 음정, 리듬, 강약, 프레이징 등등). 가장 많이 쓰이고 있는 실기고사의 평가 방법은 무엇을 측정할지에 대한 기준이 없이 단지 채점자의 주관적 판단에 의해 '매우 우수함 - 양호함 - 보통임 - 보통 이하임 - 아주 나쁨' 식으로 채점하는 방식이다. 이것은 우수하다면 왜 우수한지, 어떤 면이 우수한지를 밝히지 않아도 되는 주먹구구식의 채점 방법이며, 주관적일 수밖에 없는 방식이다. 물론 음악은 예술이기 때문에 간혹 채점자의 전체적인 느낌도 굉장히 중요하다. 하지만 평가를 정확하게 객관적으로 하는 일은 더욱 중요하다. 실기평가를 조금 더 정확하고 객관적으로 하기 위해서는, 2명 이상의 채점자가 동시에 채점해야 하며, 각 채점자들은 연주를 듣기 이전에 무엇을 채점할 것인지 충분히 의논해야 한다. 예를 들어 바이올린 실기고사라면 음정, 리듬, 음악 감수성, 활 쓰기 등의 카테고리를 사전에 만들어 쓰는 것이 좋다. 아무튼 채점자들이 서로 의논하여 가장 중요하다고 생각되는 영역을 미리 설정하여 분류할 필요가 있다. 분류 영역들이 자세하고 정확할수록 객관적인 평가가 될 가능성이 높아진다. 영역의 수는 5개에서 10개 정도가 적당하며 채점 후의 각 영역의 점수를 합산하여 종합점수를 낸다.

실기고사의 객관성을 높이기 위한 또 다른 제안은 연주자를 채점자들에게 알려주지 않고 채점하는 방법이다(막을 친다거나 학생들의 이름을 사용하지 않고 번호를 매겨 녹음기에 녹음하여 그 테이프를 듣고 채점한다). 위 채점 방법은 콩쿠르나 콘테스트에서는 사용 가능하나, 실제 우리나라 초 · 중 · 고 학교에서는 사실상 불가능하다. 두 사람 이상이 채점하기도 불가능할 뿐만 아니라, 많은 수의 학생들을 채점하기 때문에 카테고리를 여러 개 만들기도 불가능하다. 하지만 교사는 최대한으로 기준을 만들어 그 기준에 맞도록 채점하도록 해야 한다. 예를 들면, 어떤 노래를 학생들에게 부르게 한다면, 그 노래의 음정과 리듬 중 가장 어려운 부분을 미리 정해서 틀리는 부분 수를 센다든지 하는 일이다. 시창 시험이나 초견 연주도 이 실기고사 영역에 들어가며, 어떤 멜로디나 패턴을 듣고 따라하게 하는 시험도 이 영역에 들어간다.

〈일반적인 음악지식 테스트〉

일반적인 음악지식이라 함은 음악이론, 역사, 음악가와 작품 등 모든 음악에 관련된 지식을 지칭한다. 우리가 보통 학교에서 사용하는 음악 지필고사는 대부분이 이 영역에 속한다. 이 테스트는 학생 수가 많아도 실시가 용이한 장점이 있다.

〈악보 테스트〉

악보와 관련된 테스트를 총칭한다.

예 1) 3/4 ♩+♩+♪ =

① 2박자
② 2박자 반
③ 3박자
④ 3박자 반

예 2) 다음의 악보가 연주된다면 소리가 다를 수 있는 것 하나를 고르시오.

① 

② 

③ 

〈청음 테스트〉

음악을 듣고 음질이나 음높이를 구체적으로 답하거나 비교하는 테스트는 모두 이 영역에 속한다. 한국에서 많이 사용되고 있는 테스트의 형태로, 교사가 어떤 멜로디나 하모니를 피아노로 연주하면 학생은 그 연주를 듣고 악보로 옮기는 형태는 물론, 이외에도 여러 가지 형태의 청음 테스트가 있다.

예 1) 다음 악보를 보면서 연주를 잘 듣고 답하시오.

(연주) 

(악보) 

악보와 연주를 비교했을 때,

① 음정이 틀렸다.

② 리듬이 틀렸다.

③ 음정 리듬 모두 틀렸다.

④ 맞았다.

예 2) 두 개의 노래를 듣고 같으면 얼굴이 같은 곳에 두 개의 노래가 다르면 얼굴이 다른 곳에 동그라미를 치시오.

① 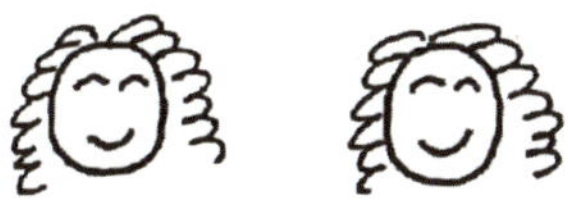

② 

예 3) 다음 노래의 멜로디가 올라가면 기차가 올라가는 그림에 동그라미를 치고 멜로디가 내려가면 기차가 내려가는 그림에 동그라미를 치시오.

① 

② 

또 청음 테스트는 처음부터 끝까지 받아쓰는 형식이 아니라, 한 음 또는 두 음, 길게는 한 마디만을 채워 넣게 만들 수도 있다.

예 4) 다음 노래를 듣고 두 번째 마디의 리듬을 그려 넣으시오.

예 5) 다음 화음을 듣고 빠진 음을 채우시오.

(연주)

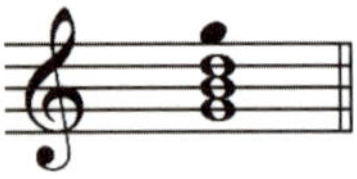

(답지)

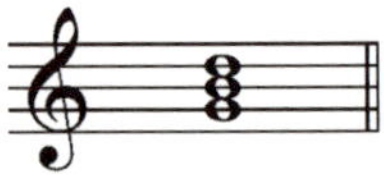

일반적으로 청음 테스트 하면 음악 전공자들만이 가능한 테스트로 생각하기 쉬우나 일반 학생들에게도 실시 가능한 형태가 많으므로 일반 학생들을 위한 청음 테스트 개발이 시급하다.

〈감상 테스트〉

음악을 듣고 작곡자나 곡 제목, 또는 연주의 형식, 곡의 악식(form, style) 등을 답하거나 추측하는 형태의 시험은 모두 이 영역에 포함된다. 이 시험의 형태는 객관식, 고르기, 줄긋기, 단답형, 에세이 모두 가능하다.

예 1) (베토벤의 운명 교향곡의 일부를 들려준 후)
작곡자와 곡의 제목을 쓰시오.

예 2) (모차르트의 잘 알려지지 않은 심포니를 골라 일부를 들려준 후)

(이 문제는 모차르트의 스타일을 추측하는 문제이다.)

이 곡의 작곡자는 누구입니까?

① 베토벤

② 모차르트

③ 말러

④ 바흐

예 3) (피아노 4중주곡을 일부 들려준 후)

이 곡은

① 심포니이다.

② 관악 4중주곡이다.

③ 피아노 4중주곡이다.

④ 현악 4중주곡이다.

예 4) (음악을 들려주거나 악보를 주고)

이 곡이 작곡된 연대와 작곡자를 추측하시오.

❽ 창의성 검사

창작 테스트는 듣기, 쓰기, 읽기 시험의 종합적인 평가이다. 만약에 특별한 형식이나 마디 수, 혹은 시대 등이 주어진다면, 더욱 정확하게 학생들의 창작 능력을 추적할 수 있을 것이다.

예 1) 16마디짜리 모차르트 스타일의 피아노곡을 작곡하시오.

예 2) (간단한 동기를 주고) 이 동기를 이용하여 8마디 정도의 2성부 캐논을 작곡하시오.

예 3) 다음은 어떤 곡의 마지막 부분입니다.
종지 부분을 작곡하시오.

❾ 그 외 선발도구
- 교사의 추천서
- 부모의 지명
- 또래 지명
- 자기 지명
- 산출물, 실적 등 평가

4) 영재선발의 주의점

영재선발 시 주의할 점은 다음과 같다.

① 영재선발은 창의적 잠재력이 뛰어난 아이들을 발굴하는 데 초점을 둔다.

② 영재선발은 그 대상에 따라 적절한 방법을 사용한다.

③ 영재선발은 지속적으로 실시하고 그 결과를 적절히 활용한다.

참고문헌

구자억 외(2002). 동서양 주요 국가들의 영재교육, 서울: 문음사.

김영연, 오주일(2004). "유아의 음악 영재성에 대한 고찰", 유아교육연구, 제24권 3호, 189~209쪽.

김윤희(1997). "서양음악 적성검사를 통한 한국음악 적성 측정의 가능성에 관한 연구", 음악교육연구, 제16집, 329~360쪽.

이미경(2005). "최근 일고 있는 음악영재교육에 대한 몇 가지 제안", 음악과 민족, 제29권, 255~276쪽.

신대철(1993). 우리 음악 그 맛과 소리깔, 서울: 교보문고.

정유하(2003). "음악영재에 대한 조기교육의 필요성과 그 방법", 음악연구, 제28집, 209~239쪽.

조효임 · 최은식 · 정진원(1996). "한국 초등학생의 음악적성에 관한 연구", 음악교육연구, 제15집, 437~471쪽

한종철(1987). "적성검사의 문제점과 발전과제", 교육평가연구회 학술대회 발표논문, 109~123쪽.

한국교육개발원(2002). 공교육 차원의 발명영재교육 체제 구축방안 연구, 서울.

현경실(1993). "한국음악과 서양음악의 음악성 비교 연구", 국악교육, 제11집, 서울: 한국국악학회.

현경실(1994). "음악적성 형성과정과 한국음악 소질검사 제작을 위한 방안 연구", 국악교육, 제12집, 33~55쪽.

현경실(2003). "한국 음악성 검사의 예언 타당도 연구", 음악과 민족, 제24집, 215~231쪽.

Anastasi, Anne(1982). *Psychological Testing*, New York: Macmillan Publishing Co.

Bentley, Arnold(1966). *Musical Ability in Children and its Measurement*, London: Harrap.

Boyle, D. & Radocy, R.(1987). *Measurement and Evaluation of Musical Experience*, New York: Schirmer Books.

Buros, Oscar Krisen ed.(1972). *The Seventh Mental Measurements Yearbook*, Vol. 1 and 2, Highland Park, New Jersey: The Gryphon Press.

Chomsky, Noam(1965). *Aspects of the Theory of Syntax*, Cambridge, Mass : MIT Press.

Csikzentmihalyi, M. & Wolfe, R.(2000). New conceptions and research approaches to creativity: Implications of a systems perspective or creativ ity in education, In K. A. Heller, F. J. Monks, R. J. Sternberg & R. F. Subotnik(Eds.), *International handbook of giftedness and talent*(2nd ed.), Amsterdam: Elsevier, pp. 81~93.

Davis, G. A. & Rimm, S. B.(1994). *Education of the gifted and talented*, Boston: Allyn and Bacon.

Gardner, H.(1983). *Frames of minds*, New York: Basic Books.

Gordon, E.(1982). *Intermediate Measures of Music Audiation*, Chicago: G. I. A. Publications, Inc.

Gordon, E.(1986). *Primary Measures of Music Audiation*, Chicago: G. I. A. Publications, Inc.

Gordon, E.(1987). *The nature, description, measurement, and evaluation of Music Aptitudes*, Chicago: G. I. A. Publications.

Gordon, E.(1988/1965). *The Musical Aptitude Profile*, Chicago: The Riverside Publications.

Gordon, Edwin E.(1989). *The Advanced Measures of Music Audiation*, Chicago: G. I. A. Publications, Inc.

Guilford, J.(1950). *Creativity. American Psychologist*, 5, pp. 444~454.

Guilford, J. P.(1967). *The nature of human intelligence*, New York: McGraw-Hill.

Mainwaring, J.(1931). *"Tests of Musical Ability"*, Brit. J. Educational Psychology, 1, pp. 313~321.

Renzulli, J. S.(1986). "The Three-ring Conception of Giftedness: A devel opmental model for creative productivity", *Conceptions of Giftedness*, New York: Cambridge University Press.

Reveze, G.(1953). *Introduction to the Psychology of Music*, London: Longmans, Greens.

Seashore, Carl E.(1939/1919). *Seashore Measures of Musical Talent*, New York: Columbia Phonograph Company.

Sax, G.(1980). *Principles of educational and psychological measurement and evaluation*, Belmont: Wordsworth Pub.

Shuter-Dyson, R. & Gabriel, C.(1981)(2nd ed.). *The psychology of musical ability*, London: Methuen.

Stevens, D.(1987). *The construction and validation of a test of musical aptitude for young children*, Doctoral dissertation, University of South Dakoda.

Sternberg, R. J. ed.(1988). *The nature of creativity*, New York: Cambridge University Press.

Sternberg. R. J. & Lubart, T. I.(1995). *Defying the crowd: Cultivating creativity in a culture conformity*, New York: Free Press.

Sternberg. R. J. & Lubart, T. I.(1999). The concept of creativity: Prospects and paradigms, In R. J. Sternberg ed., *Handbook of creativity*, New Yok: Cambridge University Press.

Wing, H. D.(1960). *Manual for Standardized Tests of Musical Intelligence*, Windsor: National Foundation Educational Research Pub.

Urban, K.(1995). Creativity-A component approach model, A paper pre sented at the 11th World Conference on the Education for the Gifted and Talented, Hong Kong: July 31~August 4, 1995.

05

미술영재를 위한 교육의 방향

김춘일 / 대구대 교수

1. 미술의 가치

역사 이래로 미술은 수천, 수만 년을 존재해왔다. 왜 그럴까? 그것은 미술이 우리의 생활에서 존재해야만 할 충분한 그 나름의 이유나 역할이 있었기 때문일 것이다. 그것은 두 가지로 생각할 수 있다. 하나는 맥락적(contextual) 기능이다. 이것은 사회에서 미술이 가지는 쓸모, 즉 효용성(utility)으로서 재화적(財貨的) 가치를 예로 들 수 있다. 미술품은 비싼 값에 거래되는 일종의 재물인 것이다. 특히 17, 8세기 자본주의가 발전하면서 이 기능은 엄청나게 커졌다. 다음 둘은 의약적 가치이다. 예술표현은 왜곡되고 병든 마음을 치료해주는 기능을 가진다. 정신분석학은 이 가치를 발견하고 또 크게 발전시켜왔다. 셋은 역사적 가치이다. 미술은 역사적인 사건이나 인물을 기록하고 후대에게 남겨준다. 기록화 · 기념조각 등이 그것이다. 넷째로 미술은 또 종교적 가치를 가진다. 서양미술의 역사는 사실상 기독교의 역사이고, 동양미술사는 불교나 회교의 역사를 말하고 있다. 문자나 숫자를 모르던 옛날 사람들에게 성경이나 불경의 말씀을 직접적 · 감각적인 방법으로 전달하고 가르치기 위해 건축 · 조각 · 회화 · 공예가 주된 수단으로 활용되어왔던 것이다.

이러한 미술의 효용적 가치나 기능들은 미술이 우리 사회와 역사에 존재해온 구체적인 이유이다. 그러나 이러한 맥락적인 가치는 사실상 본질적(本質的, essential)인 것은 아니다. 결과적인 효과(效果)들인 것이다. 재화 · 치료 · 종교 · 역사적 가치는 미술말고 다른 것들에서도 찾을 수 있다. 미술만이 가지고 있는 고유한 가치나 존재이유는 아닌 것이다. 예술만이 가지는 고유한 존재이유는 무엇인가? 그것은 미적 가치(aesthetic value)이다. 미술작품이 가지는 미적 가치는 모든 효용적 가치가 비로소 있을 수 있게 하는 근원이 된다. 그러면 예술의 미적 가치는 무엇이고 교육과는 어떤 관련이 있는가?

우리는 먼저 예술이 그 근원적이고 본질적인 미적 가치에 입각해서 우리 주변에 존재하고 있는지, 그 현상부터 검토해봐야 할 것이다. 예술가는 진정코 그의 미학적 · 예술적 가치 때문에 존경받고 있는가? 재화적 가치, 정치적 이유, 저널리즘적 명망…… 이런 것들 때문에 더 유명하고 대우받는 예가 훨씬 더 많은 것을 우리는 잘 알고 있다. 학교에서 미술교육은 왜 하는가? 괜찮은 진로, 진학의 편의, 직업적 취향, 막연한 매력, 어떤 교사의 권유…… 이런 것들 때문에 더 많은 우리의 어린이와 청소년은 미술학원이나 미술대학을 택하고 있는 것을 우리는 잘 안다. 정치가나 행정가는 예술이나 예술교육을 어떻게 생각하고 있는가? 그것은 과학고등학교와 예술고등학교에 대한 우리 사회의 지나친 차별, 학생들의 시간표에 나타난 마치 맹장의 꼬리와도 같은 예술교과 시간의 위치가 더 잘 말해준다.

요컨대, 미술은 이제 그 본질적인 미적 가치를 위해서 존재하고 있지 않다. 다만 어떤 다른 이유로 해서, 어떤 다른 것의 들러리로 기능하며 존재하고 있는 것이다. 바로 이것이 예술교육, 미술교육을 왜곡시키며 제자리로 돌아설 수 없게 하는 근본 원인인 것이다.

잘못 들어선 길은 처음으로 되돌아가야 한다. 근본을 다시 고쳐 물어 수정해야 한다. 미술교육의 패러다임도 개선되어야 한다. 성격, 목적, 내용, 방법, 평가 모든 기본들이 고쳐져야 한다. 그것은 미술의 근원적이고 본질적인 존재이유, 즉 진정한 '미적 가치'에서 다시 시작되어야 한다.

2. 미술교육의 목적

사람들은 왜 미술을 아동이나 청소년들에게 학교에서 필수과목으로 가르치는가? 세계 여러 나라의 교육과정이나 교사용 지도서, 또는 학생용 교과서들을 모아서 비교 검토해 보면 그 해답을 얻을 수 있다. 이제 잠시 이 점을 살펴보기로 하자.

현재 우리에게 가장 널리 알려져 있는 미술교육의 목적은 이른바

'정서'(情緒) 교육이라는 것이다. 아름다운 미술 작품과 미적 대상을 학생이 자주 접하게 하여 그들의 조잡한 정서를 점점 순화(醇化)시켜 간다는 것이다. 또 다른 하나는 주로 60년대에 많이 제기된 주장으로, 이른바 '창의성'(創意性)의 육성을 강조하는 견해이다. 창조적인 미술 경험을 많이 시켜서 학생들의 창의적 사고력을 길러줘야 한다는 것이다. 셋째는 미술을 가르침으로써 만들고 그리는 '조형기능'(造形技能)을 길러준다는 전통적인 견해이다. 예술교육을 흔히 '예능' 교육으로 부르는 것은, 그리거나 꾸미고 만드는 손의 기능교육을 뜻하는 전통적인 호칭에 다름 아니다. 이 밖에도 미술에 관한 '지식'(知識)을 기르는 것도 미술과 교육이 책임지는 중요한 목적이다.

이제 우리는 이러한 일반적인 견해들을 살펴봄은 물론이요, 한 걸음 나아가 '좀더 본질적인 관점'에서 미술교육의 목적을 생각해 보기로 한다. 본질적인 관점이란 곧 '인식'(認識)의 한 방법으로서, 예술적 경험의 고유한 특성을 중요시하는 시각이다. 예술을 비롯하여 음악 · 문학 · 연극 등의 예술적 경험을 청소년이 맛보도록 하는 것은 '참된 인식'의 폭을 넓히는 데 근본적인 의의가 있는 것이다. 여기서 예술적 경험이 참된 인식 및 사고에 있어서 지극히 중요하고 또 그 기초가 된다는 점을 새겨둘 필요가 있다.

아이스너(E. Eisner)라는 미국의 교육학자는 『인식과 교육과정』(1983)이라는 책에서 "예컨대, 바하의 음악 작품들은 사고의 산물이 전혀 아니란 말인가?"라고 반문을 던지고 있다. 곧 요즘 사람들은 모든 예술작품이 인간의 사고(思考)의 산물이라는 점을 망각하고 있다는 지적이다. 그의 주장에 따르면, 미술 · 음악 · 문학 등의 예술은 분명히 사고의 산물이며, 이때의 '사고'는 우리가 흔히 생각하는 분석 · 종합 등 논리적 · 조작적 기능에 국한되는 좁은 의미의 사고와는 좀 다르다고 한다. 여기에 이른바 '직관적'(直觀的)인 인식, 곧 '미적'(美的)인 인식이 추가되어 온전한 '하나의 사고'를 이룬다는 것이다. 말하자면 우리가 흔히 생각하는 사고나 인식은 너무나 비좁고 편협한 개념에 머물러 있는 것이다.

뒤프렌(M. Dufrenne)이라는 현상학자는 말하기를 "피아니스트는 손가락으로 음악을 듣고, 지휘자는 온몸으로 음악을 듣는다"고 했다. 이것은 예술이 직관적이고 통합적인 것임을 단적으로 나타내주는 언급이다. 예술은 흔히 인간의 감성이나 감각에만 의존하는 것으로 오래 전부터 이해되어 왔다. 이런 관점은 고쳐져야 한다. 예술은 감성 · 감각만으로는 표현할 수 없을 뿐 아니라 감상할 수도 없다. 지성과 감성, 주관과 객관, 특수성과 보편성이 서로 만나서 하나가 될 때 비로소 예술은 창조되고 감상되는 것이다.

예술교육은 대상의 참된 특성과 의미를 '직관' 할 수 있는 근원적인 '인식 능력' 을 생생하게 되살리고 폭넓게 만들어준다. 그리하여 한 걸음 더 '진실' 에 가까이 다가서게 하고, 좀더 의미 있는 새로운 삶을 누리게끔 도와준다.

미술교육은 구체적으로 어떤 목적을 지향하는가? 대체로 미술교육의 중심적인 목적은 어린이의 창의성, 미적 정서, 조형 기능, 미술에 대한 지식을 함양하는 데 있다는 것이 '일반적인' 견해임을 위에서 언급했었다. 미술활동은 크게 보면, 시각적인 상징을 작품화하여 나타내는 '표현활동' 이 있고, 그것을 내면에 받아들여 즐기는 '감상활동' 이 있다. 이 표현과 감상활동은 모든 예술활동이 가지는 속성이기도 하다. 교육학적인 견지에서 볼 때 '미술교육' 의 목적은 바로 이러한 미적 경험의 특성에 근거를 두고 있다.

미술과 같은 조형예술에서 미적 경험이 지니는 특성이라고 하면, 아이디어를 시각적 형태로 표현하는 미술 형식 면에서의 '조형성' (design sense), 또 그 형식 속에 담기는 내용 면에서의 '창의성' (creativity), 그러한 내용과 형식을 지각 · 감상하는 면에서의 '정서성' (emotion), 그리고 미술이 사람에서 사람으로, 문화에서 문화로 전달된다는 면에서의 '지식성' (knowledge)을 꼽을 수 있다.

먼저 '정서성' 은 이른바 '미적 정서' 로서, 아름다운 대상에 반응하는 정서적 성향을 의미한다. 미술교육은 이러한 미적 정서를 기르는 것을 커다란 목적으로 삼고 있다. 본래 지 · 정 · 의 · 기(知 · 情 · 意 · 技)가 충실하고 잘 조화된 인격의 육성이 교육의 바른 길임에도 불구하고, 흔히 현대의 교육은 지나치게 인지 면에 치중되어 왔다. 사고와 기억의 지(知)가 우선하고 감각이나 감수성을 위한 정(情)의 교육에 소홀한 그런 편협한 교육이 되어버린 것이다. 어떤 이는 그 이유를 플라톤의 '미적' 교육론이 아리스토텔레스의 '지적' 교육론에 눌려서, 결과적으로 '예술' 보다는 '논리' 가 중히 여겨지게 되었기 때문이라고 풀이한다. 아무튼 이로 인하여 현대사회는 경이로운 문명을 이룩했음에도 불구하고, 한편으로는 '조화로운 인격 형성' 에 문제가 있다고 많은 사람들이 우려하고 있다. 현대의 '사회' 역시 심각한 부조화를 이루고 있다. 인간과 환경이 단절되고, 인간과 신이 소원해졌으며, 인간과 인간이 서로 소외된 그런 병들고 뒤틀린 사회를 우리가 수백 년간 묵인해온 지금까지의 교육이 결과적으로 오늘날 여러 가지 또 다른 병폐들을 낳은 것이다. 현대교육의 과제는 지성과 감성 사이의 거리를 될수록 좁혀서 본래대로 '하나' 가 되게 하는 일이요, '생각하는' 일에만 치우치지 않고, '느끼는' 일에도 균형된 관심과 노력을 기울여야 한다.

둘째는 손기능의 교육이다. 미술(art)이란 본시 손을 쓰는 '기술' 을 의미했다. 오늘날도 대학입시에서 사진기처럼 석고를 묘사해내는 손의 기능이 중요시되기는 마찬가지다. 그만큼 미술작품을 그리든 꾸미든 만들든, 손으로 하여금 머리와 눈이 시키는 대로 구현해내는 그런 기능이 없이는 그 존재가 무의미하다고 여겨지는 것이 대다수인의 관념이다. 아무리 아이디어가 근사했다 하더라도 베드로 성당이 오늘 저런 모습으로 남아 있지 않았다면, 누가 르네상스 때의 미켈란젤로의 예술에 경탄하겠는가?

그러나 예술이 손의 기능만으로 이루어지는 것이 아니라는 데 더 중요한 숙제가 있다. 손은 단지 그런 예술적 지성과 감성을 충실하게 수행하는 '집행자' 이다. 건축으로 말하면 예술정신은 설계도요 손기능은 시공업자다. 시공이 설계보다 중요성이 결코 못한 것은 아니지만, '예술성'의 핵심은 기능보다는 정신에 있다는 의미이다.

오늘날 학교교육에서 음악 · 미술을 비롯한 예술교육이 이러한 양면적 조화를 충실하게 추구하지 못하고, 손기능 위주로 편중되어 있는 데에 그 중요한 폐단이 있는 것이다. 미대는 석고 데생으로, 음악은 피아노 연주로 치닫는 오늘의 세태가 바로 그것이다.

셋째는 지식의 교육이다. 즉 미술에 관련된 지식이나 정보를 가르치는 일이다. 미술은 구석기 이래로 수만 년 동안 우리의 생활을 이루어 왔고, 역사 그 자체다. 수천, 수만 년 동안의 역사와 문화로서 존재해왔기 때문에, 그것을 배제하고는 역사나 문화를 알아볼 수도 없고 전달할 수도 없으며, 인간과 생활 그 자체가 증발되어 버린다. 스테인드글라스, 색채, 형상, 명암, 원근 등 이 모든 것을 빼버리고, 과연 인류의 문화가 존재할 수 있을까? 전혀 불가능할 것이다. 요컨대, 미술은 그 자체가 하나의 거대한 '문화'이며 거대한 '지식'의 덩어리이기도 한 것이다. 이 점에서 미술에 대한 '지식'은 곧 인류의 생활과 역사와 문명과 문화에 대한 지식을 의미하는 것이다. 미술적 지식은 또한 미술 특유의 '전문적'이고 특수한 지식도 포함된다. 예컨대 명암, 채도, 황금비례 등이 그것이다. 좀더 부연하자면 미술사, 미학, 조형론, 미술사회학, 미술심리학, 비교미술학, 색채론, 회화론, 조각론, 판화론, 건축론, 공예론, 디자인론, 동양화론 등 무수한 전문적인 미술지식이 있다. 이러한 지식들은 국어, 역사, 수학, 과학 등 다른 지식 영역에서는 '책임'지지 아니한다. 결국 미술교사나 미술 관계자들이 연구하고 교육하고 발전시키는 일을 책임질 수밖에 없는 것이다. 이 점에서 학생에게 미술교육을 한다는 것은 곧 미술에 관한 기초지식을 가르친다는 의미를 포함한다고 할 수 있다. 그래서 미술교과가 있고 미술활동이 있으며 미술교사라는 전문가가 있는 것이다.

그런데 문제는 이러한 미술관련 '지식'은 미술의 창작과 이해를 돕는 주변적 영역이고 장치이지, 그것 자체가 예술은 아니라는 점이다.

미술지식은 지식이지 미술은 아니다. 미술에 대해서 많이 아는 이가 곧 예술가는 아니다. 미술이 만들고 그리는 행위만으로 다 되는 것은 아니다. 좀더 바르게 좀더 새롭게 좀더 아름답게 좀더 의미 있게 되도록, 돕고 지원하고 이끄는 것이 예술 관련 지식이요 사고다.

그럼에도 불구하고 미술 관련 주요 지식체계를 무시하거나, 반대로 그것을 금과옥조로 여겨서 강제로 주입하고 암기하게끔 하는 주지주의식 미술교육을 한다면, 그것은 분명 크게 잘못된 미술교육이다. 전과지도서나 수련장을 만들어서 주입식으로 강제로 가르친다면, 그것은 분명 대단히 그릇된 미술교육이다. 우리가 지난 반세기 동안 그렇게 학교에서 미술교육을 했고, 지금도 상당 부분 그런 병폐가 계속되고 있는 것은, 미술 관련 지식교육의 본연이 제대로 이해되거나 실천되고 있지 못한 것을 대변한다.

넷째는 창의성 교육이다. 듀이(J. Dewey)나 로웬펠드(V. Lowenfeld) 이래로, 반세기 동안 주요 미술교육가들이 주창했고, 지금도 면면히 이루어지고 있는 '예술을 통한 창의성 교육'은 일반적인 미술교육의 목적론 가운데 가장 중요한 강조점이다. 이제 이 점에 대해 항을 바꾸어서 언급해 보자. 창의성 교육은 미술교육의 2대 목적의 하나라고 할 수 있기 때문이다.

3. 창의성 중심의 접근

창의성이란 무엇인가? 어떻게 보아야 하는가? 첫째로, 심리학적 관점이다. 심리학자들은 창의성을 사고력 및 인성적 특성으로 그 정체를 설명한다. 1950년대에 들어서서, 예컨대 길포드(J. Guilford)를 위시한 일련의 심리학자들이 과학적 방법으로 창의성의 특성을 연구하여 기본개념, 요소, 환경, 사고 과정, 인성적 특성 등을 규명하였는데, 근본적으로 창의성은 다른 지적 능력이나 일반 사고능력과 구별되는 특성을 가진 '사고력'으로 보는 관점이다. 이는 오늘날 창의성 심리학이나 관련 개발 전략 및 교육학의 근간을 이루는 견해이고, 이러한 과학적 · 실천적 배경 때문에 가장 효율적이고 영향력이 큰 관점이라고 볼 수 있다.

이 심리학적 접근에도 실은 몇 개의 서로 다른 관점들이 있다. 주로 형태심리학(Gestalt psychology)의 관점으로서, 문제상황을 어떻게 지각 · 의식하는가가 창의적 사고의 관건으로서, 예컨대 서로 다른 부분이나 요소들을 어느 하나의 새로운 의미형태로 통찰 · 파악하는 것을 말한다. 또 하나는 정신분석학적 관점으로서, 창의성이란 근본적으로 무의식이 지배하는 일종의 법칙적 현상이고, 따라서 환상, 꿈, 잠재의식, 유아 이전의 경험 등이 창의성을 결정짓는 주된 변인이라고 본다. 이런 점에서 보면, 예컨대 어떤 예술작품의 특성은 그 작가의 잠재의식이나 성격과 깊은 관련이 있다고 본다. 셋은 일종의 독특한 문제 해결력으로 보는 관점으로서, 앞의 길포드를 비롯해서 판즈(Parnse), 토랜스(E. Torrance), 드보노(deBono), 오스본(A. Osborn) 등이 그 리더들이다. 이들은 기본적으로 누구에게나 다 잠재하는 문제 해결력 가운데서 특히 독창성, 유연성, 유창성, 정교성 등을 훈련하면 현저하게 창의성이 증진된다는 기술적 · 실천적 관점을 가진다. 이들은 창의성 개발 및 교육을 위해서 '창의적 문제 해결'(CPS) 모형을 만들어서 다양하고도 광범위한 연구 성과를 제시 · 보급하고 있다.

둘째는 철학적 관점이다. 즉 창의성이란 개인의 생각이나 손의 기술, 기능이라고 보기보다는 사람 그 자체의 인간적인 됨됨이나 사상적 특성에서 비롯된다는 생각이다. 이는 그간의 많은 철학적 사상가들이 거의 비슷한 생각들을 가졌다고 볼 수 있는데, 특히 실존 · 현상학자들의 견해가 두드러진다. 즉 인간은 모두 독특한 존재로 태어나고, 그렇기 때문에 더없이 존엄하며, 그의 삶의 방식이나 기타 언어나 예술적 표현의 방식이 모두 독특하고 창의적이라는 것이다. 따라서 학습되고 조작되는 기술이나 재능으로서가 아니라, 그 사람의 인간다운 특성이 곧 그의 성격과 산물을 창의적인 것이 되도록 하는 근원적인 힘인 것이다(Moustakas, 1980). 이런 관점으로 보면, 예컨대 화가 고흐는 특별히 누구에게 배워서가 아니라, 그 스스로 그런 특수한 그림을 그릴 수밖에 없는 독특한 인간인 것이다.

셋째는 사회학적 관점이다. 인간이 근원적으로 사회적 존재이기 때문에, 창의성이란 그 본연에 있어서 사회적 관계 속에서 발견 · 평가되고, 또 그 가치나 효율성도 사회적 관계 속에서 수용 · 전달될 수밖에 없다는 생각이다. 이런 관점에는 몇 가지 서로 다른 하위개념이 있다. 첫째로 창의성에는 역사 · 사회적으로 볼 때 참으로 '새로운 것'이란 있을 수 없고, 다만 기존의 생각이나 질서 · 산물을 '재구성' 한 것에 불과하며, 창의성 자체도 일반 사고력이나 사조의 한 범주에 속하는 것이다. 그래서 창의성은 다른 사람이나 전통적인 것과의 '비교특성' 이나 '비교우위' 에 불과하다고 보는 견해이다. 다른 하나는 마르크스주의적 관점이다. 창의성은 특별한 재능이나 소수의 타고난 특성이 아니고, 인간 누구에게나 잠재하는 문제 해결의 욕구이다. 따라서 창의성은 귀족적인 것으로 이해되거나 타고난 특수기질이 아니고, 만인 모두에게 잠재하며 사회발전의 필요에 의해서 만들어지는 사회적 적응 및 필연적인 개혁의 과정이다. 이런 관점에서 보면, 창의성은 보편적이고 사회화된 것이며, 사회 · 문화의 개선을 위해서 요구되고 성취되는 것으로서, 사회발전의 필요가 빚어내는 역사적 산물이다.

이렇게 보면, 창의성이란 한 개인의 심리적 특성이기도 하지만, 다른 한편으로는 한 사람이 인간이나 세상을 보는 사상이나 인격의 됨됨이 그 자체이며, 또 다른 한편으로는 사람들이 모여 사는 한 시대, 사회의 잠재적 욕구의 결과물이다.

20세기의 듀이의 등장은 교육에서 대단히 중요한 것이었다. 그간 19세기까지 문화유산으로서의 '지식의 전달' 이 교육의 내용과 방법을 지배해오던 전통적 교육의 존재방식을 근본적으로 개혁하는 계기가 곧 듀이를 비롯한 일군의 진보적 교육사상가들에 의해 이루어졌기 때문이다. 그들에 의하면 교육은 '사회변화에 적응하는 능력' 을 기르는 일이었고, 사회를 축소해서 그러한 과제를 수행하는 곳이 곧 학교였다. 듀이에게 사회변화에 적응하는 능력의 핵심은 '문제를 해결하는 사고능력'이었다. 그것은 소위 5단계로서, 이미 '문제 해결'의 과정으로 널리 알려졌다. 그래서 20세기 교육에서는 서양의 경우 1세기 동안 논리적 · 합리적 사고력의 함양에 교육의 주안점을 두어 왔던 것이다. 뿐만 아니라 교육 제도, 교육 과정, 교사 교육, 교육 방법, 평가 방법 등 교육의 기본구조도 과감히 개혁해왔다.

이런 점에서 보면, 우리의 교육이 그간 무엇을 해왔는지 회한의 감이 없지 않다. 대학 입시가 보여주듯이 단편적인 지식 위주, 주입식 교육이 여전히 우리 교육의 근간을 지배하고 있지 않은가? 진정한 '사고력 교육'이 과연 존재하는 것인지 답답한 마음이다.

그런데 서양의 경우 그간 100년 간의 교육은 결과적으로 합리적 · 논리적 사고력 중심이었다. 따라서 '온전한 사고력' 교육이라기보다는 좌뇌 중심의 반쪽짜리 교육이었다는 비판이 매우 높다. 이제는 우뇌도 똑같이 계발하는 EQ 교육이나 '전면적 접근'(holistic approach)의 교육이 아니면 안 된다는 '제3의 교육학'들이 날로 힘을 얻고 있다. 직관적 사고력, 창의적 사고력은 과거의 논리 · 합리적 사고력과 대응되는 또 다른 사고력의 핵심이다. 창의성 교육은 그런 점에서 21세기에 부응하기 위한 '새로운 교육학'의 대안으로 떠오르고 있는 것이다.

이 점에서 창의성 교육은 좀더 새로운 관심의 대상이 되고 있고, 그 실천방안 역시 교육개혁의 역점 사업이 되어야 한다. 미국 같은 선진국에서는 50년 전부터 창의성을 연구하고 다양한 교육적 방안과 장치 · 도구들을 개발 · 활용해오고 있다. 우리는 해방 이후 반세기 동안 국가(교육부)에서 창의성 프로그램이나 검사도구 한번 제대로 연구 · 개발한 일이 없다. 너무나 한심한 대비가 아닐 수 없다. 우리가 20세기 말에 맞은 IMF의 충격은 창의성에 대한 그간의 노력의 필연적 결과임을 단적으로 증명해 주고 있다. 창의성 개발에 능동적으로 대처한 나라는 IMF의 주인이요, 제대로 대응하지 못한 나라는 그 희생자가 되는 것이 오늘날의 현실이다. 창의성 교육의 중요성이나 의의를 말함에 있어 과연 더 이상의 사족이 필요한가?

'창의성'은 보는 사람의 '관점'에 따라 그 의미가 다를 수 있고, 그에 따라 대응방안도 달라질 수 있다. 심리학자는 두 가지로 본다. 하나는 '사고력'(thinking skill)으로 보는 것이다. 사고의 독창성(originality), 유연성(flexibility), 유창성(fluency), 정교성(elaboration) 변인 등이다. 한편 문제 해결의 태도와 인성(personality) 변인으로 보는 견해도 있다. 예컨대 민감성(sensibility), 개방성(openness), 탐구성(enquiry), 독립심(independency) 등의 변인이다. 그러나 이런 심리학적 관점은 한 개인의 내면적 변인으로 보는 협소한 시각이 결점이다.

사회학적 관점은 다르다. 창의성의 변인은 개인의 능력이 아니라 한 사회가 좌우한다. 그 사회가 무엇을 바라고 있는지 사회대중의 광범한 욕구가 결정한다. 그래서 창의적인 교사는 구름처럼 흘러가는 사회의식의 가는 길목에 자신의 학생을 세워놓아야 한다. 그것이 교육자의 사명이다.

철학자들의 생각은 또 다르다. 예컨대 실존철학자들은 창의성이란 궁극적으로 한 사람의 독특한 사람됨이 결정한다. 인간이 본래 유일한 존재이기 때문에, 그의 그러한 독특한 근본이 그의 창의성을 드러내게 하는 원칙적인 힘이다. 한 인간의 유전적 특질과 환경과 경험이 어떻게 순간순간 결정되어 가느냐에 따라서 그의 인간됨이 달라지고, 그것이 그의 생애나 업적이나 산출물들을 그렇게 만들어내게 하는 필연적인 변인이다.

우리는 심리학자들의 구체적이고 개인적인 창의성 관점에 입각해서 창의성을 이해하고 지도한다. 그러나 다른 한편으로 사회·철학적 관점에서 좀더 도량 넓고 근원적인 면을 염두에 두어야만 한다. 창의적인 교사는 인간을 독특하고 다양하며 사회 속에서 끊임없이 변화해가는 존재로 이해해야 하는 것이다.

결국 미술을 포함하는 예술교육은 이러한 창의성을 함양하는 데 매우 중요한 역할을 한다. 그리고 '창의성' 자체가 예술가적 특성의 핵심 요소이기 때문에, 심리학자들은 예술가들에게서 그 요소를 창의성의 변인으로 추론 · 규명했던 것이다. 예술교육은 바로 이 점에서 지극히 핵심적인 교육 기능을 가진다고 볼 수 있다. 영어, 수학, 과학 등 거의 모든 교과들이 기존의 지식이나 사고 방법을 전달하는 데 반해서, 남달리 예술교과는 '새로움'을 추구하는 데 기본특성이 있는 것은 바로 이 때문이다.

4. 직관 중심의 접근

그런데 위에서 언급한 소위 일반적인 목적들, 즉 정서, 창의, 기능, 지식은 과연 '본질적인' 것이냐 하는 점을 되씹어 보아야 한다. 만일 '예술(미술)적' 경험이 아니고도 얻어질 수 있는 것들이라면, 그것은 '본질적'이고 '고유한' 목적이라고 볼 수 없다. 다시 말하면 부수적 · 결과적인 것이거나 본질 외적인 목적인 것이다.

'미적 정서'를 함양하는 길은 반드시 '예술'을 통해서 얻어지는가? 예술적 경험은 반드시 정서, 미적 정서, 정서 순화를 통한 도덕적 품성의 도야를 보장할 수 있는가? 이에 대한 동서고금의 믿음은 대단히 크고 또 일관성 있다. 그러나 그에 비해 그 답에 대한 확실한 '증거들'은 미약하거나 회의적이다. 예술가들의 불안한 정서, 부도덕한 행위들도 많고, 그래서 사회의 지탄을 받는 일이 늘어만 간다. 예술가의 정서나 도덕성은 보통 사람의 그것과 크게 다르지 않은 것 같다.

'창의성'을 함양하는 방식도 다른 방식이 있을 수 없다. 미국의 중 · 고등학교에서 처럼 창의성 프로그램을 선택 · 이수하면, 독창성 · 유연성 · 유창성 · 정교성 · 개방성이 더 빨리, 더 확실하게 육성될 수 있을 것이다. 굳이 '예술적인' 경험들을 부과해서 얻는 것은 오히려 불확실할지도 모른다.

예술에 대한 '지식'을 가르치는 방법도 달리 생각할 수 있다. 예컨대 '전과지도서'나 '수련장' 같은 것을 만들어서 주입식으로 가르치면 더 빨리, 더 확실하게, 더 많이 가르칠 수 있을 것이다. 굳이 '예술적 경험들' 사이사이에 간헐적으로 가르칠 필요가 없을 것이다. 효과 면에서는 더욱 그렇다.

정교한 '손의 기능'도 마찬가지다. 직접 제품을 생산하는 공작(工作) 프로그램을 짜서 도학이나 제도, 설계와 공작 기술을 연마하는 실과적(實科的) 경험을 기르면 더없이 신속하고 효율적일 것이다. 굳이 '예술적' 경험을 요구할 이유가 없다.

우리가 지금까지 널리 알고 있는 미술교육의 이러한 일반 목적은 '본질적인' 것은 아니다. 예술적인 경험만이 가지는 '고유한' 특성에 입각한 목적이 아닌 것이다. 예술의 고유한 목적을 찾아야 한다. 그렇다면, "예술적 경험만이 가지는 고유한 특성"에 입각한 예술교육의 목적은 무엇인가? 한마디로 그것은 직관(直觀, intuition)이다.

그간 100여 년의 역사를 가진 현상학(phenomenology)은 예술의 특성이 '직관'에 있음을 말해주고 있다. 후설(E. Husserl), 사르트르(J. Sartre), 메를로퐁티(M. Merleau-Ponty), 뒤프렌(M. Dufrenne) 등은 철학이나 인식의 방식이 예술에서의 직관적 방식을 본받아야 함을 논하고 있다. 합리적 앎의 방식보다도 직관적 앎의 방식이 좀더 참된 진실을 추구하는 길이라는 것이다. 논리적 · 과학적인 '진실 같은 허구'보다는, 직관적 · 예술적인 '허구 같은 진실'이 좀더 살아있는 참된 진실이라고 보는 것이다. 뒤프렌에게는 참되고 온전한 진실(being)은 '실재'(reality)와 '표현'(expression)이 서로 만나 하나가 되는 동전의 앞뒤와 같다. 20세기 전반기의 대표적인 미학자 크로체(B. Croce)에 의하면, 예술은 표현이고, 표현은 직관이며, 직관은 감정(feeling)이다. 결국 예술의 본질이 '직관'에 있음을 말해준다. 따라서 예술교육을 하는 진정한 이유와 목적은 이러한 예술의 고유한 특성, 즉

'직관력' 을 길러주는 데 있음을 우리는 재인식해야 할 것이다.

그러면 '직관' 이란 무엇인가? 미적 경험에 의해 얻어지는 이러한 직관의 특성은 과연 무엇인가? 직관이란 "대상의 살아 있는 고유한 특성을 직접적 · 감각적으로 파악하는 앎"의 방식이다(김춘일, 1997). 여기서 직관의 몇 가지 기본 특징에 유의할 필요가 있다. 그것은 논리적 · 합리적 앎과 비교되는 중요한 특징이기 때문이다.

첫째는 '개별적이고 특수한 앎' 이라는 것이다. 우리는 지금까지 진리란 보편적 · 객관적인 것이라고 믿어왔다. 그러나 이 통념적 믿음은 깨어져야만 한다. 그러한 객관적 지식, 보편적 진리와 상반되는 지식과 진리가 또 있기 때문이다. 우리는 지금까지 후자의 진리와 진실을 간과 내지 무시해왔다. 이 세상의 모든 진리와 진실은 '커다란 거울' 같이 동서고금 변함없이, 시대와 지역과 공간을 초월해서 불변하는 모습으로는 존재하지 않는다. 진실은 단지 작은 손거울 같은 모습으로 우리 각자의 마음속에, 때와 장소와 만남의 대상에 따라 독특하고 개별적이고 특수한 모습으로 존재한다. 예술적 경험은 바로 이런 진리에 가장 가깝다. 그래서 그것의 교육적 가치는 독특하고 중요하다.

둘째는 주관과 객관이 만남으로써 이루어지는 '의식' (consciousness)이 곧 앎이요 진리의 참 모습이다. 과학주의자들은 가급적 주관을 배제하려고 노력한다. 그래서 '객관적' 사실이나 진실만을 추구하려고 한다. 그러나 어떤 이들은 또 한편으로는 '주관' 만이 진실을 알게 하는 근본이라고 말한다. '감정이입론' 같은 심리학은 주관 속에 한 대상의 성격을 알 수 있는 틀이나 구조가 있기 때문이라고 보는데, 이런 관점은 주관주의다. '주관이 없는데 진실을 어찌 볼 수 있느냐' 고 반문하는 입장이다. 그러나 진정한 앎은 주관과 객관의 적절한 '만남' 에 의해 비로소 이루어진다. 너의 진정한 모습은 네 속에만 있는 것이 아니고, 내 마음속에 비친 너의 모습이다. 마음속에 '비쳐진 너' 는 실은 너(객관)도 아니요 나(주관)도 아니다. 둘의 만남의 현상이다. 그것이 참된 진실의 제 모습이다. 그런데 이 진실은 너의 모양에 따라, 또 나의 마음의 색깔에 따라 수없이 많은 변양들(varieties)로서 존재한다. 이 무수한 변양들 속에서 너의 고유한, 또 살아 있는 독특한 특성을 '발견' 해내는 힘이 곧 직관력이다. 교과서나 도서관에 어떤 위대하고 보편적이며 불변하는 절대적 지식, 가치, 의미, 진실, 진리가 있다고 보는 지금까지의 잘못된 지식관은 고쳐져야 한다. 대상과 나와의 독특한 만남 속에 그 나름의 진실과 진리가 살아 숨쉬고 있는 것이다. 미술시간에 꽃을 그릴 때 어린이는 아름다운 꽃과 만나게 된다. 이때 앎의 진정한 주체는 어린이 자신이고, 대상과 아이가 어떻게 좀더 의미 있게 만나도록 도와주느냐 하는 것이 '교사' 와 '교육' 의 진정한 사명이다. 미적 경험은 바로 이 점에서 다른 교과나 지식이 해낼 수 없는 매우 '의미 있는 앎의 방식' 을 배우게 해주는 것이다.

셋째는 '살아 있는 경험' (lived experience)으로서의 진리이다. 과학자는 개구리를 알기 위하여 개구리를 잡아다 마취시켜서 해부한다. 그가 제시하는 지식은 길이, 무게, 부피, 색깔 같은 '계량적' 특성이다. 그러나 개구리의 진정한 특성은 거기에 있지 않다. 연못 속에서 살아 숨쉬면서 곤충을 잡아먹을 때, 비로소 개구리의 살아 있는 고유한 특성이 나타난다. 과학은 사실들(fact) 속에서 죽은 개념과 추상을 찾아내지만, 예술은 표상들(image) 속에서 살아 있는 실체와 구체성을 표출한다. 우리의 삶에서 참으로 필요하고 중요한 것은 이 '살아 있는 특성' 으로서의 특수하고 구체적인 진실의 모습인 것이다. 너의 키, 몸무게, 월급, 자동차의 종류가 아니라, 너의 성격과 추구하는 보람과 사람을 대하는 태도나 버릇 등이다. 예술적 경험은 대상의 수학적 · 논리적 탐구가 아니라 감각적 체험적 탐구에 그 특성이 있다.

넷째는 '초월적인 앎' 이다. 우리는 오늘날 '지금' '이곳' 에 너무 집착해 있다. 그래서 진리의 참모습을 보지 못한다. 초월(transcendence)에는 시간적 · 공간적 · 질적 초월이 있다. 고금과 미래를 통해서 드러나는 시간적인 맥락 속에 참의미가 있다. 역사는 그것을 말해준다. 또 역사는 항상 다시 씌어진다. 새로운 의미들을 발견해내기 때문이다. 동서나 남북의 차이에 따라 의미가 달라지는 공간적 사건과 사실들이 있다. 그 각각의 지역적 특성이 곧 진실의 한 모습이지만, 그것은 고정불변의 진리가 아니다. 동서남북을 두루 통하는 진실이나 진리의 모습이 없는 것은 아니지만, 반드시 그것을 '보편성' 이나 '일반성' 이나 '법칙 · 원리' 라고 불러서도 안 된다. 그것은 단지 공간을 초월해서 나타나는 진리의 또 하나의 모습일 뿐이기 때문이다. 양적인 가치나 의미만큼, 질적인 가치나 의미도 있다. 종교와 예술에서는 특히 그것이 중요시된다. 어찌보면, 인생 자체가 본래 질적인 것인지도 모른다. 고흐는 거지처럼 살다가 죽었지만, 부호처럼 살다 죽은 마티스보다 반드시 못한 인생은 아니다. 오히려 반대일지도 모른다. 거지 왕자와 왕자 거지는 옷의 호화로움이나 초라함에 그 본질적 특성이 있는 것이 아니라, 그의 사람됨의 질에 있는 것이다. 예술은 바로 그 점을 추구한다.

다섯째 진실은 '일상생활의 경험' 속에서 존재한다는 점이다. '파랑새' 는 먼 꿈속 나라가 아니라 바로 우리 머리맡에 존재한다. 참된 진실이나 진리나 의미는 어려운 교과서나 성경이나 법전이나 실험실에 존재하지 않는다. 어쩌면 그것들은 가공되고 미화된 허구일 수 있다. 예컨대, 예수님은 참사랑의 모습을 당신의 살아 있는 일상생활 모습 속에서 보여주셨다. 코앞의 진실과 사랑을 외면하는 율법주의자를 경멸하셨다. 예수는 언제나 낮은 데로 임하셨다. 빛나는 관념이나 이상이 아니라, 우리의 하찮아 보이는 일상생활의 경험 속에서 언제나 진리는 살아 숨쉰다. 예술가는 그것을 추구하고 그것을 작품으로 보여준다. 어린이의 예술 경험은 바로 이것을 배우는 과정인 것이다.

교육을 바르게 한다는 것은 '참된 앎' 을 스스로 '깨우치게' 돕는 것을 뜻한다. 합리적 지식만큼 직관적 지식도 존중되어야 할 것이다. 그것이 '진리' 의 참된 모습이기 때문이다. 그러나 예술을 교육한다고 그것으로 문제가 다 풀리는 것은 결코 아니다. 지금까지의 예술교육에서 기능주의 · 지식주의 · 훈련주의 · 정서주의는 경우에 따라서는 허구요 미신이며 기만일 수 있다. 참된 예술교육의 목적을 의식해야 한다. '진실'을 바라보게 하는 교육을 예술교육의 핵심으로, 지표로 삼아야 한다. 이 점에서 지금까지의 미술교육의 이론, 실천, 연구, 제도 등은 근본적인 검토와 반성을 필요로 한다고 믿는다.

5. 예술영재와 동기화

예술영재의 이해 및 교육과 관련해서, 필자는 예술영재학회(2004. 5)에서 우리가 취해야 할 중요한 과제의 하나로서 '인식의 개선'을 제기한 바 있다. 이제 그 방법 또는 방향에 대한 '탐색적인 견해' 하나를 예시적으로 언급코자 한다.

새롭고 '열린 영재교육'의 이론 및 실제의 전개를 위해서는 영재 연구나 교육의 시각이 새로워져야 할 것이다. 즉 좀더 다양하고 풍부하고 충실한 다면적 연구와 그 성과들 위에서, 비로소 포괄적이고 안정되고 온전하며 창의적인 영재교육의 실천이 전개될 수 있을 것이다. 새로운 연구와 실천의 방안이나 방향을 제시하기 위해서는 거시적 · 구조적인 접근 방향과 과제들을 제시하는 방법이 있다. 예컨대 심리학적 접근, 사회학적 접근, 철학적 접근, 미학적 접근, 경영학적 접근 등으로 영재교육의 시각에 대한 종합적 · 포괄적 방향제시가 있을 수 있다. 그리고 이와는 달리 현재의 지배적 시각을 벗어나서, 다른 또 하나의 시각을 제시하는 논의방법이 있을 수 있다.

필자는 후자를 택하고자 한다. 즉 앞에서 언급했듯이, 현재의 일반영재 및 예술영재 교육의 이론적 기반이나 실제의 방향은, 대체로 실증과학으로서의 심리학적 관점에 입각해서 이해되고, 또 그런 시각에서 교육실천이 전개되는 경향을 띠고 있다고 보여진다. 이제 이런 가정 하에서, 하나의 시사점을 찾고 이와 관련해서 새로운 탐색적 아이디어를 제시해 보기로 한다.

1) 가드너의 시사

인지심리학자 가드너는 첫째로 '다중지능론'(1983)을 제기함으로써, 영재의 인식과 교육에 새로운 영향을 미쳤다. 즉 과거에는 지적 능력을 주로 논리적 · 합리적 사고 위주로 이해했으나, 가드너는 언어적, 음악 · 율동적, 논리 · 수학적, 시각 · 공간적, 신체 · 운동적, 인간 내면적, 인간 관계적 지능 등 '다중적' 성격을 제시하였다. 이를 통해 "일반인의 1~3% 수준의 소수 엘리트 중심의 닫힌 영재관을 20~30% 수준의 개성 내지 관심 중심의 열린 영재관"으로 전환시키는 데 50년대의 길포드와 더불어 중요한 기여를 한 것이다. 이제는 영재를 엄밀한 판별도구에 의해 선발된 '소수의 엘리트'라고 보기보다는, 누구나 관심과 노력을 집중하여 스스로 성취하는 '사람마다의 잠재력 계발'이라고 보는 시각이 널리 확산되고 있다. "자신을 영재라고 믿기 때문에 우리는 누구나 영재일 수 있다"는 버질(Virgil)의 말은 이 점을 잘 대변한다.

또 다른 가드너의 기여는 『창조하는 마음』(Creating Minds, 1993)이라는 저서가 제시하는바, 다중지능론의 이론적 기반 위에서, 좀더 구체적으로 여덟 가지의 각 지능에 해당하는, 세계의 주요 창의적인 영재들에 대한 전기(傳記) 또는 회고(回顧) 분석적 연구이다. 여기서 그는 창의적 성취를 '개인-과제-사회' 세 가지 범주 간의 상호작용으로 본다. 즉 창조적 인물들의 분석기준으로서 ① 아동기와 창의적 성취와의 관계, ② 추구하는 주제와 활동 방법의 관계, ③ 주변(사계)에 있는 타인과의 인간관계 등 세 가지를 들고 있다. 이 기준은 곧 그 사람의 창의적 성취(자아실현)의 주요변인을 말하기도 하는데, 아동기의 동기화, 과제에 대한 탐구의 노력, 창의적 성취를 위한 도전의식 등의 변인이다. 이러한 관점은 그보다 앞서 시먼튼(D. Simonton)이나 식센트미하이(Csikzentmihalyi) 등의 창의성의 질적 연구에서, '개인의 재능-과제의 탐구-사계의 비판' 등 세 가지를 역동적 상호작용의 과정으로 보았던 견해를 채택 · 심화한 분석기준이다(Gardner, 1993).

여기서 중요한 것은 과거의 영재 또는 창의성에 대한 연구나 이론적 기반이, 심리분석적(psycho-metric) 방법에 입각한 계량적 접근을 벗어나서, 역사분석적(historio-metric) 접근, 즉 한 영재의 생애 전체(life-course)에 대한 전기적(傳記的) 분석을 통하여 좀더 장기적이고 포괄적인 변인을 찾아내고자 했다는 점이다.

이렇게 보면, 그 이전까지의 단기적 · 단면적인 성취변인보다는, 좀더 장기적이고 다면적인 변인을 발견할 수 있고, 교육에도 좀더 신뢰감 있게 적용 · 활용할 수 있다는 이점이 있다.

영재들의 역사적 성취와 창의적 자아실현의 과정은, 어느 한 지점에서 다른 한 지점에 이르는 단선적인 것이 아니고, 사방팔방으로 퍼지는 방사형의 길과도 같이, 지극히 다양하고 특수한 가능성들이라고 볼 수 있다. 이런 점에서 영재들의 창의적 성취는, 서로 다른 시각에서 이해되고 또 교육되는 그런 '다면적 접근'이 필요한 것이다. 따라서 A라는 한 방향에서 인식하고 접근하는 우리의 영재교육 연구나 교육의 실천은, 또 다른 B, C, D, E 등 다른 많은 관점의 접근을 필요로 하며, 그런 성과가 쌓일수록 보다 '원만하고 충실한' 영재의 이해와 교육이 전개될 수 있다.

2) 하나의 예시

가드너의 『창조하는 마음』을 보면서, 우리는 그것을 영재연구나 예술교육의 입장에서 다음과 같이 해석 · 수용할 수 있을 것이다. 먼저 심리학적 접근이다. 한 영재의 지적 · 정서적 · 내면적인(intra-personal) 성장의 변인들을 분석하여 그 특성을 발견하는 접근이다. 다른 하나는 사회학적 접근이다. 즉 한 영재를 둘러싼 인간관계가 아니라, 그의 탐구과정과 성과에 대한 사회학적 의미와 가치를 분석하는 접근이다. 예컨대, 어떤 혁신적 성취나 창의성은 한 사람의 내면적 · 심리적 특성만으로 결정되는 것이 아니라, 역사와 문화의 시각에서 보는 사회적 가치나 성과에 의해서도 결정된다. 셋째는 철학적 접근이다. 즉 그의 성취 가운데 창의적인 성취에 대해 철학적 관점—예컨대 예술은 미학적 관점—에서 의미와 가치를 규명하는 접근이다. 피카소가 위대한 것은 '분석적 입체주의' (피카소가 브라크, 그리 등과 더불어 1910~1912년 사이에 발견 · 발명한 표현양식)가, 르네상스 이래 과거 500년의 합리적 이성주의 중심의 표현양식(중앙원근법)을 거부하고, 오늘로 말하면 '해체주의적' 시각에서 대상의 다면적 · 본질적 이해와 표현의 길을 발견 · 발명했기 때문이다.

요컨대, 심리-사회-철학적인 보다 포괄적인 시각에서 영재들의 특성을 이해하고, 또한 그런 열린 시각에서 교육의 이론과 실제에 임하는 새로운 접근이 필요하다고 보는 것이다.

그러나 여러 가지 제약상, 필자는 이 중에서 심리학적 시각 하나를 임의로 택하여, 한 사람이 영재로 성장하여 자아를 실현하는 데 가장 중요한 변인이라고 생각되는 세 가지를 들어 언급코자 한다.

첫째는 동기화(動機化, motivation)이다. 모차르트는 4, 5세부터 아버지 레오폴트로부터 음악수업을 받았다. 누나인 안나 모차르트의 음악지도 때 옆에서 따라하는 그를 눈여겨본 아버지의 교육에 의해 유아기 때부터 음악에 동기화되었다. 그만이 아니라, 고전주의를 창조한 F. 하이든을 비롯해서 베토벤 등 수많은 음악가들이 남다른 음악적 환경에 영향을 받아 일찍이 음악에 동기화되어 영재성을 발휘하는 예를 많이 볼 수 있다.

그러나 모두가 그런 것은 아니다. 차이코프스키나 스트라빈스키는 법학공부를 마치고 법조계의 일을 하다가, 뒤늦게 20세 초중반 이후에 작곡에 뛰어들어 음악사를 바꿔놓는 창의적 음악가가 되었다. 그러나 이 두 사람의 경우에도, 아동기 초기에 음악에 깊이 동기화되었다는 사실이 중요하다. 차이코프스키는 4~7세 때 가정교사(듈바흐)로부터 문학과 음악적 영향을 받았고, 8~10세 때에는 훗날 음악가가 되겠다고 마음을 먹을 만큼 동기화되어 있었으며, 소년시절에는 왈츠나 오페라를 쓰는 등 음악가 지향의 태도를 보였었다. 그는 끝내 법률 관련 공무원을 그만두고 22세 때 음악원에 입학했고, 본격적으로 작곡을 공부하여 19세기 음악사를 주도한 작곡가가 되었다. 스트라빈스키 역시 쇤베르크(1874~1951)와 더불어 20세기를 대표하는 작곡가인데, 그 또한 법률공부를 했으나, 대학을 나온 뒤 23세 때 L. 코르사코프에게 본격적인 음악수업을 받았고, 훗날 가드너가 『창조하는 마음』에서 8명의 세계적인 창의적 영재 가운데 하나로 꼽는 위대한 음악가가 되었다. 그러나 스트라빈스키의 경우에도 유년기에 오페라 가수였던 아버지를 따라 오페라 극장에 드나들며 자신도 모르는 사이에 음악에 깊이 동화되었고, 9세 때 피아노를 배우고 화성법 · 대위법의 기초를 학습하기도 했다. 이러한 아동기의 경험이 끝내 그를 위대한 음악가로 만드는 동기가 되었던 것이다.

따라서 '조숙성' 이든 '만숙성' 이든 그 영재의 창의적 성취의 뒷면에는 이러한 어린 시절의 '동기화' 가 자리잡고 있음을 중요시해야 하고, 예술교육이나 영재교육에서 주목해야 한다고 본다. 이러한 중요한 변인을 간과하고는 영재의 바른 이해나 교육이 원만하게 수행되기는 어려울 것이다.

둘째는 자기교육(self-education)이다. 초 · 중등학교 시절에 해당하는 아동 및 청소년기에는 학교교육을 통해서 보통교육과 전문교육의 기초를 학습하게 된다. 모차르트의 경우는 오늘과 같은 의미의 보통교육으로서의 학교교육을 받지 못한 채, 유아기에 아버지에 의해 처음부터 음악에 국한된 특수 · 전문교육을 받았다. 다빈치나 미켈란젤로 같은 많은 미술가의 경우도, 학교교육을 받지 못하고 예술 장인에 의해 소년기에 도제훈련을 받으며 자란 예가 많다.

그런데 여기서 중요한 것이 학교교육의 '일반교육적' 성격과 '전문교육적' 성격이다. 이 두 가지는 상호보완적이고 필수적이다. 차이코프스키나 스트라빈스키의 경우, 음악의 전문 · 특수교육은 뒤늦게 작곡에 필요한 최소한의 기능만을 학습했음에도 불구하고, 세계의 음악사를 다시 쓸 만큼 빛나는 업적을 남겼다. 그들은 음악적 특수 · 전문지식과 기술보다는 일반 학교교육을 통해서 교양을 배웠으며, 인간과 사회를 보고 생각하는 사상과 사고방식이 남달랐고, 이것이 음악적으로 표현하는 창조에 큰 밑거름이 되었다고 봐야 할 것이다. 다빈치의 경우도 오늘날로 말하면 화가 · 조각가 · 발명가 · 과학자 · 수학자 · 항공학 · 군사학 · 이벤트 기획자 등 숱한 분야에 걸쳐 초인적 범영재성을 보였으며, 매사에 스스로 문제를 탐구하여 해결하는 '과학자적 탐구'의 태도를 보여주었다(김춘일, 2001). 피카소의 경우도 중등학교에서 가르치는 미술수업은 거의 아랑곳하지 않고, 자신이 탐구과제를 정하고 그것을 하나하나 열심히 궁리하고 실험해나가는 태도를 보였다.

이런 몇 가지 사례에서 나타나는 것은, 청소년기의 '자기교육적' 특성이다. 진정한 교육은 학교나 교사가 하기보다는, 자신이 '스스로 가르치는' 자율적 · 탐구적 과정이라는 것을 재인식시켜 준다. 이러한 토대 위에서 교사와 학교는 영재들 스스로가 '예술의 본질'을 탐구하도록 돕고 최선의 노력을 제공하는 방식으로 기본틀이 재정립되어야 한다. 학생 스스로 의미를 발견하고 표현하는 그런 '자기교육적' 예술영재 교육은 구성주의 이론이나 실용주의 이론, 실존주의 이론 등 어떤 훌륭한 교육학과도 서로 '부합되는', 지극히 본래적인 '교육의 제 모습'을 잘 보여준다는 것을 우리는 다시 한번 마음에 되새겨야 할 것이다.

셋째는 청년기의 창의성이다. 가드너에 의하면, 모든 역사적인 혁신, 즉 창의적 업적은 20대에서 30대 초반에 이르는 영재들의 '청년기'에 그 기본 아이디어가 발명되었다고 한다. 프로이트의 정신분석학, 아인슈타인의 상대성 원리, 피카소의 입체주의, 스트라빈스키의 발레곡 〈불의 새〉 등이 모두 그러하다는 것이다. 청년기에는 무수히 많은 시간 동안의 피나는 노력의 결과로, 이미 한 전문영역의 중심과제에 대한 전후좌우의 맥락을 간파하고, 그것을 익숙하게 표현하는 기술을 완전히 습득한다. 피카소의 경우는 3, 4세부터 시작해서 15, 6세에 이런 과정을 마스터했다. 그가 15, 6세에 그린 그림은 과거의 어떤 고전주의 화가나 사실주의 화가에도 뒤지지 않는 표현기술을 지니고 있었다. 그런데 이러한 영재들의 탁월한 노력은, 한 연구자에 의하면, 약 3만 시간 이상을 필요로 한다고 한다(M. Howe, 1990). 즉 하루 10시간씩 10년이라는 세월을 연마해야 습득되는 '숙달된' 지식과 기술인 것이다. "진정한 천재는 거대한 일반적 능력이 집중적으로 어떤 특정한 곳으로 분출되어 결정되는 마음의 힘이다"(S. Johnson). 에디슨의 천재적 발명력의 99%는 땀으로 이루어졌다는 이야기나, 모차르트와 피카소의 천재성도, 따지고 보면 모두 이러한 3만 시간, 5만 시간(10~20년) 이상의 고된 학습과 탐구의 '토대 위'에서 비로소 새롭게 발명되는 '창조'라고 보아야 한다. 그런데 바로 이 청년기가, 이전의 청소년이나 청년 초기의 오랜 노력을 토대로, 자기 나름의 새로운 길을 탐색하고 무수한 실험을 거쳐서 '혁신'적이고도 자신만의 독창적인 대안을 제시하는, 창의성이 꽃피는 '절정기'이다. 따라서 우리는 청년기를 '창의성'을 핵심으로 하는 문제 해결의 사고와 기술 및 태도가 확고하게 자리잡고 표출되는 시기로 이해하고, 그런 것을 제대로 지원하는 교육이 되도록 최선의 노력을 경주해야 하는 것이다.

그리고 인간과 사회의 본질을 직관하고, 독창적인 표현방식을 발명해내는 예술영재의 인식 및 교육관을 가지도록, 우리 예술 및 교육 전문가들의 반성적 자세와 개선을 위한 혁신적 노력이 필요하다.

영재를 이해함에 있어서, 예컨대 길포드나 토랜스(E. Torrance) 등의 창의성 연구에서 보듯이, 창의성을 단순히 창의적 '사고력'이나 문제 해결의 '태도'(또는 인성)로만 이해하는 '심리분석적인' 좁은 시각은 바람직하지 못하다고 본다. 창의성은 과거의 토대 위에서 새롭게 지어지는 집과도 같다. 즉 창조는 과거와 미래가 만나는 '변증법적 만남'인 것이다(김춘일, 2003). 여기서 청소년기와 청년 초기까지는 과거를 간파하고 숙달할 수 있는 '계승적' 노력이 필요하고, 청년기에는 그것을 혁신해서 새로운 미래를 열 수 있는 '발명'의 노력이 필요하며, 이 둘이 서로 만나 창조를 이루어낸다는 '철학적 시각'도 중요하다(김춘일, 2003).

요컨대, 아동기의 동기화, 청소년기의 자기교육, 청년기의 창의력은 한 어린이가 예술영재로서 자아를 실현케 하는 가장 중요한 3개의 변인이라고 볼 수 있다. 이런 점에서, 계량적인 심리학적 시각에서는 간과하기 쉬운 또 다른 영재의 본성을 찾고 영재의 이해 및 교육의 과제를 재발견하기 위해 '열린 시각'을 갖도록 해야 할 것이다.

3) 예술영재 교육의 시각

독일인이 괴테만큼이나 존경하고 자랑하는 문학가 하우프트만(G. Hauptman, 1862~1946)은 소년시절에 줄곧 미술가가 되고 싶어했다. 그것은 어렸을 때 자기 집(작은 호텔)에 걸려 있던 렘브란트의 그림에서 받은 감동 때문이었다. 그는 나중에 조각가가 되기 위해 왕립미술학교에서 미술수업을 받기도 했으나 여의치 못했다. 예나대학에서 정신적 · 학문적으로 성장했으나, 조각가가 되기 위한 길은 막혀버렸다. 결국 한 가지 조금은 남다른 '글재주'에 매달릴 수밖에 없었다. 더구나 폐병 들고 무력한 젊은 자신에게 벌써 서너 명의 처자식이 딸려 있었기 때문에, 그는 글을 써서 약값을 치르고 생계를 꾸려갈 수밖에 없었다. 그런데 그런 그는 84세가 되도록 수많은 희곡 · 시 · 소설을 써서 노벨문학상을 받은 위대한 문학가가 되었다.

영재는 하늘이 내려주기도 하지만, 그보다는 '스스로 만들어가는' 경우가 더 많다. 우리가 가지고 있는 영재의 시각은 너무나 조급하고 비좁고 때로는 한쪽으로 치우쳐서 왜곡되어 있는 경우가 많다. 영재에 대한 우리의 인식과 교육은 좀더 온전해지고 새로워져야 한다. 이런 점에서 예술영재 교육과 관련해서 우리는 다음의 세 가지 방향을 지향해야 할 것이다.

첫째는 사람마다 다른 '개별성 · 특수성'을 존중해서 교육해야 한다는 점이다. 어린이를 일률적으로 이해하고 똑같은 목적 · 내용 · 방법을 구사하는 '제품 생산적' 교육관은 단연코 배척해야 한다. 어린이마다의 개성과 소망과 믿음을 바탕으로, 그가 '창조적인 자아를 실현할 수 있게' 돕는 실존적 교육관이 중요하다.

둘째는 예술이란 인간과 사회와 자연의 '본질적 특성'을 발견하고 그것을 자기 나름의 새로운 형태로 발명 · 창조해내는 과업이며, 오랜 노력과 체험을 통해서 스스로 학습하고, 예술의 본질적 가치를 추구하는 것임을 가르쳐야 한다. 출세 · 직업 · 부 · 명예 · 기능 전수 따위를 위한 비본질적 예술교육이 모범이 되고 지원받고 지배하는 그런 풍토는 하루 속히 시정돼야 한다.

셋째는 '창의성' 중심의 교육이 되도록 해야 한다. 교육은 듀이 이래 이미 1세기 가까이 '지식' 중심에서 '사고' 중심으로 전환되어 왔다. 드보노가 코르트(CoRT) 프로그램에서 말하는 '건설적(합리적) 사고, 비판적 사고, 창의적 사고'는 새 시대 교육의 목적 · 내용 · 방법을 시사하는 지침이기도 하다. 오늘날 세계는 이미 생산적 · 실천적으로 '사고하는 능력'을 가르치는 나라들이 주도하는 그런 세상이 되었다. 해묵은 지식과 기술을 암기하고 반복케 하는 우리의 전근대적 학교교육은 사고력 · 창의력 중심으로 개혁되어야 한다. 이러한 기초 위에서 영재교육은 비로소 제 나름의 잠재력, 즉 창의력의 계발이라는 본래의 사명을 완수할 수 있을 것이다. 늦었다고 바쁘다고 "바늘 허리 매어 못 쓰고" "멀고 험해도 길은 하나다".

예술은 인류의 역사에서 갈등과 혼돈에서 헤매는 고비마다 새로운 여명을 열어주는 역할을 해왔다. 그리스 문명, 르네상스, 20세기의 피카소가 그러했다. 예술영재교육은 바로 이러한 혼돈과 갈등과 부조리가 난무하는 오늘 우리의 교육에 바른 길을 비쳐주는 반갑고 믿음직한 '등대'가 되어야 한다. 또 우리 교육의 해묵은 이론적 · 실천적 고질병을 도려내는 '칼침'이 되어야 한다. 그것은 우리의 영재교육, 예술교육 전문가와 부모 및 교사의 시각이 나날이 새로워지고 다달이 풍부해질 때, 그 가능성의 문이 서서히 열리기 시작할 것이다.

06

미술영재 프로그램 모형

지순임 / 상명대 교수

1. 미술영재의 학습을 위한 이론적 배경

1) 영재와 미술영재

(1) 영재

영재란 일반 지능과 긴밀하게 연관되어 왔고, 지능검사에 의해 나타나는 지적인 능력을 기초로 영재성을 정의하는 것이 일반적이었다. 그러나 지능의 개념이 다양하게 인식되면서 영재를 정의하는 기준도 다양하게 변화되었다. 영재아를 나타내는 용어는 우수아, 수재, 천재, 재능아, 특수재능아 등이 사용되고 있으며, 영재에 대한 개념과 정의도 학자들마다 다른 견해를 보이고 있다. 일반적으로 영재란 하나 이상의 영역에서 보통의 아이들보다 뛰어난 재주를 보이는 아동으로 인식되어 왔으며, 소수의 재능아, 즉 천재와 구분이 모호하게 이루어져 왔다.

❶ 뛰어난 성취를 할 수 있는 아동(미국 교육성): 일반 지능, 특수학문, 창의성, 지도력, 시각적 공연예술, 정신운동 능력(전체 학생의 3~5%)
❷ 평균 이상의 능력, 창의성, 과제 집중력의 특성을 보이는 아동: 일반 학생의 15~20%(렌줄리)
❸ 인간의 지능은 다중적이며 서로 다른 경로로 작용하여 분야마다 별도로 존재한다고 보는 다중지능 이론(가드너): 언어적 재능/논리 수학적 재능/공간적 영역(미술영재)/신체운동 영역/음악/사회성/개인적 통찰 영역

위와 같이 영재란 특별한 재능을 1개 이상의 분야에서 나타낼 뿐만 아니라, 영재가 속해 있는 영역, 즉 사회 · 문화가 인정하는 수준의 숙달된 능력을 나타내는 아동으로 정의할 수 있다. 영재의 정의들은 초기에는 대단히 우수한 소수의 아동이나 학생들만을 그 대상으로 삼았으나 점차 그 범위를 확대하여 왔다. 또한 각 사회문화와 다양성 속에서

그 사회 · 문화가 인정하는 능력을 가진 아동이나 학생을 영재아로 정의하게 되었다. 이러한 변화 속에서 영재의 개념은 일반 아동의 잠재력을 최대한 계발하고 일반 아동이나 학생들의 교육에 적용되도록 바뀌어 가고 있다. 영재성에 관한 다양한 정의들 중에서 어떠한 개념을 이론적 배경으로 선택하는가는 그 사회 · 문화가 가치있다고 여기는 것이 무엇이며, 우수한 사람으로서 요구되는 것이 무엇인가에 따라 달라질 수 있을 것이다.

(2) 미술영재

미술영재아는 미술 분야에 커다란 관심과 의욕을 보이고 적극적 · 창의적으로 사고를 하며 끈기를 갖고 미술활동에 참여하는 특성을 지닌다고 할 수 있다. 특히 미술영재아는 미술 분야에서 생명력, 활동력이 왕성하고 풍부해서 많은 창의적 업적을 생산해낸다. 특히 미술 분야에서 독창성을 발휘하는 것이 이들의 특징이다. 이들은 조화롭지 못한 색을 함께 놓아 조화롭게 보이도록 하고, 미술활동에 몰입하는 것을 편안해하고 다양한 표현을 즐기는 특성을 가지고 있으며, 조형적 식별, 즉 색, 형, 선을 구별하는 특성을 보인다.

미술영재아는 창의적 문제 해결 능력 또한 일반 아동과는 다른 특성을 보이는데, 창의적 문제 해결 능력은 낯선 문제 상황에 직면하였을 때에 알고 있는 지식, 원리, 문제 해결 방법을 재조직, 재구성하여 새로운 지식이나 원리, 문제 해결 방법을 창안한 다음, 이를 활용하여 문제를 해결하는 능력을 말한다. 즉 창의적 문제 해결은 문제 해결의 과정에 수렴적 사고와 확산적 사고가 함께 작용하여 문제를 해결하는 능력을 말한다. 이처럼 사고력과 창의성과의 관계는 밀접하다고 할 수 있다.

로웬펠드가 말하는 미술영재아는

❶ 상상과 표현의 유창성을 특성으로 들 수 있다.
❷ 영재아는 고도로 발달된 감수성을 갖고 있다.

❸ 영재아는 직관적인 풍부한 상상력을 갖고 있다.

❹ 영재아는 표현적 특성을 나타내는 능력을 갖고 있다.

❺ 주제와 매체에 대하여 민감하고 잘 소화하는 특성을 갖고 있다.

이렇듯 로웬펠드(V. Lowenfeld)가 말하는 미술영재아의 특성은, 상상과 표현의 유창성, 고도로 발달된 감수성, 직관적인 풍부한 상상력, 표현적 특성, 주제와 매체에 대한 소화능력의 다섯 가지 특징으로 요약될 수 있다.

한편 가드너(H. Gardner)의 다중지능이론에 비추어 일곱 가지 분야 중 미술 분야에 뛰어난 사람을 영재로 보았을 때, 시각 및 공간적 영역에서 두드러진 특성을 보인다.

❶ 그림을 그리거나 물감놀이를 즐긴다.

❷ 특별히 좋아하는 색이 있다.

❸ 퍼즐이나 기계 장난감들을 분리하고 다시 끼워 맞추기를 좋아한다.

❹ 레고나 블록 쌓기, 또는 모래성 쌓기와 같은 만들기를 즐긴다.

❺ 꿈 이야기를 자주 한다. 꿈을 선명하게 기억한다.

❻ 길눈이 밝고, 방향감각이 뛰어나다.

❼ 동화책을 볼 때 그림에 관심이 많다.

❽ 그림 그릴 때 아주 세밀하게 그린다.

위와 같이 미술영재는 발달된 감수성과 풍부한 상상력을 지니고 있는 왕성한 활동력과 적극적 참여로, 보다 많은 창의적 과제를 수행하고 미술활동에 몰입하는 특성을 지니고 있다. 그리고 미술영재아는 표현면에서 보다 다양하고 독창적인 특성을 발휘하는데, 이들의 산출물을 통해서 표현의 유창성과 정교성을 볼 수 있다. 또한 미술영재는 일반아동보다 나은 조형적 식별력을 갖고 있으며, 주제와 매체에 대해 민감하고 주관 있는 처리 특성을 보인다.

(3) 미술영재 교육의 필요성

교육의 변화와 개혁을 위해서는 인식의 전환이 요구된다. 이는 미술교육 분야에서 절실히 요구되는 바이다. 표현 기능의 최고봉에 오르기 위한 세기말적 현상을 지양하고, 미술영재들에게 어떤 상황에서도 창조적으로 대처할 수 있는 능력을 길러주기 위한 참된 미술교육의 패러다임 변화가 시급하다.

시대적 · 문화적 요구에 따른 미술계의 구조적 변화에도 불구하고, 미술 분야의 영재를 양성하기 위한 우리의 교육은 장인을 길러내기 위한 과거의 전통적인 교육에서 크게 벗어나지 못하고 있다. 교육은 새로운 지식의 생성을 도모하는 토대이자 미래를 여는 열쇠다. 따라서 모든 사람들에게 자신의 능력에 맞는 교육의 기회를 부여하여 개인에게 내재한 생물학적 · 심리학적 잠재력을 최대한 발휘하고, 고도의 생산 가치를 창출할 수 있도록 교육의 질을 개선해야 한다. 개개인의 잠재적 능력을 최대한으로 계발하여 개인으로서는 행복하고 사회인으로서는 사회 발전에 기여할 수 있는 성인으로 성장하도록 아동을 돕는 일은 부모와 사회가 함께 노력해야 할 교육적 책임이다.

그러나 현실은 어떠한가? '열린 교육'의 함성과 학생 개개인의 특성에 맞는 '개별화 교육'의 목소리가 높아지고 있으나, 창의적인 생각과 순수한 열정으로 장차 세계적인 예술가를 꿈꾸는 학생들은 과밀 학급 속에 묻혀, 다른 학생들과 똑같은 내용, 같은 수준, 같은 시간, 같은 교사, 같은 평가 척도에 의해 교육받고 있다. 물론 그들은 보다 폭넓은 교육, 깊이 있는 교육, 특색 있는 교육을 받기를 원한다. 그렇다면 그들의 욕구는 어디에서 수용해야 할 것인가? 미술영재들의 순수한 열정이 받아들여지지 않는다면, 대학 진학과 더불어 어느 순간 평범한 전문가 혹은 현실에 안주하는 작가들로 전락하게 될 것이다.

앞서 언급한 바 있듯이, 미술영재교육은 일반적으로 흔히 생각하는 조기 교육만을 의미하는 것이 아니다. 물론 미술 분야에 있어서 영재성이 아주 이른 시기에 발현될 수도 있지만, 어떤 이는 초등학교 시절에, 어떤 이는 중학교 시절에, 또 어떤 이는 대학생이 된 이후에야 그 재능의 탁월함이 남의 눈에 띌 수 있다. 우리는 주변에서 어려서는 매우 그림을 잘 그리다가 커서는 그 재능이 사장되는 경우, 도중에 흥미를 잃어 미술 분야를 떠나는 경우, 혹은 경제적 어려움 때문에 다른 길을 선택하는 경우를 종종 접할 수 있다. 왜 이런 현상이 빈번히 발생하고 있는 것일까? 왜 수많은 미술대학 졸업자들이 자신의 길을 포기하는 것일까?

미적 재능을 개인의 욕구에 맞게 계발시켜 주지 않았으며, 무궁무진한 학습자의 욕구에 귀기울여주지 않은 탓일 게다. 또한 지금까지 잘 그리는 기능은 가르쳐 주었지만, 왜 그렇게 그려야 하는지, 이것이 어떤 가치가 있는 것인지, 이것이 어떤 의미가 있는 것인지 생각할 기회를 제공하지 않았음을 인정해야 한다.

미술에 대한 똑같은 잣대와 사실적 표현 기능의 우월성에 대한 막연한 확신이 잠재적인 미술가들의 청소년기를 지배한다. 자신이 가진 생각과 표현의 가능성에 대해서는 대학 이후로 미룬 채, 먼 미래의 내가 아닌 지금의 조건에 충실하기 위해 대학과 입시를 향해 달려간다.

미술영재교육에 있어서 가장 큰 걸림돌이 왜곡된 '입시'라는 점은 어느 누구도 부인하기 어려운 게 사실이다. 대학입시가 미술영재들의 교육적 환경에 미치는 영향은 실로 엄청나다. 아직도 석고 데생이 주를 이루고 있는 것이 대학입시의 현실이지만, 점차 개선의 여지를 보여주고 있어 한편으로는 다행이기도 하다. 한국의 주요 미술대학들이 조금씩 입시제도의 개선을 꾀함에 따라, 예술고등학교의 교육, 혹은 사설 미술학원의 교육도 조금씩 개선의 여지를 보여주고 있다. 물론 아주 조금씩 달라지고 있긴 하지만, 과거의 틀에 박힌 방식을 지양하고 있음이 분명하다.

물론 평가의 공정성, 신뢰성을 고려해야 하지만, 평가의 공정성 문제 때문에 너무도 획일화된 입시로 인하여 여기저기서 개성 있고 재능 있는 미술영재들이 자신의 갈 길을 포기하고 돌아서는 경우도 종종 발견된다. 미술에 재능을 보이는 중학생들이 가고 싶어하는 예술고등학교의 입시는 여전히 평면에만 국한되어 있어, 입체적 조형 능력에 뛰어난 재능을 가진 학생들의 잠재적 가능성을 배제시킨다. 예를 들어 어떤 아이는 무언가를 조각하는 데 굉장한 흥미를 보이고, 어느 누구도 예상치 못한 입체 조형물을 만들어낼 수 있지만, 우리의 현실에서는 그러한 재능이 발현될 기회가 극히 적을 뿐이다.

다른 분야의 교육도 마찬가지겠지만, 우리의 경우 창조적인 미술가를 키우기 위한 진정한 미술교육은 '대학 이후에'라는 생각이 지배적이다. 대학에 간 이후에서야 미래의 훌륭한 작가, 디자이너, 혹은 다른 창조적 미술가가 되기 위해, 지금까지 자신도 모르게 굳어버린 구차한 미술적 방법에 대한 선입견을 버리는 일에 착수하는 것이 일반적이다. 작가 지망생들은, 대학에 들어가서야 입시를 준비하면서 그동안 굳어버린 내적 감성, 표현 방법, 보는 방법, 그리고 사고하는 방법에서 벗어나서, 유연한 발상과 열린 사고를 하기 위해 수많은 시간과 노력을 투입하게 된다. 더 많은 것을 배우고 체득하는 것은 그것들을 받아들일 새로운 바탕이 만들어질 때까지 유보될 수밖에 없다.

이는 왜 미술영재교육이 필요한가에 대한 실마리를 제공해준다. 미술영재교육이라는 용어가 사뭇 거슬린다면 다른 용어로 바꾸어도 좋다. 문제의 핵심은 미술에 특별한 재능과 흥미를 보이는 수많은 어린이들과 청소년들에게, 식을 줄 모르는 열정과 그 분야에서 내가 무언가를 해낼 수 있을 거라는 자신감이 사그라지지 않도록 지속적이고도 특별한 교육적 배려가 필요하다는 것이다.

사실 지금까지 예술적 능력은 지적 능력이 아닌 특수한 능력으로 간주되어 왔기 때문에 예술적 능력이 탁월한 영재를 위한 '차별화된 교육'에 대해서는 교육 관련 연구에서 언급조차 하지 않아 왔고, 미술에 재능 있는 소수의 어린이들은 예술중 · 고등학교에 진학하거나, 사설 교육기관에서 그림을 잘 그리기 위한 기능을 익히는 것이 전부였다. 그동안 미술영재를 위한 교육으로서 예술중 · 고등학교 등의 노력이 이루어져 왔지만 아직도 미흡한 점이 너무 많다. 더군다나 교육과정에서 미술이 차지하는 비중은 점점 낮아지기만 하고, 학생들이 심미안을 기르기 위한 기회는 점차 축소되어 가고 있다. 우리는 앞으로 세계의 미술시장을 석권하고, 전 세계를 활보하면서 우리 예술의 가치를 드높이며 휘날리는 미술 분야의 인재를 기르기 위하여 노력할 때가 되었다.

우선 공교육 제도 하에서 재능 있는 미술영재들을 위한 교육적 배려를 할 필요가 있다. 학교의 인력 문제로 실시하기 어렵다면, 교육청이나 그 관련기관이 운영하여 실시하는 방안을 고려할 수 있다. 우리나라의 경우, 교육청 혹은 대학이 운영하는 지역공동 영재반 같은 것이 그것으로, 올해 처음 실시하는 지역공동 미술영재 학급이 초보적 시행 단계에 들어선 상태에 있다. 현재 15개 대학에서 초 · 중 · 고등학생들을 대상으로 운영하는 영재센터는 과학이나 수학 영역에 편중되어, 예술 분야에서 뛰어난 능력을 보이는 학생들에게는 대학의 전문 인력과 기자재를 활용하는 혜택이 거의 없다. 과학영재들이 비슷한 능력의 학생들을 만나 서로 자극제가 되고, 좋은 시설에서 전문가와 함께 관심 영역 분야를 배우고 연구할 수 있는 기회를 제공받는 것처럼, 미술영재들에게도 그러한 혜택을 누릴 수 있도록 길을 모색해줘야 할 것이다. 미술영재 학생들의 특성과 재능이 다름을 인정하여 개별화된 교육을 실시하고, 그들의 잠재력을 최대한 발달시키기 위해 필요한 영양분을 충분히 공급해줄 수 있는 체계적인 제도적 장치를 마련하는 노력을 아끼지 말아야 할 것이다.

미술은 체험이 강조되는 문제 해결 과정이다. 미적 발달은 상징 매체의 숙달을 포함하며, 예술적 문제 해결은 상징적인 매체 내에서 다양한 방식, 효과, 주관적 통찰을 이해하는 능력을 요구한다. 이러한 능력을 기르기 위한 교육은 학생들이 모험을 두려워하지 않는 태도를 전제로 하지만, 그것을 배려해줄 만한 교육적 환경이 미비하다는 점을 인식해야 한다. 대학 입시를 목표로 고정된 표현기능만을 길러주기 위한 미술영재 교육이 아닌, 창조적 · 비판적 · 철학적 가치관과 심미적 안목을 배양할 수 있는 영재교육을 실시해, 수준 높고 올바른 인성을 갖춘 21세기 지식인으로서의 예술가를 길러주어야 할 것이다.

(4) 영재미술 교사

영재들에게는 특별히 지도할 수 있는 능력을 갖춘 교사의 지도를 필요로 한다. 특히 교과 영역에서 지식이 풍부하고 열성적인 교사들이 중요한데, 이러한 교사는 특별히 연수를 시켜야 할 필요성이 요구되고 있다.

일반적으로 영재를 담당하는 교사들은 교육대상 집단의 특성상 일반교사와 비교해 보다 뛰어난 자질을 소유하고 있어야 한다. 영재교육 담당교사가 갖추어야 할 자질에 대한 연구는 학자에 따라 약간씩 다른데, 여기서는 지금까지의 여러 학자들의 주장을 대체적으로 포괄하고 있다고 보여지는 호울리와 펜더비스(Howley & Pendarvis, 1982)의 연구결과를 소개하겠다. 그들은 영재교육 담당교사의 바람직한 특징에 대하여 15가지로 제의하였다. 그들의 견해를 요약하면 다음과 같다.

❶ 교사 자신의 영재성(talent of intellectual superiority)
❷ 감정이입(empathy/sympathy)
❸ 영재성에 대한 긍정적 태도(acceptance)
❹ 준비성(readiness)
❺ 경험의 다양성(versatility)
❻ 수용적 자세(receptivity)
❼ 자기 통찰력(self-insight)
❽ 지각력(perceptiveness)
❾ 융통성(flexibility)
❿ 복잡한 문제를 처리할 수 있는 능력(capacity for dealing with complexity)
⓫ 창의성(creativity)
⓬ 인내심(patience)
⓭ 유머감각(sense of humor)
⓮ 능률성(efficiency)
⓯ 지성인으로서의 양식(intellectual integrity)

한편 영재교육 담당교사는 자기가 담당하고 있는 영재교육에 대한 전문적인 지식도 요청되는바, 마커(Maker, 1986)에 의하면, 이러한 교사의 전문적인 지식은 학생집단의 역학적 관계에 대한 지식, 강의 능력, 수업전략 구사, 탐구학습 촉진능력 등과 관계되고 있는 것으로 보고 있다.

플로토(Plotow, 1984)는 미국 캘리포니아주 교육성의 기준을 토대로 하여 영재교육 담당교사의 전문적인 지식으로 다음의 열 가지를 들고 있다.

❶ 영재판별 방법에 관한 지식
❷ 영재의 본질과 욕구에 관한 지식
❸ 개별학습 계획 수립 시 영재판별 자료의 이용에 관한 지식
❹ 영재를 위한 교육과정 모형에 관한 지식
❺ 학생집단의 역동적 관계의 이용에 관한 지식
❻ 영재를 위한 각종 프로그램에 관한 지식
❼ 교사 자신의 발전과 효율적 수업에 대한 관심과 열의
❽ 영재교육 관련 법령의 이해
❾ 영재학생 및 학부모의 상담 능력
❿ 영재교육의 최근 동향과 추이에 관한 이해

(5) 미술영재의 교육장소

❶ 서울시 교육청, 경기도 교육청, 부산광역시 예술영재교육원
❷ 특수목적학교: 예술고등학교(미술)
❸ 미술관: 성곡미술관, 선재미술관, 영은미술관, 호암미술관, 현대미술관, 예술의 전당 등
❹ 인문계 중 · 고등학교의 미술 영재반
❺ 문화센터

(6) 미술영재의 교육시간

유아기 · 아동기 · 청소년기:

주말/방과 후/방학 중/정규 미술과 수업시간(심화학습)
비정규 교육과정, 연간 88시간

(7) 미술영재 교육 프로그램

· 프로그램: 어떤 목적을 달성하기 위한 교육내용과 방법. 그리고 개발된 세부 실천 방안까지를 포함하는 교육과정

· 영재교육 프로그램: 영재로 판별되는 학생들에게 그들의 의미, 필요, 희망에 부합하는 교육내용을 그들의 학습속도, 학습양식, 지적 수준, 그리고 정의적 특성에 맞춰 실천하려는 교육계획

영재교육이라는 것은 재능 있는 아이들을 선발해서 특별한 교육적 혜택을 주는 것인 만큼, 선발이라는 피할 수 없는 과정을 거칠 수밖에 없

예시) 서울시 교육청 시행 중학교 미술영재 프로그램

영역	중점내용	시수(시간/회)
1. 멀티미디어	광고와 대중매체를 이용한 미술에 접근한다. 멀티미디어의 기능과 영향, 현대사회에서의 역할 등을 토의하고 각자의 아이디어를 개발한다. 광고와 뮤직비디오를 스토리에서 제작까지 참여하여 발표한다(토론 1회, 실기 3회).	16/4
2. 새로운 드로잉	기존의 틀을 깨는 다양한 시도가 신선한 충격과 함께 학생들에게 무엇이라도 할 수 있다는 가능성을 제시할 수 있다. 일관된 주제를 제시하고 여러 가지 방향에서 접근한다.	16/4
3. 새로운 회화	다양한 채색의 경험을 하면서 자연과 환경이라는 주제로 학생 스스로 새로운 표현 기법을 개발하도록 유도한다.	8/2
4. 입체조형	공간과 미술에 대한 이해를 목표로 하며, 도자기를 중점적으로 다룬다.	8/2
5. 우리의 미를 찾아서	문화 체험, 부채 만들기를 하면서 형태 변형과 채색의 경험을 제공한다.	16/4
6. 이론수업	현재 활동중인 작가의 자기 작품 소개, 미술의 다양한 장르와 가능성, 창의력에 대한 특강, 색채 심리와 색채학 등을 다룬다.	8/2
7. 기타	작품발표회, 체험학습, 입학식, 졸업식	16/4

다. 가급적이면 많은 인원을 선발하여 교육적 혜택을 주는 것이 바람직하겠지만, 예산, 공간, 시간상의 문제를 해결할 수 있는 방법이 없는 현실을 감안해야 하는 실정이다. 이번 영재프로그램에서는 서울 시내 360여 개의 일반 중학교 학생들을 대상으로, 학교장의 추천을 받은 학생들을 1차로 선별해서 뽑고, 2차와 3차의 신중한 선발과정을 거쳐 가급적 화실 경험이 없는 참신한 미술 영재 40명을 선발하였다. 이와 같이, 선수학습 경험이 상대적으로 적은 미술영재들을 선발하는 데 있어 가장 아쉬웠던 점에 대해, 어느 한 관계자는 다음과 같이 언급한 바 있다.

다양한 개성을 가진 학생들을 선발하려고 할 때, 학교에서 추천받은 학생들을 1차 시험통과자로 간주하는 이번 선발 방법에는 문제가 있다. 각 학교에서 추천받은 학생들은 이미 여러 해 동안 미술학원에서 선행학습을 받은 경험이 있고, 각자 독특한 아이디어가 있거나 미술 마니아이거나 자기만의 환상 세계를 가진 학생들이 아니라, 대부분 그림을 잘 그리는 학생들일 뿐이었다. 미술영재는 그림을 잘 그리는 것만이 아니라, 창조적이고 독특한 생각을 가진 사람이어야 하기 때문에, 1차에서 그림 그리는 능력이 뛰어난 학생들이 주로 추천된 사실이 매우 안타까웠다. 이러한 현상이 나타났던 가장 큰 이유 중의 하나는 교육청의 계획이 너무 빠르게 진행되어, 학생의 잠재적 능력을 제대로 파악할 시간적 여유가 주어지지 않았기 때문이다. 미술적 능력은 평소의 창의적 수행 정도에 의해 평가하는 것이 가장 바람직하다. 미술영재의 잠재적 가능성은 교사의 집중적인, 오랜 관찰을 통해서만 발견할 수 있기 때문이다. 또 다른 이유로는 각 학교의 미술교사와 교장들이 미술적 재능을 여전히 '잘 그리는' 것만으로 생각하는 경향이 지배적인 것을 꼽을 수 있다. 따라서 미술학원을 다니지 않은 미술 영재들의 재능이 몇 시간 안 되는 학교 미술시간을 통해 발견된다는 것은 실제로 불가능할 수밖에 없다.

이상의 서울시 교육청에서 시행한 중학교 미술영재 프로그램의 운영 결과, 학생들은 평소에 해보지 못했던 다양한 경험들을 통해 자기 속에 잠재되어 있던 미술적 감수성과 예전엔 미처 발견하지 못했던 자신의 능력을 깨닫기도 하고, 새로운 매체를 경험하고 기존의 틀을 깨는 다양한 시도를 할 수 있다는 자신감과 가능성을 발견할 수 있었다고 한다.

2. 미술영재 프로그램의 개발

1) 학습내용

학습내용은 교과서의 내용과 교과서 밖의 내용으로 이원화하여 교육할 수 있다.

(1) 미술교과서의 내용

현재 미술교과 내용은 교과의 특성과 학생의 발달단계를 고려하여 '미적 체험' '표현' '감상' 으로 이루어져 있다.

중학교 수준에서의 '미적 체험' 은 대상의 아름다움과 조화를 발견하여 활용방안을 탐색할 수 있도록 하며, 미술의 기능과 역할을 이해하도록 한다.

중학교 수준에서의 '표현' 은 발상을 잘할 수 있도록 도와주어 주제의 특징을 효과적으로 나타낼 수 있는 능력을 길러줌으로써 창의적 표현의 토대를 마련하도록 한다.

중학교 수준에서의 '감상' 은 서로의 작품과 미술품을 보는 활동에 대한 흥미와 관심을 계속 유지하고, 시대와 양식에 따른 미술품의 특성을 이해하며 존중하도록 한다.

(2) 교과서 밖의 내용

❶ 주제: 사실적인 것, 추상적인 것, 상징적인 것, 상상적인 것

❷ 재료: 이전에는 미술재료의 범주로 생각할 수없는 새로운 재료들과

의 만남

❸ 기법: 다양한 재료를 소화할 수 있는 기법

· 학습의 개념 → 체험의 개념
· 열린 사고를 통한 상상력의 구현
· 환경 설치적인 것까지 확대
· 자연을 꿈꾸며 무한한 창의성 발휘

2) 영재교육 프로그램 개발의 요소와 원리

영재교육 프로그램을 개발하는 데 있어 중요한 영향을 미치는 요소는 렌줄리의 연구에 의하면 7가지를 들 수 있다.

첫째는 영재를 교육하는 교사이다. 모든 아동에게 질 좋은 교사가 필요하다는 것은 이론의 여지가 없다. 그러기에 영재를 위한 교사를 특별히 연수시켜야 할 필요성이 있는 것이다. 영재들은 특별히 교과 영역에서의 풍부한 지식을 가진 열성적인 교사를 요구하고 있기 때문이다.

둘째는 영재들을 교육할 교육과정이다. 영재에게 제공되는 학습경험은 일반 학생을 위해 구성된 내용과는 달라야 한다. 즉 학문 영역에서나 예술 영역에서나 그들의 능력을 충분히 계발시키기 위해 특별히 계획된 것이어야 한다. 따라서 영재교육과정이 모든 영역에서 충분하고도 체계적인 프로그램으로 모든 학교의 미술영재들에게 용이하게 제공되어야 한다.

셋째는 영재들의 선별방법이다. 영재선별 방법은 다양한 유형의 영재가 있음을 인정하고, 여러 가지 도구와 절차를 적절하고 변별성 있게 사용하여 누락되는 영재가 없도록 최선을 다해야 한다. 영재성을 갖고 있으면서도 선별되지 못한 영재를 선별하고, 선별된 영재를 바람직한 프로그램에 융통성 있게 배치하기 위하여 정기적이고 정확하고 객관적인 영재선별검사를 해야 한다.

넷째는 영재교육을 실시하는 철학과 목표이다. 여기에서 고려할 점은 영재를 위한 특수교육의 필요성, 프로그램의 일반교육 목표와 영재교육 목표 간의 구체적인 차이점을 진술해야 한다. 이러한 목표가 없이는 영재만을 위한 종합적인 교육프로그램을 본격적으로 실시하기는 어렵다.

다섯째는 교직원의 오리엔테이션이다. 교육 프로그램의 효과를 최대로 얻기 위해서는 교직원 전체가 영재교육 프로그램 실시의 필요성을 이해하고 협조하는 태도가 필요하다. 교직원들이 프로그램에 직접 참여하지는 않더라도 영재의 선별, 영재교육의 본질, 필요성, 프로그램의 내용, 교육활동과 그 목표 등을 알고 있어야 간접적으로 참여하게 되는 교직원들도 시설물의 사용 등 여러 가지 측면에서 협조가 가능하기 때문이다.

여섯째는 평가계획이다. 영재교육 프로그램의 교육효과는 평가를 올바르게 해야 한다는 점은 널리 인정되고 있다. 그런데 영재교육 프로그램을 특징짓는 목표와 학습경험들에 관해서는 아직 연구가 미진하여 앞으로 프로그램들의 개발과 더불어 평가계획도 함께 연구되어야하는 실정이다.

일곱째는 행정상의 책임이다. 행정적인 책임자를 분명히 규정짓는 것은 프로그램을 효율적으로 운영하는 데 필요하다. 왜냐하면 영재교육을 담당한 사람은 프로그램을 실시할 때, 많은 시간과 재정을 책임지게 되는데, 다른 임무를 책임지는 사람이 영재업무를 부수적으로 맡게 되면 영재교육에 대한 열의를 가질 수 없기 때문이다.

이상과 같이, 영재교육 프로그램 개발의 기본이라 할 수 있는 요소는 질 좋은 교사, 체계적인 교육과정, 정확하고 객관적인 영재의 선별, 영재교육에 적합한 교육철학과 목표, 바람직한 교직원 오리엔테이션, 객관적인 평가계획, 행정적 책임의 분명한 규정으로 정리할 수 있다.

이러한 요소들은 각각의 균형 있는 연구를 통해 실질적이고 현장성이 있는 수준 높은 프로그램을 만들기 위한 기반이 될 것이다.

영재를 위한 학습프로그램을 개발하는 데 꼭 지켜야 할 원리는 마커의 연구, 트레핑거의 연구, 시스크의 연구, 미국 영재교육연수원 연구 등의 4가지가 있는데, 이들의 연구물들을 종합하여 미술영재 학습프로그램 개발의 원리를 정리하면 다음의 6가지이다.

첫째는 미술영재의 영재성과 미술영재 발달의 특성, 학습의 특성, 미술영재의 판별을 정확하게 파악하는 것이다.

둘째는 미술과 정규과정의 학습내용과 비교하여 보다 추상적이고 복잡한 내용도 다룰 수 있도록 다른 교과나 영역의 주제 통합이나 주제 관련 학습을 한다. 그리하여 인지적 교육과 정서의 교육, 그리고 사회적 교육내용이 통합적으로 포함되도록 한다.

셋째는 미술의 단순한 지식획득과 기억이 아닌 보다 수준 높은 사고 개발을 강조하고 창의적 사고기술 및 독창적 과정의 발달을 강조하는 학습활동을 한다. 그리고 학습활동 과정에서 창의적인 산출물에 대해서는 칭찬과 격려를 아끼지 않는다.

넷째는 미술영재의 관심과 잠재적 능력을 극대화시킬 수 있는 교육방법과 내용을 제시하여 미술영재들이 적극적으로 참여할 수 있도록 한다.

다섯째는 보다 많은 미술영재들을 참여시킬 수 있는 개방적인 프로그램이어야 하며 개인적이고 다양한 반응을 허용할 수 있는 융통성 있는 프로그램이어야 한다.

여섯째는 다양한 재료와 용구 사용에 대한 구체적인 지시를 하지 않음으로써 학습자가 자기의 능력 및 요구에 따라 자율적으로 선택할 수 있도록 한다.

3) 영재 프로그램의 운영

학교교육에서 영재학습 프로그램을 운영하는 방식으로는 일반적으로 속진교육(acceleration), 심화교육(enrichment), 그리고 능력별 그룹 지도(special grouping)의 3가지가 있다.

(1) 속진교육

속진교육이란 학습내용과 수준은 정규 교육과정과 같으나 학습속도에 있어서 매우 빠르게 나아갈 수 있도록 교육적 제도나 장치를 마련해주는 것을 말한다. 속진교육은 수학 및 과학 분야에서 주로 이루어진다. 속진교육의 대표적 형태로는 상급학교 조기입학 제도, 월반 제도, 수업연한 단축 제도, 중 · 고등학교에서의 대학과정 조기이수 제도, 학점 인정 시험제도 등이 있다. 그러나 속진교육 방법은 앞서 언급한 바와 같이 영재아들의 학업과 정서 발달에 좋은 효과를 낳고 있다는 증거에도 불구하고 다른 두 방법보다는 적게 이용되고 있다. 그 이유는 교사 및 부모의 영향 또는 학생 자신의 기피 현상 등 다양하다.

(2) 심화교육

속진교육이 학생의 능력을 충족시키기 위하여 학습속도를 가속화시키는 것을 의미한다면 심화교육은 학습의 깊이를 강화하고 폭을 넓혀주는 것을 뜻한다. 이 심화교육 활동의 기본원리는 다음과 같다.

❶ 내용의 추상성과 정교성: 심화학습은 전통적인 학습경험에 비하여 수준이 보다 높고 정교하며 내용이 깊고 추상적이어야 한다.

❷ 창의적 사고력의 강조: 심화학습은 단순히 내용을 재생해내는 주입식 또는 암기과정이 아니라 창의적 사고를 생산해내는 과정이 되어야 한다.

❸ 기본적 개념과 원리의 강조: 심화학습은 기본적 개념과 원리를 배우고 이를 다른 학습에 응용할 수 있는 능력을 키우는 활동이어야 한다.

❹ 학년보다 학력수준에 입각한 지도: 학습지도 수준은 학년보다는 학업의 준비성과 현재의 학력 정도에 입각하여야 한다.

❺ 학습자에 의한 내용선정: 학생의 흥미와 관심에 따라 학습자 자신이 학습내용을 결정하는 주체자가 되도록 하여야 한다.

❻ 비판적 사고력의 강조: 심화과정은 배우는 모든 지식과 정보에 대하여 맹목적이 아니라 "왜"라는 반성적 질문과 이에 대한 논리적 답변이

이루어지는 활동이 되어야 심화교육과정으로 운영되었다고 할 수 있다.

(3) 능력별 그룹편성 교육

능력별 그룹편성 교육이란 능력이 서로 비슷한 학생들을 함께 모아 그들의 능력과 요구, 특성에 알맞은 교육을 시키는 방법이다. 능력과 요구가 비슷한 집단을 대상으로 하기 때문에, 가르치는 교사는 학생들의 수준에 적합한 교수방법을 택할 수 있게 되며, 각 학생들은 자신의 요구에 맞는 학습경험을 할 수 있게 된다. 대표적인 방법으로는 별도의 특수학교(special school)의 설립(예: 예술고)이나, 한 학교 내에 별도의 특수학급을 설치하는 방법(예: 수준별 그룹지도)이 있다.

3. 미술영재 프로그램의 실제: 지도모형(김은경 선생에 의함)

(1) 미술영재 프로그램 개발을 위한 영재교육 과정의 분석

❶ 산출모형, 인지적 개념모형, 자기주도형 학습모형

(2) 미술영재 프로그램 개발을 위한 교육방법

❶ 확산적 사고력 증진 방안

❷ 수렴적 사고력 증진 방안

(3) 미술영재 프로그램 개발을 위한 지도모형 사례

❶ 미적 체험 영역 지도모형 사례

❷ 표현 영역 지도모형 사례

❸ 감상 영역 지도모형 사례

(4) 미술영재 프로그램의 실제적인 개발

❶ 프로그램 개발 원칙

❷ 프로그램 개발을 위한 토의
❸ 창의적 학습을 위한 프로그램 개발

(5) 개발한 프로그램의 내용발표 및 수정보완

4. 미술영재 프로그램의 실제: 수업(이현영)

수업은 강의와 참고작품 감상, 토론 등을 통해 더 좋은 프로그램 개발을 함께 고민하며 영재학생들과 같은 마음으로 직접 재료를 다루고 작품을 제작해볼 것이다.

· 작품을 제작할 때 주의사항
  반드시 스스로 개념을 세울 것
  재료의 성질과 다양한 사용법을 파악할 것
  개념에 가장 적절한 기법을 사용해 표현할 것

(1) 재료를 중심으로 한 프로그램 개발
흙, 석고, 종이, 우드락 보드, 폼보드, 아이쏘핑크

(2) 재료를 통한 프로그램의 사례

❶ 흙과 석고
· 흙의 종류와 흙들 간의 차이점
  흙 사용 시 쓰이는 도구
· 석고의 사용에 관해 종류와 도구들
  석고 반죽과 그 사용법
  미술재료인 석고와 과학의 만남

· 흙과 석고를 사용해 개발할 수 있는 프로그램 소개
흙을 이용해 석고로 인체의 일부나 사물 찍기
고무판화를 석고에 찍기
철사에 직조하기

❷ 종이
· 종이 만들기
기본 종이 만들기
재활용 종이 만들기
식물을 이용해 색이나 무늬 넣어 종이 만들기
이중 종이 만들기
· 제본법에 의한 아트 북 제작
컷 아웃 기법을 이용한 아코디언 북 만들기

❸ 면 재료
· 우드락 보드나 폼보드, 아이쏘핑크 이용
· 면 재료로 개발 될 수 있는 프로그램의 사례
방 모형 만들기
점 선으로 사용되는 우드락 조형
등고선 형식의 조형

07

디자인영재의 판별과 교육

김병수 / 계원조형예술대 교수

디자인은 국가 경쟁력을 높이는 수단인 동시에 문화의 척도를 나타내는 것이기도 하다. 전 세계적으로 디자인이 곧 국가 경쟁력이라는 인식과 함께 우수 디자인 인재 양성과 국민적 디자인 의식 함양을 위해 디자인교육의 확대 및 디자인영재 발굴과 조기교육에 심혈을 기울이고 있다. 그러나 우리의 경우 이러한 디자인영재교육의 중요성과 필요성이 일각에서 제기되고 있지만, 아직도 다수의 일반인들은 디자인과 미술의 개념을 혼동하고 있는 실정으로, 디자인영재에 대한 인식조차 명확하지 않다. 또한 이러한 재능을 지닌 학생들을 선발할 기준과 방법, 교육에 필요한 프로그램 구성이나 교사 등의 교육기반도 매우 열악한 상태이다. 이제 막 걸음마를 시작하는 디자인영재 교육이 뿌리를 내리고 성과를 거둘 수 있게 하기 위해서는, 디자인영재 교육에 관한 이론적 토대와 교육적 기반을 마련하고 국민적 관심이 확산될 수 있도록 하는 것이 필요하다. 본 연구는 이러한 필요성에 의거, 디자인영재 발굴과 교육을 위해 선행되어야 하는 디자인영재의 개념과 판별기준, 검사도구, 교육의 방향에 대해 디자인 과정에서 필요로 하는 능력을 기준으로 살펴보고자 한다.

1. 디자인영재 교육의 필요와 문제점

21세기 '감성문화시대'는 지금보다 더욱 생산적이고 창조적인 인재를 요구하고 있다. 미국 미래연구소장인 폴 사포(Paul Saffo)는 앞으로의 사회를 움직이는 키워드는 '혁신' '창의성' '감성'이라 정의하고, 디자인이야말로 혁신의 심장부에 있다고 결론짓고 있다(2003). 디자인의 혁신을 통한 기업의 성장과 경제발전을 추구하는 많은 선진국들은 이미 오래 전부터 우수한 디자인 인재를 확보하는 것만이 세계화시대의 국가 간 경쟁을 주도하는 유일한 길임을 인식하고 우수 디자인 인적자원을 발굴, 육성하기위한 국가적 노력을 기울이고 있다.

우리나라도 디자인산업을 우리 경제의 새로운 성장 동력으로 인식, 국가경쟁력을 결정하는 핵심역량으로 중점 육성하기 위한 종합대책을 발표하고(디자인산업발전기획단, 2004, 참여정부 디자인산업 발전전략), 세계적 경쟁력을 갖춘 일류 디자인국가로의 진입을 위한 구체적 실현방안의 하나로, 디자인 조기교육을 통한 디자인영재 발굴 및 교육 의지를 표명하고 있다.

치열한 두뇌경쟁의 시대, 특출한 재능과 우수한 잠재능력을 가지고 있는 아동을 그들의 능력과 자질, 학습 속도, 흥미 등에 따라 체계적이고 창의적인 학습이 될 수 있도록 적극적인 교육적 배려를 하는 것은 개인의 성장 발달과 사회적 · 경제적 · 교육적 측면에서 매우 중요한 일이다. 영재교육은 특정 분야에서의 흥미와 재능이 매우 높고 장차 이를 발달시킬 가능성이 매우 높은 학생들을 대상으로 그들의 능력을 계발시켜서 그들이 우리 사회에 공헌할 수 있도록 도움을 주는 것이다(Gray A. Davis, Sylvia B. Rimm, 1994).

그러나 이러한 영재교육의 필요성이 제기되고 그 중요성에 대한 세계적 관심이 증대되고 있지만, 우리나라의 디자인영재 교육의 현실은 매우 열악한 상태이다. 이러한 현상에는 여러 가지 구조적이고 근본적인 원인이 있을 수 있으나, 몇 가지 제기되는 문제점들을 살펴보면 다음과 같다.

첫째, 디자인영재 교육 전반에 걸친 교육기반에 관한 문제로, 교육할 대상의 능력범위나 선발의 기준이 되는 디자인영재에 대한 정의는 물론 디자인영재 교육이 지향해야 할 교육목표나 교육방향, 판별방법, 평가, 교육프로그램, 교육을 수행할 전문 교사, 교육시설 등 교육운영의 내실을 기하고 교육목표를 실현할 수 있는 실천적 계획이나 이를 뒷받침할 이론적 · 경험적 · 물리적 교육기반이 매우 부족한 실정이다.

둘째, 이러한 영재교육을 수용해야 하는 일반 국민의 디자인영재 교육에 대한 인식 또한 초보적이어서 디자인이란 있으면 좋고 없어도 그만이라는 인식이 지배적이다. 따라서 단편적 지식습득 교육이나 입시

경쟁의 우선순위에서 밀려 마지못해 해야만 하는 활동 정도로 생각하거나, 뛰어난 통찰력과 우수한 잠재능력을 지니고 있음에도 불구하고 재능을 제대로 발휘할 기회를 얻지 못해 그 재능이 방치되고 있다. 그나마 재능이 발견되어 교육기회를 가진 아이들마저 대학입시 위주의 반복적 주입식 기능교육에 치중하여 개인의 자아실현과 국가발전을 위한 바람직한 교육으로 이어지지 못하고 그 재능이 왜곡, 낭비되고 있는 실정이다.

셋째, 미술과 디자인 개념을 혼동하여 조형교육이 곧 디자인교육이라는 잘못된 인식을 들 수 있다. 디자인교육의 근본적인 목표는 디자인 창조과정을 통해 통찰력과 창의성을 키우고 '디자인적 사고'를 습득하여 문제 해결력을 키우도록 하는 것이다. 다시 말해 참신한 아이디어를 창출하고 이를 구체화하기 위해 자신의 지식과 정보를 활용하고 디자인 목적에 따른 기능과 형태, 기술과의 관계의 적절성을 탐색하여 그 해결책을 모색하고, 작업과정의 효율을 기하는 창의적 사고능력과 창의적 태도를 기르는 것이다.

그러나 디자인의 중요 특질인 효용적이고 합리적인 문제 해결 과정이 생략된 채, 작가 개인의 주관적인 느낌과 상상력, 감각, 직관에 의존하는, 과거 인습적 의미의 '그리기' '만들기' 위주의 조형표현 교육에 머물고 있는 실정이다. 이러한 심상 및 결과 중심의 조형교육으로는 미래 지식정보사회가 요구하는 혁신적 사고의 창의적 인재 양성이라는 교육적 책무를 다하기 어려울 것이다. 따라서 전통적 의미의 미술교육과는 차별화되는 교육설계와 프로그램 운영으로, 디자인 교육의 특수성 · 전문성을 확보하고 아이들에게 디자인 창조의 즐거운 경험을 제공할 수 있도록 해야 한다.

이제 막 그 필요성과 중요성이 인식되기 시작한 디자인영재 교육이 뿌리를 내리고 성과를 이루기 위해서는 이러한 근원적 장애요인을 하나씩 제거하여 아이들의 지적 · 창의적 · 예술적 욕구를 충족시키고, 급격하게 변화하는 환경에 능동적으로 대처할 수 있도록 해 국가와 사회

발전에 결정적인 기여를 할 수 있는 길을 열어주어야 할 것이다.

2. 디자인과 디자인영재

1) 디자인영재의 개념

"디자이너는 본질적으로 예술가다."(George Nelson, 1957)
"디자이너는 문제를 해결하는 사람이다. … 우리는 예술가가 아니다."(Henly Wolf)
"디자이너란 미적 감각을 가진 계획가이다."(Bruno Munari, 1970)

디자인의 의미를 간단히 두 가지로 설명할 수 있는데, 그 하나는 '계획' '의도' '창조' 라는 뜻이며, 또 다른 하나는 '스케치' '기호화' 의 의미를 갖고 있다. 따라서 디자이너는 계획을 수립하는 사람인 동시에 넓은 의미의 예술가이기도 하다. 디자인을 보는 다양한 관점에도 불구하고, 대체로 '디자인은 어떤 목적(커뮤니케이션, 정보, 편리함, 즐거움 등)을 이루기 위해 시각적 · 기술적 요소를 적용하여 합리적 문제 해결에 이르는 창조의 과정' 으로 설명할 수 있다. 디자인은 우리가 생활하는 모든 영역을 활동범위로 하기 때문에 디자인의 범위도 매우 넓다. 또 디자인 종류의 다양함과 직업성격상의 차이로 인한 사고방법과 표현형식도 무척 다양하여 디자이너에게 요구되는 능력이나 영재성을 한마디로 요약하기란 지난하다.

건축가가 건물을 디자인하는 것과 패션디자이너가 옷을 디자인하는 행위는 전혀 다른 의식과 프로세스를 요구한다. 디자인은 이러한 양극성(polarity)(Bryan Rawson, 1980), 즉 정확하면서도 막연하고, 체계적이면서도 감성적이고, 논리적이면서도 상상력을 요하는 다양한 요소들을 포함하며, 이를 다양한 방법으로 통합하는 활동이다.

빅터 파파넥(V. Pafanek)은 그의 저서 『인간을 위한 디자인』에서 디자인은 '용도'(use), '요구'(need), '목적 지향'(telesis), '방법'(method), '미학'(aesthetics), '연상'(association) 6가지 요소의 복합적인 상호작용으로 하나의 '기능'(function)을 이룬다고 설명하고 있다(1971). 그는 또 디자인은 혁신적이고 창조적이어야 한다면서 디자인 과정에서 반드시 고려해야 할 요소와 디자인의 지향점을 제시하고 있다.

디자인은 많은 종류의 정보를 조작하고 그들을 통합하고 그 생각들을 실체화하는 고도의 정신적 과정이다(Bryan Rawson, 1980). 디자이너는 바로 이러한 디자인 문제 해결 과정에서 요구되는 기술적 · 경험적 요소와 이를 다양하게 결합하는 사고능력을 필요로 한다. 다시 말해, 문제인식 → 분석 → 아이디어 발전 → 시각화에 이르는 디자인의 전 과정에서 요구되는, 때로는 논리적이고, 감성적이며, 때로는 지적이고, 조형적이며, 과학적인 사고와 접근방법을 필요로 한다(Peter Dormer, 1995). 머릿속의 아이디어를 구체화하는 이러한 과정에서, 다양한 방법으로 적용되는 이른바 창의성, 합리성, 민감성, 통찰력, 시각적 사고력, 상상력, 직관력, 응용력 등의 창의적 사고능력과 이를 효과적으로 수행하게 하는 창의적 태도가 디자이너가 갖춰야 하는 필수적인 능력인 것이다.

2) 디자인영재의 조건

영재교육은 아동이 관심 갖는 특수영역을, 보다 심도 있게 '탐구'하게끔 계획 · 운영하는 것으로(김춘일, 2004), 영재들을 위해 제공할 프로그램의 성격과 교육목표에 따라 영재의 정의도 달라진다. 이러한 정의는 영재교육 대상의 선별과 프로그램 설계에 영향을 주는 중요한 기준이 된다(Gray A. Davis, Sylvia B. Rimm, 1994). 또한 '재능'이나 '영재성' '영재'에 관한 용어의 정의도 교육이 지향하는 방향과 관련

지어 생각해 볼 수 있다. 콕스(Cox, Daniel & Boston, 1985)는 '영재' 라는 용어 대신에 '유능한 학습자' (able learner)라는 용어를 선호한다. 우리가 계획하는 디자인영재 교육의 방향도 '선천적 재능' 이나 '조숙성' 을 개선시키는 활동에 초점을 맞추기보다, '학습과 노력을 통해 계발 가능한 잠재능력' 또는 '잠재능력의 계발을 위한 환경이나 적절한 교육기회의 제공' 으로 인식하고 접근하는 것이 보다 바람직할 것이다.

이미 앞에서 살펴본 바와 같이, 디자인은 그 속성상 혁신적이며 독창적인 사고가 전제되어 있으며, 문제인식과 분석 · 아이디어를 발전시키고 시각화하는 전 과정에서의 확산적, 또는 수렴적 사고가 상호 복합적으로 작용하여 이루어지는 통합교과적 활동이다. 디자이너의 역할도 감각적 표현중심 디자이너, 조사 · 분석 · 기획 중심 디자이너, 과학적 탐구 중심 디자이너 등으로, 그 역할이 세분화되고 있으며 개인의 관심과 능력 수준에 따라 각기 다른 성격의 디자인 분야에 종사하게 되는 것이다. 따라서 이러한 작업을 효과적으로 수행하기 위해 필요한 능력의 범위와 능력 정도를 정확하게 계량하기는 힘들며, 또 이러한 능력을 모두 다 갖추기란 불가능한 것이다.

디자인영재 교육의 주요 목표 중의 하나가 우수한 재능을 지닌 아이들에게 그들의 재능을 최대한 발휘할 수 있는 기회를 제공하여 장차 현실사회에서의 유능한 디자이너를 양성하기 위한 것임은 틀림없다. 그러나 그렇다 하더라도 이들에게 전문 디자이너들에게 요구되는 직업적인 디자인 지식이나 기술을 가르쳐서는 안 된다. 허버트 리드(H. Read, 1945)는 예술은 인격의 자발적인 계발을 이끌어내는 도구로 활용해야 한다고 예술교육의 목표를 설명하고 있다. 현재 영국이나 미국에서 실시되고 있는 어린이 디자인교육의 목표(design based education)에서 보듯이, 디자인영재 교육도 바로 이러한 측면에서 이해되고 교육되어야 함은 분명한 일이다.

따라서 특별히 계획된 디자인영재 프로그램을 수용하기 위해 갖추어야 할 기본 자질과, 추후 교육을 통해 계발하고 개선할 수 있는 능력, 그리고 장차 성인이 되어 직업적 의미에서 습득해야 하는 전문능력의 구분을 명확히 하여 영재판별의 기준을 마련해야 할 것이다.

3. 디자인영재의 판별기준과 방법

1) 디자인영재 판별의 기준

영재판별은 특정 분야에서 뛰어난 잠재력과 성취 가능성이 높은 아동을 대상으로, 그들의 능력을 조기에 발굴하고 최대한 발휘될 수 있도록 교육적 도움을 주는 하나의 절차로서, 그들의 잠재적 소양을 종합적으로 진단, 분석하여 교육적 해결방안을 제시하는 데 그 목적이 있다. 따라서 각자의 흥미와 능력 수준을 정확히 파악하여 적절한 교육설계가 이루어져야 하며, 이를 위해서는 올바른 판별검사를 통한 진단이 선행되어야 한다.

디자인은 아이디어 도출과 시각화 과정에서 창의성을 발휘하는 것이라 할 수 있다. 디자인영재 판별의 기준도 이러한 과정에서 요구되는 사고력, 다시 말해 어떤 문제를 인식하고 해결하기 위해 필요한 지식 · 정보를 인지하고 조작하는 능력, 시각화 능력, 그리고 이러한 문제 해결 과정에서 복합적으로 적용되는 창의성 등이 디자인영재 판별의 기준이 되는 것이다. 이를 디자인 문제 해결 과정과 함께 좀더 자세히 살펴보면 다음과 같다.

(1) 정보 인식 · 이해의 단계

훌륭한 아이디어에 도달하기 위해서는 그것이 시각적이든 비시각적이든 우선 많은 정보를 가지고 있어야 하며, 노출된 정보에 민감하게 반응하고 그것을 남들보다 잘 인지할 수 있어야 한다. 이렇게 저장, 기억된 정보는 필요에 따라 유창하게(fluency), 유연하게(flexibility) 생각들을 표출하고 사고를 조직화하며, 일반적인 시각과는 다른 독특한 관점으로 문제에 접근하고, 문제의 핵심을 꿰뚫는 통찰력을 발휘하게 되는 것이다.

사물이나 현상의 본질적 특성을 발견하는 능력, 문제의 핵심을 파악하는 능력, 개념을 전환하는 능력, 문제에 대한 민감성, 경험이나 지식 · 정보의 축적 정도, 통찰력, 확산적 사고, 정의 · 재정의, 기억력, 이해력, 간결화, 시각적 사고, 직관력, 관찰력 등이 이 단계에서 요구되는 능력으로 아동 발달단계에서도 매우 중요한 사고능력이 되는 것이다.

(2) 탐색단계

디자인은 개인의 감각이나 직관에 의존하기보다, 의도된 계획에 의해 합리적인 방법으로 문제를 해결하는 객관적이며 사회적인 활동이다. 이 단계에서는 자료의 조사와 수집, 수집되었던 자료의 분류와 평가가 이루어지며, 문제점을 파악하고 동시에 개선책을 찾아나가는 디자인 문제 해결 방향을 모색하는 과정이다. 이러한 과정에서 생성된 아이디어의 효용성과 실현 가능성을 판단하고, 그것을 실천하기 위해 기술과 용도, 형태의 적절성을 판단 · 통합해 보는 것으로는 분석, 유추, 추리, 역발상, 평가, 변형, 종합, 적용 등의 다분히 비판적이고 논리적인 사고과정이 포함된다.

(3) 아이디어의 발상 및 발전단계

이 단계에서는 분석적인 디자인 과정을 통해 획득된 자료와 근거를 바탕으로 하여, 개인의 상상력이나 직관, 감수성, 시각적 사고, 논리적 사고, 확산적 사고, 재정의, 재구성, 추상화, 상징화, 비유나 은유 등의 창의적 사고방법을 통해 아이디어를 생성하며, 이를 실행하기 위해 생각을 다듬고 구체적으로 발전시켜 가는 과정이다. 또한 지금까지 진행되었던 디자인 아이디어가 실현될 수 있는 것인지 아닌지, 다른 가능성이 존재하는지를 검증하고 시도해 보는 단계이다.

디자인의 발상(the invention of design)은 미적 창조의 과정과는 또 다른 발상과정을 요구한다(Hebert Read, 1945). 아이디어가 소비자의 요구와 디자인 목적에 부합하기 위해 아이디어의 적절성, 기능과 형태, 구조와 형태와의 관계, 도구 · 작업과정 · 재료의 상호관계, 작동원리, 기술적 실현 가능성 등을 다각적으로 검토해 보고 객관화하여 효율적 해결방안을 찾아가는 과정이 디자인 발상의 단계인 것이다. 따라서 이러한 디자인 과정이 의미하는 합리성의 추구는 디자인과 시각예술을 구분하는 데 결정적인 것으로, 디자인 교육에서 중요하게 다루어야 할 부분이다. 그러나 이러한 능력은 추후 다양한 방법으로 이루어지는 교육 체험을 통해 이해하고 습득해야 하는 부분으로서 디자인영재 판별에 있어서 필수적으로 고려해야 할 '재능' 또는 '특별한 능력'의 개념과는 다소 거리가 있는 것이다.

(4) 시각화 단계

다양한 사고과정을 거쳐 도출해낸 추상적이고 복잡한 아이디어를 단순하고도 명료하게 정리 · 변환하는 과정으로, 이러한 시각화 과정은 관념적 아이디어를 조직화하고 조형적으로 실체화하는 것임과 동시에 새로운 언어로 해석함으로써, 디자인에 독특한 성격을 부여하고 사용자와의 커뮤니케이션을 가능하게 만든다.

디자이너는 우리의 경험, 특히 시각세계를 이해하고 이를 의도한 목적에 맞게 조형적으로 표현해야 하는데, 이를 위해 세련된 미적 감각, 때로는 숙련된 표현기술을 요구하게 된다. 디자인 과정에서의 다양한 표현기법의 적절한 구사는 디자인의 완성도를 높이고 디자인을 더욱 가치있게 하는 중요한 요소로 작용한다. 또 디지털 기술의 진보와 더불어 디자인 매체로서, 도구로서 새로운 기술이 도입되고 그 활용 가능성이 확대되면서 이러한 도구를 다루는 능력이나 감각을 조율하는 조형언어의 습득은 디자인 교육에서도 중요하게 다루어진다. 그러나 성장기 아동을 대상으로 하는 시각화 교육의 일차적 목표는, 이러한 조형감각이나 표현기법, 기술, 구현능력의 습득에 앞서 시각적 식별력(visual discrimination)과 판단력(visual judgement)을 키우는 데 초점이 맞춰져야 하며, 이러한 시각적 사고력은 디자인영재 판별의 중요한 기준의 하나가 된다.

시각화는 개념을 이미지화하는 것이다. 이 과정에서 시각적 은유, 유추, 연상, 재정의, 재구성, 상징화, 추상화, 변형 등의 방법을 통해 이미지를 만들고 디자인의 심미적 · 상징적 커뮤니케이션 기능을 이루어내게 된다. 이러한 것은 표현기법의 숙련이나 논리적인 사고의 습득만으로 이루어지는 것이 아니며, 누구보다도 예민한 시각적 사고가 전제되어야 가능하다. 눈으로 보고 실체를 인식하고 그것이 내포하고 있는 의미를 발견해내는 능력, 남다른 시각으로 보고 느낀 것을 독창적인 방법으로 시각화할 수 있는 능력이 무엇보다도 중요하다. 시각적 사고는 자신의 생각이나 느낌 등을 기계적으로 기록하는 것이 아니라, 실체를 창의적으로 아름답게 파악하여 사물의 정보를 쉽고 정확하게 전달하는 능력으로 시각적 형식을 다루는 디자이너에게 매우 중요하다.

따라서 디자인영재 교육이 담당해야 하는 중요한 교육목표 중의 하나가 바로 창의성의 습득과 함께 시각적 사고를 키워가는 것이다.

2) 디자인영재 판별을 위한 검사의 영역

디자인은 지각의 양식이지만 또한 행동의 양식이기도 하다. 이것은 우리가 세상을 보고 사람들의 욕구를 분석해 해결책을 제안할 수 있도록 돕는다(Mel Byars, 1998). 상상력이 풍부하고 숙련된 기술과 창의성을 지닌 디자이너들의 영감과 노력은 새로운 생각을 표현하거나 주제를 혁신적으로 바꾸어 놓으며, 이렇게 창조된 디자인은 우리에게 즐거움과 편리함을 선사한다.

'혁신'과 '창의성'이라는 디자인의 최종목표에 도달하기 위해 디자이너가 창의적이어야 함은 두말할 필요가 없다. 렌줄리는 "영재행동이란 평균 이상의 능력, 높은 과제 집착력(동기), 높은 창의성과 같은 세 가지 기본적인 인간 특성의 상호작용으로 나타난다"면서, 영재성 또는 재능의 특성에 창의적 사고능력과 태도를 영재의 한 요소로 포함시키고 있다(1986). 창의적인 사람들은 그들이 지닌 지적 · 창의적 역량 못지않게 독립적이고, 자신감이 넘치며, 동기화되어 있고 변화를 시도하려는 창의적 문제 해결 태도를 갖추고 있다. 이러한 문제 해결 과정에서의 열정이나 흥미, 호기심, 집중력, 과제 집착력 같은 창의적 태도도 디자인영재 판별에 있어서 매우 중요한 요인인 것이다.

따라서 앞에서 살펴본 디자인 과정에서의 시각적 사고가 포함된 인지능력, 지식이나 정보를 조작하고 변형하는 데 필요한 논리적 · 감성적 · 창의적 사고력, 조형능력 등의 개별 능력과 이를 통합하는 창의성 및 창의적 태도가 디자인영재 판별의 기준이 된다.

3) 디자인영재의 판별방법

학생들이 지닌 창의적 · 시각적 잠재력을 발굴하여 건전한 자아 형성에 도움을 주고, 그들이 창의적 · 예술적 · 과학적 사고를 할 수 있도록 자극하여 우리 사회에 공헌할 수 있는 계기를 만드는 것이 디자인영재 판별의 중요한 의미이다. 그러나 창의적 · 시각적 재능을 지닌 이른바 영재들을 위한 특수목적 학교의 학생선발이나 전문디자이너 양성을 목적으로 하는 대학의 인재선발 방법이 조형적 표현 기량 위주의 평가에 치우치고 있으며, 일반인의 인식도 이와 크게 다를 바가 없는 현 상황에서 어떠한 방법과 기준을 적용하여 창의적인 디자인영재를 판별할 것인가는 매우 중요한 일이다.

디자인은 문제를 발견, 계획하여 창의적 해결책을 제안하는 활동으로 이러한 창의적 대안을 시각적으로 구체화하는 것이다. 따라서 문제 해결 과정에서 '아이디어를 산출하고 실체화하는 창의적 사고과정'과 이미지의 구체화 과정에서 발휘되는 '시각적 사고'가 디자인영재 판별의 핵심적인 부분이 된다. 디자인 과정에서 적용되는 아이디어의 완성도나 조형표현의 숙련도, 기술적 적절성이 미래 디자이너의 전제조건이 될

〈표 1〉 디자인영재 판별을 위한 검사항목

인지능력	지각능력	감각을 통해 외부의 사물과 상황을 인식하는 능력
	이 해 력	대상을 면밀하게 관찰하고 탐구하여 깨닫는 능력
	개념의 명료화	문제의 핵심에 대한 이해와 사고의 전환
	정교성	집중하여 생각하고 생각을 명쾌히 정리, 발전시키는 능력
	응용력	알고 있는 지식을 적절하게 활용하여 문제를 해결하는 능력
창의력	유창성	정해진 시간에 빠르게 많은 아이디어를 산출하는 능력
	유연성	하나의 아이디어를 연속하여 발전, 확산, 전환시키는 능력
	독창성	기존의 것과는 다른 새롭고 기발하고 독특한 아이디어를 창출하는 능력
	재정의 · 재구성 능력	다른 관점에서 생각하고 다른 방법으로 새로운 기능과 용도로 정의하는 능력
	유추 · 분석력	특정한 사물이나 현상으로부터 다른 것을 연상하여 떠올려 분석하고 추론하는 능력
감수성	상상력	알지 못하는 사물이나 현상을 떠올려 심상을 형성하는 능력
	감수성	사물, 사람, 행동, 상황 등과 같은 환경으로부터 자극을 자각하는 능력
	직관력	판단이나 추리 따위의 사유 작용을 거치지 않고 대상을 직접적으로 파악할 수 있는 능력
관찰 및 표현력	관찰력	사물을 주의 깊게 살펴보고 세부적으로 인식하는 능력
	시각적 사고	색, 선, 모양, 형태, 공간 등의 관계에 대한 감수성, 추상적인 것을 구체화하는 시각화 능력, 시각적 아이디어를 상징화 · 추상화하여 표현하는 능력 등
	표현력	표현의 정교성, 섬세함, 유창성, 합리성 등
	협응력	신체 움직임의 상호조정 능력, 시각적 탐사와 연결하여 움직이는 신체적 조절능력
부가 영역	지적 능력(학습능력), 태도 및 성격 특성 등	

수 없으며, 디자인영재 판별에서 고려되어야 할 사항은 아닌 것이다.

창의적 문제 해결 과정에서는 새로운 아이디어를 생성해내는 것만으로는 충분하지 않다. 구체적인 아이디어로 발전되기 위해서는 사고의 변환과정이 요구된다. 상상이 없으면 다양한 아이디어를 생산해낼 수 없으며, 지식이 없으면 상상은 생산적일 수 없다. 아이디어를 종합하고 평가하고 다듬어가는 능력이 없으면 창의력은 효과적일 수 없다(김영채, 1998). 반복 주입되어 그저 되뇌기만 하는 융통성 없는 지식, 고정된 사고의 틀 속에서 개념적 사고에 젖은 아이디어, 한정된 경험에 의한 피상적인 인식수준으로는 '발상의 전환'에 의한 독창적인 문제해결을 이루어내지 못하고 단순 지식의 재현이나 재생적(再生的) 표현수준에 머물고 말 것이다.

따라서 창의적 아이디어를 생산해내고 이를 가치있게 발전시키기 위해 필요한 폭넓은 경험과 지식, 문제인식에 대한 민감성, 이를 활용하고 다양하게 조합 · 변형하는 능력, 함축적 시각화 능력, 자유로운 발상능력이 요구되며, 이러한 능력을 판단하는 것이 디자인영재 판별검사의 주안점이 되는 것이다.

4) 디자인영재의 판별을 위한 검사도구: 실천사례

학생이 지닌 가능성을 조기에 발견하여 이를 계발 · 신장시킴으로써, 잠재력을 최대한 발휘할 수 있게 하는 것이 영재판별과 교육의 목적의 하나라고 볼 때, 어린이가 보유하고 있는 능력을 정확하게 진단하는 것은 매우 중요하다.

디자인영재 판별검사는 아이디어를 산출하고 그것을 실체화하는 과정에서의 인지 및 사고 작용, 시각적 재능과 창의적 잠재성을 판단하는 것으로, 중점 판별항목인 창의성이나 감수성, 시각적 사고, 발상능력 등은 정확하게 계량할 수 있는 성질의 것이 아니다. 따라서 측정도구와 선발절차는 신뢰도와 타당도(Gray A. Davis, Sylvia B. Rimm,

1994)를 고려해야 하는데, 신뢰도는 판별도구나 절차의 정확성, 일관성을 의미하며, 타당도는 측정하려는 특성을 어느 정도로 잘 반영하고 있는지에 관한 것으로서, 평가 척도의 일관성과 신뢰도의 문제는 항상 신중히 고려되어야 한다.

여기에 소개하는 디자인영재 판별을 위한 시지각 · 창의성 검사도구(구동조, 김병수 공동연구, 2002)는 현재 사용중에 있는 것으로서, 디자인 · 시각예술 분야에 재능이나 잠재성이 있다고 스스로 생각하는 학생들과, 유수한 국 · 공 · 사립 초등학교 재학생들을 대상으로 단체검사와 개별검사를 통해, 이미 1만 5천여 명의 학생들이 자신들의 잠재소양을 검증받았으며, 검사를 통해 축적된 여러 가지 산출물의 형태와 아동의 능력척도는 통계자료로 만들어져, 검사결과의 해석이나 판별과정에서 생길 수 있는 오류를 시정하고 교육과정을 체계화하는 데 중요한 자료로 활용되고 있다.

이 검사는 주어진 문항을 시각적인 방법 또는 언어적인 방법으로 떠오른 생각이나 아이디어를 표현하게 하는 것이다. 형식은 사물과 현상의 실체를 파악하는 능력, 다양한 아이디어를 떠올리는 능력, 발상의 전환능력, 명쾌한 문제 해결 능력, 아이디어에 감성을 적용시키는 능력, 남다른 인식과 접근방법, 예민한 관찰력과 협응력, 개념을 재해석하고 시각화하는 능력 등을 판단하고, 그 결과를 토대로 아이의 장단점을 진단, 교육적 처방을 제시하는 방식으로 이루어져 있다. 그 판별원칙을 정리해 보면 다음과 같다.

❶ 검사영역은 인지능력, 창의성, 감수성, 표현력의 4가지로 이루어져 있지만, 이 요소들이 모두 우수해야 영재로 인정한다는 뜻은 아니다. 아이들이 성장과정에서 다양하게 표출하는 잠재 가능성을 탐색하고 발견하는 것이므로 이러한 영역 중 1개 이상의 영역에서 우수한 소양을 보인다면 디자인영재 교육을 수용할 수 있는 능력을 지닌 것으로 간주하고 있다. 그리고 산출된 결과물의 양보다는 아이디어의 밀도, 개념적 사

고나 고정관념에 사로잡힌 생각이나 표현이 아닌, 문제에 대한 독특한 인식능력과 사고의 자유로움의 정도를 우선적으로 판단하게 된다.

❷ 본 검사도구는 평가를 위한 특정문항을 한 가지 능력에 국한하여 판단하도록 제한하지 않는다. 산출된 하나의 결과와 과정을 통해 유창성과 유연성, 재정의, 그리고 독창성, 감성, 직관, 시각적 사고, 표현력 등을 골고루 판단하는 복합적인 평가가 이루어지도록 하고 평가의 편향성을 극복할 수 있도록 최소 2인 이상의 평가관이 평가를 담당하도록 하고 있다.

❸ 검사결과의 해석은 객관적으로 표준화된 자료를 이용한다기보다, 전문가의 식견에 의해 정상적인 방법으로 이루어진다. 표준화된 해석방법이 오히려 특정 요인을 배제하거나 과다하게 부각시키는 결과를 가져올 수도 있기 때문이다. 그러나 이러한 방법은 평가를 담당하는 전문가의 견해에 따라 그 결과가 달라질 수 있으며 하나의 평가를 위해 지나치게 많은 노력과 시간이 소요된다는 현실적 문제점도 아울러 지니고 있다.

❹ 검사결과의 해석과정에서 검사의 정확성과 신뢰도를 높이기 위해 산출된 결과에만 의존하는 것이 아니라, 검사과정에서 나타난 학생들의 반응이나 흥미도, 문제 이해력, 집중력 등의 태도적 측면을 매우 중요한 판단자료로 활용한다. 창의성 평가 항목 중의 하나인 유창성의 경우를 예로 보면, 완성된 문항의 질적인 것 못지않게 양적인 면을 판단하게 되지만 이것만으로는 충분하지가 않다. 다시 말해 분석적 사고력이나 재정의를 요하는 문제에서도 학생이 문제를 풀어가는 거침없는 태도라든가, 문제에 대한 반응, 표현 속도 등으로 이러한 능력을 유추해 볼 수 있는 것이다. 현장에서 검사를 진행하는 교사는 곧 영재교육을 담당하는 교사로서의 숙련과 전문성을 발휘하여 학생들의 행동을 면밀히 관찰하고 그들의 특성을 한눈에 파악하고 그것을 정확하게 기록하는 것이 무엇보다 중요하다. 평가관이 마치 검사현장에 있는 듯이 아이들의 태도나 반응을 머릿속에 훤히 그리며 산출물을 평가하는 것

과 그렇지 않은 것은 그 차이가 매우 큰 것이다. 이를 위해 개별검사의 경우 학생 1인당 1명의 교사가, 단체검사의 경우 숙련된 교사라 하더라도 교사 1인당 학생 수가 10명을 넘지 않도록 본 검사를 진행한다.

❺ 다양한 정보 수집과 함께 다단계 판별과정을 거친다. 수행평가 결과를 토대로 우선 우수한 재능과 잠재소양을 지닌 학생들을 1차로 선별하고 판별기준이 모호하거나 영역별 편차가 심한 경우에는 다시 색채심리 테스트를 실시한다. 이렇게 선별된 학생들은 학부모 심층상담 절차를 거치게 되며, 검사 과정에서 나타나는 능력과 태도, 각 영역별 성취 정도를 종합적으로 분석하여 개인별 교육 처방을 제시하며, 추후 교육에 참가하게 되는 경우 개인별 프로그램 설계와 운영에 반영하게 된다.

● 디자인영재 판별을 위한 시지각 · 창의성 검사도구 요약(검사도구 개발: 구동조, 김병수):

① 디자인영재 창의성 검사지: 하위검사 내용
- 이미지 변형 검사(그림으로 표현하기, 20문항, 10분)
- 많은 생각을 떠올려보는 언어 검사(글로 표현하기, 4개 항목, 각 20문항, 6분)
- 예리한 관찰력을 수반한 정교성 검사(그림으로 표현하기, 7분)
- 추상적 개념의 시각화 검사(그림 또는 글과 그림으로 표현하기, 4문항, 8분)
- 이미지 재구성력 검사(그림으로 표현하기, 4문항, 10분)
- 분석적 사고력 검사(그림 또는 글과 그림으로 아이디어를 표현하기, 10분)
- 독특한 개념의 적용 검사(그림 또는 글과 그림으로 생각을 표현하기, 10분)

② 학생 개인 배경 및 행동특성 체크리스트

60항목으로 이루어져 있으며 학업성취도, 취미, 성격, 행동특성, 특수 교육 참가 경험 등을 목록과 서술식으로 작성.

③ 학생 태도 및 반응 체크리스트
시간 적응도, 검사 흥미도, 내용 이해도, 과제 집착력, 집중력, 행동특성, 특이사항 등을 서술식으로 작성.

④ 색채심리 테스트
판별기준이 모호하거나 영역별 편차가 심한 경우, 학부모나 교사지명 결과와 판별검사 결과의 차이가 너무 심한 경우 보완적으로 실시.

⑤ 교육진단 및 처방을 위한 피드백 자료, 시지각 · 창의성 판별검사 결과서
각 영역별 장단점, 교육을 통해 개선해야 할 점, 개선을 위한 권장 활동, 개인별 교육 처방을 종합적으로 기록한 피드백 자료.

지식의 습득과 기억의 정도를 판단하는 일반 학업성취도 검사와는 달리 인지작용과 다양한 사고과정이 복합적으로 작용하는 창의성이라든가 감성, 직관을 포함하는 시각적 능력은 다분히 주관적인 판단기준이 적용될 수밖에 없으며, 이러한 확산적 형태의 사고력 검사는 어떠한 형식의 검사이든 완벽할 수는 없다. 산출된 아이디어들, 사고 가능한 무수한 답들 가운데 좀더 새롭고, 유연하며, 적절한 반응을 가려내고 판단하기 위해서는, 평가와 지명의 편향성을 극복하고 판단과정에서 생길 수 있는 오류를 최소화해야 한다. 또한 다양한 정보와 자료를 수집함과 동시에 누적된 통계자료나 다양한 산출자료를 활용하여 전문적이고 심층적인 평가와 분석을 내려야 한다.

4. 디자인영재 프로그램의 방향

1) 디자인영재 프로그램의 목표

디자인영재 프로그램의 개발은 자율적이고 창의적인 디자인 인재 양성과 전인교육의 실현이라는 교육목표를 달성하기 위해 만들어진 것으로서, 목표한 학습효과를 최대로 이끌어낼 수 있도록 체계화된 계획이 반드시 필요하다. 디자인의 속성은 문제를 풀어가는 '창조'와 '혁신의 과정'(the process of innovation)에 있다. 디자인의 문제를 해결하기 위해서는 창의적인 사고가 전제되어야 하며, 이러한 창의성을 받쳐주고 활용할 수 있도록 해주는 폭넓은 지식과 유연한 태도가 요구된다. 디자인영재 교육의 목표는 바로 이러한 능력을 키우고 그것을 올바로 사용할 수 있는 방법을 습득하도록 하는 데 있다.

(1) 문제 해결 과정으로서의 디자인영재 교육

디자인은 문제 해결을 위해 다양한 사고방법을 활용하여 새로운 접근과 해결책을 모색한다는 점에서 그 교육적 의의를 찾을 수 있다. 다시 말해 자신의 경험이나 지식을 이용하여 새로운 아이디어를 떠올리고, 그것을 구체화하는 과정에서 합리적인 해결방안을 찾아내는 것이다. 디자인의 창의적 사고과정은 다음의 목표를 포함하고 있다. ① 인간과 디자인의 관계, 인간을 위한 디자인 목적을 이해한다. ② 창의성과 창의적 사고기법을 이해한다. ③ 발견 및 탐구, 문제를 정의하는 방법을 학습한다. ④ 기존 지식의 재개념화와 새로운 지식의 산출방법을 익힌다. ⑤ 창의적 태도를 학습한다. ⑥ 미래 지향적 사고를 키운다. ⑦ 창의적 표현 및 창의적 결과를 창출하는 기회를 가진다.

디자인은 스타일을 추구하는 활동이 아니다. 디자인은 어떤 목적을 이루고, 합리적이고 독창적인 해결책을 찾기 위해 모든 지식과 정보를 총동원하여 문제를 해결해가는 '창조의 과정'인 것이다. 미래의 자동차 디자인을 한 예로 보면, 하늘을 날 수 있는 자동차, 접어서 가지고 다닐 수 있는 자동차, 계단을 마음대로 오르내릴 수 있는 자동차, 과일 또는 동물의 특징이 이용된 자동차 등, 아이들이 상상력을 동원하여 자유롭게 생각을 표출하고 그것을 시각적으로 재미있게 표현한 것들이 많다. 자동차에 날개를 단다거나 바퀴가 배로 변신하고, 단추를 누르면 크기가 줄어드는 자동차. 이러한 생각은 미래에는 얼마든지 실현 가능한 생산적인 아이디어로 발전될 수 있을 것이다. 그러나 이러한 생각이 단순히 개념적인 생각이나 표현에 그친다거나 그 생각을 구체화하는 합리적 대안이 없는 아이디어는 그저 '공상'일 뿐 디자인은 아닌 것이다.

자동차를 움직이기 위해서 연료나 동력의 문제를 어떻게 해결할 수 있을까? 새로운 동력의 형태는 어떠한 것이 있을 수 있나? 사람이 편안하게 탑승하기 위해 어떠한 문제를 해결해야 하는가? 안전을 위해서는 어떠한 점이 고려되어야 하나? 원리나 기술, 구조, 이미지를 응용하거나 바꿀 수 있는 방법은 없나? 떠오른 생각을 가치있는 아이디어로 발전시키기 위해서는 예상되는 문제점을 발견하고 그것을 분석하여 개선책을 생각해야 하며 또 다른 대안을 탐색하고 정교화함으로써 독창적인 아이디어로 구체화해야 한다. 바로 이러한 점이 디자인이 가지는 긍정적인 교육적 기능이 되는 것이다. 혁신적인 개념의 아이디어를 정교하게 다듬고 발전시키고 문제점을 인식하는 과정에서 아이들은 기술과 구조에 대해 이해하고 탐구하게 되며, 이것을 시각화하는 과정에서 조형원리를 체험하게 된다. 이러한 과정을 통해 다양한 관점과 다양한 지식을 익히고 문제 해결력을 키우는 것이야말로 디자인영재교육 프로그램이 지향해야 하는 방향인 것이다.

(2) 학습자 중심 교육으로서의 디자인영재 교육

일반적으로 영재들은 일반 학생들에 비해 더 높은 성취를 보이고, 더 쉽게 학습하며, 흥미와 관심의 폭이 매우 넓다. 또 그들은 독립적이며, 자기 주도적인 학습양식을 갖고 있으며, 자신감이 높고, 목표 지향적이며, 수월에 대한 욕구가 매우 높은 경향을 보인다(Terman & Oden,

1959; Sears, 1979). 영재교육 프로그램 개발과 교육방법의 적용은 영재들이 보이는 이러한 특성을 고려하여 그들에게 맞는 교육과정을 설계하는 것이다.

따라서 교육프로그램과 교수방법은 학습자 중심으로 계획하고 운영되어야 한다. 우수한 창의적 · 시각적 자질과 함께 강한 호기심과 높은 학습동기를 갖고 있는 이른바 디자인영재들을 위해 그들의 관심과 흥미, 호기심을 충족시켜 줄 수 있는 교육활동과 다양하면서도 깊이 있는 학습내용을 제공하여 성취동기를 자극해야 한다. 교사는 학습과정에서 디자인 원리나 문제 해결 방법, 문제에 대한 접근방법, 표현기법 등을 일방적으로 설명하고 가르치기보다 다양한 체험과 이해과정을 통해 문제를 인식하고 그 해결방안을 찾을 수 있도록 도움을 줄 수 있어야 할 것이다. 교사의 판단을 강요하기보다 학생들의 의견을 수용하고, 대안을 제시하는, 학생과 교사와의 상호작용을 통해 다른 관점에서 사고하고 문제를 인식할 수 있도록 유도해야 한다.

또 한 가지 중요한 것으로, 아이들의 특성과 개인적 차이를 인정하고 각자에게 적합한 교육 지도 방안을 모색해야 한다. 시각적 관심이 높은 학생, 분석적이며 논리적인 성향이 강한 학생, 우수한 발상에 비해 표현력이 떨어지는 학생, 내성적이어서 토론하거나 함께 작업하는 것을 싫어하는 학생 등 영재들이 지닌 강한 개성과 성격적 차이, 능력과 관심 분야의 차이에 따라 동일 프로그램을 진행하더라도 학생들마다 다른 동기부여와, 디자인 과정에서 고려되어야 할 사항을 유연하게 적용하여야 한다. 예를 들어 시각화 과정에서도 경우에 따라서는 형태를 관찰하고 이해하는 데 초점을 맞추거나 비례나 균형 등의 조형원리에 대해 이해시키며, 재료나 도구 사용의 적절성이나 효율을 기하는 방법 등 학생 개인의 능력이나 아이디어의 상황에 따라 지도방법과 과정을 달리 적용함으로써 사고활동을 더욱 넓고 깊게 할 수 있을 것이다.

2) 디자인영재 프로그램의 구성

여기에 소개하는 디자인영재 프로그램과 운영체계는 디자인영재 판별검사를 통해 선발된 디자인영재를 대상으로 현재 교육중에 있는 것으로, 프로그램의 성격을 크게 ① 사고력(Thinking: 창의력, 사고력 관련 프로그램), ② 디자인(Design: 합리적 문제 해결, 응용력 관련 프로그램), ③ 감정(Feeling: 감수성, 오감 체험 관련 프로그램), ④ 상상력(Imagine: 상상력 관련 프로그램), ⑤ 작품(Artwork: 관찰력, 조형감각 관련 프로그램)의 5가지로 구분하여 개별적, 또는 통합적 교육목표를 이루도록 구성되어 있다.

이 프로그램은 아동발달단계를 고려하여 적용 비율을 달리하고 있다. 저학년의 경우 미적 체험 활동과 관찰, 지각능력, 자유롭게 상상하는 활동이 차지하는 비중이 높으며, 학년이 올라갈수록 목적에 맞게 생각하는 능력, 개념을 정교하게 발전시키고 응용하는 능력 등 신체적 · 정신적 능력과 집중력에 따라 난이도와 교육방법, 목표를 다르게 적용하여 학습할 수 있도록 구성하고 있다. 또 프로그램에 따라서는 두 가지 이상의 성격이 복합적으로 결합되어 구성되어 있기도 하다. 이를 좀 더 자세히 살펴보면 다음과 같다.

❶ 사고력: 문제를 인식하여 해결방안을 찾아가는 디자인 창조과정과 시지각적 사고활동을 통해, 유연한 태도로 새로운 아이디어의 가능성을 탐색하고 직관, 재정의, 재구성, 연상, 비유, 유추, 결합과 해체, 변형, 상징화, 추상화 등의 방법으로 문제에 접근한다. 창의적 사고기법을 익히고 그것을 적용하여 생각을 빠르게 전환하고 독창적인 아이디어로 발전시키는 종합적 사고능력을 계발하도록 한다.

프로그램 진행방법이나 결과물의 형태는 글쓰기, 토론하기, 그리기, 만들기, 생각하기, 상상하기, 느끼기, 관찰하기, 분석, 발표, 평가 등의 방법과 형태로 진행한다.

❷ 디자인: 우리 생활에 필요한 모든 디자인을 교육 소재로 하여, 주어진 조건과 개념을 명확하게 이해하고 문제점을 분석하여 합리적 대안을 창안하고, 아이디어를 이미지로 구체화 · 형상화하는 과정에서 통찰력과 창의적 탐구정신, 응용력을 계발한다.

개별 프로그램의 예를 들어보면, 노인을 위한 방을 디자인하기, 자전거를 타는 사람의 안전을 고려하는 다양한 장치, 전혀 새로운 개념의 청소기 디자인하기, 튼튼하고 안전한, 아름다운 교량 디자인하기 등의 프로그램과 교육활동이 여기에 속할 것이다.

❸ 감정: 보고, 듣고, 만지고 느끼는 오감 체험으로 다양한 감각능력을 일깨우고 정신적인 즐거움, 정서적 안정감, 추상적 느낌을 인지하고 구체화하는 방법, 자신의 감정을 통제 · 조절하는 능력을 습득한다. 또한 몸을 직접 움직이며 느끼고 체험하는 형식의 프로그램을 포함한다.

❹ 상상력: 현실세계의 구체적인 상황을 초월하여 엉뚱하게 생각해 보고 새로운 의미를 부여하고, 미지의 것에 대하여 생각해 보는 활동을 통해 상상력을 계발한다. 상상력은 다양한 경험과 호기심에서 출발한다. 잊고 있던 지식과 경험을 떠올려 봄으로써 사고를 변환하는 지각활동을 자극한다.

❺ 작품: 사물을 직접 관찰하고 느껴봄으로써 사물의 속성을 이해하고 형태나 색채, 공간 등을 인지하도록 한다. 또한 생각과 아이디어를 이미지로 구체화하고 표현하기 위한 다양한 기법과 방법을 경험함으로써 세련된 미적 감각과 균형 잡힌 안목을 몸으로 익히도록 자극한다. 재료의 특성을 이해하고 응용하여 표현하는 과정에서 다양한 표현기술과 기법, 재료 지배 능력을 키우도록 한다.

5. 결론

지금까지 우리나라 디자인영재교육의 현황과 디자인영재를 선발하는 기준과 방법, 프로그램이 지향해야 할 내용들을 간략하게나마 살펴보았다. 사실 디자인영재의 개념조차 생소한 우리의 디자인 현실에서 디자인영재에 대한 정의를 내리는 것은 쉬운 일이 아니다. 예술로서의 디자인, 과학기술로서의 디자인, 기업경영으로서의 디자인, 이렇게 다양한 측면을 함께 지니고 있는 디자인의 속성을 통합하여 하나의 기준을 마련한다는 것은 불가능한 일일지도 모른다. 그러나 디자인이 가지고 있는, 본질적으로 변하지 않는 것이 있다. 디자인을 한마디로 정의한다면 그것은 '창조성' 이다.

디자인이 '혁신적인 아이디어' 를 '시각적 형식' 으로 구체화하는 것이라면 분명 디자인 교육은 '혁신적 사고' 를 배양하고 그것을 효과적으로 '시각화' 하는 데 초점을 맞추어야 할 것이다. 혁신을 가능하게 하는 '창의성' 과 시각화의 전제조건인 '시각적 사고력' 을 키우고 이들을 통합하는 능력을 익히도록 하는 것이 바로 디자인영재교육이 지향해야 할 핵심요소인 것이다.

이러한 측면에서 보면 디자인영재교육은 일반 '영재교육' 과 '미술영재교육' 의 목표와 일면 닮아 있기도 하다. 따라서 지나친 전문화로 인한 폐쇄성을 피하고 인접 학문과의 연계성을 적극적으로 모색하고 열린 시각과 유연한 태도로 서로의 공통점을 이해하고 수용하여 진정한 의미의 통합교과적 교육운영이 될 수 있도록 해야 할 것이다.

또 하나 중요한 것은 디자인은 인간생활에서의 문제를 해결하는 활동일 뿐만 아니라 인간의 정신과 삶을 풍요롭고 가치있게 만드는 의식적인 활동이라는 점이다. 미국의 인지심리학자 노먼(Donald A. Norman, 1987)은 많은 디자이너들이 조형을 앞세워서 사용상의 어려움, 불편함을 초래한 다양한 사례들을 제시하면서 디자이너의 무책임성을 통렬히 비판하고 있다. 디자인은 인간의 요구를 수용하고 배려하는 것에서 출발한다. 디자인교육을 통해 아이들로 하여금 우리의 삶과 환경, 자연의 섭리를 이해 · 탐구 · 발견하도록 하고 깊은 성찰과 통찰력으로 인간 중심의 창조활동이 될 수 있도록 해야 할 것이다.

허버트 리드는 교육이란 처음부터 끝까지 전인교육이어야 한다고 주장한다. 교육을 통해 올바른 인격을 형성하고 건전한 자아를 이끌어 내어 사회의 건강한 일원으로 성장할 수 있도록 하는 것은 우리 사회와 미래를 위해서도 매우 의미 있는 일이다. 아이들이 그들의 창조적 · 예술적 재능을 발휘하여 창의적 해결책을 마련하는 것도 바로 '인간'을 위한 일임을 잊지 않도록 해야 할 것이다.

참고문헌

김영채(1999). 창의적 문제 해결, 서울: 교육과학사.

김춘일 외(2004). 예술영재교육, 서울: 미진사.

정시화(1996). 산업디자인 150년, 서울: 미진사.

참여정부 디자인산업 발전전략(2004). 디자인산업 발전기획단, 산업자원부.

Arnheim, Rudolf(1986). *New essay on the psychology at art*, University of California Press.

Byars, Mel(1981). *Innovations in design and materials*, New York: RotoVision.

Cox, Daniel & Boston(1985). *Educating able learners: Programs and promising practices*, Austin, TX: University of Texas Press.

De Bono, Edward(1971). *Practical Thinking*, London: Jonathan Caps.

Design Policy: Vol. 1~6. *The Proceedings of an International Conference on Design Policy held at RCA*, London 20~30 July, 1982, The Design Council, 1984.

Dormer, Peter(1995). *Design Since 1945*, London: Thomas and Hudson.

Gray A. Davis, Sylvia B. Limm(1994), *Education of the Gifted and Talented*, 영재교육의 이론과 방법, 송인섭 외 역, 서울: 학문사.

Munali, Bruno(1970). *Design as Art*, 예술로서의 디자인, 서울: 일지사.

McCoy, Michael(1987). *Interpreting technology through product form, Industrial Design*, Tokyo: No. 139+140.

McLuhan, Marshall(1970). *Culture is Our Business*, New York: McGraw Hill.

Nelson, George(1957). *Problems of Design*, New York: Whitney Publications.

Norman, A. Donald(1988). *The psychology everyday things*, New York: Double day/Currency.

——————(1993). *Things that make us smart*, New York: Addison-Wesley.

Papanek, Victor(1971). *Design for the real world*, New York: Pantheon Books.

Rawson, Bryan(1980). *How Designers Think*, London: Architectual Press.

Read, Sir Herbert(1954). *Art in Industry*, New York: Horizon.

Renzulli, J. S.(1986). The three-ring conception of giftedness: A developmental model for creative productivity, In R. J. Stemberg and J. E. Davidson, *Conceptions of Giftedness*, Cambridge, MA: Cambridge University Press.

08

무용영재의 판별과 교육

오레지나 / 선화예고 교사, 국민대 강사

1. 서론

천재(天才), 수재(秀才), 영재(英才), 재능아(才能兒) 등은 특별히 뛰어난 사람을 지칭하는 용어로 사용된다. '천재' 나 '신동' 은 각각 '하늘이 내린 재능', 또는 '신이 주신 아이' 라는 뜻으로 타고난 능력을 강조하고 있으며, '수재' 는 '으뜸가는 재능' 의 뜻으로 천재나 신동보다는 좀 낮은 수준의 재능, 즉 '상당히 뛰어난 재능' 의 뜻을 나타내고 있다. '영재' 는 '꽃을 피운 재능' 이라는 의미로서 환경을 통해서 타고난 잠재력을 계발해야 한다는 의미를 더 함축하고 있는 용어라고 하겠다. 천재나 신동이 타고난 능력에 초점이 맞추어져 있는 것에 반해, 영재는 타고난 잠재력이 뛰어나야 한다는 점을 인정하면서도 동시에, 교육을 통해서 계발하지 않으면 안 된다는 것을 강조한다(박성익, 조석희, 김홍원, 이지현, 윤여홍, 진석언, 한기순, 2004).

'누가 영재인가' 를 밝히는 문제는 오래 전부터 논의되어 왔으나 아직까지도 일관성 있는 합의를 보지 못하고 있는 실정이다. 영재성이란 것이 키가 크거나 머리가 큰 사람을 골라내듯이 눈으로 직접 확인할 수 있는 것이 아니라 심리학적인 구조(psychological construct), 즉 개념적인 것이기 때문이다.

터먼뿐만 아니라 영재연구 초기단계에서는 영재의 규정을 일반적으로 지능만의 단일요인(single factor)으로 한정하여 정의하였으나 가드너 등 많은 후속 연구자들은 지능을 단일요인에 의하여 규정하려는 것에 대하여 의문을 제기하였다. 음악, 미술, 운동 등의 분야에서 더욱 두드러졌던 것이 최근에는 사회가 필요로 하는 모든 영역에서 영재가 나타날 수 있다는 방향으로 변화 추세를 보이고 있다(이군현, 2002).

일반적인 영재에 관한 정의를 기초로 무용과 같은 특수 분야의 영재, 즉 무용영재와 무용영재성을 규정하는 일 또한 쉽지만은 않다. 한국교육개발원 수탁연구 "발레 영재 판별에 관한 기초 연구"에서, 조은숙(2003)은 발레영재는 발레예술에 적합한 신체를 갖고 태어난 사람으로서, 발레에 천부적인 재능이나 능력을 가진 사람이라고 정의하고 있다. 또한 서울시교육과학연구원의 정책과제 연구에서 김기웅, 오레지나, 문영, 김윤진, 안문경(2003)은 무용의 정의에 근거한 무용영재성의 개념을 다음과 같이 제시하고 있다. 무용은 "인간의 사상과 감정을 미적 신체동작으로 표현하는 총체예술"(문영, 1997)로서, 이러한 정의에 근거하여 무용영재성을 정의하면 "무용영재성은 무용동작을 독창적으로 수행할 수 있는 능력"이다. 이것은 탁월한 창의적 무용능력(dance talent)으로 볼 수 있으며, 이러한 '무용능력을 가진 사람'을 무용영재라 할 수 있다.

무용영재는 '무용에 재능을 보이는 자', '무용에 잠재력을 가진 자', '무용능력을 가진 자' 등으로 생각할 수 있으나, 현실적인 무용장르나 무용교육 현황을 고려해 본다면, 무용영재성의 범위에 대해서도 단일한 개념이나 구성요인을 밝히는 것보다는, 좀더 포괄적인 차원에서 무용영재성을 논의해야 할 것이다. 즉 신체 움직임 능력, 예술적인 성향이나 동기, 창의성, 리더십 등의 인지적 · 정의적 · 사회적 · 심리운동적 차원을 모두 고려하여야 한다. 그러므로 무용영재는 무용능력, 즉 무용수로서의 능력, 안무자로서의 능력 등 무용 전반에 관한 능력을 포괄적으로 함축하고 있어야 한다.

이러한 무용영재를 사회에 기여할 수 있는 인물로 키워내기 위해서는 체계적인 판별도구의 개발과 무용영재를 위한 창의성 교육이 절실히 요구된다. 2003년 한국교육개발원의 "예술영재 판별에 관한 기초연구"와 2003년, 2004년 서울시교육연구원의 무용영재에 관한 정책과제 연구 등으로 무용영재에 대한 연구가 시작되면서 무용영재에 대한 관심이 증가하고 있다. 그러나 아직도 무용영재에 대한 연구가 부족한 실정이며 무용영재의 판별과 교육에 대한 다양한 각도에서의 지속적인 연구가 절실히 요구되고 있다.

2. 무용영재의 확인 및 판별 방법의 사례들

무용영재의 판별에 적합한 표준화된 방법이나 기준은 제시되고 있지 않다. 특히 무용예술의 성격상 무용영재성의 과학적 · 객관적 측정이나 판별은 상당히 제한적이며 전문가의 주관적 판단이 배제될 수 없으므로, 개인의 경험과 주관적 판단에서 기인하는 판별의 오류는 항상 존재한다. 또한 무용장르나 선발기관의 교육적 목적에 따라 다양한 기준과 판별방법이 사용되고 있는 것이 현실이다.

1) 네브래스카(Nebraska)주 교육청

미국의 네브래스카주 교육청에서는 여덟 가지의 기본수행 기능에 대해서 각 항목을 5점 척도로 평가하여 이 점수를 기초로 합한 점수에서 상위 35명의 학생을 영재교육 프로그램에 참여시킨다(김정휘, 1998).

① 걷기(walk): 팔의 움직임에 중점을 두면서 한 다리에서 다른 다리로 무게를 교대로 이동한다(다리의 이동, 팔의 움직임).

② 달리기(run): 팔의 움직임과 마루에 닿는 발에 중점을 두면서 빠르고 세련되게 한 다리에서 다른 다리로 무게중심(center of gravity)을 교대로 이동한다.

③ 도약(leap): 다리와 팔의 움직임에 중점을 두면서, 그리고 마루에 닿을 때의 발의 위치에 중점을 두면서 달리기보다 높이 뛴다.

④ 높이뛰기(jump): 무릎의 위치와 착지할 때의 발에 중점을 두면서 한 발 또는 양발로 뛰어올라서 무게중심을 위로 이동하여 두 발로 동시에 착지한다.

⑤ 한 발로 깡총 뛰기(hop): 팔의 움직임과 착지에 중점을 두면서 무게중심을 한 발에서 뒤로 이동한다.

⑥ 뛰어넘기(skip): 팔의 움직임과 착지에 중점을 두면서 한 발로 깡총 뛰어서 앞으로 이동한다.

⑦ 미끄러지기(slide): 팔을 들었다 내리면서(bounce in the movement) 그 위치와 착지에 중점을 두면서 부드러운 한 발 전진(step)과 끌어 모으기(draw)를 조합한다.
⑧ 질주(gallop): 높이, 팔의 위치, 그리고 발의 접촉에 중점을 두고 매번 밀어올림으로써 활주하는 것(미끄럼 타는 것)보다 높이 뛴다.

2) 이란(Iran) 프로젝트

이란 프로젝트에서는 무용에 재능이 있는 학생들을 선발하기 위하여 무용에 재능 있는 학생을 위한 점검목록(〈표 1〉)과 무용재능에 대한 자기점검표(〈표 2〉)를 사용한다(김정휘, 1998).

〈표 1〉 무용에 재능 있는 학생을 위한 점검목록

문항	1	2	3	4
1. 자신의 신체를 표현의 도구로 받아들인다.				
2. 자신의 신체에 대해 만족해한다.				
3. 자신의 무게중심을 효과적으로 다룰 수 있다.				
4. 신체적 균형감을 보여준다.				
5. 공간에서 쉽사리 방향 감각을 잃지 않는다.				
6. 좋은 방향 감각을 갖고 있다.				
7. 경제적으로 방향, 수평, 중심을 바꿀 수 있다.				
8. 등, 어깨, 허리, 엉덩이, 다리와 발의 유연성을 입증한다.				
9. 공간에서 자신의 신체의 선과 구상(의도)에 대해 알고 있다.				
10. 자신의 신체를 통합적으로 움직일 수 있다.				
11. 기법들을 쉽고 빠르게 숙달할 수 있다.				
12. 쉽게 이행(신체 전환)에 숙달할 수 있다.				
13. 연속된 동작을 쉽게, 그리고 잘 수행할 수 있다.				
14. 정확한 리듬을 유지할 수 있다.				

문항	1	2	3	4
15. 역동적 변화에 참여할 수 있다.				
16. 자신의 신체 긴장과 긴장-이완 기법을 조작할 수 있다.				
17. 창조적 표현(projects)을 위한 다양한 종류의 해결책을 알고 또 시도한다.				
18. 시행착오 과정을 즐긴다.				
19. 독창성과 창의력이 풍부한 표현을 한다.				
20. 실수하는 것을 두려워하지 않는다.				
21. 기꺼이 새로운 동작을 숙달하려고 한다.				
22. 유머 있다.				
23. 즉흥적이다.				
24. 운동을 위한(율동 그 자체가 목적인) 운동을 즐긴다.				
25. 의미나 느낌을 몸동작으로 전달할 수 있다.				
26. 집중할 수 있다.				
27. 다른 사람의 춤을 보는 것을 좋아한다.				
28. 자신의 스타일을 창안한다.				
29. 자기독립적(self-contained)이다.				
30. 신체적이고 정서적인 통제를 입증한다.				
31. 배운 것이든, 자신이 창안한 것이든 다양한 무용을 연기할 수 있다.				

〈표 2〉 무용에 관한 자기점검표

문항	아니오	일부	예
1. 율동이 대단히 즐겁다.			
2. 하나하나의 동작에서 큰 기쁨을 맛본다.			
3. 움직임에 완전하게 열중할 수 있다.			
4. 무용이 없었다면 공허감을 느꼈을 것이다.			
5. 새로운 스텝을 숙달하기 위해 노력할 수 있다.			
6. 기술에 숙달하기 위해 열심히 노력할수록 나 자신을 표현하는 데 자유로워진다는 것을 느낀다.			
7. 새로운 조합(combination)을 시험하기 좋아한다.			
8. 즉흥 연기를 좋아한다.			
9. 동작에 대한 아이디어가 쉽게 떠오른다.			
10. 내 감정을 동작으로 표현하기 위한 독창적인 방식을 찾는다.			
11. 내 신체는 편안하며 하고자 하는 것을 할 수 있다.			
12. 나는 유연하고 움직임의 범위가 넓다.			
13. 내 몸을 잘 통제할 수 있다.			
14. 내가 만족할 때까지 창조적 연구(작업)를 계속할 것이다.			
15. 공간이 내 신체의 확장인 것처럼 느껴진다.			
16. 공간에서 나의 몸의 움직임의 의도를 알 수 있다.			
17. 리듬은 나의 일부분이다.			
18. 음악이 없을 때라도 내가 움직일 때 리듬을 느낀다.			
19. 나의 동작을 통해 나의 감정을 표현할 수 있다.			
20. 남을 위해 춤추는 것을 좋아한다.			
21. 내가 춤출 때 남과 감정 교류를 느낀다.			
22. 다른 사람의 무용 관람을 좋아한다.			
23. 남들의 동작으로 그들이 말하는 바를 느낀다.			
24. 무용 교습을 받는 것을 좋아한다.			
25. 평생 동안 무용을 하고 싶다.			

3) 중국 북경무용학교

중국 북경무용학교에서는 만 10~11세부터 만 17~18세의 학생들을 대상으로 신체검사, 실기검사, 음악 청음력을 검사한다. 신체검사에서는 신체의 균형감, 운동감각, 관절, 유연성, 턴 아웃(turn-out)의 정도를 보고, 실기검사에서는 기본적인 동작들을 통해 음악성과 표현력 정도를 알아본다. 발레 기본자세, 마임, 역사무용에서 나오는 폴카, 마주르카 등을 선생님이 시범으로 보여주고 학생들이 따라하게 한다. 그리고 리듬 감각과 음악성을 검사한다.

북경무용학교를 졸업하고 같은 학교에서 교사로 활동했던 유병헌(2003)에 의하면, 발레 영재를 판별하는 방법에서 응시 연령은 11~12세를 대상으로 하며, 가급적 무용경험이 없는 학생을 선호한다고 한다. 그리고 체형, 턴 아웃 자세, 유연성, 탄력성, 음악성, 리듬감을 검사한다고 한다.

체형에서는 발레의 6번 자세를 기준으로 하며 다음과 같은 항목을 확인한다. 첫째, 다리의 선은 O자나 X자로 휘지 않고 곧아야 한다. 둘째, 무릎 뼈가 크지 않아야 하며, 곧게 펴져 있어야 한다. 곧게 펴져 있지 않을 경우, 무릎을 스트레치 시켜보아 펴질 수 있는 무릎인지의 가능성을 본다. 셋째, 상 · 하체 비례는 하체가 최소한 13cm 이상 더 길어야 한다. 이때 상체는 머리를 숙였을 때 가장 돌출한 경추에서 엉덩이 선까지이며, 하체는 엉덩이 선에서 뒤꿈치까지이다. 넷째, 여학생의 경우를 주로 관찰하며, 새끼발가락을 제외한 4개의 발가락 길이가 비슷해야 한다.

양 다리의 턴 아웃에 대해서는 누운 상태에서 드미 플리에(demi-plie)와 그랑 플리에(grand plie)를 시켰을 때 무릎이 땅에 닿아야 하며, 무릎이 떠 있을 경우는 교사가 눌러봐서 쉽게 내려가야 하며 튕겨 올라오지 않아야 한다. 그리고 다리를 곧게 펴고 바닥에 앉아서 다리 전체를 턴 아웃 시켜보고 발이 더 쉽게 돌아가는지 눌러본다.

유연성을 확인하기 위해서는 다음의 항목을 체크한다. 첫째, 두 손을 깍지 낀 상태로 팔을 위로 올려서 머리 뒤로 넘겨보기도 하고, 넘긴 상태에서 팔을 펴보도록 시켰을 때 쉽게 펴져야 한다. 둘째, 허리를 뒤로 젖혀서 두 손과 발로 몸을 지탱한 자세를 시키고, 그 상태에서 허리를 위로 들어보아 허리가 쉽게 휘어져야 한다. 그리고 머리를 숙여서 다리 사이로 넣어본다. 셋째, 바닥에서 스트레치를 시켰을 때 다리가 쉽게 벌어져야 한다. 그리고 한 손으로 바를 잡게 하고 다리를 들어보도록 시킨다. 교사가 한 손으로는 먼저 몸이 틀어지지 않게 학생의 몸을 잡고 다른 한 손으로 일하는 다리를 90도 이상 앞, 옆, 뒤로 들어본다. 이때 몸이 틀어지지 않은 상태로 다리가 머리에 닿을 만큼 높이 올라가는 것이 좋다. 넷째, 발 포인트를 시켰을 때 발등이 유연하게 휘어져야 한다. 혹시 발등이 휘어질 수 있는지 눌러본다.

탄력성에 대한 검사는 편한 자세로 공처럼 뛰어보도록 시켰을 때 높이 뛸 수 있어야 하고, 음악성은 시범자가 간단한 동작을 1회 시범한 후 학생이 음악에 맞추어서 할 수 있는지를 보는데 예를 들어 발란세(balance), 폴카(polka), 갤롭(gallop) 등이 된다. 마지막으로 리듬감은 리듬을 들려주고 학생이 박수를 쳐서 리듬을 따라 할 수 있는지를 확인한다(김기웅, 오레지나, 문영, 김윤진, 안문경, 2003).

4) 영국 왕립발레학교

영국의 왕립발레학교에서는 만 11~18세 연령의 학생을 대상으로 한다. 전반적 심사로 키, 발레에 적합한 신체적 구조, 팔과 다리의 유연성, 발, 얼굴 등의 외모 검사를 실시하고, 음악적 능력과 리듬감, 활동능력과 균형감각, 표현력과 상상력을 검사한다. 또한 검사가 단계적으로 이루어지는데 1차 시험에서는 기본적 발레 움직임, 음악에 맞춰 뛰기, 즉흥 무용(상상력, 리듬감 테스트)을 실시하고, 2차 시험에서는 간단한 수업을 통한 테스트, 신체검사, 부모와의 면담(응시자의 자질, 성격 심사)을 하며, 최종 심사에서는 손목의 엑스레이 검사를 통하여 로열 발레단에 알맞은 표준 신장이 될 것인지를 가늠하게 된다(조은숙, 2003).

5) 캐나다 국립발레학교

캐나다 국립발레학교에서는 만 10~11세의 학생들이 4주간의 다양한 실기 오디션을 통해 발레 영재로 선발된다. 엄격한 신체검사를 바탕으로 3회에 걸친 실기시험을 실시하여 영재를 뽑는다. 판별기준은 다음과 같다. 첫째, 건강진단서로 신체적인 상태, 시력, 청각, 신경조직에 관해 상세한 조사를 한다. 둘째, 신체의 균형감, 운동감각, 관절, 유연성, 턴 아웃의 정도 등 발레에 적합한 신체적 구조를 검사한다. 셋째, 기본적인 동작 구사로 신체적 적합성, 조화, 유연성, 음악성, 표현력 등을 평가한다(정희자, 2005).

6) 오하이오 교육청

오하이오 교육청에서는 예술전문가, 예술가가 시각 · 공연 예술 분야(무용 포함)의 영재를 확인하는 데 필요한 지침서를 제공하기 위해 교육자를 위한 핸드북을 개발하였다.

영재 확인의 절차는 오하이오 법률에 의거하여 유사한 나이, 경험, 환경의 아이들보다 뛰어난 학생인지 아닌지를 목표로 한다. 즉 오하이오의 영재 식별은 전시, 오디션, 공연을 통해서 한다. 오하이오의 무용 영재를 식별하고 확인하는 데 행동 점검표(Bebavior Checklist)와 ODE(오하이오 교육청)에 의해 승인된 퍼포먼스 평가(performance measure) 두 가지가 있다.

행동 점검표는 국가에서 승인된 도구인 영재평가기준(Gifted and Talented Evaluation Scales, GATES)을 사용하도록 명시되어 있다. 행동의 특성을 설문지를 통해 알아보는 것으로, 5~18세 아이들에게 적용시킬 수 있도록 고안되었다. 이 도구에서 일정한 점수를 획득하게 되면, 공식적으로 영재를 확인받을 수 있게 된다.

오하이오 교육청는 무용에서의 영재성을 확인하기 위한 명료한 모형을 만들었다. 통합 모형은 춤, 창작 과정, 퍼포먼스 포트폴리오, 춤에 대한 의견으로 이루어져 있다. 검사자는 대상자의 춤과 춤을 만드는 과정이 포함되어 있는 포트폴리오를 통해 채점하게 되며, 포트폴리오와 제시된 응답지를 통하여 학생의 무용에 대한 생각을 검토한다.

그리고 이러한 검토는 오하이오 교육청에 의해 고안된 채점표(rubric for scoring dance/performance)에 의해 이루어진다. 교육된 검사자는 한 학생당 단지 1개의 채점표만을 작성하도록 한다. 채점표는 학생들의 모든 과정을 평가할 수 있도록 고안되었다. 이것은 춤과 창작과정, 학생들의 춤 공연을 관찰하는 데 필요할 뿐만 아니라, 학생들이 작성한 문서를 검토하기 위해서도 필요하다. 학생들의 응답은 제출한 포트폴리오와 오디션/퍼포먼스 응답지를 통해 알 수 있다.

7) 우리나라 무용영재 선발

대표적인 예술중학교인 예원학교와 선화예술학교에서는 만 12~13세 학생을 대상으로 영재를 판별하는 선발고사를 치른다. 선발고사는 체격과 기본 테크닉, 면접으로 나뉘어 실시되며, 체격은 무용에 적합한 신체적 구조인지를 무용교육전문가의 육안으로 판단한다. 또한 기본 테크닉 평가에서는 발레의 경우에는 바와 센터 동작을 구분하여 발레의 기본 테크닉과 예술적인 표현을, 한국무용의 경우에는 기초 동작의 따라하기를 통해 기초적인 동작능력과 예술적 표현을 보며, 기초학력과 인성을 평가할 수 있는 면접을 실시하여 각 평가항목의 총합으로 학생을 선발한다.

국립발레단 부설 발레아카데미 문화학교는 만 7~18세의 학생을 대상으로 기초적인 바 동작과 센터 동작들을 심사하며, 유니버설 발레아카데미는 간단한 발레 기본 테크닉을 심사하고 기본 신체조건을 보며 만 5~18세를 대상으로 한다. 또한 한국예술종합학교 무용원의 예비학교에서는 만 9~10세부터 만 16~17세까지의 학생을 대상으로 발레 기본 테크닉으로 기초적인 바 동작, 센터 동작들을 심사하고, 신체조건은 테크닉 과정중에 확인하고 있으며, 필요 시에는 심사위원이 촉지를 통해 유연성과 균형 등을 심사한다.

이상에서 살펴본 바와 같이 신체적 조건과 유연성, 기초적인 동작능력 등이 공통적인 기준으로 사용되며, 전문가의 시각적 관찰이 영재판별에 쓰이고 있음을 알 수 있다. 그러나 잠재력을 가진 아동을 위한 판별기준은 아직도 명확하지 않다. 종합해 보면 신체적인 조건인 체격이나 체력 차원의 요인들은 전문가의 판단을 통해서, 움직임 능력은 실기수행평가를 통해서, 무용에 대한 흥미나 태도 등은 면접을 통해서 무용영재를 선발하고 있다. 향후 지속적인 연구의 수행으로 좀더 객관적이며 과학적인 영재선발의 기준과 판별방법을 마련해야 한다.

3. 무용영재 판별의 경험적 근거

다음은 무용영재 판별도구의 개발을 위하여 국내 무용전문가 30인을 대상으로 준표준화된 인터뷰와 무용전문가 6인을 대상으로 자문회의를 실시하여 얻은 무용영재의 정의, 무용영재의 선발범위, 무용영재의 판별기준, 무용영재의 선발시기, 무용영재의 구성요인에 대한 결과이다(김기웅, 오레지나, 문영, 김윤진, 안문경, 2003, 2004).

1) 무용영재의 정의

무용전문가를 대상으로 하는 인터뷰와 자문회의에서 무용영재의 정의를 요청할 경우, 주로 체격, 음악성, 테크닉, 끼, 표현성 등의 단어들이 나타난다.

〈표 3〉 무용영재의 정의에 대한 반응도(회)

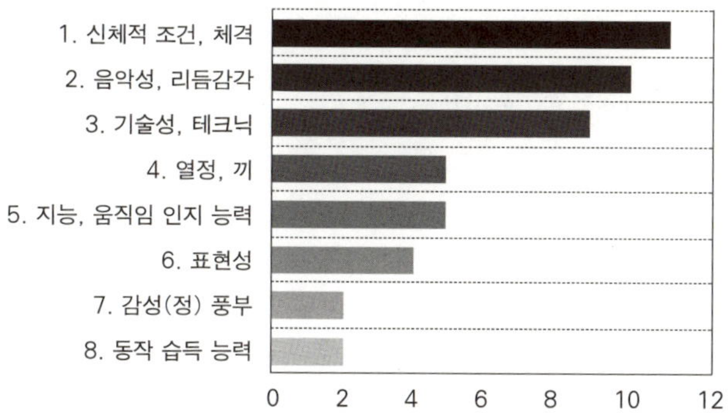

무용영재란 체격이 적합하고, 음악성과 기술성이 있으며, 끼라는 성향을 가지며, 지능이 높고, 표현력이 풍부한 능력이라고 할 수 있다. 결과적으로 무용영재는 신체적 · 인지적 · 정의적인 능력을 모두 갖추는 것을 의미한다.

2) 무용영재의 선발범위

무용영재의 선발범위에서는 기존의 분야로 구분하여 선발하자는 의견이 통합선발보다 많은 반응을 보였다.

구분 선발 이유는 각 분야에 따른 적성, 신체적 요구, 동작 특성 등이 다르기 때문이라는 것이며, 발레와 한국무용만 구분하자는 의견이 주를 이루었다. 통합 선발 이유로는 세계적 추세와 흐름에 맞추어야 한다는 의견과 춤의 기본이 동일하기 때문에 영재의 선발은 장르 구분 없이 선발해야 한다는 의견이 나왔다.

무용경력이 높을수록 장르의 구분 선발과 통합 선발에 대한 의견 격차가 감소함을 확인할 수 있다.

〈표 4〉 무용영재의 선발범위에 대한 반응빈도(명)

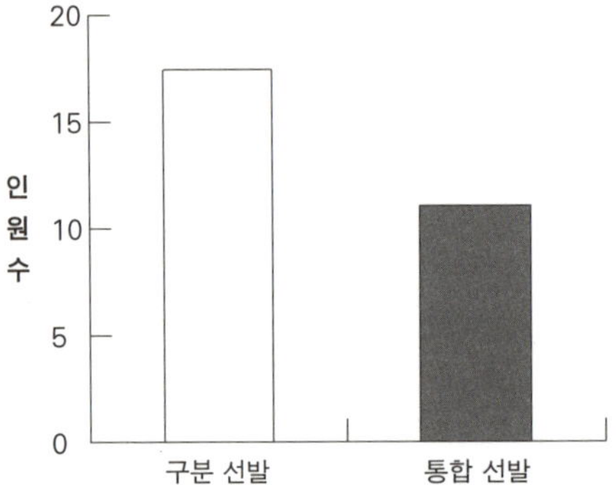

〈표 5〉 무용영재의 선발범위에 대한 무용경력별 반응빈도(명)

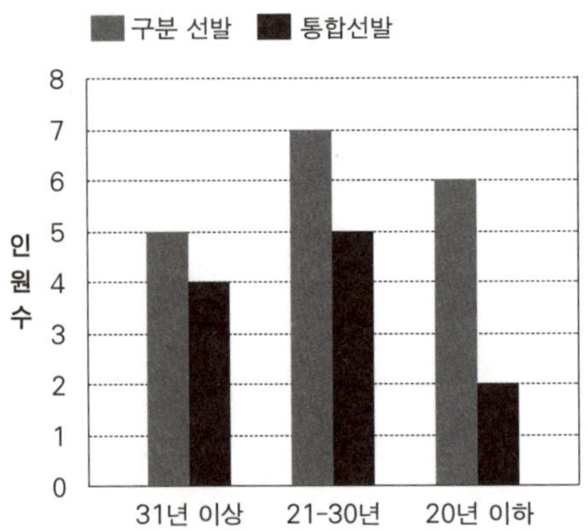

3) 무용영재의 선발시기

무용영재의 선발 시기에 대해서는 문헌연구를 기초로 예측한 10~11세와는 달리 6~7세에서 가장 많은 빈도를 보였다.

〈표 6〉 무용영재의 선발시기에 대한 반응빈도(회)

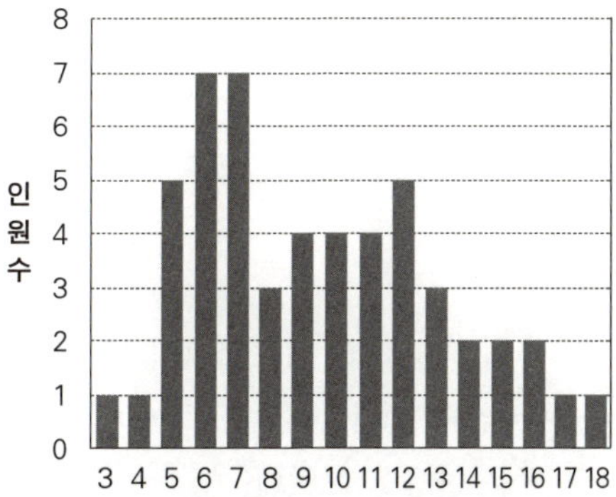

4) 무용영재의 구성요인

무용영재의 구성요인에 대한 질문에서 무용전문가들은 체격 조건, 음악성, 표현력, 감수성 등 무용영재의 정의에서와 비슷한 반응을 보이고 있으며, 성실성, 성품 등 인성적인 요소를 중시하는 모습 또한 엿볼 수 있다.

〈표 7〉 무용영재성의 구성요인에 대한 반응빈도(회)

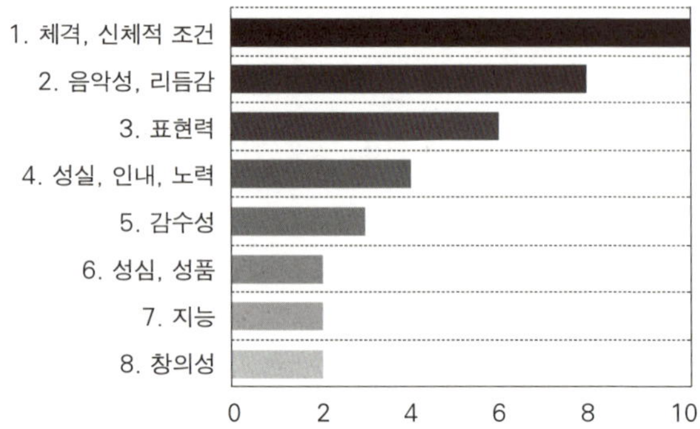

5) 무용영재의 판별기준

"무용영재를 판단할 수 있는 기준이 무엇이라고 생각하십니까?"라는 질문에서 무용전문가들은 음악과 움직임의 조화, 즉 몸으로 음악을 얼마나 잘 표현하는지에 대하여 가장 많은 반응을 보였다.

〈표 8〉 무용영재의 판별기준에 대한 반응빈도(회)

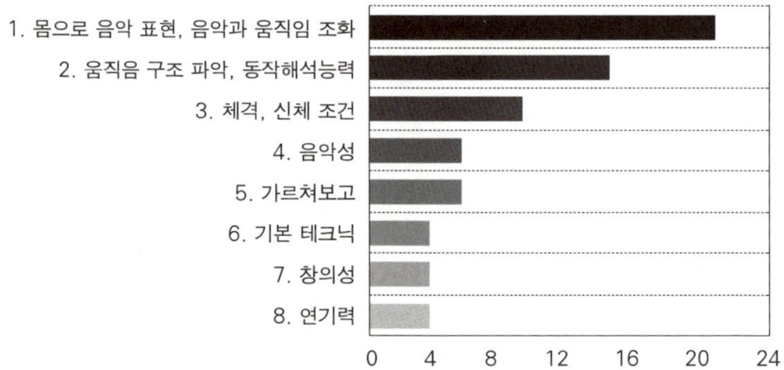

이는 무용영재를 판별함에 있어서 신체조건 못지않게 중요한 움직임 감각, 동작 해석능력이나 음악성, 표현성 등에 대한 평가가 이루어져야 한다는 전문가들의 의견을 읽어볼 수 있는 결과이다. 그리고 조작적 정의를 하기는 어려우나 경험적으로 갖고 있는 판단의 기준들에 대해 전문가들은 "가르쳐보면 알 수 있다"로 답변하고 있다.

4. 무용영재 판별도구

무용영재의 판별을 위한 기준모형은 신체의 구조적 측면인 체격요인, 기능적 측면인 체력요인, 무용동작의 창의적 재현과 구성의 능력인 동작능력, 그리고 미적으로 표현하고자 하는 심리적인 속성인 무용성향으로 구조화된다.

1) 무용체격

무용체격(dance physique)이란 예술적(미적) 동작을 수행하는 데 요구되는 최적의 신체적 구조를 말한다. 이는 각종 스포츠에서 종목별로 특수하고 구체적인 신체구조를 요구하는 것과 마찬가지다. 농구 선수는 신장이 커야 하고, 반대로 승마 선수나 체조 선수는 체격이 작은 것이 경기 수행에 더욱더 적합한 것과 같이 무용수는 아름다운 동작을 수행해내기 위해 미적 형태를 갖춘 체격요건이 요구된다. 왜냐하면 미적 형태를 충족시키는 무용 동작은 무용수의 신체적 구조 요인의 상호 협응과 조화의 결과적 산물이기 때문이다. 이를 위하여 각 장르별 특징을 고려하여 관찰, 평가, 탐지, 또는 측정을 통하여 무용체격을 평가할 수 있다.

2) 무용체력

무용체력(dance fitness)이란 예술적 동작을 무리 없이 수행하는 데 요구되는 신체적 능력이다. 여기에는 일반적인 신체활동의 수행에 요구되는 것과 같은 근력, 지구력(심폐지구력, 근지구력), 유연성, 평형성, 순발력 등이 포함될 수 있으나 무용동작의 특성상 최대 능력(maximum ability)보다는 적정 능력(optimal ability)으로서의 생리적 역량으로 특징지어진다. 무용체력 평가는 직접적인 체력요인 측정과 무용동작을 통한 측정으로 나누어 실시할 수 있다.

3) 무용동작 능력

(1) 재현능력

무용수의 동작수행결과를 결정지어주는 요인은 매우 다양하지만 수행결과는 무엇보다 공연 직전까지 연습과 훈련을 통해 쌓아올린 기술, 즉 동작능력의 정도에 따라 가장 크게 영향을 받는다(Alderman, 1974). 무용영재 선발을 위한 기준이 되는 무용에서의 동작능력은 제시된 동작을 그대로 오차 없이 재현해내는 정도를 의미하며, 시제화, 공간화, 조력화가 그 내용으로 포함된다.

기본동작의 동작수행능력의 평가항목은 시제화 능력에서는 '정확한 박자에 맞추어 동작을 수행하는가?' 공간화 능력은 '동작의 방향과 위치가 정확한가?' 그리고 조력화 능력은 '동작의 액센트가 정확한가?'라는 내용으로 구체화할 수 있다.

(2) 창작능력

창작능력은 무용작품을 독창적으로 만들거나 표현할 수 있는 능력으로, 자발적이고 주관적인 임의성이 전제된다. 무용영재는 특정 주제를 제시받았을 때 확산적 인지 과정을 통하여 독창적 · 자발적 · 임의적,

그리고 다양한 동작을 만들 수 있는 잠재능력을 갖고 있다.

이를 판별하기 위하여 무용동작의 생성을 유발시키는 환경적 자극정보를 여러 가지형태로 제시한 다음 이를 바탕으로 주어진 자극정보에 대하여 무용동작을 창작하게 한다. 수행자는 제시된 방법(언어적 제시, 시각적 제시, 청각적 제시, 도구 활용)에 따라 주제를 바탕으로 독창적으로 무용동작을 생성하게 되고 이를 전문가들은 평가하게 된다.

4) 무용성향

무용성향은 무용수행에 영향을 미치는 심리적 요인으로서 무용수 개인의 속성 또는 기질을 말한다. 이것은 무용 상황에서 무용수로 하여금 공통성, 일관성은 있으나 다른 사람과는 뚜렷이 구별되는 타고난 독특한 성향이다(문영, 1999).

우리는 흔히 무용을 잘하는 사람을 보면 저 사람은 '끼'가 있다고 이야기한다. 여기서 '끼'란 무엇인가? '끼'는 무용을 잘하는 사람에게 있는 어떠한 속성으로 일반적으로 사람들이 무용하는 사람들에게 있다고 생각하는 독특한 특성, 기질을 의미한다. 이렇게 무용을 잘하는 사람들에게 있는 속성, 즉 무용성향을 판별하기 위하여 검사지를 통한 무용성향검사와 동작수행을 통한 무용성향검사를 활용할 수 있다.

5. 무용영재의 교육

무용영재교육은 무용동작의 전반에 관한 교육을 통해서 학생 개인의 능력 및 흥미 등을 고려하여 잠재능력을 계발할 수 있는 차별적인 교육으로 자리매김해야 한다. 그러므로 창의적 문제 해결력, 자기주도적인 학습능력, 지도력을 계발할 수 있도록 무용영재들을 체계적으로 교육해야 한다.

첫째, 무용영재교육은 무용동작, 즉 움직임 교육에 대한 이해를 기반으로 하는 교육이어야 한다. 인간 행동을 개념적 차원에서 운동적 행동과 언어적 · 인지적 행동으로 구분했을 때 행동의 가시적 최소 단위는 동작이다. 인간의 동작은 목적적이며 대체로 기술적이다. 무용동작 역시 인간의 신체를 통해 표출되는 행동의 특수한 측면으로서 일반적인 동작이 가지는 목적성과 기술성이라는 공통적인 특성을 지닌다(문영, 1999). 또한 무용동작은 시간 · 공간 · 힘 등의 차원들이 심미적으로 구현되어 있으며, 사고와 감정의 표현이 추상적 구조로 이루어져 있다. 이러한 무용동작에 대한 원리를 이해하고 응용할 수 있는 움직임 교육 프로그램이 개발되고 적용되어야 한다.

둘째, 예술전문교육으로서의 체계성을 갖추어야 한다. 인간존재의 독특한 표현방식인 무용의 다양한 형식을 창작, 공연, 감상을 체험하는 과정을 통해 통찰력, 사고력, 상상력, 직관력을 발달시켜 인지적 · 신체적 · 사회적 · 문화적 가치를 실현함으로써 전문예술가로서의 자질과 능력을 향상시킬 수 있는 교육으로 구성해야 한다.

셋째, 창의성을 신장시키는 교육이어야 한다. 창의성이란 새로운 것을 창조해내는 능력말고도 수많은 대안들 가운데 최상의 것을 골라내는 능력을 말한다. 그런 의미에서 창의성은 일상생활에서 부딪히는 문제들을 다스리고 불안감을 극복하는 데 아주 유용한 도구이다(이병서, 2000). 이 창의성은 재능을 발휘하는 데 아주 기본적인 역할을 한다. 재능을 발휘하는 데 매우 긴요한 창의력은 두 가지 교육적 관점에서 검토해야 한다. 첫째는, 위대한 재능을 갖고 있는 아동들이 그 재능을 키우고 펼치는 데 반드시 필요한 요인으로서의 창의력이고, 둘째는, 생존을 위해 부딪히는 크고 작은 문제들을 창조적으로 해결하는 기본적인 능력으로서의 창의력이다. 창조적 무용전문가를 양성하기 위하여 창의성 계발과 육성에 필요한 교육의 필요 · 충분조건을 탐구, 분석, 적용해야 한다.

넷째, 잠재능력 계발교육이어야 한다. 학생들의 재능은 잠재적 재능이며, 이런 잠재적 재능은 '약속된' 재능이고, 가시적 재능은 '완성된' 재능이다(Tannenbaum, 1986). 무용영재교육은 잠재적 능력을 가시적 재능으로 전환시키기 위한 교육이라 할 수 있다. 이러한 무용영재들의 잠재적인 능력을 계발하기 위한 교육적인 노력은 다각도로 이루어져야 한다.

6. 결론

무용영재의 판별은 무용장르나 선발기관의 교육적 목적에 따라 다양한 기준과 판별방법이 사용되고 있다. 그 판별은 공통적으로 신체적인 조건, 실기수행평가, 면접 등으로 이루어지는데, 신체적인 조건인 체격이나 체력 차원의 요인들은 전문가의 판단을 통해서, 움직임 능력은 실기수행평가로, 무용에 대한 흥미나 태도 등은 면접을 통해서 이루어진다. 그러나 무용영재판별에 대한 표준화된 방법이나 기준은 제시되고 있지 않는 실정이다.

무용예술의 성격상 무용영재성의 과학적 · 객관적 측정이나 판별은 상당히 제한적이며 전문가의 주관적 판단이 배제될 수 없으므로 개인의 경험과 주관적 판단에서 기인하는 판별의 오류는 항상 존재한다. 그렇기 때문에 이러한 전문가들의 경험을 기초로 한 판별과 평가의 기준에 대한 조작적 정의 및 보편적이고 체계적인 연구가 절실히 요구된다 하겠다.

참고문헌

고경화(2003). 예술교육의 역사와 이론, 서울: 학지사.

구자억, 조석희, 김홍원, 서혜애, 임희준, 장영숙, 방승진(2000). 영재교육과정 개발연구Ⅱ, 서울: 장서원.

김기웅, 장국진(1993). 운동학습, 서울: 보경문화사.

———————(2002). 운동학습의 기초, 서울: 보경문화사.

김기웅, 오레지나, 문영, 김윤진, 안문경(2003, 2004). 무용영재 판별도구 개발연구, 미간행, 서울시교육연구원.

김정희(2005). 미술영재 이야기, 서울: 학지사.

김정휘, 주영숙, 문정화, 문태형(2004). 영재학생을 위한 교육, 서울: 박학사.

김정휘 편저(1998). 영재학생 식별 편람, 서울: 원미사.

————————(1996). 영재학생의 발달에 영향을 끼치는 필요 · 충분조건들, 서울: 원미사.

김춘일 외(2004). 예술영재에 대한 인식의 문제와 개선, 미간행, 한국예술영재학회.

김태련, 김정휘, 조석희 옮김(2004). 영재교육(심리학과 교육학에서의 조망), 서울: 이화여자대학교 출판부.

김화숙(1989). 무용창작능력 향상을 위한 프로그램의 개발 및 적용에 관한 연구, 미간행, 박사학위논문, 한양대학교 대학원.

김윤진(2004). 무용 성격의 본질에 관한 조사 연구, 미간행, 박사학위논문, 이화여자대학교 대학원.

김홍원(2004). 교육청 영재 심화 교수-학습 자료 개발 연구Ⅱ, 미간행, 한국교육개발원.

문 영(1999). 무용 심리학, 서울: 보경.

박성익, 조석희, 김홍원, 이지현, 윤여홍, 진석언, 한기순(2004). 영재교육학원론. 서울: 교육과학사.

박재홍(2004). 무용예술교육 적용수업에 관한 사례 연구, 미간행, 박사학위논문, 서울대학교 대학원.

송인섭, 이신동, 이경화, 최병연, 박숙희 편역(2001). 영재교육의 이론과 방법, 서울: 학문사.

신영길, 손준구, 남석희, 김진희 편저(2001). 체육과 교육학, 서울: 형설출판사.

신은경(1996). 학문 기반 예술교육이론에 기초한 중학교 무용교육과정 모형 개발에 관한 연구, 미간행, 박사학위논문, 이화여자대학교 대학원.

유혜경(2002). 예술교육, 서울: 학연사.

이군현(2002). 영재교육의 이론과 실제, 미간행, 부산광역시교육과학연구원.

정희자(2005). 발레영재교육 인프라 구축을 위한 외국 발레학교의 현황 연구, 한국무용교육학회지, 23호, 21~41쪽.

조은숙(2003). 발레영재 판별에 관한 기초 연구, 미간행, 한국교육개발원.

Gardner, H.(1983). *Frames of mind: The Theory of multiple intelligences*, New York: Basic Books.

Renaulli, J. S.(1978). *What makes giftedness: Reexamining a definition*, Phi Delta Kappa, pp. 60, 180~184.

Sternberg, R. J.(1986). A triarchic theory of intellectual giftedness, In R. J. Sternberg and J. E. Davidson(Eds.), *Conceptions of giftedness*, NY: Cambridge Univ. Press.

09 유아영재와 진단 · 평가의 체제

조용태 / 대진대 아동학과 교수

1. 들어가는 말

지금까지 우리 사회는 다양한 분야에서 다양한 사람들이 천재 또는 영재교육에 끊임없는 관심을 가져왔고, 그러한 관심의 결과인지는 모르겠으나, 영재교육진흥법이 제정되어 그 시행을 눈앞에 두고 있다. 이렇게 영재교육에 대한 사회적 관심은 엄청나게 증가하였지만, 무엇을 영재라 하는지, 누가 영재인지, 그러한 영재는 어떻게 선발하는지, 무엇을 어떻게 교육할 것인지 등에 대한 의문들은 제대로 해결하지 못하고 있다. 거기에다 우리는 지금 유아영재에도 관심을 가져야 하는 시점에 와 있는 것이다.

조기교육이 강조되면서, 유아의 심리적 특성을 파악하기 위한 다양한 심리측정적 노력이 있었고, 그것에 기반하여 우리는 유아에 대해 많은 지식을 갖게 되었다. 그러나 한편으로는 이러한 심리측정적 지식이 교육적으로 어떤 의미를 가지는가에 대한 의문도 제기되었다. 즉 심리측정적 지식 그 자체로는 교육적 정보를 얻을 수 없거나 미흡하다는 것이다.

그럼에도 우리는 심리측정적 방법을 주로 사용해왔고 지금도 사용하고 있다. 적어도 그것을 완전하고 효과적으로 대체할 만한 적절하고 효율적인 대안이 부족하기 때문이 아닌가 한다.

유아의 심리적 특성을 진단하고 평가하는 근본적인 목적은 이들의 독특한 심리적 특성과 요구에 적합한 내용을 가장 적절한 상황에서 가장 효율적인 방법으로 전달하고자 하는 것이다. 따라서 유아의 영재성을 진단하고 평가한다는 것도, 결국은 유아영재에게 가장 적합한 상황에서 가장 적절한 내용을 전달하여 이들의 영재성을 계발하고 향상시키는 데 그 목적을 두고 있다.

2. 영재성의 구성 요인

유아영재를 진단 · 평가하기 위해서는 영재성을 구성하고 있는 요인을 확인하는 것이 우선되어야 한다. 영재성의 구성 요인을 확인하기 위해, 기존의 다양한 영재 정의에서 설명하고 있는 영재의 준거와 영재판별 기준 등을 바탕으로 해야 할 것이다.

미국 교육성(Marland, 1972)의 영재 정의에 포함된 영재성의 구성 요인은 다음과 같다.

❶ 지적 능력(intellectual ability)
❷ 창의적 능력(creative ability)
❸ 특정 학문적 능력(specific academic ability)
❹ 지도 능력(leadership ability)
❺ 예술적 능력(performing and visual arts)
❻ 심리운동 능력(psychomotor ability)

렌줄리(Renjulli, 1978)의 정의에 포함된 영재성 구성 요인은 다음과 같다.

❶ 평균 이상의 일반적 능력(above-average general abilities)
❷ 높은 수준의 과제 집중력(high levels of task commitment)
❸ 높은 수준의 창의성(high levels of creativity)

스턴버그와 데이비드슨(Sternberg & Davidson, 1986)은 다음과 같은 4가지 수준의 영재성 분류를 제시하였다.

❶ 모든 종류의 지적 기능(intellectual skills of all kinds)(언어적 · 양적 · 공간적 기억 등)
❷ 모든 종류의 예술 기능(artistic skills of all kinds)(그림, 음악, 극, 춤 등)

❸ 모든 종류의 활동 분야 적합 기능(niche-fitting skills of all kinds)(변호사, 의사 등)
❹ 모든 종류의 신체적 기능(physical skills of all kinds)(다양한 운동 관련 기능 등).

클라크(Clark, 1992)의 정의에 포함된 영재성 구성 요인은 다음과 같다.
❶ 인지(cognition)
❷ 창의성(creativity)
❸ 학문적 적성(academic aptitude)
❹ 지도력(leadership)
❺ 시각 예술과 공연 예술(visual and performing arts)

질리엄 등(Gilliam, Carpenter, Christensen, 1996)의 영재성 구성 요인은 다음과 같다.
❶ 지적 능력(intellectual ability)
❷ 학문적 기능(academic skills)
❸ 창의성(creativity)
❹ 지도력(leadership)
❺ 예술적 재능(artistic talent)

영재교육진흥법(법제처, 2001)의 영재판별 기준은 다음과 같다.
❶ 일반 지능(general intelligence)
❷ 특수 학문 적성(specific academic aptitude)
❸ 창의적 사고 능력(creative thinking abilities)
❹ 예술적 재능(artistic talent)
❺ 신체적 재능(physical talent)
❻ 기타 특별한 재능(other special talent)

이상에서 영재성을 구성하고 있는 요인들을 살펴본 결과, 지능과 창의성과 예술적 능력과 신체적 능력의 4가지를 핵심 구성 요인으로 볼 수 있지만, 현재 우리나라는 영재교육진흥법에 명시된 기준이 있기 때문에 그것에 따라야 할 것이다.

우리나라의 영재교육진흥법은 기본적으로 초등학교 이상의 아동을 중심으로 하고, 유아는 그 대상에서 제외하고 있다. 따라서 영재교육진흥법상의 영재판별 기준을 유아영재의 진단과 평가에 적용할 수 있을지에 대한 해답을 얻기 위해서는, 유아영재의 진단 · 평가와 관련하여 유아들의 발달 특성을 이해해야 한다. 유아기의 발달은 그 변화가능성이 가장 큰 시기이기 때문에, 유아영재성의 개념은 평가지표의 측면에서 발달단계에 따라 적절하고 유연해야 한다.

유아영재성에 대한 심리측정적 관점의 영향이 아직도 크기는 하지만, 이러한 성질 또는 속성은 유아들과는 직접적으로 관련이 없다. 특히 유아들의 경우는 측정된 심리적 속성(예를 들어 지능지수)이 대단히 불안정하고 쉽게 변화할 수 있는 것이다(Hutchins et al., 1988; Maccoby & Jacklin, 1974). 그래서 유아영재성에 대한 대안적인 관점이나 기준이 요구되며, 유아들이 나타낼 수 있는 특수한 능력의 다양한 잠재적 표현뿐만 아니라, 이 연령범위에서 발생할 수 있는 발달적 변화가능성에 대한 잠재력도 고려할 수 있어야 한다.

유아영재성을 위한 모형이나 틀을 개발하는 데 반드시 고려되어야 할 점은 잠재적 영재성(potential giftedness)과 실제적 또는 기능적 영재성(actual or functioning giftedness)의 구분이다. 유아의 경우는 실제적 또는 기능적 영재 행동이나 능력을 보여주는 외현적 증거는 쉽게 나타나지 않는다. 따라서 유아의 경우는 잠재적 영재 행동이나 능력을 추측해야 한다. 잠재적 영재 행동이나 능력인 미래 수행에 관한 추측은 자연스러운 상황이나 특정 유형의 행동을 하도록 설계된 특별히 구성된 상황에서의 관찰에 근거해야 한다.

유아영재의 진단 · 평가에서 핵심 요소는 잠재력과 그 잠재력을 발현하는 데 결정적으로 영향을 줄 수 있는 환경이다. 유아영재의 진단 · 평가에서는 이미 발현된 영재적 특성이 아닌 앞으로 발현될 가능성이 있는 영재적 특성이 핵심으로 고려되어야 한다. 동시에 그러한 잠재적 영재성이 발현되도록 하는 데 영향을 주는 환경적 특성도 진단 · 평가의 중요한 요인으로 고려되어야 할 것이다. 이러한 측면에서 태넌바움(Tannenbaum, 1983)의 영재성에 대한 심리사회적 정의에 주목할 필요가 있다. 태넌바움의 이론은 일반 능력(general ability), 특수 능력(special ability), 비지적 요인(nonintellective factors), 환경 요인(environmental factors)이 포함되고, 사회적 · 지적 · 물리적 환경은 아동의 뛰어난 성취에 잠재적으로 영향을 주게 된다는 것이다. 환경의 영향은 잠재적 유아영재의 수행과 특히 관련되고, 그래서 잠재적 유아영재의 사정과 관계를 가져야 한다.

하겐(Hagen, 1980)은 미래 성취의 가장 좋은 지표로 현재의 수행수준이라는 데에 대해 주목하였다. 유아들의 여러 가지 특성들은 유아의 잠재적 영재성을 나타내는 지표로 사용될 수 있으며, 그 가운데 언어발달 영역은 유아영재성의 지표로 보다 적절하다는 것이다. 구체적인 유형으로 ① 어휘의 범위(range of vocabulary), ② 일반적으로 사용된 언어의 복잡성(complexity of typically used language), ③ 아동의 정보의 범위 또는 정도(range or extent of a child's information), ④ 초기 읽기 능력(early reading ability) 등이다. 이러한 능력은 학문적 성취에 대한 우수한 예언자이다(Fatouros, 1986).

일반적으로, 여러 가지 능력/기능/적성/행동의 초기 획득과 발휘는 잠재적인 영재성의 지표로 사용될 수 있다. 이것은 아동에게 직접적인 교수가 주어지지 않았음에도 산수나 운동 기능과 같은 특정 영역에서 우수한 능력이 조기에 발휘되면 유아 영재성의 지표로 사용될 수 있다는 것이다.

유아영재성의 판별과 사정에 대한 이슈는 다면적이다. 영재성 지표의 범위와 수준, 미래에 내보일 잠재력을 정확하고 믿을 수 있게 나타내는 특성이 무엇인가도 고려해야 하는 것이다.

터틀(Tuttle)과 베커(Becker, 1980)는 유아의 행동을 관찰할 때 이러한 행동이 다른 연령의 또래에게 기대된 것과 다른지 여부에 대해 질문을 할 수 있다고 제안하였다. 그리고 유아영재성의 지표가 될 수 있는 다음과 같은 여섯 가지 영역의 특성과 행동을 제시하였다.

❶ 조기언어 획득: 풍부한 어휘를 사용한다; 길고 복잡한 문장으로 말한다; 초기에 자주 이야기한다; 그러나 무조건 일찍 말하는 것이 아니라 능숙한 언어가 될 때까지 기다린다.
❷ 소근육과 대근육 운동 기능: 쉽게 잘 걷고, 기어오르고, 달린다; 가위, 연필, 크레용 등과 같은 작은 물건을 쉽게 다룬다; 그림과 단어를 모사(copies)한다; 도구를 잘 다룬다.
❸ 지적 영역: 신호나 책도 읽는다; 산수 문제를 푼다; 다양한 아이디어에서 연상을 이끌어낸다; 사실과 사건을 기억한다; 사회적 이슈와 도덕적 이슈에 관심이 있다; 주의집중 범위가 길다; 이유를 묻는다.
❹ 사회적 영역: 다른 사람에게 동정심을 가진다; 자기 확신이 있고 독립적이다; 집단 활동을 조직하고 이끈다; 정신적 · 육체적으로 매우 활동적이다.
❺ 창의적 영역: 생생한 상상을 한다; 단어와 아이디어로 하는 놀이를 즐긴다; 아주 발달된 언어적 유머를 자주 보인다; 상상적인 방법으로 물체, 장난감, 색깔을 사용한다.
❻ 특정 영역: 음악 도구를 연주한다; 스포츠를 잘한다; 일반적으로 특정 영역에서 주목할 만한 능력을 보인다.

위의 내용들은 대부분 행동의 정도나 강도의 차이를 다룬 것으로, 유아의 잠재적인 영재성에 대한 풍부한 정보원을 나타내는 것이다. 영재성은 모든 아동이 모든 영역에서 또는 특별한 결합 영역에서 비상한 능력을 반드시 나타내는 것이 아니며, 그렇다고 단일 행동 표현으로 제한해서도 안 된다는 것이다.

결과적으로, 유아의 영재성을 구성하는 요인은 언어 능력, 대 · 소근육 운동기능, 지적 능력, 사회적 능력, 창의적 능력, 예술과 같은 특정 교과 영역 능력 등으로 구분할 수 있다.

3. 유아영재 진단 · 평가의 고려점

유아는 다른 연령의 아동들에 비해 발달적 특성이 독특하기 때문에, 일반적으로 나이 든 아동들에게 적용하는 진단 · 평가 기법들을 그대로 유아에게 적용하는 것은 부적절하다. 영재성의 진단 · 평가에서도 그 대상이 유아일 경우는 다음과 같은 일반적인 유아 진단 · 평가의 고려점에 유의해야 할 것이다(이은해, 1985; Bailey & Wolery, 1989; Husen & Postlethwaite, 1994).

첫째, 유아들은 진단 · 평가 단서를 이해하는 능력이 제한되어 있다. 진단 · 평가 단서에는 언어적 지시, 언어적 자극, 상황 단서, 문자 지식과 단서 등이 포함된다. 나이든 아동이나 청소년 또는 성인을 대상으로 실시되는 대부분의 진단 · 평가 방법이나 도구는 유아들이 읽을 수 없기 때문에 유아들에게 사용하는 것은 부적절하다. 또한 유아들은 어휘와 개념발달이 제한되어 있기 때문에, 유아들을 대상으로 해서는 의미 있는 면접을 수행할 수 없다.

둘째, 유아는 언어적 반응 능력과 지각-운동적 반응 능력이 제한되어 있다. 유아들은 언어 능력이 제한되어 있기 때문에 유아들을 대상으로 진단 · 평가를 실시하는 검사자는 몇 가지 유아의 능력을 조사해야 한다. 검사자는 명백한 운동행동이나 부모의 보고에 근거하여 유아들이 이해하고 있는 개념은 무엇이며, 구체적인 인지적 기능은 무엇인지를 조사해야 한다. 유아들은 그림에는 반응할 수 있고, 시각적 자극에 근거해서 이야기도 만들 수 있지만, 이러한 반응들은 간단하고 제한되어 있기 때문에 충분한 정보를 제공하지는 못한다. 또한 한 시점에서 사정된 유아의 특성은 다른 시점에서는 이미 다른 특성을 보여주기도 한다. 유아는 발달적 변화가 매우 빠르고 심하기 때문에 특정 시점에서 진단 · 평가한 자료로 초기 발달을 판단하는 것은 주의해야 한다.

셋째, 유아들에게 복잡한 정보처리 기능이 요구되는 유형의 질문은 부적절하다. 유아들은 현재 가장 기억에 남는 일이나 감정에 따라 질문에 반응을 하게 된다. 예를 들어, "너는 유치원 가는 것을 좋아하니?"라고 질문하면 답을 하기 전에 긍정적인 사건과 부정적인 사건을 기억해내고 자기에게 중요한 사건에 따라 반응을 하게 된다. 따라서 현재 자신의 감정에 따라 반응을 하게 되어 실제와 다른 답을 하게 될 수도 있다.

넷째, 유아들은 진단 · 평가 상황에서 필요한 것을 잘 이해하지 못하며, 이러한 상황에 부합되도록 자신의 행동을 통제할 수 없다. 진단 · 평가를 수행하는 과정에서 피검사자가 지켜야 하는 규칙이 있는데, 유아들은 이러한 규칙을 정확하게 이해하는 것이 어렵고, 그러한 규칙을 잘 따르지 못하는 경우가 많다. 유아들의 진단 · 평가는 피로, 지루함, 배고픔, 질병, 부모와의 분리에 따른 두려움 등에 영향을 받는다. 이러한 모든 요인들이 유아를 대상으로 한 진단 · 평가 결과의 안정성을 해치게 된다. 따라서 유아의 진단 · 평가는 매우 주의 깊게 수행되어야 한다.

다섯째, 유아의 성장과 발달 방법에 대한 개념과 이해에 한계가 있다. 발달을 어떤 관점에서 보느냐에 따라 검사를 구성하는 문항의 선택에 영향을 준다. 예를 들어, 피아제(Piaget)의 발달단계에 따른 관점을 가진다면, 검사에 포함된 문항이 각 발달단계를 가장 잘 대표하는 행동 진술인가라는 문제가 제기된다. 만약 기능적 접근(functional approach)에 의한 관점을 가진다면, 검사에 포함된 문항이 일상생활에 필수적인 기능인가의 여부가 문제가 되는 것이다. 또한 유아의 발달에 대한 공통적인 개념과 이해가 부족하기 때문에 진단 · 평가 도구와 문항 내용의 유형이 다양하게 변경되는 것이다.

여섯째, 유아를 진단 · 평가하는 도구들은 어떤 결정적인 기능 영역을 사정하는데 약점을 가지고 있다. 대부분의 유아 진단 · 평가 도구들이 자립기능, 의사소통기능, 운동기능과 같은 영역을 측정하지만, 몇 가지 영역은 측정하지 못하고 있다. 즉 또래와의 사회적 상호작용에 관련된 기능이나, 공격성과 같은 부적절한 행동, 지구력, 창의성을 비롯한 영재성 등과 같은 영역을 적절하게 측정하는 도구가 부족하다.

일곱째, 유아는 매우 활동적이고 주의집중력이 약하다. 진단 · 평가 상황에서 검사 과제에 대한 지속성이 결여되기 쉽기 때문에 검사 실시 시간이나 과제의 종류 등에 무리가 없도록 해야 한다. 동시에 유아를 진단 · 평가하는 사람은 훨씬 더 훈련된 기술이 필요하다.

이상과 같은 보다 '효과적인' 유아 진단 · 평가를 위해 고려해야 할 사항에 근거하여, 일반적인 영재성 측정에서 고려해야 할 것을 다음에 제시한다.

첫째, 영재성의 정의 및 개념에 의해 판별 준거가 설정되어야 한다. 진단 · 평가에 앞서 영재를 어떻게 정의하고, 개념은 무엇인지를 고려하여 판별기준을 준비해야 한다. 영재성의 정의와 개념에 따라 진단 · 평가 방법과 도구가 달라질 것이기 때문이다.

둘째, 영재의 판별은 가능한 한 조기에 연속적으로 이루어져야 한다. 영재성의 계발은 나이가 어릴수록 더 용이하고 효과가 크기 때문에 판별 시기는 빠를수록 좋다는 것이다. 동시에 계속적인 성장 · 발달에 기초하여 판별이 이루어져야 하기 때문에 단 한 번이 아닌 연속적인 판별이 절대적으로 필요하다.

셋째, 다양한 진단 · 평가 도구를 통한 다면적인 접근 방법에 의해 이루어져야 한다. 어느 하나의 판별 도구와 방법만으로는 효율적으로 이루어지기 어렵다는 가정에서 출발한다. 특정 판별 도구 및 방법이 갖는 제한점을 보완함으로써 발생할 수 있는 오류를 최소화하려는 것이다.

넷째, 제공되는 교육의 목표와 성격, 또는 영재교육의 제도적 운영 방법의 여하에 따라 진단 · 평가의 절차와 방법이 이루어져야 한다. 사고력 계발 프로그램과 과학영재 프로그램에의 참여, 심화학습 프로그램과 속진학습 프로그램에의 참여는 분명히 다르며, 따라서 진단 · 평가의 과정과 방법도 다를 수밖에 없다.

다섯째, 진단 · 평가 대상 아동의 연령 또는 학교 수준에 따라 절차와 방법이 이루어져야 한다. 어떤 진단 · 평가 방법이나 절차이든 모든 연령층의 모든 대상에게 똑같이 적용될 수는 없다. 예를 들어, 유아의 경우는 타고난 능력에 판별의 초점이 맞추어져야 할 것이며, 특정 영역의 재능이 아닌 일반적인 능력을 영재의 지표로 삼아야 할 것이다.

여섯째, 다양한 판별 정보원을 활용해야 한다. 영재판별에 기여할 수 있는 모든 사람과 자료가 동원되어야 한다는 것이다.

유아심리측정 시 일반적으로 고려해야 할 점과 영재성 측정 시 고려해야 하는 여러 사항들을 바탕으로, 유아의 영재성 정도를 효과적으로 진단 · 평가하는 데 간과해서는 안 될 사항들을 열거하면 다음과 같다.

첫째, 유아의 영재성에 대한 분명한 정의와 개념이 설정되어 있지 못하다. 이것은 명확하고 구체적인 유아 영재성의 구성 요인을 확인하는 데 문제가 되고, 그 결과로 진단 · 평가 내용을 정확하게 규정하는 데 어려움을 갖도록 한다.

둘째, 일반적으로 적용할 수 있는 유아의 영재성 발달단계 또는 계열이 확립되어 있지 않다. 따라서 직접적이고 단순하며 단일한 포괄적 진단 · 평가 방법이나 형식이 없다. 그 결과 특히 복합적이고 다면적인 진단 · 평가 도구와 방법, 형식이 적용되어야 한다.

셋째, 유아영재성 진단 · 평가에서는 잠재적 영재성과 실제적 또는 기능적 영재성을 구분해야 한다. 유아들은 현재의 외현 행동으로 나타내는 실제적 또는 기능적 영재 행동보다는 미래 영재성을 추측할 수 있는 잠재적 영재 행동을 더 많이 소유하고 있다. 따라서 잠재적 영재성 정도를 측정할 수 있는 진단 · 평가 도구와 방법이 고려되어야 한다.

넷째, 유아영재의 적당한 진단 · 평가를 위해서는 읽기 측정이 반드시 포함되어야 한다. 대부분의 유아용 진단 · 평가 도구에는 읽기 능력을 측정하는 내용이 제외되어 있는데, 유아영재들은 조기에 읽기를 할 수 있기 때문에 영재성의 중요한 척도가 될 수 있다.

다섯째, 부모로부터 정보를 수집해야 한다. 심리검사를 실시할 때 부모의 동의나 허락을 받아야 한다는 것은 강조하지만, 부모로부터 정보를 얻어야 한다고 강조하지는 않는다. 유아의 경우는 특히 부모로부터 일반적인 정보를 충분히 수집해야 한다.

4. 유아영재 진단 · 평가의 방법

유아가 가진 잠재적 영재성에 관한 정보는 다양하고 풍부한 정보원을 통해 얻을 수 있다. 영재성을 진단 · 평가하기 위한 모든 방법이 유아에게 적용될 수 있지만, 몇 가지 특정 정보원 또는 방법은 유아들에게 더욱 적절하고 유용하다. 유아의 영재성을 진단 · 평가하는 구체적인 방법을 논의하기 전에 잠재적 영재성을 가진 유아들의 행동 특성을 제시한다. 마틴(Martin, 1986)이 제시한 이 행동지표는 유아영재를 판별하는 과정에서 간편하고 신속하게 영재성의 여부를 알아보는 선별단계에서 유용하게 이용할 수 있다. 다음은 마틴이 제시한 잠재적인 영재아동의 행동지표이다.

❶ 장시간 무엇인가에 열중할 수 있고, 높은 수준의 집중력을 보인다.
❷ 어떤 일에 관해 때때로 강렬한 호기심이 있다.
❸ 흥미가 있을 때는 예민한 관찰력을 가진다.
❹ 정신적으로 생생한 활력이 있고, 생각이 매우 빠르고, 주위의 모든

것에 빈틈이 없고, 성인의 세계에 동조한다.
❺ 움직임과 통제를 매우 잘 조정한다.
❻ 일상적이고 기계적인 과제 수행을 방해하지 않을 정도의 공상을 한다.
❼ 할 수 있거나 허용된 장소가 제한되는 것을 싫어한다: 몹시 화를 내고 참지 못한다.
❽ 상상력이 대단히 풍부하게 언어를 사용한다.
❾ 항상 쉽게 대답할 수 없는 질문을 한다.
❿ 나쁘거나 부적당한 것으로 평가되는 것을 싫어한다: 무엇인가 실패에 대한 이유나 변명거리를 찾는다.
⓫ 자신의 노력에 비판적이다.
⓬ 다른 사람과 함께 하고 일을 담당하는 것을 좋아한다.
⓭ 나이 든 아동과 시간을 보내고 활동하는 것을 좋아한다.
⓮ 물건 수집에 열중한다.
⓯ 기대한 것보다 빨리 말한다. 활기차게 대화에 참여한다.
⓰ 기억력은 좋지만 사실이나 일상적인 문제에 대해서는 반드시 그런 것은 아니다.
⓱ 만족을 얻고 필요한 관심을 얻기 위해 공격적일 수도 있다.
⓲ 일을 수행하는 데 있어서 믿을 수 있다.
⓳ 완전한 설명을 듣지 않거나 일을 완성하지 않았는데도 전체를 이해한다.
⓴ 깊이 생각하는 능력을 보인다. 문제를 해결하기 위해 새로운 아이디어와 해결방법을 추론하고, 분석하고, 찾아낸다.

더 심층적이고 객관적으로 유아영재를 판별하기 위해서 다양한 방법들이 적용될 수 있다. 이러한 방법들 가운데 한 가지 방법보다 여러 방법의 결합에 의해 유아 영재를 판별하는 것이 필요하다. 유아영재의 능력과 재능을 진단하고 평가하는 것은 쉬운 일이 아니며, 어떤 한 형태의 검사로 쉽게 알아낼 수 없기 때문이다. 또한 각 방법은 장점과 단점을 가지고 있기 때문에 다양한 방법의 적용이 더욱 필요한 것이다. 에를리히(Ehrlich, 1980)는 유아(3~7세)의 영재성을 판별하는 데 유용한 다음과 같은 11가지 방법을 제시하였다.

❶ 전기 자료(biographical data)
❷ 검목표(checklists)와 평정척도(rating scales)
❸ 객관적 검사(objective testing): 특정 영역의 성취(achievement in specific areas)
❹ 객관적 검사(objective testing): 집단 지능(group intelligence)
❺ 객관적 검사(objective testing): 개인 지능(individual intelligence)
❻ 형식적 관찰과 비형식적 관찰(formal and informal observations)
❼ 부모 지명(parent nominations)
❽ 또래 지명(peer nominations)
❾ 전문가 지명/판단(professional nominations/judgments)
❿ 수행검사: 작업표본과 행동표본(performance tests: work and behavior samples)
⓫ 개인 면접(personal interview)

위의 방법 가운데 객관적 검사는 전통적인 심리측정 방법으로 분류할 수 있는데, 일반적으로 지능검사와 성취검사가 여기에 포함된다. 전통적인 방법은 시간과 비용이 많이 소요되는 방법이기는 하지만 그동안 영재아동의 판별에 가장 널리 독점적으로 사용되었다(Renzulli & Smith, 1977).

전통적인 방법을 유아에게 적용하려면 능숙하게 훈련된 검사자가 필요하다. 유아들은 검사를 수행하는 동안 심리적 변화가 아주 심하고, 검사를 잘 수행하려는 동기가 항상 형성되어 있지 않다. 전통적인 방법을 사용하게 되면서 유아에 대한 정보를 얻을 수 있는 다른 모든 정보원을 거의 제외하였다. 이 점은 객관적 검사의 사용에 대한 다른 문제를 유발하고 있는데, 객관적 검사 단독으로는 복합적인 지표가 요구되는 잠재적 영재성의 범위를 적절하게 평가하지 못한다는 것이 그것이다. 그리고 객관적 검사는 주로 개인 검사 형태로 유아에게 사용되는데, 이것 역시 많은 시간과 비용이 소요된다.

따라서 전통적인 객관적 검사가 가지는 단점을 극복하고 유아영재의 진단 · 평가에 대한 포괄적이고, 효과적이며, 정확하고 다양한 정보를 제공하는 대안적 방법들이 바로 사례 연구 방법이다(Renzulli & Smith, 1977). 사례연구 방법인 전기 자료, 검목표와 평정척도, 관찰, 부모 지명, 또래 지명, 전문가 지명, 수행검사나 표본, 개인 면접과 같은 방법 각각에 대해 다음에서 간략하게 논의한다.

1) 전기 자료

짧은 인생이긴 하지만 유아를 위해 잘 개발된 전기 자료는 유아의 잠재적 영재성에 관한 다양하고 가치있는 단서를 제공할 수 있다. 이 자료는 같은 연령의 또래와 비교하여 특정 유아에 관한 중요한 발달 정보를 제공할 수 있다. 전기 자료에 포함될 수 있는 주목할 만한 내용은 초기 심리운동, 언어와 수 발달, 초기 읽기에 관련된 것이다. 이 정보는 조기 판별과정의 중요한 구성요소를 형성하는 부모의 관찰에 의존한다.

2) 검목표와 평정척도

검목표와 평정척도는 유아의 행동을 직관적으로 파악할 수 있는 장점은 있지만 타당성과 신뢰성이 부족한 단점이 있다. 이러한 이유로 이것은 독점적인 판별 수단으로 사용할 수는 없지만 영재성의 유무를 빨리 간편하게 판단하는 선별검사로는 매우 유용한 방법이다. 이 방법은 시간과 경비가 적게 소요되는 장점이 있다.

3) 관찰

관찰은 여러 가지 지명, 면접, 질문지에서 사용되는 일반적인 자료 수집 행위이다. 가정이나 학교에서, 놀이나 활동을 하는 동안, 다른 사람과 상호작용하는 상황이나 혼자 있는 동안에 자연적으로 발생하는 상황에서 유아의 행동을 관찰하고 평가할 수 있다. 관찰에 의해 얻어진 자료의 타당도와 신뢰도는 표준화된 객관적 검사도구에 의한 것보다는 떨어진다. 그러나 표준화된 형식적이고 객관적인 검사에서 얻을 수 없는 풍부한 정보를 얻을 수 있다. 반면에 결과 해석에 관찰자의 주관적 편견이 개입될 수 있으며, 시간과 비용이 소요되는 단점도 있다.

4) 부모 지명법

부모 지명에 의해 이루어지는 관찰은 유아의 능력과 행동에 관한 가장 풍부한 정보를 제공해주는 정보원 가운데 하나이다. 친척 역시 중요한 정보원이 될 수 있는데, 조부모와 형제자매들이 유아의 흥미와 능력을 확인하는 데 사용할 수 있는 부모 이상의 상세하고 부가적인 정보를 제공할 수 있다.

부모는 자기 아동의 능력을 과소평가 또는 과대평가하는 경향이 있지만, 훈련된 전문가가 주의 깊게 질문하면 적절한 정보를 얻어낼 수 있다. 이 방법은 유아의 행동과 능력을 객관적으로 보고하는 것이기 때문에 관찰자나 면접자가 의도한 반응이 아니라 유아의 자발적인 반응을 이끌어내도록 해야 한다. 이 방법 한 가지만으로 유아의 영재성을 판별하려고 해서는 안 된다.

5) 또래 지명

또래 지명은 유아영재의 초기 판별을 위한 방법 가운데 유용성과 신뢰성이 가장 적은 방법이다. 유아들은 측정내용과는 관계없는 의복이나 외모와 같은 요인에 의해 영향을 받는다.

교육 장면인 경우 특정 유아에 대한 교사의 태도가 또래 지명 결과에 영향을 주기도 하지만, 유아들이 일정 기간 동안 같이 생활을 하면 지도력, 운동이나 미술과 같은 특정 영역에서의 유아의 능력에 대한 의미 있는 자료가 된다.

6) 전문가 지명/판단

전문가 지명/판단은 교사, 아동 건강 전문가, 유아와 자주 활동하는 다른 전문가들이 유아의 영재성을 평가하는 것이다. 전문가의 지명/판단은 초기 선별 후에 보다 객관적인 판별을 하는 데 유용하다. 전문가 지명/판단은 유아를 특정 프로그램에 배치하기 위한 평가에서 사용될 수 있지만, 영재성 판별과정에서 일차적인 결정자료로 사용되어서는 안 된다.

7) 수행검사와 행동표본

일반적으로 수행 능력은 시각 예술과 공연 예술의 재능을 말한다. 이 영역의 판별은 소수의 표준화 도구가 있기는 하지만, 주로 수행검사와 행동표본에 의해 이루어진다(Ehrlich, 1980).

한 영역에서의 뛰어난 재능이나 능력은 다른 영역의 우수한 재능을 추측할 수 있는 자료가 된다. 시각 예술의 재능은 운동 재능과 밀접한 관계를 가진다. 이러한 재능을 창의적 능력으로 표현할 수 있지만, 유아의 경우에는 특정 수행능력 또는 시각 예술 재능을 창의성으로 보면 안 된다. 물론 유아들이 보이는 많은 행동들을 창의적 능력으로 간주할 수 있지만, 특정 영역의 재능 여부를 판단하기 위한 지표로 고려해야 한다.

모든 상황에서 신체적인 성숙은 행동 표출에 영향을 주기 때문에 모든 평가에서 반드시 고려해야 한다. 다른 고려 사항은 특정 훈련에 관한 것이다. 이 훈련된 행동은 재능보다는 이전 지식과 경험을 반영하므로 재능과 혼동하지 않아야 한다.

8) 개인 면접

개인 면접은 유아의 영재성의 수준과 범위를 평가하는 또 다른 믿을 수 없는 방법이다. 면접의 과정과 결과에는 유아의 동기 수준, 언어적 기능, 소심함, 마음을 여는 어려움, 유아와 면접자 사이의 친밀감, 다른 상황적 요인, 건강과 일시적인 기질적 정서와 같은 많은 요인들이 영향을 준다. 면접은 유아의 언어능력과 정보의 범위를 밝히는 유용한 도구로 사용할 수 있다. 이것은 다른 방법이나 출처를 통해 수집한 정보에 대한 보충자료를 제공한다.

5. 유아영재 진단 · 평가의 절차 및 모형

영재 진단 · 평가의 절차는 학자마다 다양하게 제시하고 있으며, 실제 영재교육 현장에서 사용하는 절차도 매우 다양하다. 또한 대상 아동의 연령과 학교급의 수준, 영재교육 계획의 형태, 영재성의 유형 등에 따라서도 달라진다. 따라서 이러한 요인들과 관계없이 일반적으로 적용 가능한 진단 · 평가 체제를 마련하는 것은 불가능할 수 있다. 그럼에도 비교적 보편적으로 수용 가능한 진단 · 평가 체제는 마련되어야 한다. 다음에는 여러 학자나 국가가 제시한 판별 절차를 우선 소개하고, 이에 터하여 가능한 하나의 진단 · 평가 모형을 제시하고자 한다.

1) 영재판별 절차

(1) 김정휘(1998)의 판별 절차

❶ 1차 선별단계: 잠정적인 영재 집단(talent pool)을 선정하는 단계로서 교사가 주된 역할을 한다. 여기서는 학생의 종합생활기록부에 기록된 학업성취도 결과와 학생의 흥미, 태도, 행동 양식 등에 대한 교사의 관찰 결과를 종합적으로 고려한다.

❷ 2차 선별단계: 각종 표준화 검사가 실시되고 영재 선발에 필요한 보다 정확한 자료가 수집되고 분석되는 단계이다.

❸ 3차 선별단계: 교육심리학자를 비롯한 각 분야의 전문가들이 학생들의 실험과정이나 실연 장면, 작품활동 과정이나 완성 작품을 직접 관찰하여 평가하는 단계이다. 이 단계에서 영재가 최종 선발된다.

❹ 교육조치단계: 마지막 단계로서 각 개인에 적합한 교육 프로그램에 배치하는 단계이다.

(2) 조석희(1987)의 판별 절차

❶ 선별단계: 가능한 한 다양한 방법을 동원하여 영재들을 선별해내는 데 중점을 둔다. 학교나 지역사회의 여건이나 시간, 경비 등을 고려하여 풍부한 정보를 수집 활용하는 것이 필요하다.

❷ 판별단계: 전문가 팀에 의해 아동의 제반 활동을 조직적이고 체계적으로 관찰하고 평가하여 최종적인 영재를 판별하는 것이다.

❸ 교육조치단계: 판별된 각 영재에게 적절하다고 생각되는 교육적 조치를 취하는 단계이다. 각 영재의 특성 및 능력 수준, 그리고 각 영재의 분류 기준 등을 참고해야 한다.

(3) 조석희(1996)의 판별 절차

❶ 1단계: 학교에서의 학업 성취에 대한 기록 및 관찰 내용에 의한 추천

❷ 2단계: 각종 표준화된 검사 실시

❸ 3단계: 전문가에 의한 문제 해결 과정의 관찰 평가

❹ 4단계: 교육 프로그램에의 배치 및 관찰

(4) 전경원(2000)의 판별 절차

❶ 선별과정

· 1단계: 지역사회에서 지역사회 주민이 추천

· 2단계: 부모 및 가족 추천(놀이 관찰), 본인 추천

· 3단계: 교사 추천(다양한 영재 검사도구 사용)

❷ 판별과정

· 4단계: 상위 20% 다양한 특수 재능인 선발위원회 '합의 판별'

(5) 민 국제영재교육연구원(이영석, 1997)의 판별 절차

❶ 상담신청 단계: 상담신청-영재아 판별을 위한 상담을 신청한다.

· 상담지 작성-상담신청 시 제공받은 부모 상담지를 작성하여 제출한다.

❷ 판별검사 단계: 판별검사 일정 통보-판별검사 일정을 통보받는다.

· 기초판별검사 실시-상담을 신청한 모든 아동은 기초적인 판별검사를 받는다.

❸ 선별단계: 선택판별검사 실시-특정 영역에서 영재성 판별을 요하는 아동은 선택판별검사를 받는다.

· 검사결과 통보-위에서 실시한 판별검사에 근거하여 검사의 최종 결과를 통보한다.

❹ 판별결과 및 프로그램 참여 결정 단계: 연구원과의 상담-담당 연구원과 상담하여 아동의 프로그램 참여 여부를 결정한다.

· 영재아의 특성에 적합한 학습에 배정한다.

(6) CBS 영재교육학술원의 판별 절차

· 부모 또는 교사의 추천

· 부모용 영재행동 특성 체크 리스트 작성

· 전문가에 의한 개인 심리검사 실시

· 검사결과에 대한 부모와의 상담

· 프로그램 참여 여부 결정

· 본 프로그램에서의 추후 판별

(7) 영재교육진흥법시행령(안)(조석희, 2000)의 판별 절차

❶ 추천단계: 학생의 재학 학교 교장 또는 전문가가 판별을 의뢰하는 단계이다.

❷ 신청단계: 학생 또는 보호자가 영재교육기관 장에게 판별을 신청한다.

❸ 심의단계: 법률에 정해진 영재판별위원회의 심의를 거치는 단계이다.

❹ 선정단계: 영재판별위원회의 심의 결과에 따라 영재교육기관장이 영재교육 대상자를 최종 결정하는 단계이다.

(8) 폭스(Fox, 1976)의 판별 절차

❶ 초기 선별단계(initial screening): 영재로 생각되는 아동을 일차적으로 거르는 과정이다.

❷ 이차 선별단계(second screening): 일차 선별된 아동 중에서 좀더 엄격하게 최종적으로 선발하는 것으로 판별과정이라고 한다.

❸ 프로그램 배치단계(program placement): 영재로 판별된 아동의 요구에 가장 적합한 교육환경에 배치하는 단계이다.

(9) 렌줄리와 라이스(Reis)(송인섭 외 4인, 2001)의 판별 절차

❶ 1단계: 검사 점수에 의한 지명-각종 표준화 지능검사와 성취도 검사에 의한 점수로 선별하는 단계이다.

❷ 2단계: 교사 지명-1단계에서 선별된 아동들을 대상으로 높은 창의성과 동기, 독특한 흥미나 재능 또는 특수 영역의 뛰어난 수행, 잠재성 등을 고려하여 교사가 지명한다.

❸ 3단계: 다양한 기준으로 지명-선별위원회의 판단에 따라 다양한 방법과 기준으로 지명한다. 이 단계에서 입학이 결정되는 것이 아니라 선별위원회의 심사 후에 결정된다.

❹ 4단계: 특별 지명(안전장치 1호)-현재의 교사가 아동에 대한 편견으로 인한 오류를 피하기 위해 지명된 아동의 명단을 그 학교나 이전 학교의 모든 교사들이 볼 수 있도록 한다.
❺ 5단계: 활동정보 메시지를 통한 지명(안전장치 2호)-보통 하나의 주제나 연구 분야 또는 독립적인 프로젝트 수행에 큰 관심을 보이는 재능자원 아동에 관한 정보를 담고 있다. 선별위원회에서는 이러한 정보를 통해 지명된 아동을 심사한다.

(10) 미국공립학교(전경원, 2000)의 유아영재 판별 절차

❶ 선별과정
- 대중교육
- 일반 선별과정
- 개별화된 검사

❷ 형식적인 평가과정
- 포괄적인 평가
- 평가 보고서: 부모용과 유아 교사용

(11) 카니스(Karnes)와 테일러(Taylor, 1978)의 유아영재 판별 절차

❶ 1단계: 준비단계-면접, 질문지, 기록문서 등을 통해서 부모, 교사, 기타 아동과 관련된 사람들로부터 아동에 관한 정보를 수집하는 단계이다.
❷ 2단계: 개별아동평가-표준화 검사, 평정척도, 체계적 관찰, 준거과제와 같은 절차 가운데 하나 이상을 사용하여 아동을 직접적이고 심층적으로 평가하는 단계이다.
❸ 3단계: 의사결정-위에서 얻어진 모든 정보를 토대로 하여 영재성 유무와 적합한 교육 프로그램에 대해 결정하는 단계이다.

이상에서 살펴본 여러 가지 영재성 판별 절차에 관한 연구는 다음과 같은 유아영재 판별 절차를 제시한다.

❶ 발견단계(locating phase): 어떤 특정 집단에서 영재성이 있는 것으로 판단되는 유아들을 찾아내어 심리검사 전문가나 전문기관에 의뢰하는 과정으로서, 사례 발견(case finding)이라고도 한다. 유아영재를 발견하기 위해서는 집단 구성원들의 영재에 대한 올바른 이해를 증진시키는 것이 우선되어야 한다. 성공적인 발견 여부는 유아영재의 조기 발견과 판별에 대한 중요성을 지역사회에 어떻게 알리느냐에 따라 달라진다.

❷ 선별단계(screening phase): 발견단계에서 의뢰된 유아들을 대상으로 일반 유아와 영재유아를 신속하고 간편하게 구분하는 과정이다. 선별해야 하는 영재성의 요인 또는 조건을 설정하고, 이러한 요인 또는 조건을 검사할 수 있는 검사도구와 방법을 정확하고 적절하게 선택하여 다룰 수 있는 요원을 훈련시키는 것은 물론, 선별 수행 일정을 계획하고, 선별 결과를 보고하는 활동이 포함된다.

❸ 진단단계(diagnostic phase): 선별과정에서 영재성이 있는 것으로 판단된 유아들을 대상으로 더 심도 있고 상세한 특성을 파악하기 위한 검사를 수행하는 과정이다. 이 과정을 통하여 유아영재의 정확한 특성을 파악하고 최종적으로 영재 유무를 결정하는 단계이다.

❹ 배치단계(placement phase): 진단단계에서 결정된 영재유아에게 가장 적절하고 필요한 서비스의 내용, 그러한 서비스를 전달하는 방법, 서비스가 가장 적합하게 전달될 수 있는 환경(영재학교, 영재학급, 영재교육원 등)을 결정하여 영재유아를 배치하는 단계이다.

❺ 평가단계(evaluation phase): 평가단계는 심리평가 단계와 교육평가 단계로 구분할 수 있다. 심리평가 단계는 배치단계 전에 이루어져야 하는 것으로 진단단계의 결과에 따라 최종적인 영재 유무, 영재 유형, 영재성 정도를 판단하는 과정이다. 그리고 교육평가 단계는 배치단계 이후에 영재교육 프로그램의 내용과 방법에 대한 효과를 판단하는 과

정이다.

2) 영재판별의 모형

위의 영재판별 절차를 근거로 하여 영재 판별 모형을 제시하고자 한다. 이 모형에는 심리진단 · 평가과정뿐만 아니라 교육진단 · 평가과정까지 포함된다. 즉 유아의 영재성 유무와 정도를 판별하는 과정에 더하여 영재로 판별된 유아에게 가장 적절한 교육적 서비스를 제공하기 위한 과정까지도 포함하는 모형이라는 것이다.

(1) 영재교육진흥법 시행령(안)에 근거한 모형

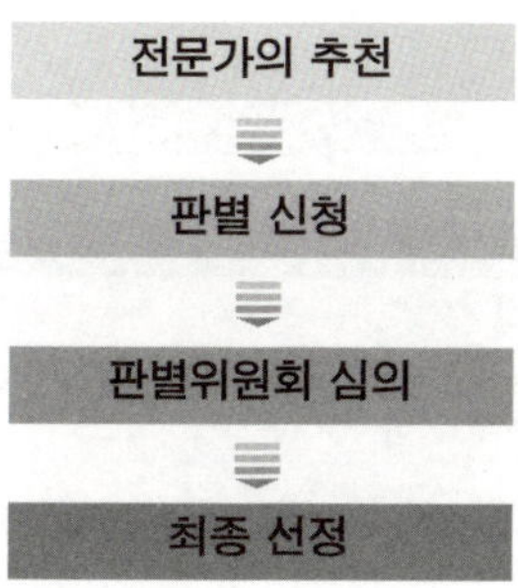

위의 영재판별 모형은 우리나라의 영재교육진흥법 시행령(안)에 포함된 영재판별 절차를 바탕으로 도식화한 것이다. 이 모형은 학령기 아동을 중심 대상으로 하는 것이기 때문에 정식 학제에 포함되지 않은 유아영재의 경우는 적용이 적절하지 못한 것으로 볼 수 있다. 따라서 유아영재 판별에 적합한 모형을 새로 설정하거나 수정된 모형이 설정되어야 할 것이다.

비변별적 평가

↓

관찰	
교사와 부모가 관찰한다	아동이 학교에서 지루해하거나 공부에 강한 흥미를 가진다 학물을 추구하기 위한 강력한 흥미를 가진다 호기심을 보이고 자주 질문을 한다 과제에 대해 기발한 생각과 방법을 적용한다

↓

선별	
사정 측정	심층평가가 필요한 징후를 찾는다
학업 특성	하나 이상의 학문영역에서 일관되게 우수하다 잠재적인 영재의 경우에 일관되지는 않지만 특정 영역에서 우수하다
집단지능검사	예외적인 지능을 자주 나타낸다
집단학력검사	하나 이상의 학문 영역에서 항상 평균 이상을 수행한다 (선별검사에서 지능지수 115 이상)

↓

사전 의뢰
일반적으로 사전 의로는 잠재적인 영재아동게게는 사용되지 않는다

↓

의뢰

↓

선별	
사정 측정	심층평가가 필요한 징후를 찾는다
개별지능검사	아동의 점수가 집단의 상위 2~3%에 있다 (지능검사에서 130 또는 132 이상의 점수)
개인학력검사	하나 이상의 학력 영역에서 상위 2~3%의 점수
창의성 평가	전문가의 판단에 의해 산출물이 창의성이 있거나 창의성 검사에서 예외적인 수행을 보인다
영재 특성의 검목표	아동을 잘 아는 교사, 부모, 또래, 기티 다른 사람이 검목표를 완성한다 아동의 점수가 영재의 기준이 되는 범위에 있다
일화기록	아동의 기록에서 하나 이상의 높은 능력을 보인다
교육과정 중심 사정	하나 이상의 교육과정 영역에서 또래보다 높은 수준에서 수행한다
직접관찰	타의 모범이 되거나 학업이 지루하여 문제행동을 한다 완벽주의 아동은 불안이 관찰된다. 학교 외에서도 관찰되어야 한다
그림과 운동수행 평가	그림이나 운동의 특정 영역에서 전문적인 능력을 보인다. 학문적 영역에서는 영재성이 보이지 않을 수도 있다
리더십 사정	일반적으로 또래, 부모, 교사 지명법이 사용된다. 자기 지명법도 좋은 방법이다 리더십은 교과외 활동에서 잘 드러난다. 공부는 잘 못할 수도 있다
사례연구	영재성의 결정은 위의 모든 사정 영역에 근거해야 한다

↓

다학문적 팀이 아동의 영재성을 결정

↓

적절한 교육

(2) 턴벌 등(Turnbull, Turnbull Ⅲ, Shank, Leal, 1995)의 모형

위의 모형 역시 유아영재 판별을 설명하려는 모형은 아니다. 선별검사와 진단검사의 내용이 기능적 영재성을 측정하기 때문이다. 즉 아동과 청소년과 성인의 영재성 구성요인을 측정하도록 되어 있다. 다만 위의 모형 가운데 유아의 영재성 구성요인을 측정할 수 있는 방법과 검사도구의 유형으로 수정하면 크게 무리는 없을 것이다. 그럼에도 불구하고 비교적 논리적으로 구성된 영재판별 모형으로 볼 수 있다.

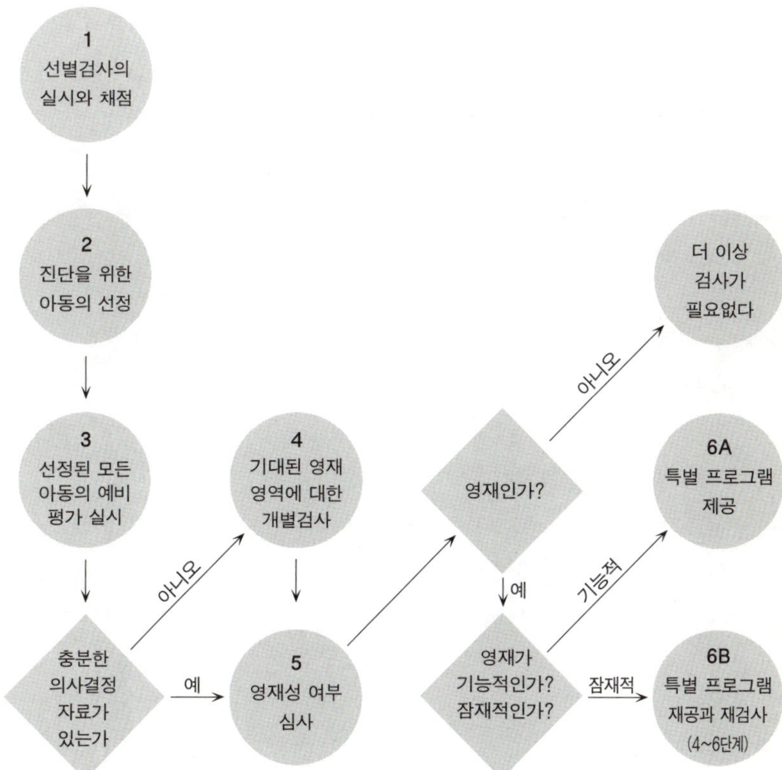

(3) 카니스와 테일러(1978)의 모형

❶ 1단계: 영재성의 유무를 신속하게 파악하기 위한 선별과정이다.

❷ 2단계: 1단계에서 영재성이 있는 것으로 추측되는 아동을 선정한다. 정확한 영재성의 파악, 영재성의 유형과 정도를 파악하는 진단 과정으로 보내기 위해 아동을 선정하는 것이다.

❸ 3단계: 영재성의 유형과 정도를 파악하려는 심층적 검사를 실시한다. 심층적 검사 결과로 영재성의 여부를 파악한다.

❹ 4단계와 5단계: 영재성을 결정하기 위한 자료가 충분하지 못하면 4단계로, 자료가 충분하면 5단계로 진행한다. 4단계와 5단계는 같은 수준에 있는 단계이다. 4단계는 영재성이 있는 것으로 추측되는 영역에 대해 개별검사를 실시한다. 5단계는 영재성의 여부를 심사하는 과정이다. 4단계의 개별검사에서 검사결과를 가지고 5단계로 진행한다. 5단계의 심사 결과 영재가 아닌 것으로 판단되면 모든 판별과정을 종결한다. 영재로 판단되면 기능적 영재인가 잠재적 영재인가를 결정한다.

❺ 6단계: 6A단계는 기능적 영재로 판별된 아동에게 영재교육 프로그램을 제공하는 단계이다. 6B단계는 잠재적 영재로 판별된 아동에게 영재교육 프로그램을 제공하거나, 재검사 과정(4~6단계)을 거친다.

위 절차와 모형은 그 내용으로 보면 유아영재를 판별하기 위한 것으로 구성되어 있지만 그 과정(process)이 상세하지 못한 단점이 있다. 다만 유아영재의 특징적인 측면이 잠재적 영재성을 고려하여 적절한 영재교육 프로그램을 제공하거나 영재성의 정확한 판단을 위한 재검사 단계를 설정한 것은 바람직한 것이다.

본 필자가 앞에서 제시한 영재판별 절차에 따라 일반적인 간략형 영재판별 모형을 제시하면 다음과 같다.

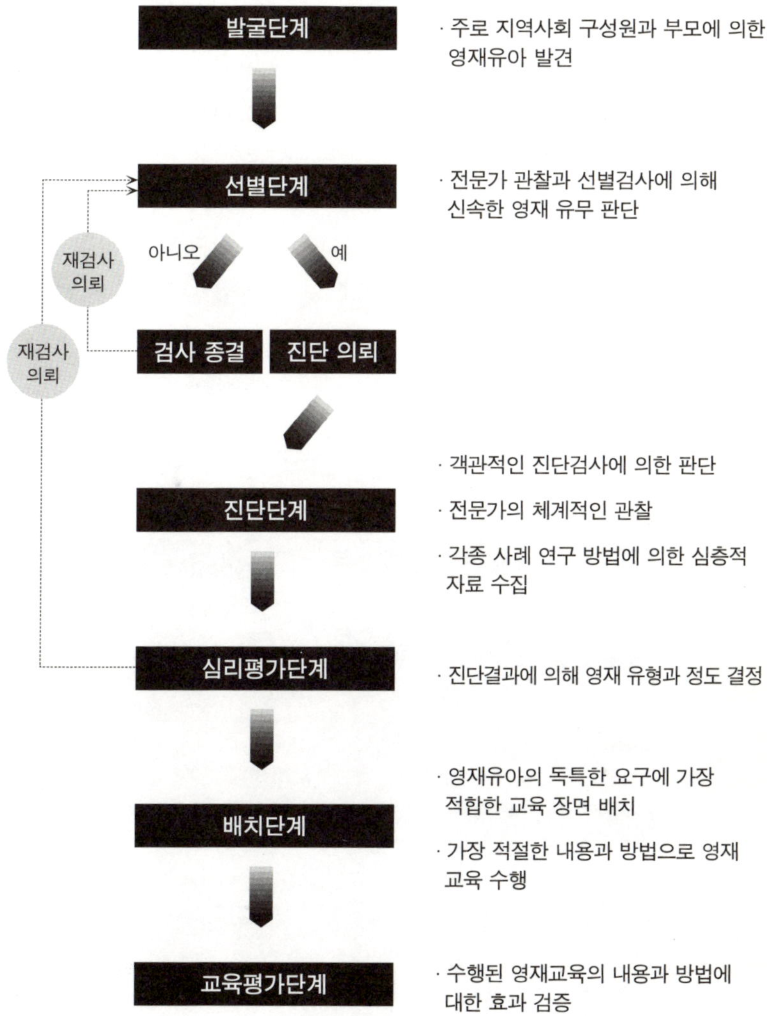

다음은 유아영재로 최종 판별된 아이들의 독특한 심리적 특성과 요구에 부합하는 영재교육 프로그램을 제공하고, 그 효과를 평가하는 심리교육적 평가 절차의 전 과정을 포괄하는 상세한 판별 모형을 제시하고자 한다.

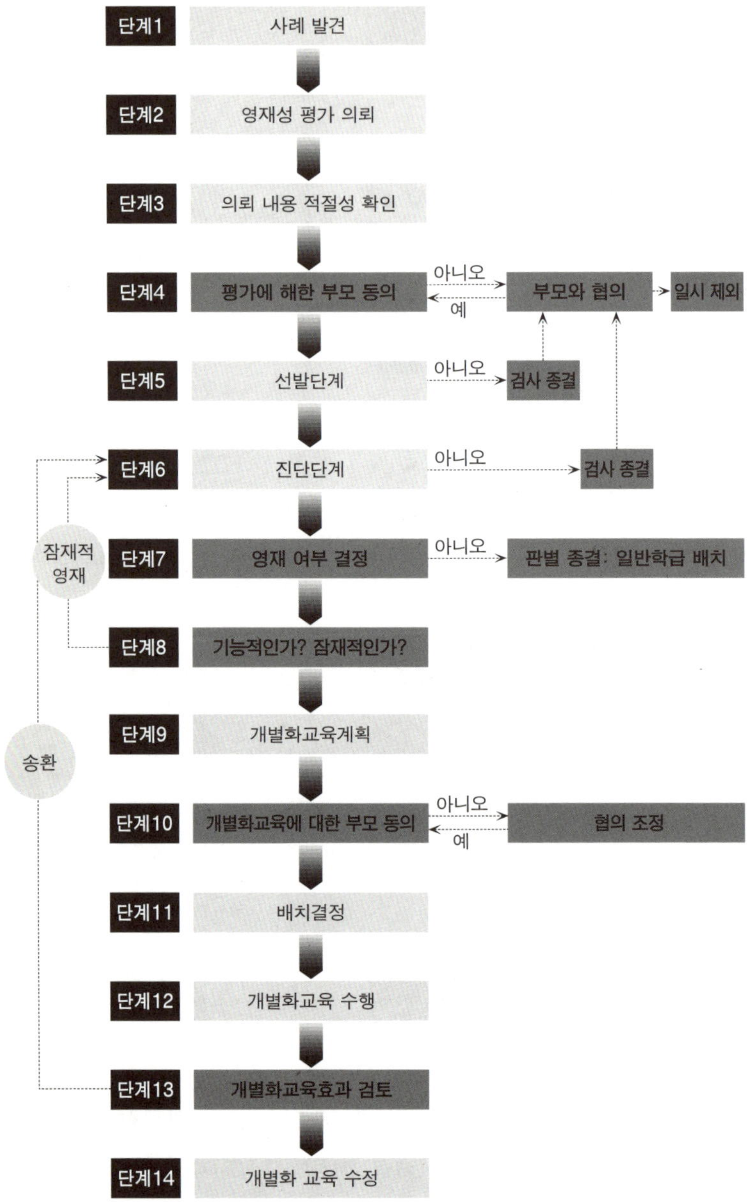
단계1
사례 발견
단계2
영재성 평가 의뢰
단계3
의뢰 내용 적절성 확인
단계4
평가에 해한 부모 동의
아니오
예
부모와 협의
일시 제외
단계5
선발단계
아니오
검사 종결
단계6
진단단계
아니오
검사 종결
잠재적
영재
단계7
영재 여부 결정
아니오
판별 종결: 일반학급 배치
단계8
기능적인가? 잠재적인가?
단계9
개별화교육계획
송환
단계10
개별화교육에 대한 부모 동의
아니오
예
협의 조정
단계11
배치결정
단계12
개별화교육 수행
단계13
개별화교육효과 검토
단계14
개별화 교육 수정

6. 유아영재 진단 · 평가 체제의 개선

무엇 무엇에 대한 개선점이라면 상투적으로 거론되는 내용이 있는데, 그것은 주로 선진국이라고 간주되는 나라에서 개선점으로 제시한 것이 대다수이다. 선진국이라는 나라에서 개선해야 할 사항으로 제시하는 것이니 우리의 경우는 오죽하겠는가? 발표자 역시 남의 나라 지식을 허가도 없이 팔아먹고 있는 상황에서 똑같은 내용을 다시 제시한다. 즉 우리나라 상황을 고려하여 유아 영재 진단 · 평가 체제에 대한 개선점을 제시하면 다음과 같다 라고, 마치 진짜 우리 얘기처럼 반복할 수밖에 없다. 그래서 그 내용을 다음에 제시하는데, 일반적인 개선점을 먼저 제시하고, 위에서 설정한 평가 모형에 근거하여 좀더 구체적인 내용을 제시하고자 한다.

첫째, 유아의 영재성에 대한 정의와 개념뿐만 아니라 구성요인에 대한 합의가 있어야 한다. 즉 유아의 영재성과 아동이나 청소년의 영재성을 같은 것으로 볼 것인가 다른 것으로 볼 것인가 하는 문제이다. 특히 유아 영재성의 구성요인에 대한 합의는 시급하게 이루어져야 할 것으로 판단된다.

둘째, 영재성과 유아영재의 특성과 가능성에 대한 사회의 올바른 인식을 확산시켜야 한다. 유아영재의 특성과 가능성에 대해 오해하고 있거나 부족하게 이해하는 것은 바람직하고 적절한 영재판별뿐만 아니라 교육에도 부정적인 영향을 주게 된다.

셋째, 제도적 뒷받침이 있어야 한다. 영재교육진흥법시행령도 아직은 제정되지 못하고 있는 상황이다. 영재교육진흥법에는 의도적이든 아니든 유아는 제외 또는 중요하게 다루지 않는 듯하다. 이것은 유아교육의 중요성을 말하면서 제도적 뒷받침이 없는 것과 같은 맥락이다.

넷째, 유아영재 진단 · 평가 전문가의 양성이 이루어져야 한다. 가장 많은 주의가 요구되는 유아를 대상으로 진단 · 평가를 실시하는 것은 심리측정에 대한 고도의 교육과 훈련뿐만 아니라 많은 경험이 요구된다. 따라서 심리진단 전문가의 양성 역시 시급하게 이루어져야 하는 과제이다.

다섯째, 유아영재성을 비교적 정확하고 신속하게 객관적으로 측정할 수 있는 검사도구와 절차의 개발이 시급하다. 특히 유아의 경우는 기능적 영재성보다 잠재적 영재성을 더 강조해야 하는 측면에서, 유아의 잠재적 영재성을 측정할 수 있는 포괄적인 검사의 개발은 절대적으로 필요한 것이다.

여섯째, 부모들이 영재성에 대해 올바르게 이해할 수 있도록 체계적인 부모교육이 있어야 한다. 유아의 경우는 부모의 역할이 상대적으로 크게 영향을 주기 때문에 부모들의 올바른 이해 정도에 따라 보다 정확하고 적절한 의뢰와 진단 · 평가뿐만 아니라 영재교육도 이루어질 수 있다.

다음은 앞에서 제시한 평가 모형을 간단하게 설명하면서 앞으로 해결해야 할 과제 또는 개선점을 제시하고자 한다.

단계 1: 영재교육은 한 개인의 문제라기보다 국가의 인적 자원 관리라는 측면에서 영재유아를 조기에 진단하기 위한 사회적 분위기를 조성하여 적극적으로 찾아내는 단계이다. 다양한 방법을 동원하여 적극적으로 사회 인식을 증진시켜야 하는 과제가 남아 있다.

단계 2: 영재인 것으로 추측되는 유아를 영재판별위원회 또는 평가전문가에게 의뢰하는 단계이다. 전문가 양성의 문제는 앞에서 언급한 것이고, 법률에 명시된 영재판별위원회의 실질적인 운영이 담보될 수 있는 제도가 필요하다.

단계 3: 평가에 의뢰된 내용이 적절한가를 다양한 측면에서 검토하고 조사해야 한다. 이때 의뢰 내용이 적절하면 진단 · 평가를 진행하고 그렇지 않으면 의뢰자에게 다시 보내거나 다른 기관이나 전문가에게 보내야 한다. 이때 관련 기관 또는 전문가 사이의 유기적인 협력 체제가 구축될 수 있도록 해야 한다.

단계 4: 의뢰 내용이 적절하여 진단 · 평가를 수행하려면 부모의 동의를 얻어야 한다. 물론 부모가 의뢰자인 경우는 쉽게 동의가 되지만 그렇지 않으면 설득과 설명을 통한 동의를 얻어야 한다. 상황에 따라서는 진단 · 평가의 절차와 도구에 대해 의견 충돌이 있을 수 있다. 만약 동의가 이루어지지 않으면 평가를 보류한다.

단계 5: 영재성의 유무를 신속하게 파악하기 위해 선별도구와 절차를 사용하여 평가하는 단계이다. 영재성이 없는 것으로 판단되면 진단 · 평가 과정은 종결되고 의뢰자에게 보낸다. 여기서는 믿을 수 있고 타당한 도구와 방법, 절차의 확보 여부가 관건이 될 것이다.

단계 6: 단계 5에서 영재성이 있는 것으로 파악되면 보다 정밀하고 심층적으로 판단하기 위한 다양한 방법과 절차를 적용하여 진단하는 단계이다. 여기서 판단되는 결과에 따라 영재교육이 필요한지의 여부가 결정된다.

단계 7: 영재 여부를 최종적으로 결정하는 단계이다. 영재가 아닌 것으로 판단되면 진단 · 평가를 종결하고 일반교육 장면에 다시 배치한다.

단계 8: 단계 7에서 영재인 것으로 판단되면, 여기서 그 영재성이 기능적인가 잠재적인가를 판단한다. 유아의 경우는 이들의 발달적 특성 때문에 잠재적인 영재성을 가지는 경우가 많기 때문에 주의 깊게 판단해야 한다. 기능적 영재로 판단되면 필요한 교육 프로그램에 배치하고, 만약 잠재적 영재로 판단되면 교육 프로그램에 배치하거나 재검사를 위해 6단계로 송환할 수도 있다.

단계 9: 개개인의 영재성의 특성에 따라 가장 적절한 개별화된 영재교육 프로그램을 계획하는 단계이다. 적절한 개별화 영재교육 계획을 위해 가칭 개별화교육계획위원회를 구성할 필요가 있다. 물론 이 내용은 현재의 영재교육진흥법이나 동법 시행령(안)에는 언급되지 않은 내용이다. 정확한 진단 · 평가도 중요하지만 마찬가지로 가장 적합한 교육을 계획하는 것도 매우 중요한 과제이다.

단계 10: 수립된 개별화 영재교육 프로그램에 대해 부모의 동의를 받는 단계이다.

단계 11: 개별화 영재교육 프로그램에 대한 부모의 동의를 받으면 계획된 교육 프로그램을 가장 잘 전달할 수 있는 장면을 선정하여 유아를 배치한다. 현재의 영재교육진흥법에는 영재학교, 영재학급, 영재교육원으로 구분 명시하고 있다. 유아영재를 위한 영재유치원 또는 영재유아학교의 명시가 필요한 것은 아닌지?

단계 12: 가장 적합한 장면에 배치되면 계획된 교육을 수행하는 단계이다.

단계 13: 단계 12에서 수행된 교육 내용과 방법의 효과를 검토하는 단계이다. 이 단계를 교육평가 단계로 언급할 수 있다. 여기서의 평가는 포트폴리오 또는 수행평가 방법을 고려해야 할 것이다. 평가 결과에 따라 유아의 영재성 변화를 파악하기 위해 단계 6으로 송환할 필요가 있다.

단계 14: 단계 13의 결과에 따라 개별화 영재교육 프로그램을 수정 또는 종결하는 단계이다.

7. 결론

지금까지 영재성의 정의와 개념에 근거한 영재성의 구성요인, 유아영재 평가의 고려점과 여러 가지 방법, 유아영재 진단 · 평가 절차 및 모형, 유아영재 진단 · 평가의 개선점 등에 대해 살펴보았다.

이 글에서 나가면서 발표자 역시 상투적인 말로 종결하고자 한다. 오늘 이 학술 대회에서 논의된 내용들이 우리나라 유아영재의 교육과 발달에 크게 기여하는 출발점이 되어 유아영재의 삶의 질뿐만 아니라 국가와 민족의 발전과 번영에 크게 기여하는 인재가 양성되기를 기대한다.

참고문헌

김정휘(1998). 영재학생 식별 편람, 서울: 원미사.

김진희(1995). 영재판별 평정척도의 타당화 연구, 숙명여자대학교 대학원, 미간행, 석사학위논문.

김천일(1988). 영재아의 발견방법에 관한 연구, 효성여대여성문제연구, 16, 197~221쪽.

김춘일 외(2004). 예술영재교육, 서울: 미진사.

김춘일 · 조용태(1998). 유아교육의 이해, 서울: 교육과학사.

배호순(1980). 영재판별에 관한 이론적 탐색, 교육개발, 5, 39~44쪽.

법제처(2001). 영재교육진흥법.

송인섭 · 이신동 외(2001). 영재교육의 이론과 방법, 서울: 학문사.

이영석(1997). 유아교육론, 서울: 형성출판사.

이은해(1985). 아동연구방법, 서울: 교문사.

전경원(1992). 유아영재교육에 관한 이론적 고찰, 광주대사회과학연구, 2, 391~333쪽.

전경원(2000). 영재교육학, 서울: 학문사.

조석희(1987). 영재의 정의와 판별, 문교행정, 63(7), 21~25쪽.

조용태 외(1995). 초기 아동기 검사와 측정, 서울: 특수교육.

한국교육개발원(1997). 영재교육정책연구, 연구보고 CR 97-40, 서울: 한국교육개발원.

한국교육개발원(2000). 영재교육 중장기 종합발전 방안: 영재교육진흥법 시행령(안) 제정에 관하여, 연구자료 RM 2000-12, 서울: 한국교육개발원.

황해익 · 임재택(1997). 영유아 관찰 및 평가, 서울: 양서원.

Bailey, D. B. & Wolery, M.(1989). *Assessing infants and preschoolers with handicaps*, Columbus: Merrill Publishing Company.

Bracken, B. A.(2000). *The psychoeducational assessment of preschool chil dren*. Boston: Allyn and Bacon.

Gilliam, J. E., Carpenter, B. O., & Christensen, J. R.(1996). *Gifted and talented evaluation scales: A norm-referenced procedure for identifying gifted and talented students*, Austin: pro · ed.

Karnes, M. B. & Taylor, A. R.(1978). *Preschool talent assessment guide*, Institute for Child Behavior and Development, University of Illinois.

Meisels, S. J.(1994). Assessment in early childhood, In Torsten Husen &

T. N. Postlethwaite(Eds.), *The international encyclopedia of education*(Vol. 1, pp. 358~362). New York: Elsevier Science Inc.

Osborn, J. B.(1998). Assessing gifted children. *Understanding Our Gifted*, 11(2), pp. 9~12.

Silverman, L. K., Chitwood, D. G., & Waters, J. L.(1986). Young gifted children: Can parents identify giftedness? *Topics in Early Childhood Special Education*, 6(1), pp. 23~38.

Torrance, E. P. & Caropreso, E. J.(2000). Assessment of preschool giftedness: Intelligence and creativity, www.bbpages.psu.edu/bbpages_reference/40006/.

Turnbull, A. P., Turnbull Ⅲ, H. R., Shank, M., & Leal, D.(1995). *Exceptional lives: Special education in today's schools*, Ohio: Merrill/Prentice Hall.

10

상상력의 인식기능:
온전한 앎과 관련한 하나의 현상학적 시각

김춘일 / 대구대 교수, 본 학회 회장

1. 서론

상상(想像)이란 글자 그대로 상(像)을 상(想)하는 마음의 작용이다. 상(像)이란 표상(表象, image), 즉 사물의 겉모습을 일컫는 물상(物像)인데, 이는 온갖 지각의 대상이 가지는 형상들이다. 그런데 이 상에는 물상말고도 심상(心像, mental image)이 또 있다. 즉 지각된 대상의 모습〔像〕이 그 소재가 되기는 해도, 그것은 어디까지나 소재나 단서일 뿐이고, 심상은 자신의 마음, 즉 기억 · 감정 · 사고 · 연상 등에 따라 자유자재로 변용(變容)이 이루어지며, 현실이나 실재에서 존재할 수 없는 것들도 허다하게 생겨난다. 그래서 상상은 대개는 실재하는 대상의 있는 모습 그대로보다는 오히려 실재하지 않는 모습들을 생각해내는 쪽에 더 비중과 가치가 주어지는 것으로 사람들에게 인식되고 또 그렇게 쓰여진다.

영어로 씌어지는 이매지네이션(imagination)도 비슷한 뜻을 가진다. 상상은 대상의 이미지(표상)가 작용하는 이매지네이트(imaginate)의 명사형이다. 여기서는 대상의 물상이 우리의 '의식에 비쳐서 생긴 이미지(심상)' 가 마음의 작용을 일으켜서 나타나는 갖가지 다양한 생각들이다. 여기서도 우리 의식에 비쳐진 표상이 심상으로 되고, 그것이 기분과 욕구와 생각과 감정에 따라 이리저리 다양한 모습으로 바뀌어 나타나는, 현실에 구애받지 않는 '자유로운 변용' 을 엿볼 수 있다.

그런데, 이런 상상이라는 심상작용은 그간 예술가나 철학자, 심리학자를 비롯해서 수많은 이들에 의해 매우 다양하게, 또 일정한 개념으로보다는 다의적이고 함축적인 의미로 쓰여지고 또 논구되어서, 아직도 그 뜻이나 쓰임이 일정하지 않다. 게다가 오늘날의 교육에서는 명확하고 논리적인 사고가 아니면 일단 연구나 교육에서 경시되고 제외되는 경향이라서, 특히 가까이는 행동주의 이래로, 멀리는 실증과학이 대두된 이래로 오랫동안 상상력을 깊이 있게 연구하지도, 중요한 교육적 가치로도 인정받지 못하고 있는 형편이다.

그러나 게슈탈트 심리학이나 정신분석학, 그리고 현상학 등에서는 상상력과 관련된 주제와 내용을 깊이 있게 연구하고 규명해왔다고 할 수 있다. 예컨대 게슈탈트 심리학에서는 우리의 사고에서 연상력(association)을 중요하게 생각하고, 창의력이나 상상력과 관련해서 그 개념을 규명하고자 했다. 이를테면 상관이 없는 2개의 사물을 서로 관련지어 문제를 해결하는 데 있어서 연상력의 상호관련, 즉 연합적 상상이라는 의미의 바이소시에이션(bissociation)에 대한 설명이 있었다. 뿐만 아니라 이러한 문제 해결력은 상상에서 비롯되는데, 문제를 잘 관찰하여 거기서 해결의 단서를 찾아내는 것을 '통찰'(洞察, insight)이라고 지칭했다. 이런 의미에서 근년에 더글라스 슬로언(D. Sloan, 1983)은 『통찰=상상력: 사고의 해방과 현대세계』라는, 상상력에 관한 저서를 내어 주목받은 바 있다.

정신분석학에서도 예술적 창조나 인간의 사고에서 무의식이 가지는 잠재적 창조성을 구명했다. 요지는 인간의 외형적 · 명시적인 의식이나 행동의 세계보다도 내면에 깊이 가라앉아 잠재하고 있는 심층하부의 무의식의 세계가 인간의 의식이나 행동을 지배하는 원초적인 힘이라는 것이다. 예술가나 영재의 창조적 예술 및 업적이나 평범한 이들의 일상에서 나타나는 상상이라는 것도, 사실은 현실적으로 용납될 수 없는 억압된 의식이 무의식으로 잠재하다가 꿈이나 예술표현 같은 어떤 계기를 만나서 의식이나 행동, 작품으로 표출되는 것이라고 보았다.

현상학에서도 이미 100년 전에 상상력과 관련이 깊은 사상을 제기해왔는데, '직관'(intuition)이 바로 그러하다. 현상학에서는 특히 17, 8세기 이래로 과거의 자연과학적인 관념이 사고나 지식을 생각하는 기본틀을 이루고 있기 때문에, 사람이나 어떤 대상, 또는 현상마다의 독특한 사고나 감정, 섬세하고 풍부한 경험과 같은 생동하는 역동적 특성들을 제대로 보고 인정하려 하지 않고, 무시하며 배제하고 부정해왔다고 본다. 그래서 이를 시정해 섬세하고 특수하며 살아 있는 의미를 찾는 것이 앎이나 사고의 기본시각에서 중요하다는 점을 주장하고 있는 것이다.

본고는 상상력이 가지는 '온전한 앎'에서의 인식적 기능에 대해 고찰해 보고자 하는데, 주로 현상학적 시각에서 보고자 한다. '온전한 앎'이란 분석적 · 제한적 · 단편적이 아닌 통합적인 지식 내지 사고의 성격을 조명하여 고찰하겠다는 뜻이다. 그리고 '현상학적 시각으로 본다'는 것은 대체로 위에서 언급한 바와 같은 입장에서 보겠다는 것인데, 좀더 자세히 언급하면 다음과 같다.

상상에 관한 고찰은, 예술에서의 표현과 그에 대한 비평을 제외하면, 크게 심리학적인 것과 철학적인 것으로 대별할 수 있는데, 이 두 시각이 대개는 적절하지 못했다는 데 문제가 있다(예술에서는 상상적 작품 그 자체가 '표현적'으로 보여주고 있기 때문에, 우리가 여기서 관심두고자 하는 인식적 성격의 고찰과는 거리가 있다).

심리학적 고찰은 특히 연합주의 심리학(associationist psychology), 프로이트의 정신분석학, 피아제의 발달심리학 등에서 두드러진다고 볼 수 있다. 케이지(E. Casey, 1976)는 『상상』(Imagining)이라는 책에서 이들에 대해 비판하고 있다. 먼저 연합주의적 시각은 상상을 경험적인 기억(memory)과 같은 근원적인 정신작용으로 본다. 그래서 예컨대 '연상의 법칙'(the laws of association)이란 결국 표상의 '근접성'(contiguity)과 '유사성'(resemblance)에 의해서 얻어지는 기억의 파생물이라는 것이다. 실제로 홉스(T. Hobbes, 1968) 같은 이는 "상상력과 기억력은 같은 하나인데" 단지 다른 이름을 가지고 달리 생각될 뿐이라고 주장했었다(Casey, 1976, p. 11). 즉 연합주의에서 보는 상상력은 기억력과 같거나 다소 성질이 유사한 파생적 기능에 불과한 것이다. 프로이트의 정신분석학적 시각에서 보면, 상상은 공상(fantasy)이나 환상(hallucination)과 같은 것인데, 이는 근본적으로 무의식이 지배하는 이차적 정신기능이다. 즉 자아통제의 저 밑에 있는 '이차적 정신과정'(secondary processes)으로, 현실과 대응해서 삶을 영위하는 것에서 멀찍이 떨어져 후퇴해 있는 '부적응'의 기제들이다. 결국 상상은 공상 · 환상과 같은 퇴락한 정신기능 내지 병든 정신기능에 불과하다. 피아제의 발달심리학에서 상상력은 정신의 상징적인 힘으로서, 지적 활동으로 취급되지만, 하나의 상징적인 기능으로 한정된다. 따라서 인지발달 과정의 한 '전환적' 정신기능, 즉 감각적 · 구체적인 것에서 추상적 · 논리적인 것으로 발달해가는 중간단계의 비본질적 정신기능이다.

한편 철학적 고찰은 크게 근대 이전과 이후의 시각으로 대별할 수 있다(Warnock, 1980). 간략하게 말하면, 플라톤이나 아리스토텔레스 이후 칸트에 이르기까지, 과거의 철학에서는 전통적으로 상상력을 '이성적 사고력' (reasoning)에 종속되거나 매개적인 하위 기능을 가진다고 보았다. 예컨대 플라톤은 5개의 정신능력 가운데 '단순한 가상능력' 으로서, 가장 아래쪽에 위치시켜 놓았다. 그래서 상상력은 단지 '가정하는' (supposing) 능력으로 보았다(① pistis: 합당한 앎의 형식 ② dianoia: 서술적 사고 ③ episteme: 과학적 지식 ④ noesis: 합리적 직관력 ⑤ eikasia: 단순한 가상 능력). 이런 생각은 르네상스기를 거쳐 경험주의 철학에까지 이어졌다. 다만 흄(Hume)이나 로크(Locke) 등은, 감각적 '인상' (impression)과 이성적 '관념' (idea)을 구분짓고, 상상은 이 둘을 매개하는 매개자로 보았다. 즉 생생한 이미지는 인상과 밀접한 위치에서 '반성적 사고의 인상' (impression of reflection)을 열어준다는 것이다. 어쩌면 오늘날의 많은 심리학자나 철학자 · 교육학자들까지도, 상상이나 감각적 경험이 합리적 지성을 성숙하게 하는 밑받침이라고 보는데, 이 역시 이런 매개자나 밑바탕 정도로 취급하는 생각과 크게 다르지 않다고 볼 수 있다. 요컨대 상상은 감각적 인상에 밀접해 있고, 그것은 기억이나 논리적 사고나 판단력의 기능을 원활하게 하는 매개물 또는 중간 또는 하급계층의 정신력에 불과하다.

그런데 곧 이어서 등장한 독일 낭만주의 철학자들, 예컨대 슐레겔(Schlegel), 노발리스(Novalis), 장 파울(Jean Paul), 셸링(Schelling) 등은 거꾸로 상상력을 예술에서는 물론이고, 인간의 정신력에서 가장 '우선적인 창의적' 능력이라고 주장했다(Casey, 1976).

특히 이들이 주장하는 상상력의 '생산적 기능'이나 '열정'의 특성은 콜러리지(Coleridge)와 칸트에게도 영향력을 미쳤다. 그러나 이러한 낭만주의적 관점은 20세기의 '초현실주의'에까지 크게 영향을 미쳤지만, 실은 내용이 부실하다는 결점을 갖는다. 다시 말하면, 상상력이 어떻게 정신적 기능을 가지는지에 대해 체계적이고 구체적인 분석을 내놓지 못했다. 결국은 상상력이 정신적 기능의 위계에서 최하층 내지 중간층에 있는 것을 최상위로 끌어올리자는 항변이었지, 그 고유한 인식기능을 규명해내지 못한 것이다.

이런 점에서 과거의 심리학이나 철학적 시각은 결점을 가지고 있다고 볼 수 있다. 따라서 상상력이 어떤 인식기능 내지 독특한 사유의 성질을 가지는지에 대해서, '실증과학주의적' 관점과는 달리, 현상학적 시각에서 그 특성을 고찰하려는 본고의 목적은 예술이나 창의성 연구, 교육에 하나의 중요한 단서를 제공할 수 있다고 생각한다.

2. 사르트르와 비고츠키의 시사

지난 20세기 전반기의 상상력에 대한 고찰 가운데 영향력 있는 것으로서 사르트르(J. P. Sartre)와 비고츠키(L. Vygotsky)의 연구를 들 수 있다. 사르트르는 『상상』(L' Imaginare)이라는 저술을 1940년(파리, 갈리마르사)에 출판했는데, 이것은 1966년에 프레치먼(B. Frechtman)이 『상상의 심리학』(Psychology of Imagination)이라는 제명으로 영문으로 번역출판(뉴욕, 워싱턴 스퀘어사)하였고, 1975년에는 헤이이(平井啓之)가 일본어로 번역출판(동경, 人文書院)하였다. 이 저서의 기본 성격은 상상력을 현상학적 심리학의 관점에서 분석한 논문으로서, 이후 워녹(W. Warnock)이나 케이지(E. Casey) 같은 20세기 후반기의 여러 연구자들에게 많은 영향을 미쳤다.

사르트르는 "의식을 근본적으로 이미지(표상)가 비현실화하는 기능, 즉 상상력과 의식대상(noema)이 서로 상응관계하는 인식기능을 가진다"는 것을 분석의 목표로 삼고 있다(Sartre, 平井啓之 譯, 1975, p. 6).

사르트르에게 상상은 우리가 지각한 표상이 인식 내지 사고의 기능을 하는 정신작용이다. 그가 보는 상상의 기본성격은 세 가지로 정리할 수 있다. 첫째는 상상은 '의식'(consciousness)이다. 여기서 의식이란 대상의 모습이 우리의 내면세계에 와서 비쳐서 인지된 앎이다. 따라서 상상은 대상의 물상적 특성이 아니고, 주체에 인식된 정신이다.

둘째는 준관찰(quasi-observation)의 성격이다. 즉 상상은 상당 부분 지각경험의 성격을 가지지만, 실재에 대한 지각 그 자체와는 다른 '지향적'(intentional) 성격을 갖는다는 것이다. 예컨대, 네모진 밥상을 볼 때, 우리는 그 윗면을 정평면으로 내려다보는 직사각형의 지각경험은 거의 없다. 실제로는 무수한 사다리꼴을 볼 뿐이다. 그럼에도 불구하고 우리는 밥상의 표상을 직사각형으로 인식한다. 간단히 말하면 경험된 지각과 지향적 인식의 결합인 것이다.

셋째는 자유로움과 자유자재함(freeness)이다. 상상은 다른 어떤 인식과도 달리 자유자재로 주체와 대상, 과거와 미래, 경험과 상상, 시간과 공간, 물질과 정신, 인간과 사물 등의 범주와 구획과 한계를 구분없이 넘나드는 자유자재한 자발성(spontaneousness)을 가진다. 이러한 비정립적(nonthetique), 자의적인 자유성은 결국 현실이나 실재에 국한되지 않고 벗어나는 초월적(transcendence) 인식의 근거가 된다.

이러한 사르트르의 상상에 대한 현상학적 분석은 과거의 지각론적, 또는 연합주의적인 경험주의의 한계에서 벗어나게 하는 중요한 계기가 되었다. 상상은 경험을 토대로 하지만 결코 그것에 한정되지 않고 경험 이상의 미지의 세계, 염원의 세계, 선험적(a priori) 세계, 불가사의한 세계를 넘나드는 특별한 기능을 가진다. 여기서 상상력의 새로운 인식기능이 제기된 셈인데, 이로써 논리적 · 합리적 · 분석적 · 명제적인 과학적 인식기능과는 다른 무의식적 · 선험적 · 영감적 앎과 연결되는 예술,

꿈, 종교, 그리고 기타 일상생활에서의 감성 · 지각 · 상상 · 예지 · 사유 등의 인식기능의 특성이 정당성을 얻는 계기가 되었다고 볼 수 있다.

비고츠키는 사르트르보다 10년 앞서서 1930년에 『어린이의 상상력과 창조』라는 책을 내었고, 1967년에 재판된 바 있는데, 1972년에 일본의 후쿠이(福井研介)가 번역출판(新讀書社)했다. 비고츠키는 주지하는 바와 같이 피아제의 구성주의 인지심리학을 '사회적 인지심리학'으로 전환시킨 러시아의 심리학자이다. 그는 마르크스 사상에 입각해서 인지심리의 특성을 규명함으로써, 인간관계 속에서의 사회적 인지론을 제기했다. 그에 의하면 인간의 인식과정은 정신적 생산도구로서의 언어에 의해 사회의 공동생활 속에서 형성되고 학습되며, 이런 사회적 과정에 의해 점차 외적인 앎에서 내적인 앎으로 향상 · 발전되어간다고 보는 것이다. 이러한 기본적인 관점 하에서, 그는 상상력의 성격과 그림이나 언어 같은 교육의 방법을 예시적으로 풀이해서 보여주고 있다.

비고츠키에 의하면, 상상력을 포함하는 모든 인간의 활동은 두 가지 형태를 보인다. 첫째는 '재생적' 활동이다. 경험되고 의식된 기억이나 표상을 재현하고 재생해내는 기계적인 인식활동이다. 인간의 뇌는 이전의 경험을 보존하고 재생하는 기본적 기능을 갖고 있는데, 이것을 중심으로 이루어지는 인식작용이다.

둘째는 '창조적' 활동이다. 이전의 경험이나 지식을 재결합하거나 재구성해서 새로운 것을 산출해내는 창의적 인식활동이다. 이것은 뇌의 복합적 인식작용에 의해서 이루어지는데, 공상 · 환상 · 상상 · 재구성 · 모방 · 변조 · 개작 같은, 재생적인 것이 아닌 좀더 새로운 생산적 인식기능이 이루어진다. 이는 주로 상상력이 작용해서 이루어지는 창조활동이라는 것이다. 그런데 이런 창조활동이 어린아이들에게서 전적으로 많이 나타나며, 특히 놀이를 통해서 발현되고 성장 · 발달해간다고 한다.

비고츠키 역시 상상력을 경험 한정적인 것에서 해방된 인식기능으로 보고 있다는 특성을 내보인다. 그에 의하면, 상상활동은 경험내적인 것, 경험과 상상이 결합된 것, 정서와 결합된 것, 이상의 여러 가지가 복합적인 것 등 4가지 방식으로 전개된다고 한다.

요컨대 비고츠키에 의하면, 상상력은 두 가지 창조의 메커니즘에 입각한다. 즉 하나는 '분해'의 기능이다. 지각되고 의식된 모든 표상은 상상작용에 의해서 분해되어 복잡한 전일체가 마치 무수한 낱개로 해체되고, 그 낱개들은 다른 것과 비교되고 유지되고 또는 소멸 · 망각된다. 그런데 이 분해작용은 미래의 상상활동에 있어서 불가결한 필요조건이 된다고 한다. "복잡한 전일체 개개의 특징을 분해하는 이러한 기능은 정신적 체험 위에 이루어지는 인간의 모든 창조적 작업에서 결정적으로 중요한 의미를 가진다"(Vigotsky, 福井研介 譯, p. 40). 그리고 이 분해의 과정에 이어서 '수정'의 과정이 진행된다고 한다.

둘째는 '연합'의 기능이다. 그가 '연합' 또는 '통일'이라고 부르는 것은 실은 '구성'이라는 의미이다. 즉 분해되거나 수정된 요소들을 통일하여 하나의 새로운 의미를 가지는 형태로 재구성하는 것을 뜻한다. "이 연합은 여러 가지 기준 위에서 일어나고, 표상을 완전히 주관적으로 통합하는 수준에서 … 조직하는 것으로, 상상작업의 궁극적 · 최종적인 기능"(상게서, p. 41)이다.

이상의 사르트르와 비고츠키의 연구가 우리에게 시사하는 바는 다음과 같다.

첫째, 상상은 하나의 인식작용이며, 그 나름의 독특한 인식 기능을 가진다는 것이다. 인간에게는 기억 · 관찰 · 비교 · 분석 · 종합 · 추론 등과 같은 주로 논리적 · 합리적 인식기능과는 다른 의식 또는 인식의 기능을 가지고 있다. 상상력이 그 중의 하나인데, 이는 논리 · 합리 · 분석적 사고와는 달리, 자의적 · 정서적 · 통합적인 독특한 인식 내지 사고 기능을 갖는다.

둘째, 상상은 예술 · 종교 · 놀이 · 꿈 같은 특별한 행동범주에서 그 특성이 두드러지게 나타나고 활용되며, 또한 일상생활이나 놀이에서와 같은 생활일반에 폭넓고 깊게 배어 있는 기본적 인식기능이다. 논리적 · 분석적 사고가 과학과 수학에서 특히 그 기능이 돋보이듯이, 상상력도 예술과 놀이에서 그 기능이 돋보인다. 그러나 그러한 구분의 관점은 '한정적' 시각에 불과하고, 상상력은 모든 일상생활 및 모든 학문적 탐구에서도 폭넓게 또 기본적으로 요구되고 활용되는 보편적 인식기능이다.

3. 상상력의 위치

마음(minds), 정신(psychology), 의식(consciousness) 등으로 불리는 인간의 인식의 장이나 영역에서 상상력은 어떤 위치에 존재하는 것일까? 예컨대, 칸트는 인간의 정신을 감성 · 오성 · 이성으로 나누어보고 있는데, 여기서 상상은 어떤 위치에서 어떻게 이들 세 영역의 정신기능과 관계하는 것일까? 또 20세기 초의 미학자 크로체(B. Croce)의 말대로, 인간의 앎(지식)이 논리적인 것과 직관적인 것으로 구분된다면, 상상은 어떤 위치에서 어떻게 관계하는 것일까? 프로이트는 인간의 정신세계가 의식과 무의식으로 이루어져서 작용한다고 보았는데, 이때에 상상력은 의식에서만 작용하는가, 무의식에서만 작용하는가? 아니면 두 가지에 다 작용하는가? 교육학자 블룸(J. Bloom)은 학습의 범주를 인지적 · 심동적(心動的) · 정의적(情意的)인 세 가지로 구분했는데, 상상력은 무엇에 대해 어떻게 작용하는 것일까? 또 사고심리학자 드보노(E. deBono)는 사고를 건설적(합리적) · 비판적 · 창의적인 세 가지로 보고 있는데, 이 경우 상상력은 어떻게 관계하는 것일까?

이러한 물음에 대한 뚜렷한 답은 쉽게 찾기가 힘들 것이다. 상상력에 대한 연구가 그렇게 구체적으로 이루어지고 있지 않기 때문이다. 그러나 우리가 잠정적으로 가정할 수 있는 것은 상상력은 위에서 언급된 마음의 영역 내지 기능들의 각각과 밀접하게 관련되고 또 직접적으로 기능한다는 점일 것이다. 예컨대, 우리가 쉽게 수긍할 수 있는 의식 분야만이 아니고, 무의식의 영역에서도 상상력은 깊이 관여하고 있음이 정신분석학에서 밝혀진 바 있다. 꿈이나 잊혀진 어린 시절, 또는 백일몽이나 정신질환, 반쯤 의식되는 과거의 기억 등에서도 상상력은 여러 가지 형태로 관계된다. 만일 이와 같이 상상력이 인간의 정신세계의 여러 영역이나 기능과 깊은 관련을 가진다면, 어떤 위치에서 어떻게 작용하는 것일까?

손쉽게 가정할 수 있는 것은 세 가지일 것이다. 하나는, 정신 영역 전반에서 물이나 분자와 같은 형태로 스며들어서 각각의 영역이나 기능에 작용한다고 볼 수 있는 것이다. 즉 용해된 상태에서 근원적 요소로 작용하는 것이다. 다른 하나는 위상의 차이이다. 즉 위에 언급한 여러 가지 의식의 범주들을 밑에서 떠받치는 토대나 기반으로 작용하는 것이다. 마치 물을 담고 있는 그릇과 같이 정신의 범주들을 틀 짓고 작용하는 것이다. 그런데 이때 상상력 말고 다른 하나의 공동의 기반이 있다고 볼 수 있는데, 그것은 지각(知覺)이다. 지각은 실재세계에 대한 경험의 기본틀로서, 이후의 기억 · 사고 · 추리 · 감각 · 비판 · 창의 등 모든 정신작용의 바탕이 된다고 볼 수 있다. 그렇다면, 상상력은 지각과 더불어 여타의 정신기능을 떠받치는 이중의, 또는 반반의 공동 기반이 되고 있다고 가정할 수 있다. 말하자면 태극과 같이 서로 맞물려 돌아가는 2개의 역동적 기반 위에, 감성 · 오성 · 이성 또는 인지 · 심동 · 정의 같은 여러 가지 형태로 언급되는 인식기능이 자리잡고 작동하는 것이라고 볼 수 있는 것이다. 셋째는 지각이라는 하층의 기반의 위에 중심적인 인식기능이 중간에 위치하고 있고, 그 위쪽에 상상력이 자리잡고 작용하는 것으로 볼 수 있다. 즉 지각이라는 대지와 의식이라는 지상의 사물, 그리고 하늘의 구름처럼 상상력이 존재하며 작용하는 3층 구조를 생각할 수 있는 것이다.

어찌되었건, 상상력은 인간의 여러 가지 인식 내지 정신 능력의 영역과 분자로 혼합되어 있거나, 아니면 기반 또는 상층구조로 각각의 인식기능에 대해 서로 밀접하게 작용하고 있는, 그나름의 독특한 기능을 여러 관계 속에서 수행하고 있다고 가정할 수 있는 것이다.

4. 상상력의 인식기능

상상력은 다른 의식 또는 인식의 영역이나 기능과는 다른 독특한 여러 가지 특성을 가진다는 생각은 어렵지 않게 수긍되는 관점이다. 그러나 구체적으로 이들 독특한 기능을 체계적으로 논구한 연구는 사실상 찾아보기 힘들다. 이런 점에서 사르트르나 비고츠키를 비롯한 여러 관련 연구자들의 견해를 조망하고 보완 · 재정리하는 것은 그나름의 의의가 있을 것이다. 특히 피아제처럼 논리적인 '조작적 사고'를 기본으로 하고, 여타의 사고는 미숙한 사고나 주변적 내지 보조적 사고라고 보는 '편파적' 인식관에 대해, 비판적 또는 반성적 관점을 제공하는 데 도움이 되리라고 본다. 특히 19, 20세기에 강고하게 굳어버린 논리적 · 합리적 사고 중심의 과학주의적 인식이 그간 오랫동안 우리의 지식관을 지배하고 교육과정과 학교교육의 이론과 실천을 지배해왔는데, 이것의 근본적 시정을 위해서는 앞으로 좀더 새롭고 온전한 인식관이 있어야 한다고 보는 것이다.

1) 자발적(spontaneous) 기능

상상력이 예컨대 논리적 사고력 같은 다른 정신기능과 구별되는 가장 중요한 특성은 '자유로움'일 것이다. 상상은 현실의 실패나 경험이나 논리적 질서나 강고한 의지나 실제적 목적 같은 것들로부터 매우 자유롭다. 이러한 자유자재한 정신기능으로서의 상상력에 대해서 그간 많은 이들이 나름대로 이름을 붙여가면서 그 특성을 설명 또는 부각시키려고 해왔다.

예컨대 사르트르는 '비결정성'(indetermination)이나 '자발성'으로 이러한 성질을 부각시키고 있다. 먼저 비결정성이란 우리의 상상적 의식은 자기 자신에 대하여 어떤 일정한 고정된 의식을 가지고 있지 않다는 것이다. 상상은 우선 지각된 대상의 모습이나 성질 그 자체와는 다르다. 지각은 대상의 표상 그 자체이지만, 상상은 거기서 벗어나서 자신의 의식 속에서 변양이나 전환을 일으켜 다른 '의식된 표상'으로 자리잡는다. 그러나 이 의식된 표상은 일정한 결정성을 띠지 않고 자유롭게 때와 장소와 기분에 따라 조금씩 달라질 수 있다. 또 때로는 대상의 실재성과는 아주 다른 모습으로 변환되어 버릴 수도 있다.

'자발성'의 개념도 이와 크게 다르지 않다. 자발성은 자유자재로 또 스스로의 속성대로 조작되고 재창조되는 자유분방함을 갖는다. 사르트르는 이렇게 말하고 있다.

> 대상에 관한 상상적 의식은 이미 지적한 바와 같이, 자기 자신에 관한 비결정적 의식을 내포한다. 전환물(transversal)이라고도 할 수 있는 이 의식은 이미 대상성을 가지고 있지 않다. 그것은 아무것도 규정하지 않고 무엇을 지시하지도 않는다. … 그것은 의식이 자신을 향해 조명한 '산만한 광선'이다. 다시 말하면, 여러 의식에 따라다니지만 고정되지 않고 말로 표현하기 어려운 그 어떤 성질이다. (Sartre, p. 22)

자발성 또는 자의성(恣意性)이라고 불리는 상상력의 이러한 자유로운 의식기능은 논리적 · 합리적 사고와는 확연하게 구별되는 그나름의 독특한 성질이다. 낭만주의 철학이 인간의 정신적 능력 가운데 '여왕적 능력'(the Queen of the faculties)이라고 지칭하면서, 상상력을 가장 높은 정신능력으로 취급하려고 한 이유가 바로 여기에 있다고 볼 수 있다. 상상이야말로 현실적 제약이나 모순 · 갈등으로부터 자유로워질 수 있다고 보았기 때문일 것이다.

그러나 케이지에 의하면, 그것은 또 다른 과오에 지나지 않는 것이다. 이성을 지고(至高)의 정신능력으로 취급했던 고전주의 이래로 근 · 현대의 관념철학이나 실증철학의 '지나친 관념'이나 개념에 불과한 것이다. 왜냐하면 상상력은 우선 '자기입법성'(self-legislation)을 띠지 않는다. 칸트의 분석과 마찬가지로, '자율성'이라고 한다면, 자기가 스스로 규칙을 정하고 수행하는 자기입법성이 있어야 하는 것이다. 그러나 상상은 그런 제한마저도 허용치 않는다. 또한 프로이트의 '에고심리'(Ego-psychological)와 같은 '준자율성'(secondary autonomy)도 상상력의 성질에는 적절치 못하다. 왜냐하면 '에고심리'라는 것도 사실은 상상을 의식적 공상(conscious fantasy) 밑에 두고, 그것만이 갈등으로부터 자유로운 자아의 영역이라고 보기 때문이다. 요는 상상은 현실과의 갈등의 회피수단인 것이다. 상상이 최소한으로 축소된 모습이다. 상상은 자아에도 구속되지 않고 초월하며, 실재 세계와 어울리면서도 실재를 초월하는 무한하고 독특한 자유를 갖는다.

따라서 케이지에 의하면, 상상의 자율성은 '자동성'(autonomy)이라고 언급되어야 한다고 한다. 그는 상상의 자동성은 독립성(independence)과 자유로움(freedom)이라는 두 가지 특성을 갖는다고 한다.

상상의 자동성은 다른 정신활동, 그 주변환경, 기타 모든 인간적 관련의 억압으로부터 엄격히 독립되는(strict independence) 데서 성립된다. 그리고 상상의 자동성은 상상력이 독특하게 작용하는 정신의 자유로움(freedom of mind)에서 성립된다. (Casey, 1976, p. 191).

요컨대, 상상력은 이러한 자의적(恣意的) 또는 자율적(自律的) 기능을 가지는 의식이다. 때문에 우리의 마음(정신)을 '해방'(emancipation)하는 독특한 힘을 갖는다. 상상에 의해서 우리는 현실적 제약이나 한계, 구속, 갈등, 억압으로부터 해방되는 것이다. 또한 이러한 해방, 즉 자유와 독립성에 의해서, 새로운 것의 탐구와 창조의 길이 열리는 것이라고 볼 수 있는 것이다.

2) 지향적(intentional) 기능

그러면 상상력은 과연 제멋대로 나뒹굴다가 사라져가는 사념의 단편들인가? 그런 상상도 있다. 그런 것을 공상(fansy)이라고 한다. 그러나 상상은 공상과는 다르다. 나뭇잎이 태양을 향하고 뿌리가 물을 향하듯, 상상은 나름의 '지향하는' 성향을 가진다. 모든 앎은 실은 '무엇에 대한' 앎이다. 여기서 보통은 '무엇에 대한' 을 생략하고 '앎' 만을 말한다. 그래서 주체의 알고자 하는 대상지향의 지향성을 잊는 수가 많다. 그런데 '지향성' (指向性)이라고 할 때, 그것은 일반적으로는 '지향한다' (intend)는 말의 의미로, '의의(意義)를 보여준다' '의미한다' 는 뜻이다. 또는 '목적' 과 '계획' 을 의미한다. 라틴어의 어원인 인텐데레(intendere)는 '손을 뻗는다' 는 의미를 가진다. 따라서 '지향성' 이라는 말에는 '무언가 대상을 향해서 손을 뻗는다' 는 의미를 가지는 의식의 지향운동성이 포함되어 있다(Sloan, 1983, p. 188). 바꾸어 말하면, 모든 앎의 의미에는 주체 안에 이미 그에 대한 지향성이라는 함의가 들어 있는 것이다. 이런 지향성의 면에서, 우리들은 모든 의식적 행위는 이지나 정서나 기능만이 아닌 전인적인 인격이 대상에 대해 지향하고 참여하는 적극적인 인식의 작용임을 알 수 있다.

대상을 지각하는 데 지향성이 개입해서 비로소 그 의미가 드러나고 형성되듯이, 우리 내면의 행동과 행위에도 지향성이 작용한다. 처음부터 끝까지 의식의 지향성에는 의미를 추구하는 적극적 지향성 내지 동기가 존재한다. 『사랑과 의지』라는 책에서 '지향성과 인식의 관계' 에 대해 롤로 메이(Rollo May, 1969)는 다음과 같이 서술하고 있다.

> 인식에 있어서 인지(認知)나 앎, 욕구나 의지는 서로 손을 잡고 기능한다. 어느 한쪽이 없는 인식적 지향성은 있을 수 없다. 중요한 것은 이 때문이다. 만일 내가 무언가를 알고자 '의지' 하지 않으면, 나는 그것을 결코 알 수가 없다. 그리고 내가 무언가를 모른다면 나는 내가 의지하는 행위의 내용을 조금도 취할 수

없다. 이런 의미에서 바로 말할 수 있는 것은, 사람은 어느 정도 자기 자신이 '스스로 의미를 만든다'고 하는 것이다. 스스로 의미를 만든다는 것은 언제나 앎의 주체와 대상 또는 현실이 변증법적인 상호작용의 관계에 있는 것인데, 중요한 것은 우리가 자신의 의미창조에 의도하고 참여하지 않으면, 우리는 결코 대상을 알 수 없다는 뜻이다.

우리들이 자기 자신 스스로 의미를 발견하고 부여함으로써 대상을 비로소 안다(感知, aware)는 것은, 이런 '지향성' 속에서 확실히 나타나는바, 주체의 '적극적 참여'에 의해서 비로소 알게 되어 가는 것을 의미한다. 대상은 우리들의 앎의 행위에 있어서, 지향적 활동을 통해 비로소 그 의미나 형태가 스스로 드러난다. 대상 속에서 인지하는 의미와 질, 또는 형태가 발견되는 그런 의식작용이 곧 앎의 행위이다. 우리는 하나의 대상을, 객관주의나 절대주의가 말하듯이, 우리와 관계없이 존재하는 절대적 또는 객관적인 것으로 아는 것이 절대 아니다. 우리와 대상이 함께 만나서 참여하고 공유하는 그런 '의미의 관계'를 형성해가면서 그 대상을 알게 되는 것이다. 그런데 의미를 추구하는 이런 지향성은 바로 우리 안에 내재하는 상상력이 가지는 중요한 특성인 것이다.

실은 이러한 의식의 지향성(intentionality)은 고대 철학의 유산이다. 고대 그리스의 철학자들은 눈앞의 실재의 모습보다는 그것 저편의 본모습이 참된 진리라고 여기고, 앎은 그러한 참모습을 추구해야 한다고 믿었던 것이다. 이런 생각은 19세기 말 이후 20세기 전반기에 후설(E. Husserl)이 주도한 현상학(現象學)에서 더 잘 규명되어 왔다. 20세기 초에 유럽의 철학자이자 현상학의 창시자인 후설은 의식체험의 본질을 기술하기 위해 '지향성'이라는 개념을 전개했다. 그에 의하면, '의식'은 결코 맹목적이거나 공허하지 않고, 항상 무언가에 대한 적극적인 '지향적 의식'이다. 또한 이리저리 분리독립이 불가능하고, 대상에 주의를 기울이는 내용추구의 성향을 가진다. 그러나 이런 의식내용에 대한 기능은 결코 수동적이지 않다. 그것은 항상 적극적이고 활동적이며 무언가를 만들어가는 '형성적인' 의식작용이다. 정신은 의식내용의 의미를 형성하고 부여한다는 점에서 항상 '활동적'이다.

요컨대 정신은 항상 앎의 대상이나 내용을 '지향'(intending)한다. 후설이 특별히 지향성이란 용어를 사용한 것은, 정신의 의지가 가지는 이미지 생성적 · 지향적 · 의미부여적인 기능 때문이다. 모든 인식의 기능과 체험은 우리의 의식세계를 끊임없이 재구성 · 재제작하고, 분리불가능한 미분통합적 형태로 주체와 대상이 서로 관련지어지며, 내외 · 나남 · 질량 · 시공 · 심신이 서로 연관지어진다. 또 주체는 대상을 관찰하고 있음과 동시에, 대상에 참여하는 주체이다. 주체와 대상이라고 하는 양자는 서로 상대가 없으면 의식작용 자체가 불가능해진다(김춘일, 1997). 주체와 대상이 살아 있는 상응적 세계경험 속에서 의식내용에 구조와 의미를 부여하고 상호작용한다. 이렇게 의식은 항상 생성적 · 지향적 활동을 전개한다. 그래서 창조가 가능해지는데, 그것을 주로 상상력이 담당하는 것이다.

케이지(1976)는 상상력의 지향성에 대해, 의식의 일반적 개념으로서의 지향적 작용을 좀더 진전시키고 있다. 그에 의하면 상상력의 지향성은 두 가지가 있다. 하나는 '무엇을 상상하는가' 하는 'imaging that'이고, 다른 하나는 '어떻게 상상하는가' 하는 'imaging how'이다. 앞의 것은 그간 현상학이 말하는 것과 같으나, 뒤의 것은 상상이 감각, 행동, 정서, 사고 등의 행동양식과 어울려서 그 성격이 달라진다는 것이다. 감각적 상상은 상상을 감각이 주도하기 때문에 예민하고 즉각적이며 섬세하나 일관성이 결여된다. 그러나 정서, 사고, 행동과 어울리면 그의 인격이나 행동성향과 맞물려서 좀더 일관성과 방향성이 드러난다. 그래서 한 주체의 상상은 섬세하고 자유분방하지만, 실은 제멋대로가 아니라, 장기적으로는 무언가 자기다움의 특성을 드러낸다. 이러한 점을 우리는 상상력의 '존재지향적' 성격이라고 보아도 좋을 것 같다. 존재지향성이라는 것은 한 인격적 주체로서의 개인이 '자기다워지려는 근본적 성향'이라고 볼 수 있다.

우리는 이 점을 실존심리학자 칼 로저스(Carl Rogers, 1980)를 통해 더 잘 이해할 수 있을 것이다. 그에 의하면 인간은 물론 동식물 등 우주만물 모두가 자기다워지려는 그나름의 '형성적 경향'(formative tendency)을 가진다고 한다. 씨앗이 커서 느티나무나 채송화로 자라듯이 모든 것은 자기 나름의 본모습으로 형성되어가려는 속성을 가지고 있는 것이다. 그런데 이 성향은 본래의 제모습을 지향하는 '실현적'(actualizing) 경향성과 '형성적'(formative) 경향성의 두 가지가 있다고 한다. "그 하나는 유기적 생명의 특징인 실현적 경향성이고, 또 하나는 우주 속에서 하나의 전체로 형성되어가는 형성적 경향성이다." 그는 이러한 원리를 바탕으로 그의 유명한 '사람 중심의 접근법'(person centered approach)이라는 상담심리학 및 교육학을 전개한 바 있다. 이 접근법은 사람마다 독특하고 차별화된 '자아실현'을 중심개념으로 하는데, 일관된 진솔성(genuineness), 긍정적 수용성(positive acceptance), 공감적 이해(empathic understanding)를 기본으로 하는 상담 및 교육의 방법을 뜻한다. 사람마다 독특한 존재이고 그 나름의 본모습으로 실현되어가도록 도와주는 것이 참된 교육이요 상담기술임을 주장하는 것이다. 그래서 그를 중심으로 한 실존주의 교육학은 '자아실현'(self-actualizing)을 돕는 것이 곧 교육의 책무임을 강조한다.

요컨대 케이지나 로저스에게서 분명해지고 있듯이, 상상력은 결국은 자기 나름의 형성적인 지향성을 가지고 있는 것이고, 그래서 상상은 한낱 산만한 자의적인 낙서가 아니라, 궁극적으로 하나의 의미 있는 자기다운 존재로 되어가는(becoming) 지향적 인식성향을 갖는다.

3) 통찰적(insightful) 기능

침팬지가 나뭇가지에 매달려 있는 바나나와 바닥에 떨어진 막대를 번갈아 바라보다가 문득 막대를 주워들어 후려쳐서 바나나를 따먹는다. 이때 막대로 바나나를 따내는 문제 해결의 발상을 심리학자들이 '통찰' 이라고 이름지었다. 그런데 이러한 통찰이 바로 상상력의 소산이라는 것은 쉽게 수긍이 가는 하나의 일반적 인식이라고 보여진다.

슬로언(1983)은 상상력을 통찰과 거의 같은 의미로 쓰고 있는데, 그는 『통찰=상상력: 사고의 해방과 현대세계』라는 책에서 특히 상상의 '통찰적' 기능에 대해 강조하고 있다.

보움(D. Bohm, 1969)에 의하면, 우리는 마음 깊은 곳에서 약동하는 '통찰력' 에서 생겨나는 '창조적' (reactive) 앎과, 이미 주어진 것을 재구성하는 '조작적' (operational) 앎을 근본적으로 구별해야 한다. 새롭게 창조되는 모든 앎은 정열적이고 생동감 넘치는 깊은 통찰력이 개입해서 태어나고, 이 통찰은 우리들의 일상적인 앎의 방식에 스며들어 모든 경험에 침투하고 관류한다. 이런 의미에서 문제를 해결하기 위해 상상력을 동원하는 통찰은 다른 앎, 즉 관념적 사유나 합리적인 문제 해결의 방식과는 다른 기능을 가지고 있다. 즉 우리들의 관습화되고 고정화된 앎의 방식에서 장애를 제거하고, 우리들에게 새로운 시각을 가지게 하는 참신한 기능이다. 이런 통찰은 주로 상상력에 의해 얻어지는데, 이러한 역할이 없다면, 우리들은 단지 주어진 물상에 사로잡혀 그대로 지각하고 생각하며 느끼는 그런 수동적 · 기계적 존재, 닫힌 사고의 존재가 되고 마는 것이다. 이 통찰력의 중요성을 보다 잘 이해하기 위해 해야 할 일은 우리들의 앎이 가지는 상상의 '새로운 앎의 기능' 을 제대로 인정하고 이해하는 것이다.

보움에 의하면, 앎(사고)에는 관념적 · 추상적인 것과 실제적 · 활동적인 것이 있다. 먼저 수동적인 앎의 하나로서 추상지(抽象知, abstract knowledge)라고 일컬어지는 것이 있다. 이 앎은 보통 '지식' 이라고 하는 말이 사용될 때의 그런 앎이다. 이 앎은 불행하게도 많은 사람들의 지식 내지 교육의 개념을 지배하고 있다. 이는 책 · 컴퓨터 · 테이프 등에 정보나 지식으로 축적되어 있다. 이 앎은 우리들이 편리하게 사용하게끔 '수동적 상태' 로 기다리고 있다.

그가 제시하는 또 하나의 앎은 활동지(活動知, active knowledge),

혹은 폴라니(M. Polanyi, 1966)가 말하는 묵시지(默示知, tacit knowledge)이다. 이 유형의 앎은 우리들의 신경계와 근육과 무의식에 자리잡고 있다. 그것은 우리들의 다양한 운동감각 기능, 예를 들면 자전거 타기, 못박기, 그림 그리기 등을 관장하는 것이고, 기계조작이나 과학실험, 또는 체조나 외줄타기 등의 기술적 · 기능적인 것도 포함된다. 이 앎에는 우리들이 단순히 관련 언어에 포함시키는 것이나 의식하고 있는 것 이상의 광범한 것들이 포함된다. 우리들은 항상 이런 앎을 끌어내어, 실생활에 이용하고, 또 우리 생활의 모든 측면에 관련짓는다. 이 활동지 내지 묵시지가 없다면, 우리들은 일상생활이나 단순한 운동기능이나 각종 조작기술을 비롯해서, 추상적인 정보를 이해하거나 활용하는 것도, 의미를 부여하는 어떤 것도 불가능하게 된다.

그런데 우리는 대개 행동적인 '활동지' 보다는 수동적인 '추상지' 에 앎의 비중을 두고 있으며, 그것이 바로 앎이고 지식이라고 생각하는 오류가 있다. 그리고 앎과 관련되는 여러 가지 전제조건이 있는데, 그러한 전제조건이 없으면, 우리들은 다양한 실생활의 각종 기능을 제대로 발휘하지 못하게 된다. 불행하게도 이런 편파적인 지식관이나 전제조건은, 우리들의 앎(지식)에 대한 인식이나 방식에 있어서, 좀처럼 제대로 고려되지 않기 때문에, 우리들은 대개 어떤 고정된 관념적 · 관습적인 사고 및 행동양식에 못박히고, 환경이 우리에게 주는 신선하고 통합적인 의미로부터 멀어져버린다. 그래서 잘못된 지식이나 생활방식과 많은 왜곡된 편견을 가지게 되며, 더욱이 자기 자신을 재발견하는 계기가 되는 타인과의 만남에서, 고정된 틀에 빠져 창조적이고 적절한 반응을 회피하거나 무시하거나 폐기해버리게 된다.

대개 사람들은 불명확 · 부정확한 앎은 사실 앎이 아니고, 필시 한낱 환상이나 공상에 불과하다고 말한다. 그러나 우리들의 앎은 어떤 경우에도 항상 애매한 앎과 명확한 앎, 정확한 앎과 부정확한 앎의 혼합이다. 주어진 앎의 정체가 실제로 불명확 · 부정확하다고 깨달을 때까지는, 그것을 명확하고 정확한 앎과 구별할 방법은 없다. 앎은 올바른 것이든 잘못된 것이든, 개인과 사회의 바람직한 상태와 본래 분리할 수 없는 미분통합적 형태로 작용하고 있다. 우리들의 앎은 언제나 결코 명백하거나 완벽한 것은 아니고, 상당 부분 언제나 애매하고 부정확한 것이기 때문에, 보다 나은 앎을 위해서는 항상 폭넓고 '새로운 통찰'을 필요로 하는 것이다.

우리는 대개 자신의 경험을, 각기 요약되고 단순화된 것, 또는 흩어진 단편으로 취급하며, 물도 새지 않게끔 견고하게 구획짓고, 정해진 틀 속에 가둬버린다. 그리고 의심도 하지 않고 그 추상화되고 벌집같이 구획지어지고 토막난 모습으로서의 대상 또는 자신을 당연하게 진리의 제 모습이라고 느끼게 된다. 그래서 구획된 범주와 해석은 불변의 진리로 인식되고, 게다가 거기서 빠져나오지 못한 채로, 앎의 태도와 인식의 고정관념에 갇혀버린다. 이렇게 되면, 앎이란 순수하고, 절대가치로서 불변하며, 나와 분리된 아주 추상적이고 객관적인 것이라고 믿게 된다. 불행하게도 우리들의 앎 속에는 내가 아는 그것이 언제나 불변하는 진리이고, 그렇기 때문에 절대적 · 보편적이라는 전제를 고집하는 편견에 빠진다. 그러나 이러한 절대적 · 보편적인 앎은 오늘날에는 아무도 믿을 수도 믿지도 않는 '공허'한 앎의 개념이나 태도에 불과하다. 이론과 실제가 다르고, 설명이나 도식이 실체와 다르다는 것을 모르거나 부정하는 이는 없다.

우리들은 개인 및 사회생활에서 모든 개별적이고 특수하며 새로운 것들을 무시하고 거부하며, 대개는 추상화되고 고정되고 권위적이고 비현실적인 앎을 '지식'이라고 믿게 되어 그에 대한 신뢰와 숭배와 도그마에 빠져버리게 된다. 결국 이러한 대상화 · 분절화와 합리화가 극단에 달한 것이 오늘의 지식관 · 진리관 · 과학관이고, 이를 정당화하고 차세대에 교육하는 것이 대부분의 현재 학교의 모습이다. 이러한 편협한 지식관의 한계를 돌파하기 위해서 불가결한 것이 바로 '상상에 의한 통찰'인 것이다.

상상에 의해 이루어지는 '통찰'은 강한 에너지와 정열이 고루 미치는 유연한 태도에서 시작된다. 기존의 사고가 둘러친 장벽을 격파하고 그것을 초월하여, 새로운 양식과 방향을 지향할 수 있도록 본래의 앎을 해방하는 것이다. 통찰은 살아 있는 전체로서 앎의 새로운 이미지, 새로운 질서를 품어내는 상상적인 지각(知覺)으로 나타난다. 통찰은 우리에게 이미 알려지고 이해된 내용의 '본질을 투시'할 뿐만 아니라, 안다고 하는 행위에 관여하는 모든 정신을 통합 · 투시한다. 이런 의미에서, 안과 밖을 동시에 지향하는 그런 앎인 것이다. 통찰은 전체를 의식하고 직접적이다. 소위 조작적(操作的) 사고나 오성(悟性)으로 다 헤아려지지 않는 풍부하고 섬세한 감성적 기능과, 신체 · 감성 · 지성 등 정신의 통합적 기능에 영향을 두루 미치는 크고 섬세한 통찰의 힘을 가진다. 그리고 통찰이란 여러 가지 위대한 과학적 발견과 예술적 창조에 이바지하지만, 결코 그것에 한정되지는 않는다. 오히려 우리생활의 모든 행위에서, 또 일상생활의 모든 면에서 지극히 평범하고도 중요한 기능을 하고 있는 것이다.

우리는 몇몇 위인들에게서 그 점을 엿볼 수 있다. 그들에게서 통찰의 본질을 찾아볼 수 있는 것이다. 뉴턴의 중력이라는 개념에 대한 착상, 아인슈타인의 빛의 항속도(恒速度)라고 하는 발상, 또 헬렌켈러의 언어의 의미에 대한 돌연한 파악 등은 모두, 논리적 귀납이나 연역으로부터 얻어지는 추론과 분석과 가설로서가 아니라, 영감이나 이미지로서 그들에게 먼저 상상으로 감지된 표상이요 통찰이다.

모차르트와 슈베르트의 경우도, 그들의 작곡은 때때로 그들의 음악적 정신에 순간적으로 직감되고 전파된 것이다. 그것을 타인이 연주할 수 있도록 나중에 천천히 차곡차곡 정성스레 악보에 옮겨적은 것이라고 그들은 말하고 있다. 이런 보기 외에도 더 많은 사례를 들 수 있을 것이다. 프리드리히 케쿨레가 발표한 벤젠의 구조의 기초는 뱀이 꼬리를 무는 이미지를 돌연히 떠올린 것이고, 앙리 카레의 수학적인 영감, 윌리엄 해밀턴의 사원수(四元數, 1개의 실수와 3개의 허수로 이루어진 수) 이론에 대한 영감도 비슷한 통찰의 이미지를 보여준다.

이런 여러 보기에는 어떤 공통되는 느낌이나 지각에 해당하는 '발견적' 아이디어라는 특징이 있다. 그것은 문제나 과제에 집중하고, 정열적인 관심을 가지고 노력하는 몰입된 사고 속에서, 불현듯 시각적 이미지가 상상 속에서 떠오른 것이다.

그러나 이러한 과정을 통해 통찰에 이르는 것이 누구에게나 당연하다고 생각하는 것은 잘못이다. 중요한 것은 항상 지속적 · 정열적인 관심과 집중력이다. 언제나 준비되어 있는 정신에게만 통찰은 순간적으로 번쩍 떠오르는 것이다. 통찰은 처음에는 거칠고 애매한 전체성으로, 새로운 이미지나 영감이나 시각적 단서로 주어진다. 그러나 첫 이미지의 완벽한 의미와 그 함의(含意)를 분명히 하기 위해서는 가설, 형식, 사고과정 등에 의해 보완되고 다듬어지고 구체화되어 완성되지 않으면 안 되는 것이다. 이러한 작업은 몇 달 몇 년이 걸리고, 때로는 일생을 걸어야 하는 방대한 과정이다. 그러나 이런 구체화 과정은 이차적인 것이다. 통찰과 이미지가(가설과 논리가 아닌) 먼저 떠오르고, 그 뒤에 복잡 · 섬세한 구체화가 뒤따르기 때문이다.

상상력에서 영위되는 통찰의 '발견적' 기능과, 우리가 흔히 '공상'(imaginative fancy)이라고 부르는 망상(妄想) · 망념(妄念)을 구별하는 것이 중요하다. 비고츠키는 공상을 넓은 의미의 상상으로 보며 비교적 허용적이다. 그러나 다른 이들은 대체로 문제의 통찰이나 자아실현과 무관하거나 방해가 되는 망상, 허상으로 끝나는 공상을 상상과는 차별화한다. 아무튼 우리들의 공상이나 망상의 대부분은 단편적인 기억에 의거한 것이며, 그것이 우리의 정신에 쌓이고 재구성된다. 또는 이렇게 해서 만들어진 공상적 이미지는, 어느 의미에서는 부분적인 새로움을 가진다. 그것은 대개 이미 주어진 상태로 떠오르거나 구성되는데, 다소 다른 방식으로 재결합되거나 재현되기도 한다. 그런데 이런 공상 · 망상 그 자체는 결코 새로운 통찰을 산출해내지 못한다. 단순한 연상들에 불과하기 때문이다. 창조나 발견, 문제 해결로 이어지지 못하는 연상의 파편들을 우리는 흔히 상상과 구별하여 공상 또는 망상이라고 부른다. 그래서 공상은 대개는 한정되고 무의미한 것이기 쉽다.

마음속의 이미지는 의지 · 욕구 · 공포 · 바람 등을 포함하는 심성(心性, personality) 전체와 밀접한 관계를 가진다. 때문에 그것은 그 사람의 지각과 행동 전체에 강한 영향력을 미친다. 그런데 단편적이고 우연적이며 무의미하고 현실 부조화적인 공상이 상상과 같은 의미로 오인되고 중요시되는 수가 많다. 이럴 때 그것은 더욱더 그의 통합적 인격과 새로운 앎을 이뤄가는 인성의 원만한 형성을 방해하는 장애물이 된다. 공상 속의 이미지, 예를 들면 공포와 불안으로 물든 끔찍한 기억을 떠올리면, 그 이미지는 정상적인 지각이나 사고에 심한 왜곡을 초래한다. 또 사회나 자연 현상에 어떤 이미지가 고정되고 절대적인 것으로 받아들여지면, 그것은 오랫동안 계속해서 기존의 것과 결부되고, 그것이 그 사회의 전문가에게 승인되며, 이는 다시 일반 대중에게 비판 없이 그대로 수용되게 된다. 그렇기 때문에, 그 이미지는 결국은 하나의 자명한 '전제'로 작용하게 되고, 새로운 탐구나 창조를 촉진하기보다는 오히려 그것을 습관적으로 방해하게 된다.

그렇다고 문헌 · 연구 · 교육 · 프로그램 · 학술 등 모두가 그러한 고정된 통념적 이미지에 의해 지배된다고 말할 수는 없다. 비록 그것들이 교실과 도서관에 넘쳐나고, 그것들에 연구비와 명예가 주어지며, 그 몽매(蒙昧)한 어두운 그림자에 휩쓸려 거기서 도출된 이미지와 사상이 학문적 산물로 구축된다고 할지라도, 결코 비관할 이유는 없는 것이다. 왜냐하면 많은 대중이나 전문가에게 받아들여지는 그런 이미지의 힘과 영향에 대해, 어느 때나 항상 강력하게 도전하고 성공하는 새로운 '창조정신'이 상상력이 강한 누군가에 의해 대두되게 마련이기 때문이다.

현대사회의 우리는 대개 합리적 · 논리적 사고에 의한 '형식논리'를 중요하게 생각한다. 그런데 그것은 대부분 기존의 이미지를 논리적 형식에 맞게 재구성하는 지적인 활동이다. 형식논리는 생활에 질서와 통제를 가할 때 일정한 범주와 기준을 제시한다. 형식논리는 항상 범주 · 전제 · 가설 · 규칙 · 기준 · 이론적 배경 등으로 제한과 통제와 의존성을 수반한다. 그러나 그것은 단지 또 하나의 시각, 즉 가정이나 추론에 지나지 않는다. 어떤 것이 논리적인 가정으로 수용되고 절대시되면, 현실이라고 하는 섬세하고 넓고 생생한 우주는 그 논리적 형식의 틀에 한정되고 가려져버리게 된다. 따라서 형식논리는 어떤 통찰에 있어서든 부차적인 것임을 유의해야 한다. 결코 새로운 앎의 원천은 아니다. 형식논리와 논리적 합리성은 진정한 새로운 '발견'이나 참신한 '통찰'에는 도움이 되지 않고, 오히려 우리들을 주어진 전제조건과 고정된 사고의 틀에 가두고, 새로운 지평을 여는 데 눈에 보이지 않는 장애물로 작용하는 것이다.

통찰은 소극적 · 적극적인 2개의 방향으로 작용한다. 먼저 소극적으로 작용할 경우에는 새로운 지각을 방해하는 칸막이나 장벽을 제거한다. 통찰이 소극적으로 작용하기 위해서 필요한 것은, 우리들에게 이미 주어져 있는 전제조건 · 가정(假定) · 당연시되는 관념에서 별다른 의미를 갖지 못하는 것을, 당연히 의문시하고 호기심을 갖고 문제점을 추구하게 하는 것이다. 교육의 중요한 과제는, 두려움 없이 근원적인 탐구를 추구하여 신뢰성 있는 개척의 토대를 만드는 것이다. 당연한 믿음을 의문시하고 되물어 추구하는 것은 창조적 태도의 기본이다. 새것의 추구란 호기심과 통찰에서 시작되고, 새로운 앎을 얻는 가능성 쪽으로 길을 여는 것이다. 결국 통찰의 소극적인 측면은 적극적인 통찰의 길을 열고 그에 봉사하는 것이다.

다음으로, 적극적인 측면이란 바로 새로운 의식과 지각에서 시작된다. 상상력의 작용에 대해 논한 워녹(1980)도 이런 지적을 하고 있다. 그녀는, 상상력이 대상을 친숙하고 의미 있는 것으로 만드는 한편, 기존의 경험을 넘어 낯선 것과 신비로운 것을 인식하도록 자극하고 그 방법을 찾게 하는 힘을 가진다고 말하고 있다. 상상력을 통해 우리는 경험이나 관념에 의해 고정화되고 습관화되고 관습화된 것을 뒤집고 수정하고 개조하는 것이 가능할 뿐만 아니라, 지금까지 우리의 시야를 가리고 있던 통상적인 경험과 의미를 전혀 새로운 차원으로 개조할 수 있다. 즉 단순한 호기심과 회의에서 직관과 탐구를 향해 뛰어오르는 것이다.

소극적 · 적극적 작용이라는 이러한 통찰의 두 가지 작용을 이해하면, 뒤이어 통찰의 또 다른 보편적 인식기능도 알게 된다. 어쩌면 아인슈타인과 케쿨레 같은 사람들, 즉 매우 이례적이고 창조력이 강한 천재적인 일부 사람들에게서만 통찰력이 있다고 보는 것은 옳지 않다. 우리는 교회에서 보통사람들의 간증이나, 난관을 극복한 기업체의 간부들한테서 그런 경험을 자주 듣는다. 일상적으로 평범한 사람에게도 통찰력은 언제나 작용하고 있고, 그것은 소극적인 이미지의 지각이나 적극적인 새로운 의식을 추구하는 그런 가능성을 열어준다.

새로운 이미지와 지각은 '가설'로 취급되면, 경험을 새롭게 비추고, 관련된 여러 목적이나 쓸모를 개선하며, 그래서 우리의 의식에 새로운 가치나 의미를 부여한다. 그것은 훌륭한 결과를 가져다줄 통찰이나 그 준비로 작용하기 시작한다. 그러나 우리들은 가설적인 견해를 꼭 확신해야만 하는 것은 아니다. 실제로 우리들은 어느 정도 가설을 멀리할 이유도 나름대로 충분히 가지고 있다. 그런 잠재적인 의식 상태에서 우리는 잠정적으로 작용하는 '묵시적 가설'을 살려내고 검증해 보기도 한다. 하나의 예로서, 보움이 제안하고 있는 지식의 '진화론적 변화'라고 하는 사고나, 폴라니의 '묵시적인 앎'에서도 이와 유사한 생각이 엿보인다.

〈모나리자〉와 같은 어떤 명화를 감상한다고 하자. 물론 그 그림을 창조하도록 이끌어낸 실제의 통찰은 그 예술가 자신의 통찰이지, 관찰자인 나의 통찰은 아니다. 그러나 그 그림 앞에 서서 그림의 이미지 전체가 나를 향해 작용하는 것을 의식할 때, 나의 감수성과 지각은 활동하기 시작한다. 나에게 없었던 인식이 발생하고, 화가의 통찰을 찾아내어 공유 내지 공감하기 시작한다. 여기서 필요조건은 '민감성'과 '개방성'이다. 이미 익숙해진 내 마음의 수용적 습관이나 범주나 구획 따위를 허물고, 새로움을 수용하는 섬세하고 적극적인 의지가 작용되게 한다. 관념이나 인위적인 구분, 인습적인 카테고리를 미련 없이 허무는 것은, 작가가 표현한 이미지와 통찰을 잠정적으로 자신의 것으로 적극적으로 받아들이는 작업이다. 이것은 결코 타인의 관점을 무비판적으로 받아들이는 것이 아니거니와, 더욱이 자존심을 잃고 맹종하는 것도 아니다. 상상과 통찰로 대상에 전면적으로 다가감으로써, 새롭고 유연하게 잠재하는 드넓은 자신의 내면적인 힘을 해방하는 것이다.

그러나 지금까지 중요한 것은 '관심'과 '열성', 즉 밝혀야만 할 문제를 예민하게 감지하고 지각하는 민감성과 그것을 적극적으로 추구하는 정열이다. 이 두 가지는 통찰의 원동력이다. 보움은 이것을 명석함(clarity)과 정열(passion)과 마음(heart)이라고 하여, 다소 문학적인 용어로 풀이하고 있다. 그러나 정신과 마음이란 결집되고, 수렴되며, 통합되어 있다. 통찰력은 이 융합이고, 또 일상적 사고와 정서에 제한되고 규정되는 범위를 벗어나, 자유롭게 초월하고 깊이 파고드는 적극적 지성(active intelligence)이다.

우리는 지금까지 통찰력과 상상력을 때때로 서로 호환적으로 사용했다. 상상은 자유로운 이미지의 '직관적' 활동이고, 통찰은 문제 해결을 위한 '발견적' 활동이라는 어감상의 차이가 있다. 그러나 본래의 의미에서 통찰력도 상상력도 우리의 앎 속에서 새로운 의미와 가치를 찾아내는 원천이다. 상상력이란 우리들이 일일이 예측하거나 억제하는 것 이상으로, 항상 우리의 경험에 무언가를 더하는 힘이 있다. 그리고 우리들이 경험하는 것 속에는 언제나 경험 속에서 새것을 찾아내고 만들어내는 경험 이상의 놀라운 힘이 있다. 이는 상상력이 경험에 무언가를 '보태는' 것만이 아니라, 경험 속에서 새로운 것을 '찾아내는' 발견의 기능도 있기 때문이다. 상상력이 우리의 경험에 보태고 발견해내는 힘을 가진다면, 상상력을 무시하고 배제해버리는 것은 잘못된 지식, 잘못된 교육의 이론과 실제를 증폭시킬 뿐만 아니라, 새롭고 의미 있는 미래를 여는 창조를 가로막는 것이다.

4) 창조적(Creative) 기능

상상력의 인식기능 가운데 가장 중요한 것이 바로 '창조적' 기능이다. 상상은 마음속에서 무수한 실험을 수행하고 이를 통해 새로운 발상이 여러 가지로 검토되어 드디어 현실세계에서 몸짓이나 물질적 소재를 통해서 구체적으로 그 모습을 드러낸다. 예컨대 바늘에 실을 꿸 때, 우리는 대부분 입술을 뾰족하게 내밀고 실룩거린다. 마음속에서 구강의 모습이 바늘로 대체되어 근원적인 실험을 하고 있는 것이다. 이러한 무수한 마음속의 실험과 연습을 통해서 아이디어는 선택되고 조절되고 정교해져서 드디어 하나의 실체로서 현실세계에 등장한다. 이러한 상상의 실험적인 성질은 특히 인류학이나 현상학이 강조하는 보기인데, 요는 상상은 창조의 태내적 본질이라는 것이다.

의식이 가지는 이러한 상상의 창조적 힘을 지식이나 철학이나 교육에서 무시하는 것은, 마르크스주의나 자본주의 세계관, 그리고 대부분 근 · 현대 이후의 '실증과학주의'에 지배당하는 이들의 폭넓은 잘못된 관념이다. 우리들의 사회제도는 관념의 산출일 뿐만 아니라 의식의 표현이기도 하다는 사실은 중요하다. 그러나 맥루한이나 루이스 멈포드(L. Mumford, 1975)의 지적대로, 현대의 기술은 본래 우리 몸의 기능이 확대된 수단이며, 또 기술이 인간의 의식 안에서 통제될 때만이 유익하다. 허구와 진실을 구별하지 못하고 편협한 공상에 빠져서 기술적 사고를 절대시하고, 그것에 예속되어 버리거나 온전한 사고와 의식에서 멀리 벗어나버리면, 기술문명은 궁극적으로 인류에게 결코 유익하지 못하다.

그러나 과학이나 다른 많은 영역의 사상가들이 오늘의 현실세계에서 전개되는 인격적 참여에 의한 보완적 상호작용의 가치를 깨닫기 시작했고, 차츰 우리 시대의 잘못된 문명이 밑에서부터 개선될 조짐을 보이고 있다. 멀리는 실존현상학에서부터 인지심리학, 그리고 가까이는 소위 '신과학'(neo-science) 운동에서 그런 점을 보여준다. 우리가 경험하는 세계는 감각기관으로부터 지각을 가능케 하는 감각적 원재료를 창출하고, 앎은 그것에 구조적인 의미형태를 부여한다. 그래서 우리가 경험하는 인식가능한 세계를 만든다. 이것은 대개 무의식적으로 일어나는 경험이다. 말하자면 그것이 진행되고 있어도 우리들은 그것을 알아채지 못한다. 다만 우리들은 '정신의 지향성'에 의해서 세계의 구조화에 관여하고 있는 것이다. 따라서 경험세계를 정신으로부터 분리·독립하여 경험세계만이 존재하는 것으로 인식해온 것이 과거의 인식론이었다. 그러나 20세기 중후반에 피아제를 비롯한 구성주의자들은 인간의 내면세계에 지각된 인식자료를 '스스로 구성하는' 인식의 구조가 인간의 정신 내면에 있다는 것을 알아낸 것이다. 이 인식구성의 능동적 과정은 대부분 의식적 각성 수준보다도 깊은 곳에 있기 때문에, 우리들은 사고에 무엇이 포함되는가를 심리학적으로 생각함으로써, 또는 현대물리학에서처럼 특정의 문제를 해결함으로써, 사후에 구조적인 인식의 과정을 검증·해석하거나 유추해낼 뿐이다.

우리들은 또 세계를 새롭게 인식하고 재구성하는 인식의 힘이 예술적인 창조에도 있다는 것을 잘 알고 있다. 예를 들면, 세잔이나 피카소는 대상을 있는 그대로 보지 않고, 그 대상의 내면에 존재하는 구조적 특성을 파악하고 그것을 재구성하여 보여주고 있다. 시인의 특유한 천재성은 확실히 시인 각자에 따라 크게 다르다. 경험이 무의식적인 인상이라고 하는 암흑으로부터 빠져나와, 의식적 통제의 빛을 받음으로써, 시인은 애매한 경험의 카오스에 질서를 부여한다. 이런 사실에서 미술가나 시인의 본래의 재능이 드러난다. 시적 영감이나 통찰력도 무의식의 수준에서 이미 조직화되고, 그것들이 시인의 미의식이라고 하는 정신으로 형태를 갖추어 표현될 때에, 비로소 그 의미가 전달되며 언어적인 상징이 부여되고 소환되는 것이다(J. O'Connell, 1980).

시인은 언어의 상징 덕분에 상상의 저장고를 활용하며, 참신한 의미를 표현하고 전할 수 있는 새로운 이미지, 은유, 상징을 만드는 방법으로, 거기서 찾아낸 언어와 이미지들을 결합 또는 재결합한다. 이때 상상은 의미를 전하기 위해 없어서는 안 되는 것이지만, 그것이 새로운 의미를 만들어내는 전부는 아니다. 예술가는 다른 한편으로 '표현적 사고'의 과정, 즉 개방성과 자발성, 의식적 조작, 섬세한 검토와 수정 같은 일련의 창조적 사고의 과정을 거쳐 비로소 완성된 하나의 작품을 만들어낸다. 이때 개방성과 자발성이 지나치면 지리멸렬해지고, 의식적 통제와 조작이 지나치면 생생함과 참신함이 죽어버린다. 세계의 본질을 보는 '상상에 의한 직관력'과, 그것을 다양하고 복잡하며 섬세한 언어조작을 통해서 상징과 표현으로 구현하는 '창조적 표현력'은, 예술이라는 짐수레를 이끌어가는 두 수레바퀴이다.

예술에 대한 경험에서 우리들은 또한 지향성이 가지는 '참여적인' 성질을 느낀다. 시적인 감성은 어느 한 현실의 구체적 경험을 전개한다. 그 경험 속에서 합리적 발명과 직관적 발견의 대립이 사라지고, 창조와 계시가 미적 표현으로 발전한다. 이와 같은 창조과정은 과학적 통찰과 예술적 직관이 하나가 되는 '미적 과정'이라고 말할 수 있을 것이다. 과학자는 일정 기간 어느 대상에 집중적으로 몰두한 후에 한 순간의 통찰에서 새로운 의미와 구조를 만들어내고, 그의 정신 심층에 있는 무의식에 질서를 부여하여 수학 · 논리 · 가설 · 발견 등으로 전개해나간다. 예술이나 과학에서, 이렇듯 체험과 상상에 의해 주체적으로 참여하여 안다고 하는 성격은 매우 유사하다고 할 수 있다.

그러나 이러한 설명에서 멈춘다면, 우리들은 현실에 상상적으로 참여함으로써 드러나는 앎의 양식과 세계의 변용(變容)에 대해 충분히 파악하지 못하게 될 것이다. 상상력이 모든 앎의 행위에 직접 관여한다는 것을 인식한다면, 일상 경험이나 위대한 과학이나 예술에서 다 같이 상상력이 작용하는 광범하고 위대한 그 기능을 깨닫게 된다. 모든 앎에서 상상력의 중심적 역할을 인식함으로써 우리들이 알게 되는 것은, 우리 자신이 앎의 대상에 관계되고 그것과 '상호작용'한다는 것이다. 이미지 · 개념 · 전제 · 가치 · 태도 같은 모든 것이 우리의 앎의 세계를 형성하는 데 중요하다는 것은 분명해졌다. 이제 우리는 사회에 만연하는 유행적 인식의 습관과 태도가 암암리에 우리의 사고 속에 파고드는 것을 경계해야 한다. 모든 감성과 지성은 물론, 의지나 기능도 서로 연결되고 상호작용하면서 앎을 형성해간다. 게으름 피우거나, 무서워하거나, 오래된 습관이 본성처럼 멋대로 작용하게 하기보다는, 아무 것도 존재하지 않는 새로운 대지에 창조의 이미지와 의식을 심어가는 그런 '개척적' 인 자세가 필요하다. 또한 상상력에는 기존의 감각경험으로는 깨달을 수 없는 '예지' 나 '영감' 으로서의 특질과 의미가 있다는 것을, 수많은 지각경험과 통찰과 표현과정을 통해서 '체험적' 으로 깨달아야 한다.

우리는 서두에서 상상의 자발성에 의한 앎의 '초월적 성격' 에 대해 언급한 바 있다. 경험하지 못한 것에서 무엇인가를 선험적으로 알아내고, 전혀 나와는 다른 타인의 마음을 이해할 수 있는 것은 과연 무엇 때문일까? 우리 안에 상상력이 있고, 그 상상력이 우리와 대상의 관계에 영향을 미친다면, 그리고 상상의 지향적 본연상, 나와 대상이 만남으로써 앎이 형성되는 것이라면, 그것은 무엇을 뜻하는가?

그것은 내 속에 상상력이 있다면, 타인의 속에도 상상력이 있음을 뜻하고, 또한 대상과도 상상에 의해서 '서로 만난다' 는 것을 의미한다. 즉 상상력에 의해서 주체와 객체가 서로 만나는 본질이 있음을 뜻한다. 마찬가지로 안과 밖, 시간과 공간, 과거와 미래 등등 도저히 만날 수 없는 두 가지가 서로 만나는 '변증법적' 만남으로서의 인식은 실로 상상력 때문임을 알게 된다. 이러한 것을 '앎의 초월적인 성격' 이라고 하는 것이다. 이에 의해서 자연과 사람 간의 정신의 내향성(inwardness)의 본질이 서로 하나 됨을 깨닫는 것이다. 굴드(S. J. Gould, 1979)는 "자연은 진실로 천재적인 예술가이고, 끝없이 다양한 힘을 가지며 끝없이 다양한 형식을 가진다. 외면은 결국 내면의 본질이 드러나는 것이다"라고 말한다. 또 "거울에 모습이 비치듯이, 자연의 사물 속에는 의식 이전, 즉 지성적 행위가 충분히 전개되기 이전의 지성에서 볼 수 있는 모든 요소 · 단계 · 과정이 드러나 있다. 이때 인간의 정신이란, 자연의 여러 가지 이미지에서 지성의 빛이 조명되는 초점이다"라고 말한다.

통찰로 열어가는 우리의 현명한 앎은, 어떤 의미에서는 자연과 사람의(정신의) 적절한 만남을 전제로 한다. 예술적 · 과학적 천재가 얻으려고 하는 것은, 생생한 생명력을 만들어내는 자연 본래의 이념이다. 그것에는 스스로를 증명하는 정신이 포함되어 있다. 즉 그것의 이념이 자연의 근원적 모습과 일치한다는 것이다. 우리들이 자연에 대해 보는 것, 듣는 것, 느끼는 것, 냄새 맡는 것 모두는 또한 우리 자신 속에 들어 있는 어떤 본질이다. 자연도 인간의 정신도 서로 공통의 내적 본질에 공동으로 참여한다. 이 내적 본질을 보는 힘이 곧 통찰력이요 창의성이며, 그것은 상상력에 의해 얻어지는, 경험을 벗어나는 선험적이고 초월적인 앎이다.

그리스시대로부터 믿어오던바, 자연에는 그 이면에 어떤 이념이나 내적 본질이 있다는 것을, 행동주의 같은 현대의 기계론적이고 외향적인 실증주의는 거부하고 있다. 그러나 자연에 어떤 내적 본질이 있다고 하는 것을 오늘의 현대물리학은 다행하게도 한정된 특정 영역에서나마 조금씩 인정하기 시작하고 있다. 예컨대 건강할 때건 아플 때건 인간은 정신 · 신체적으로 통일되어 있을 때, 이 자연의 내적 본질을 더욱 잘 볼 수 있는데, 일부의 의학 분야가 이를 부분적으로 인정하고 있는 것이다. 그러나 의학자들은 스스로의 발견으로부터 충분한 결론을 끌어내지 못한다. 동양의학이 아주 오래 전부터 믿어왔듯이, 신체는 실제로 자연의 작은 일부이고, 자연에 의해서 우리들은 가장 직접적이고 친밀하게 느낄 수 있고, 거기서 병약해진 부분을 치유할 수 있음을 알 수 있다. 그런 자연과의 연계성을 최근에 서양의학이 재인식하고 있는 것이다. 그렇기 때문에 여기에서 말하는 건강과 관련된 자연이 심신상관적인 것이라면, 물리학이나 우주론같은 자연의 다른 부분도 역시 심신상관적이지 않다고 생각하기는 어려운 것이다.

그리고 우리들은 자연의 본연을 말할 때, '항상 있는 그대로의 모습'이라고 믿기 쉬울 것이다. 생물학자 포트만(A. Portmann, 1967)

은 생명연구에서, 세포의 화학적 · 계량적 특성이 유기체 구조의 발달과 환경적 영향의 인과관계만으로 한정해서 볼 수 없다고 한다. 이런 생물학자들에게 있어서, 동물의 기관(器官)의 형태는 숨겨진 내적 본질이 외부로 표면화한 것이다. 또 그것은 의미 있는 내적인 기분 · 감성 · 경험이 만들어낸 세계의 표출이 가져다준 결과적 형태이다. 이 말이 의미하는 것은, 그들에게 외면에 대한 연구가 무시돼도 좋다는 것이 아니라, 오히려 외면적인 것만으로는 불완전하고, 그것에 국한하는 것은 자연의 가장 중요한 어떤 것을 무시하는 것이라고 보는 것이다. 포트만은 이렇게 서술하고 있다. "우리들이 인식태도를 완전히 반전시키면, 우리들의 경험의 이면에 있는 훨씬 포괄적인 본연을 인식하는 계기를 찾을 수 있기 때문에, 우리들의 탐구정신을 내면으로 향하는 태도가 중요하다"는 것이다. 내면 깊은 곳에 있는 자연의 본모습이 스스로 표출되듯이, 외면과 내면과의 관계를 유지하고 파악하는 연구태도야말로 상상력에 의해서 가능해진다.

역시 생물학자 배치(C. Bach)는 '인간우주'(humiverse)라는 새로운 조어를 쓰는데, 그 개념은, 우리들 자신의 내면적인 경험은 자연의 내적 본질에 대한 적절한 지각기반을 획득하는 단서라는 것이다. 여기서 그러한 경험적 지식의 기반이 작용한다는 확신이 중요하다. 우리의 '내적인 경험' 속에서 우리는 자연의 풍부한 질을 가지는 세계로 들어가 참여한다. 상상력을 강화한다고 하는 것은, 이 내적 경험, 무의식의 참여를 더욱 강하게 깨닫도록 하는 것이고, 그렇게 함으로써 충분한 현실감을 가지는 자연에 대해 생생한 앎이 열린다고 보는 것이다. 자연의 내면을 알기 위해서는, 인간 본위의 조작이나 통제 · 가정 · 규정 같은 일방적 관계와는 다른 '상호관련성'이 필요하다. 따라서 알고자 하는 사람으로서의 우리 자신에게 질적인 수준의 태도나 변화가 필요하다.

과거에 과학자들이 대상을 주체와 분리 · 독립시키고, 또 그 내면이 아니라 외면과 객관적 사실에만 주목한 것은 분명히 문제가 있다. 중요한 문제점은, 의식은 정신적 작용이 물리적인 현상의 법칙과 동일하다고 보는 전제에 있다. '의식'이 생물학적인 '두뇌'에 존재한다고 생각하는 한, 우리들은 타인과 자연에 참여함으로써 앎을 얻게 된다는 상호이해의 관계를 이해하기 어려워진다. 인간의 두뇌가 단지 대상의 외형과 객관적 · 계량적으로 관계를 가지는 것에 불과하다고 여기게 되면, 뇌의 기능이란 단지 대상에 대해 파장을 보내고 그 반응에 응신하는 신호기에 불과하다. 그런 신호의 의미에 대해서 '주관적'이고 일방적으로 해석할 뿐이다. 이러한 전제에서는 타인과 세계의 '내적인 진실'에 대한 앎이란 있을 수 없다. 따라서 앎의 대상이 되는 모든 진실은 근본적으로 소외되고 고립되며 조작되고 편견들로 해석되는 그런 왜곡된 앎에 갇혀버린다. 그런 앎 속에는 인간은 고립 · 위협 · 불안으로 가득한 병들고 불행한 존재가 된다. 초현실주의 예술이나 피카소나 존 케이지를 포함한 전후의 현대 예술이 바로 그 점을 여실하게 표현하고 있는지도 모른다.

과학적 탐구에서, '상상력'이 극히 중요한 역할을 한다고 하는 일부 과학자들의 말이 최근에 부쩍 설득력을 얻고 있는 것은 대단히 중요하다. 우리들은 많은 과학자나 교육자들이 참여에 의해 안다고 하는 앎의 성격을 새롭게 인식하도록 해야 하고, 기계론적 · 환원론적 모델과 전제를 벗어난 다른 사고방식이 있을 수 있으며, 다차원적이고 상호작용적인 탐구태도가 중요함을 인식하도록 노력해야 한다. 그러나 이와 동시에, 낡은 사고방식이 아직도 남아 있어서 과학의 많은 영역을 계속 지배하고 있으며, 그 때문에 새로운 관점이 진지하게 주목되는 것을 방해하고 있다는 것을 깨닫도록 노력해야 한다.

데이비(J. Davy, 1978)는 『제3의 문화』에서 과학의 경우 상상력의 작용이 가장 명백하게 드러날 때는, 가설을 설정할 때나 어떤 검증을 위한 실험에서 여러 가지로 유연성을 가동시키거나, 수학적 증명이나 논리를 다양하게 이끌어내는 때라고 한다. 논리적 수학이나 실험적 과학은 모두 상상력에 의존하지 않으면 안 되는 것이다. 아인슈타인의 이론물리학의 예에서 볼 수 있듯이, 자연질서의 비밀이 순수하게 수학적 과제로 해결되는 것은 아니다. 그러나 광의의 통찰력에 포함되는 상상력은 이런 분야에서도 크게 작용한다. 수량을 다루는 수학이나 물리학, 컴퓨터공학에서도 궁극적으로는 상상력이 문제 해결의 관건이다.

칸트(I. Kant)는 미적 가치를 관조하기 위해서는 적당한 '심리적 거리'(psychical distance)가 필요하다고 말했었다. 과학에서도 우리는 '거리를 두는 관찰' 뿐만 아니라, '거리를 두는 상상력'을 필요로 한다. 특히 아인슈타인 같은 과학자는 추론이나 상상을 사용해서, 관찰이나 감각에 의해서는 도달할 수 없고 보이지 않는 새로운 세계를 찾으려고 한다. 그는 보이지 않는 외부세계에 도달하기 위한 재료로 자신의 추리력이나 상상력 같은 내적인 능력을 활용하고자 한다. 그래서 이미지 조작의 과정에서 과학자는 이전에 의식하고 있지 않던 내적인 어떤 실재를 자연탐색을 위한 이미지의 원천으로서 재인식하게 된다. 과학이 역동적 · 유동적인 상호관련의 에너지를 다루려고 하면 할수록, 그 힘과 에너지를 이미지나 상징으로 바꾸지 않으면 안 된다. 우리는 상상의 과정중에 많은 부분에서 이미지, 즉 가시적인 심상들을 다룬다.

과학자는 상상력으로 이미지를 발견할 때, 자신 안에 있는 어떠한 소재를 이용하는 것일까? 그 소재는 과학자가 발견하려고 하는 질서나 관계를 탐색하는 데 가장 잘 어울리는 감각이나 경험의 차원에서 이끌어내는 것일까? 또, 만약 과학자가 이용하는 이미지가 낡은 관념과 현실적 통제에서 자유롭게 해방되어야만 한다면, 또 과학자의 이미지가 깊이 참여함으로써 발생하는 상상력이나 통찰과 잘 융합되어야만 한다면, 과학자 자신은 이미지가 어떤 원천에서 유래하는가를 의식하는 것이 중요하다. 과학이 역동적이고 상호관련된 에너지를 다룰 때는 그러한 에너지를 실험적으로 다룰 수 있도록 단순화하여 어떤 이미지로 형상화한다. 과학자는 자신의 앎을 형상화하는 과정에서 내적인 경험을 활용한다. 그런 경험적 배경이 없다면, 가설이나 검증이 생겨나고 진위가 가려질 논리적 근거가 사라진다. 또한 그 경험적 근거를 상상으로 다룰 때, 발견이나 검증이 가능해진다. 이런 문제들을 더욱 중요한 사실로 느끼게 하는 것은, 앎이란 본질적으로 '창조적' 이라는 것이다. 때로는 이론과 실험이 현실세계를 새롭게 변화시킨다. 실험과 이론의 설정에서 작용하는 '상상력' 이 가동할 때에 존중되어야 할 것은, 단순한 주관적인 감상이 아니라 객관적 사실과 보편적 타당성의 섭렵이다. 훌륭한 과학은 언제나 이 점을 중요시한다.

새로운 현상이 나타나고, 처음은 '상상으로만 존재하던 것이 실험에 의해 현실화' 된다. 만일 과학이 지금 세계에 구체화시키고 있는 것들을 우리가 원치 않는다면, 혹은 그것이 위험하다고 깨닫게 된다면, 그래서 그것을 폐기하고자 생각한다면, 우리는 지금 어떻게 해야만 하는 것일까? 또 만일 우리들이 어떻게 하면 과학자를 통제할 수 있을지에 대해 생각한다면, 우리는 지금 미래에 대비할 '새 과학' 에 대해 어떤 이미지를 그려야만 하는 것일까?

그간 우리들이 한정짓고 억제해온 상상의 원천에 대해 언제까지나 억누르고 그것에 만족하고 있어야만 하는 것은 아니다. 따라서 우리들은 인간 존재의 내면을 통제나 억제만 할 것이 아니라, 나름대로 해방되고 적절히 발달하도록 노력해야만 하는 것이다. '말씀' 에 의해 세상이 생겨났듯이, '상상' 에 의해서 또 다른 새로운 세계가 열릴 것이기 때문이다.

여기에서 새로운 가능성을 항상 기대하는 것은, 언뜻 보면 과학적 태도를 부정하는 것처럼 보인다. 우리들은 지금까지 사람의 정신은 탐구하고자 하는 세계로부터 결코 완전히 유리된 것이 아님을 안다. 정신과 아무런 상호작용 없이 존재하는 소위 객관적 지식이라는 것은 있을 수가 없음도 안다. 자신의 주관을 억제하고 객관성을 가지도록 한다는 것은, 불확실하고 애매하며 일관성 없는 감정적 영향으로부터 자신의 관점을 보호하라는 의미이지, 결코 주 · 객의 관계를 차단시키고 객관의 편을 들라는 뜻은 아니다. 진정한 객체화 · 대상화는 '엄정한 주관' 이 인정되고 전제될 때 성립 가능하기 때문이다. 진실된 합리성과 객관성은 주 · 객이 보다 큰 범주로 포함되는 '보편성' 을 가져야 한다.

과학이 앎의 대상에 대해 객관성을 강조하는 것은, 세상이나 우리 자신의 내적인 본연에 대해서 훨씬 '엄밀하고 포괄적인 앎'을 얻고자 할 때 좋은 기준이 될 수 있다고 보기 때문이다. 그러나 대상에 대해 '객관적'이라는 것은, 실제로는 별로 대단한 성과를 얻지 못하고 얻을 수도 없다. 객관적이 되려면, 그만한 '기준'이 있어야 하는데, 그 기준이라는 것도 실은 몇 가지 주관적인 가치를 정리한 조건들이다. 또 '가설'을 정한 다음 그 가설의 한계 안에서 옳고 그름을 보는 것인데, 결국은 여러 가지 가능성 가운데서, 한두 가지 가능성을 선택하고 그것을 정당화하고 한정해놓은 것에 불과하다. 결국은 '보고자 하는 바를 보는' 것에 불과하고, 커다란 제 모습의 진실 그 자체를 보고자 하는 열린 태도와는 거리가 멀다.

이런 '객관성'에 포함되어 있는 것은, 우리들이 다른 사람들을 안다고 하는 경험에서도 쉽게 이해할 수 있을 것이다. 그것은 모든 앎의 행위에서도 찾아낼 수 있지만, 가장 확실한 것은 그 다른 사람과 함께 사귀고 살아보는 것이다. 남을 사귈 때, 우리가 남을 알고 이해할 때, 남보다도 나 자신의 내적인 본성을 깨닫는 것이 얼마나 중요한가를 느끼게 된다. 자기 자신에 대한 이해를 깊게 하면 할수록, 즉 자기의 바람·실망·감정·공포·자기기만·자만·이상·희망·욕구·좌절·증오 등을 보다 깊게 느끼거나 깨달으면 깨달을수록, 우리는 타인의 타인다운 현실을 더 잘 이해하고, 그의 내면에 파고들 수 있는 능력을 가지게 된다. 여기에서 '내적인 앎'은 타인을 아는 지름길이다.

적절한 객관적 사고방식을 추구해야 한다면, 거기에는 몇 개의 차원이 있다. 첫째로 그것은 우리들 자신의 내적인 본연과 이미지와 개념의 원천을 더욱더 깊이 인식함을 의미한다. 둘째로 적극적인 의미에서의 객관성은 감각의 전 영역과 이미지의 내적인 원천을 추구해가는 것을 의미한다. 셋째로, 객관성은 다양한 것을 수용하고 균형을 취해야 한다는 전제가 포함된다. 그것은 자연이 감각에 대해 열려 있고, 동시에 감각경험을 통해 엄밀하고 지속적으로 사고한다는 것을 의미한다. 넷째로 상상적인 객관성이란 그것이 우주 속에서 발견되는 에너지에 필적하는 새로운 힘을 우리들 자신 안에서 창출하는 것을 의미한다. 그것은 의미를 심오하게 계속적으로 추구하는 것을 가능케 하는 '상상력' 이고 이는 궁극적으로 '창조성' 으로 귀결된다.

5) 통합적(integrating) 기능

마지막으로, 상상력은 온전한 앎, 즉 부분과 특수한 것들을 하나의 의미, 하나의 전체로 묶어주고 결합해주는 인식의 '통합적' 기능을 갖는다. 상상력은 자발적 성질을 가지고 있음을 앞에서 언급했었다. 자유분방하기 때문에 이것저것과의 관계가 많아지고, 그래서 그 관계들은 하나로 만나고 이어지는 성질도 또한 갖게 된다. 이것이 상상력의 통합적 기능을 가능하게 하는 것이다. 상상력은 지각 · 기억 · 분석 · 종합 · 사고 · 추리 등 갖가지 사고기능과 결부되어 있기 때문에, 그러한 갖가지 것들을 서로 관련짓고 묶어내는 독특한 기능을 가지는 것이다.

우리들은 자연이나 사람을 볼 때, 단순한 대상만이 아니라 대상과 대상의 관계를 보는 선험적인 감각을 갖고 있다. 그런데, 우리들의 자동화 · 습관화된 사고방식은 이러한 섬세한 관계를 파악하는 일을 무시해버린다.

기계적인 관습에 의하면, 대상은 서로 분리된 단편적인 실체이고, 물리적인 인과관계로서, 외재적인 것으로 파악된다. 또 이런 지각이나 사고방식은, 타인은 욕구와 이해를 속에 감추어두고 있다는 생각을 가지게 하여 간격을 느끼게 한다. 그리고 타인과의 관계는 협력적인 거래가 맺어질 뿐이라고 여긴다. 그러나 일단 그 욕구가 달성되거나 이해(利害)가 충돌하고 나면, 다시 서로는 뿔뿔이 고립되고 분리된다.

그러나 반대로, 내가 대상의 입장에서, 또 대상이 나의 입장에서, 느끼고 생각하는 그런 참여(participation)와 호혜관계(reciprocity)에 눈뜨게 되면, 부분적이나마 본래의 상호주관적(inter-subjective)이고 협조적이며 온전한 관계에 대한 '공감적' 인 이해가 생겨나게 된다.

상호개별적 의식에서 상호호혜적 의식으로의 발전은 소위 '의식의 진화' (evolution of consciousness)라는 것이다. 이는 전자와 조금 다른 관점에서 생각해 볼 수 있다. 개별적 이해의 태도는, 특히 실증주의 이래로 서구에서 과거 300년 동안에 독립적 자아(自我)라고 하는 의식이 발전된 것으로서, 전체성 · 통일성과는 상당히 대립된다. 이 '개별성' (individuality)의 출현은 르네상스 이래로, 과학의 발흥(勃興)과 밀접하게 관련되고, 그래서 개별성과 전체성이라는 두 가지 의식은 시대의 진전에 따라 상호 보완적으로 강조 또는 보강되어 왔다. 긴 흐름으로 보면, 서로가 상대를 자극 · 발전시켜 왔다.

오늘날 개인은 주체와 객체가 구별되고, 자연의 외부에서 자연에 포함되지 않는 제3의 관찰자로서, 자연을 객관적으로 바라볼 수 있게끔 분리된 주체이다. 그런 개인으로서의 자아의 경험은 과거에 동조성(同調性, conformity)이 강조되던 시대의 '통일된 주체' 로서의 사회적 경험과는 상당히 다르다. 근대적인 개성관과는 대조적으로, 근대 이전의 과거의 사람들은 자연과 사회에 통합된 공동체의 한 부분으로서 자아를 느끼고, 공동체에 근거하여 개인이 아닌 종족과 집단의 '동조성' 을 중시하며, 거기서 개인의 가치와 존재 이유를 발견한다. 여기서는 자 · 타와 주 · 객 모두를 포함하는 통일된 세계로서의 자아가 곧 개인이요 사람이다. 동조적 사회에서는 서로 분리되어 자족(自足)하는 개인이라는 의식은 공동체적인 사회 전체에 흡수되고, 자아와 공동체는 사실상 동일한 '정체성' (正體性, identity)을 갖는다. 그러나 르네상스 이후, 근현대사에서는 특히 이러한 의식이 현저히 분화되어, 자아의 개별성과 공동체의 동조성이 각각 서로의 존재이유와 가치를 함께 가지는 것으로 인식되게 되었다. 서로가 호혜적 · 점진적으로 발전되어 온 '진화적' 성격을 보여주는 것이다. 그래서 자아에 대한 '의식의 진화' 라고 말하는 것이다.

근대과학의 발전은 근대 이전처럼 공동체의 관습과 자연의 필연성에 구애되지 않고, 자율적 · 합리적인 인간 이성의 발달, 개성의 고취, 자유로운 행동의 가능성을 극대화시켜 왔다. 따라서 개인의 자유가 존중되게 했고, 과학의 발전에 의해 과거의 통념과 관습과 전체성의 속박으로부터 해방된 자유로운 현대사회가 진화 · 발전되어 왔음을 우리들은 충분히 수긍할 수 있다.

그러나 개성 · 자유 · 명료성 · 정확성 · 객관성을 추구한다는 것은, 또 다른 어떤 중요한 것들을 잃는다는 의미이기도 하다. 예컨대 보다 크고 온전한 의미와 사실의 무시, 타자로부터 고립된 단편적인 경험의 증대, 공동체의 목적이나 사회적 유대 의식의 붕괴, 주체의 연속으로서의 사회와 자연의 곡해 등이다.

원자론적인 개인주의와 기계론적인 자연 및 사회의 관념이 만연되어, 우리들은 애를 써도 얻을 것이 점점 줄어들어서 이제는 돌이킬 수 없는 관성(慣性)에 묶여 내닫고 있다.

그러면 인식에 있어서, 본래의 통합적인 전체성을 회복하는 것은 불가능할까? 우리들이 본래 가지는 여러 가지 다양성이나 특수성 · 개별성을 버리지 않고, 또 보편성 · 합리성 · 객관성을 희생하지 않으면서, 우리의 인식이나 앎의 양식을 '통합' 하는 것은 불가능할까?

그런데 원천적으로 우리들은 '전체성' 의 욕구로부터 벗어나지 못하고 있다. 사회이론이나 자연과학 이론, 그리고 가장 철저한 '환원주의' (reductionism)에서도 희망하는 포괄적인 통일성 안에서는, 비록 궁극적인 원소나 부분일지라도, 무언가 항상 새롭게 변화하고 또 재편성함으로써 얼마간은 통일성과 상호연관성을 지향해가는 그런 본연적 특성이 있는 것이다. 실존심리학자 칼 로저스(1980)는 이런 통일지향적 속성은 개별화 · 특성화 지향성과 함께 모든 유기체, 인간, 우주의 공통된 속성이라고 말한다.

그러나 억지로 만들어낸 생경한 전체성 · 통일성은 어색하고 낯설고 추상적이며 생명이 없는 것이다. 우주의 기계론적인 모델은 목적에 따라서는 유익한 경우도 있지만, 살아 있는 자연이 상호작용하며 계속적으로 성장하는 풍요로움을 왜곡하거나 배제해버린다. 또 분자나 원자처럼 각각의 개인으로 구성된 사회라는 관점은 엄격히 통제된다. 추상적인 통합과 총체성을 지키기 위해서, 전면적 · 극단적인 집단화를 초래하고, 개인의 모든 권리를 무시하게 된다. 이렇게 극단적 개인주의나 극단적 집단주의같이, 지나치게 분리되고 격리된 사고방식을 지양하고 대응하기 위해서는, 협동 · 의사소통 · 생태학 · 상호작용 · 이타주의 · 시스템론을 강조하는 새로운 '통합적 접근'의 시도가 증진돼야 한다. 이는 결코 낯설지도 이상하지도 않다. 글로벌한 유대를 강조하고, 인간의 원만한 존재를 위해서 필요한 것이다. 그러나 만일 이러한 접근이 대항적 · 적대적이라면, 그 자체도 분리나 절대적 사고에 감염된 것이다. 그래서 갈등과 혼란만 증폭될 뿐 별다른 진전도 소득도 없을 것이다.

통합적 의지의 구현을 가능하게 하는 근원적인 힘이 바로 인간의 상상력인 것이다. 상상력은 자유자재한 자동운동력이 있다. 그래서 모든 경계, 모든 제한을 벗어나 자유로이 넘나드는 역동적인 힘을 가진다. 바로 여기서 부분과 전체를 함께 아우르고 부분과 부분을 이어서 유기적 통일성을 증대시키는 힘을 발휘한다. 상상력이 가지는 이러한 본래의 '전체성'은 단순한 요소들로부터 초월하여 합리적으로 결합되고 본질적으로 통합되게 한다. 그것은 또 다른 새로운 창조가 시작되는 출발점으로서, 개연성 · 가능성으로서, 안개처럼 바람처럼 다가온다. 힐맨(James Hillman, 1975)은 개인의 심리적인 경험과 관련된 '이미지의 본질'에 대해 말하고 있는데, 그것은 상상력에서 비롯되고, 모든 이미지와 현실과 개념을 넘나드는 자유로운 '결속의 힘'이 있다고 한다. 하나의 이미지는 인간이 상상에 의해 표출함으로써, 또 다른 새로운 하나의 의미로 드러나고 진화 · 완성되며, 그래서 보다 큰 의미의 세계를 열어준다는 것이다.

데이비(1980)도 다음과 같이 서술하고 있다.

어떠한 상상력도 전체로서 무언가 그림이나 개념으로 태어난다. 그렇지만 상상력은 또 다른 의식 있는 삶이나 유기체 전체와 유기적으로 관련된 한 부분이고, 이는 우리들의 기억이나 과거의 경험과 깊이 관련되어 있다. 유기체의 부분이 전체와 관계되듯이, 상상력도 우리들의 내적인 생명과 깊이 관련되어 있다. 상상력은 분명히 독립된 주제로서 연구할 수 있을 것이다. 그러나 그것을 생명이나 생활, 자연과 사회의 '문맥'으로부터 분리한다면, 그것은 곧 죽어버린다. 우리들의 의식현상이나 생명현상에 있어서, 유기체와 전체성이 일차적인 것이고, 부분과 요소는 이차적인 것이다.

여기서 상상력의 전체성 · 통합성이 무엇을 의미하는지를 우리들은 조금이나마 이해할 수 있게 된다. 예컨대 위대한 예술품은 하나의 전체성으로 감상된다. '애국가'를 한두 마디나 한두 구절로 느끼고 이해할 사람은 없다.

우리의 감각에 감지된 자연에 대한 이미지를 생각하면, 상상력의 작용은 이보다 훨씬 복잡해진다. 예를 들면, 하나의 장미를 지각한다고 하는 것은 상당한 상상력이 작용하여 이루어지는 일종의 '상상적 관조'의 과정이다. 우리들은 우선 눈앞에서 한 식물의 전체 형태(gestalt)를 지각하고자 한다. 그러나 그것도 어느 순간에 싹이 터서 생장하고 뿌리와 잎을 무성하게 하며, 꽃봉오리를 맺고 피우며, 마침내는 시들어 새 씨앗을 떨어뜨리기까지, 그런 일련의 전체적인 모습으로 존재한다. 우리 눈앞에 화려하게 핀 한 송이 장미를 지각할 때, 그 장미는 우리가 의도적으로 의식하려고 한다면, 대개 무의식 속에서 상상력에 의해 비로소 드러나는 과거 · 현재 · 미래의 전부에 걸쳐서 존재한다. 이런 장미의 전체 모습으로서의 문맥 속에, 즉 살아 있는 경험세계 속에 장미의 본질이 들어 있는 것이다. 이러한 실재하는 장미에 대한 지각은 상상력에 의해서 그 현실감이 파악되는 시간적 현상이다. 또 장미가 우리들에게 제시하는 그 섬세하고 풍부한 특질들(향기 · 색 · 감촉 · 형태 등)이 그 속에서 드러나고 사라지며 또 다른 특질이 생겨나고 하는 것이다. 이것들이 모두 장미의 실체이고 특성이며 본질이다. 이런 특질들이 장미를 하나의 구체적이고 감각적인 장미로 지각되게끔 만든다. 장미의 본질이 단지 부분이나 분자구조나 땅에서 빨아올린 물질 요소에 국한되어 존재한다고 생각하는 것은, 마치 우리들에게 의식된 장미의 맥락적인 본연의 이미지 그것을 통째로 버려버리는 것과 같다.

더욱이 상상력의 통합성은 1개의 온전한 대상을 통해 매우 단순하고 완전한 정체성을 드러낸다. 상상력에서 보이는 통합성은 가능한 한 대립되는 것들 사이의 긴장관계를 역설적, 또는 변증법적으로 통일한다. 그것은 예컨대 우리들이 사물의 이름이나 말로서 나타내는 그런 통일성이다. 사물의 이름이나 은유적 결합 속에는 2개의 상반되는 의미의 긴장관계가 있으며, 단순한 결합보다 더 깊은 의미의 독특한 역동성이 드러난다. '은유'에 있어서 본질적인 것은 서로 상반되는(즉 양극성) 어느 한쪽이 다른 쪽을 압도해야만 하는 것이 아니라, 양자가 동등성 내지 조화 속에서 이해되고 해소되게 된다. 상상력은 양자가 긴장관계에 있을 때, 즉 서로 분리되어 있을 때보다 훨씬 포괄적인 의미와 섬세함을, 그 은유의 독특한 작용으로 드러내는 것이다.

이 양극간의 역동성에서 드러나는 이런 상상력의 통합성은 인간 존재의 유기적 통일성과 많이 닮아 있다. 그것은 인간의 본질적인 문제라고 볼 수 있는 사람 나름의 고유한 특성 내지 '개성'에서도 잘 나타난다. 한 사람의 개성은 각기 다른 별개의 성격적 특성으로서, 이는 다른 이의 것과 서로 대립되고, 그러면서 또한 그 각각이 살아서 드러난다. 화가 브라크(Braque)의 말대로, 마치 레몬과 오렌지를 한 바구니에 담았을 때, 그 각각의 특성이 살아나고 또한 그 유사성도 함께 드러나는 것과도 같다. 그래서 개인의 별명이 붙게 되고, 그 별명은 그의 독특한 개성을 쉽게 직감하게 해준다. 그러면서, 그 개개인들이 모인 집단의 공통성이 그 집단의 특성을 규정해준다. 그렇기 때문에 논리적 · 직선적인 설명이 아니라, 살아 있는 언어로서의 '시적인' 표현에 의해서 인간의 존재가 드러나고, 또 상상력 속에서 그들의 약동하는 전체성을 직관적으로 통찰 가능하게 해주는 것이다.

상상력에 의해 파악되는 대립 사항들의 조화와 통일에서는, 부분은 그 독자의 상대적인 통합성을 가지고 존재하며, 타자와 서로 상호작용하면서 하나가 됨으로써, 보다 큰 살아 있는 전체성을 드러낼 수 있게 된다. 상상력에 의해서 비로소 우리들은 모든 부분에서 전체성을 체험하는 것이 가능하게 되고, 또 전체성 속에서 비로소 개별적인 부분부분의 특성을 감지할 수 있게 된다.

우리들 내부에서 상상력에 의해 만들어낸 이미지와 개념은 우리의 앎의 상당 부분을 차지하고 있고, 나와 무관한 대상, 즉 외부세계에 대해서도 책임을 진다. 따라서 정말로 타당하고 온전한 앎이라면, 이 양자의 통일과 결합에 의해서 이루어진다. 이것을 '앎의 현상학'이라고 해도 좋을 것이다. 바로 그 일을 상상력이 해낸다고 하는 데 주목해야 하는 것이다. 완전히 양적(量的)인 지식, 내면의 변화를 아무것도 요구하지 않는, 그런 객관적 앎이란 지극히 편벽되고 천박하고 단편적이며 매우 피상적인 앎이다.

우리들은 상상력에 의해서 전개되는 '통합적 · 역동적' 인식방법에 의해서, 그러나 소박하고 한정된 방식으로, 일상생활이나 예술에서 이용하고 있는 것이다. 우리들은 그러나 상상으로 잡아낼 수 없는, 무언가 직관적인 사고가 아니라, 오히려 조작되고 고정된 논리나 공상으로 후퇴하기 쉽다. 생산보다 소비, 창조보다 모방, 상상보다 논리를 강조하는 시대 · 사회이기 때문이다. 그래서 쉽게 경험에 의한 기억과 과거의 관념에 구속되기 쉽다. 우리는 이제 다시 상상에 의해서 자신 속에 있는 인지 가능한 앎의 소재나 원천을 충분히 전개함으로써, 상상의 잠재 가능성을 알아내고 발전시킬 수가 있다.

현재 우리들은 내적인 생명력과 실재하는 일상생활로부터 단절된, 고도의 난해하고 추상적인 개념의 지배를 쉽게 허용한다. 우리들은 자연현상 속에 꽤 복잡한 예측과 제어(制御)의 수단을 부여해주는, 모든 추상적 개념을 쉽게 투영한다. 그러나 그러한 개념은, 자연이 원래 존재하는 그대로의 생생하며 질적이고 풍요로운 앎의 과정과는 거리가 멀다. 또한 본래 살아 있는 인간과 자연 및 사회의 특질과의 교류도 차단되기 쉽다. 상상력이 작용하지 못하도록 틀지어지고 미리 재단된 이미지와 개념이 우리들을 최면상태로 만들고, 그런 기계적 사고방식으로 우리의 감성과 지성을 휘몰아간다. 이럴 때 기계적이고 습관화된 앎에서 벗어나 상상력을 되찾기란 지극히 어려워지게 된다. 상상력 속에 잠재하는 우리들의 인식의 힘을 자연으로 향해 해방하는 것이 아니라, 우리들 스스로 관습의 올가미로 덧씌우고, 고정되고 추상적인 형식적인 개념으로 앎의 대상을 내리누르고 판 찍고 가두어버린다. 유치원 때의 자유분방하고 민감한 어린이가 초등학교 5, 6학년쯤에는 한두 가지 고정된 관념에 사로잡힌 학습 및 생활태도를 보이는 것에서도 그런 일면을 엿볼 수 있다. 저학년 때의 자유분방하고 상상력이 깃든 그림이, 5, 6학년 때는 사실모사에 빠지는 고정된 방식의 그림으로 변해버리는 것도 역시 마찬가지다.

교육의 가장 중요한 과제는 상상력을 살려내서 살아 있는 경험, 풍부하고 섬세한 앎의 본연을 되살려내는 것이다. 그러나 이런 과제를 실현시키기 위해서는, 현재처럼 개념이나 논리에 열중하기보다는, 상상력과 창조력을 더욱 적절하게 알아내고 육성케 하는 일이 절실하다. 이를 위해서는 사고활동, 즉 앎의 활동에서 인간에게 잠재하는 상상력과 창조력의 본연이 되살아나도록 배전(倍前)의 노력을 기울여야 할 것이다.

5. 결론

상상력은 고대 철학자들로부터 현대에 이르기까지, 그 존재와 중요성이 인정되고 강조되며 때로는 무시되기도 했다. 실증과학주의적 인식 내지 지식관이 팽배한 오늘날에는 특히 교육에서 그 가치와 중요성이 제대로 인정 · 평가받지 못하고 있는 추세다. 이런 잘못은 바르게 시정 · 개선돼야 할 과제이다. 온전하고 건강한 인식관을 가질 때 비로소 창조적인 새 시대가 전개되기 때문이다.

상상력은 사고나 인식이라는 싹을 둘러싸고 있는 배젖과 같다. 배젖이 없다면 싹은 생명력을 유지하지 못하고 자라지도 못한다. 상상력은 인식이나 사고의 핵이요 자양분이다. 현상학적 관점에서 볼 때 상상력은 여러 가지 독특한 인식기능을 가지고 있다. 자의적인 기능, 지향적 기능, 통찰적 기능, 창조적 기능, 통합적 기능 등의 색다른 인식기능들을 가진다.

우리는 지나치게 오랫동안, 지나치게 당연하게, 사고나 지식에 대한 생각에서 논리성 · 합리성을 정당시하고 절대시해왔다. 앎에 대한 그런 인식 위에서 우리는 지식이라든가 교육이라든가 학교라든가 직업이나 삶의 방식들을 생각해온 것이다. 그러나 이제 우리는 이 점을 되짚어 반성해야 한다. 좀더 넓고 온전하고 생동하며, 좀더 의미 있고 섬세하고 풍부한 앎과 교육과 삶이 있다면, 그 점을 우리는 결코 등한시하거나 무시하거나 배제해서는 안 될 것이다. 그리고 현상학이나 실존주의 철학에서 이미 제기한 문제이지만, 우리는 다시 한번 상상력의 의의를 가늠해보는 지혜도 가져볼 만하다고 하겠다.

상상력은 미적 관조나 현실문제를 해결하는 데 있어서 독특하고 다양한 사고기능을 갖는다. 미적 관조의 태도로, 즉 구체적이고 실제적이며 직접적인 방식이 아닌, 현실적 관심에서 떨어져서 비스듬한 시각으로 대상을 볼 때, 문득 그 대상의 독특한 미적 가치가 직관적으로 눈에 띌 수 있다. 또 과학자나 어떤 현실의 문제 해결을 갈구하는 이들에게는, 몰입과 욕구에 의해 얻어지는 통찰을 좀더 앞당겨주거나 비상한 혁신적인 과제 해결의 답을 찾게 해준다.

이러한 상상력의 인식적 · 사유적 기능에 대해서 좀더 심화발전된 연구와 이해를 얻기 위해서, 더구나 더욱 활성화된 창조성 교육을 위해서, 우리는 상상력에 대해 보다 심도 있고 열성적인 노력을 경주해야 하지 않을까 한다.

참고문헌

김춘일(1997). 교육현상학의 기초, 서울: 태학사.

이규호(1972). 앎과 삶: 해석학적 지식론, 서울: 연세대출판부.

Barfield, O.(1977). *History, Guilt, and Habit*, Conni Wesleyan University Press.

———.(1981). *Language, Evolution of Consciousness, and the Recovery of Human Meaning*, N. Y : Teachers College.

Bohm, D.(1980). On Insight and Its Significance for Science, Education and Value, In *Education and Value*, D. Sloan(ed.), New York: Teachers College Press.

Casey, E.(1976). I*magining: A Phenomenological Study*, Indiana Unv. press.

Davy, J.(1969). *Science and Human Rights*, Edinburgh: Floris Books.

———.(1978). *Toward the Third Culture*, Edinburgh: Floris Books.

———.(1980). *Science and Imagination*, Edinburgh: Floris Books.

Feyerabend, P.(1978). *Science in a Free Society*, London: NLB.

Gould, S. and Lewontin, R.(1979). *The Spandrels of San Marco and The Panglossian Paradigm: A Critique of the Adaptionist Programme*, London: Biological Sciences.

Habermas, J.(1968). *Knowledge and Human Interests*, London: Heinemann.

Halliburton, D.(1981). *Poetic Thinking: An Approach to Heidegger*, Chicago Unv. Press.

Harbert, D.(1982). *Existence, Knowledge, and Philosophical Systems*, Unv. Press of America.

Hillman, J.(1977). An Inquiry into Image. An Annual of Archetypal Psychology and Jungian Thouht. Spring. NY: Harper & Row.

Macmurray, J.(1979). *Persons and Relation*, NJ: Humanities Press.

Mattimore, B.(1994). *99% Inspiration*, NY: Amacom.

May, R.(1969). *Love and Will*, N.Y: W. W. Norton.

Merleau-Ponty(1964). *The Primacy of Perception*, Northwestern Unv. Press.

Mumford, L.(1978). 예술과 기술, 김문환 역, 서울: 을유문화사.

O' Connell, J.(1980). *The Poet in the Stream of History*, NY: Summers.

Pehrson, J. and Mehrtens, S.(1997). *Intuitive Imagery: A Resource at Work*, Boston: Butterworth-Heinemann.

Polanyi, M.(1966). *Tacit Dimension*, NY: Doubleday and Co.

Polanyi, M. and Prosch, H.(1975). *Meaning*, University of Chicago Press.

Portman, A.(1967). *Animal Forms and Patterns*, NY: Schocken Books.

Richard, M.(1980). *Toward Wholeness: Rudolf Steiner Education in America*, Wesleyn University Press.

Ricoeur, P.(1978). *The Rule of Metaphor*, Toronto Unv. Press.

Rogers, C.(1980). *A Way of Being*, New York: Houghton Miflin Company.

Sartre, J. P.(1975). 想像力の 問題：想像力の 現象學的 心理學, 平井啓之 譯, 京都: 人文書院.

Shallcross, D. & Sisk, D.(1989). *Intuition: An Inner way of Knowing*, NY: Bearly Limited.

Sloan, D.(1983). *Insight=Imagination*, NY: Charles F. Ketlering Foundation.

——— ed.(1980). *Education and Values*, NY: Teachers College Press.

Vygotsky(1972). 子どもの想像力と創造, 福井研介 譯, 新讀書社.

Warnock, M.(1980). *Imagination*, Berkley and Los Angeles: University of California.

11

우리말의 상상력

정호완 / 대구대 교수

1. 언어의 문화기호론적 접근

사람의 모든 생각과 느낌은 말소리로 표출되며 기록되어 문화유산으로 남는다. 형태가 본질을 반영하듯 말소리는 의미의 세계를 드러낸다. 말소리의 의미 기능은 기원적으로 삶의 양식이라 할 문화의 터전에서부터 움터 오른다. 이 말소리 속에 겨레의 정신세계가 깃들인다. 앙드레 말로는 프랑스의 말은 프랑스의 영혼이라고 하여 극단적인 민족주의적 언어관을 주창한 바 있다.

말은 소리의 높낮이나 길고 짧음에 따라서 그 뜻이 달라질 수 있으며 같은 소리라도 느낌이 달라진다. 왜 말을 하고 글을 쓰는가. 소리로 우리의 어떤 생각과 느낌을 전달하여 원만한 모둠살이를 하고자 함에 그 목적이 있다.

언어의 본질적인 능력과 용법을 이르는 의미기능은 관점에 따라서 서로 다를 수 있다. 리처즈와 오그든(Richards & Ogden)이 "의미의 의미"(The Meaning of Meaning)에서 제기한 의미기능관은 우리에게 많은 시사를 던져준다.

❶ 서술적 용법(referencial function): 서술, 지시, 기록, 유지, 전달
· '백두산은 높이가 2,774미터이다' (서술, 묘사, 지시, 전달)
❷ 환정적 용법(emotive use): 태도와 정서 · 감정의 소환〉은유(metaphor)
· '내 마음은 호수요' '청춘극장/초로인생' '아리랑아리랑' (정선아리랑)
❸ 상징적 용법(expressive use): 언어의 문화투영(정신세계 반영): 정서 교육

위의 3가지 기능들은 동전의 앞과 뒤의 관계로 보면 좋을 것이다. 우리말 교육에서 가장 두드러지게 힘써 온 것이 서술적인 기능의 측면이다. 다시 말하면, 대상을 묘사하고 지시하는 언어의 인지적 기능을 길러주는 일에 무게중심을 두었다는 뜻이다. 따라서 언어의 표현적 ·

정서적인 기능을 길러주어야 한다면서도 실상은 그렇지 못하였다.

오늘날의 우리말 교육에서 가장 큰 화두로 떠오른 것은 창의적(創意的)인 언어사용의 기능이고, 아울러 이것은 문화론적인 접근의 큰 흐름을 형성해가고 있다. 다시 말하면, 언어의 기능에는 그 시대 · 사회의 문화적 성격이 강하게 투영되므로 언어에서 그 민족의 사상 · 감정의 특성을 유추할 수 있다는 것이다.

언어의 기능과 관련하여, 우리는 언어기호가 문화적인 사회성과 역사성에 기초한다는 사실을 좀더 유념할 필요가 있다고 본다. 필자는 이러한 언어의 성격을 '언어의 문화투영' 이라는 관점에서 접근하는 것이 옳다고 본다.

이러한 언어적인 기능의 틀에 문화투영이라는 관점을 강화함으로써, 언어의 바른 이해와 더불어 정서적인 교육과 인지적인 교육의 균형 잡힌 틀을 세우는 작업이 우리 언어교육의 큰 과제일 수 있다고 본다. 특히 문화의 뿌리라고 할 수 있는 신화를 중심으로 하는 문화의 원형성(archetype)을 생활 속으로, 교육 속으로 그 가치를 명료화시키는 작업이 필요할 것으로 본다.

우리는 이제 우리말이 겨레의 정신세계와 문화를 되비치고 있음을 좀더 알아보고, 이를 바탕으로 인지교육과 정서교육이 만나는 균형 있는 언어교육을 함으로써, 창의성 있는 영재교육의 이론적인 근거를 마련하고자 한다. 그러고 나서 교육 현장에서 언어적인 창의력을 기르기 위한 방안들에 대하여 함께 살펴보기로 한다.

2. 우리말의 문화투영에 대한 담론

우리말로 본 겨레 문화의 상징이자 가장 큰 화두가 스승이요 어머니였으니, 이러한 말을 통해 우리말 속에 담긴 문화의 그림자들을 더듬어 보기로 한다.

종교와 정치를 한 지도자가 다스렸던 제의문화 시대가 있다. 말하자면 단군시대에 거룩한 영혼의 지도자들이 고조선을 다스렸던 제의문화가 오늘날까지도 '스승'이란 말 속에 되비치어 오늘에 이르고 있다. 먼저 '스승'에 대하여 살펴보기로 한다.

1) 스승과 제의문화

신화는 그 시대를 살던 겨레들의 집단무의식이요, 상상력의 상징체라 할 것이다. 그 속에는 당시의 죽음과 삶에 대한 관점과 자연과 인간의 이야기들이 녹아 배어 모든 지식과 정서들이 이런저런 이야기의 형식으로 만들어졌다. 생명과 신비의 숲이랄까. 이르자면 단군신화는 우리 겨레의 원형적인 이야기요 역사이며 종교이다.

단군신화의 주체는 '단군왕검'이다. 단군왕검에 투영된 문화적인 요소들은, 스승(단군)과 고마(곰>어머니), 그리고 왕검의 왕(王)에 대응되는 님금의 니마(님>임)라고 볼 수 있다.

단군은 종교 지도자로서 부족장이자 제사장이라고 하였다. 이렇게 볼 수 있는 문화적인 배경은 어떠한가. 오늘날에도 방언으로 보아 단군은 달리 당골레 혹은 스승이라고도 한다. 그러면 중세 때의 자료와 방언에서는 어떻게 쓰였을까?

❶ 스승의 분포

① 중세어 자료

스승튜믄(鞭巫)(두시 중12-41), 셰쇼개 스승이(世俗巫)(정속 20), 스승 아니면(非師)(능엄경 4-55), 水天을 스승사ᄆ샤(師水天)(두시 중 5-74)

② 무당의 방언 분포

스승(단천 · 길주 · 부녕 · 무산 · 회령 · 종성 · 경흥 · 의주), 스승이(명천), 스성(황천), 당골(전라도 전역 · 당진 · 안성 · 평양 · 안주 · 박천), 당골레(전라도), 당골레미(김제 · 임실), 무당(전지역), 선무당(홍원, 부녕), 무덩(개성 · 연안), 무여(갑산), 굳쟁이(진도 · 예천 · 사천 · 고성), 화랭이(함안 · 마산), 심방(제주도), 호세미(풍산), 마신(양구), 복술(북청 · 단천), 점바치(경상도)

③ 당골 · 뎅그리 · ㅋㅌ당궤(-제사장)〈만주〉

스승에 대한 중세국어 자료와 방언을 살펴보면, 당골계(당골레 · 당골레미)가 단군왕검의 단군에 걸맞은 대응을 보여준다. 이때 당골에 가까운 소리를 빌려 쓴 한자 표기가 단군임은 되물을 필요가 없다. 이러한 대응의 가능성은 만주어에서도 찾을 수 있다.

❷ 스승의 유래와 형태

① 남해 차차웅 혹은 자충은, 김대문이 이르되 우리말로 무당을 이른다. 세상 사람들은 무당으로써 신을 섬기며 제사를 모셨다. 그래서 무당을 두려워하고 받들어 모셨다. 南海次次雄或云慈充金大問云方言謂巫也 世人以巫事鬼神尙祭祀故畏敬之 (삼국사기)

② 마립간麻立干 · 거서간居西干 · 니사금尼師今 (삼국사기)

③ 자충慈充─〔즈숭〕/차차웅次次雄〔즈중〕(karlgren)→(당시 파찰음소 미정)→〔스숭〕

④ 숫간間(훈몽자회 하34), 그슴숫업시(無間斷)(능엄경 7-23)/ · 신-인간, · 인간-신, · 인간-인간

⑤ 숫間+~웅(접미사) 〉숫웅 〉스승

위의 자료로 보아 한자의 소리를 빌려 적어 스승으로 적었다. ❷-③에서와 같이, 칼그렌 식으로 읽으면 즈증이 되는데, 당시에는 아직 자충의 지읒 소리가 자리를 잡지 않았으므로, 마찰음인 스승으로 읽어야 옳기 때문이다(문선규, 1969; 유창균, 1981; 김동소, 1981; 이윤동, 1988). 스승의 뜻은 '사이'에서 비롯되었음을 알게 된다. 하면 '사이'와 '제사장'의 걸림은 어떻게 풀이할 수 있을까.

사이란 뜻은 태양 숭배의 제의문화와 청동기 문화의 역사적인 내력을 기초로 한다. 음성 상징으로 보아 비슷하면서 사이 개념을 드러내는 자료의 분포를 알아보면 다음과 같다.

❸ 사이류의 낱말 겨레

① 〔조鳥〕 새(대부분 지역), 사이(개성 · 재녕 · 서흥 · 수안), 생이(제주), 쌔(경산); sagi 〈Jap〉

② 작雀曰새賽 斯乃切(계림유사), 우리말에 새 신을 이르러 사이라 하였다. 東語新曰斯伊(해동역사); sajhai(新) 〈몽고〉, sai(少) 〈터키〉

③ 〔철鐵〕 쇠잣(金城)(용가), 鐵曰歲(계림유사), 쇠로(정석가); 새(영양 · 영천 · 밀양 · 양산 · 임실 · 장계 · 곡성 · 논산), 셰(구례 · 곡성), 세(경주 · 상주 · 함양 · 안면 · 서산 · 목포 · 해남 · 진도 · 완도 · 연안), 세데이(청양), 쇄(도계 · 서천 · 대천 · 박천 · 선천 · 영변 · 용강), 쇠(전지역), 쉐(영천 · 포항 · 영덕 · 울산 · 밀양 · 청주 · 충주 · 목포 · 나주 · 개성 · 인천 · 제주 · 대정), 시(청도 · 대구 · 합천), 쌔(경상도), 쎄(포항 · 의성 · 양산 · 부산 · 김해 · 마산 · 장계 · 순천), 쐬(경상도), 씨(상주 · 합천)

④ 〔날 日〕 닷쇄이시니(五個日)(박통사 중53), 엿쇈날더운기운이(두시 초10-28), ~듸日頭(역어유해 상1), 듸年듸歲(신증유합 상4)

⑤ 옷ᄉᆞ이(衣中)(구급간이방 1-19), ᄉᆞ이ᄒᆞᄂᆞᆫ(中媒)(소학언해 5-67)

사이란 시간 · 공간은 물론이고 상호작용을 뿌리로 한다. 소리의 비슷함으로 ③의 자료와 같이 동음이의어들이 이루어지며 뜻 보람은 모두 '사이' 로 한다. 뜻으로 본 낱말들 간의 걸림은 어떻게 풀이할 수 있을까.

앞에서 사이를 드러내는 스승의 기본형이 '슷' 에서 비롯되었다고 하였는바, 슷과 관련하여 소리 바뀜에 따른 낱말로는 어떤 것들이 있을까를 더듬어 보기로 한다.

하나의 낱말이 늘어나 여러 개의 낱말 겨레를 이르는 틀로서는 소리 바꿈과 말 조각들의 덧붙임을 들 수 있다. 소리 바뀜은 크게 모음과 자음의 바뀜으로 말미암는데, 모음 교체에는 양성 모음계와 음성 모음계, 그리고 분리 계열인 중성 모음계의 형태들이 있다. 자음 교체에는 모음 교체를 바탕으로 하여 말머리와 말꼬리의 자음 바뀜이 있는데 보기를 들어보기로 한다.

❹ 의미소 '사이'의 낱말 겨레

① 〔음성모음계〕 슷-슨-슬~숫-순-술~섯-선-설

· 슷다 · 슷봇다 · 슷이다 · 슷치다 · 스승(월인석보1-9)-슫다-슬다 · 쓸다~숫다 · 숫어리다 · 숫이다 · 숫 · 숫고개 · 숫먹 · 숫불 · 숯-순간나히 · 순도외다 · 순두어리다 · 순가락-술(酒) · 술무늙다~섯흘리다 · 섯느리다 · 섯들다 · 섯딜다-선달-설 · 설먹다 · 섥(두시 초12-21)-셰(舌)

② 〔양성모음계〕 삿-산(삳)-살-삵~솟-손(솓)-솔

· 손삿 · 삿깃(尿布)(역어유해 보32) · 삿훤말 · 다리삿-산(삳)-살(솔)-삾(원각경 상1-2의 14)~솟고다 · 솟글다 · 솟돋다 · 솟돕 · 솟적다새-손(훈몽자회 중10) · 손뫼 · 솓-솔 · 솔옷(훈몽자회 중14)

· 살품(가슴과 옷 사이) 살소매(옷과 팔 사이) 살피(한 지역과 다른 지역의 사이) 살장(광산의 철판과 뗏목 사이에 넣는 나무)

③ 〔중성모음계〕 싯-신-실

· 싯다(훈몽자회 하11) · 씻다-싣다(석봉 천자문 28)-실絲(훈음해례종성해); 밤실 · 돗실 · 시렁섬 · 線曰實(계림유사)(실-두 줄로 꼬아 만든 것)

2) 니마(님)와 태양신 숭배

그동안의 여러 가지 논의를 동아리 지으면, 단군왕검의 왕검을 임금으로 보아야 한다는 데에는 크게 다른 이견이 없다. 앞에서 보았듯이 글쓴이는 님검-임금을 단군 스승이 모시는 제의와 대상 신으로 본다.

님금은 다시 태양신 니마와 태음신 고마가 합쳐서 된 합성명사로 풀이된다. 무슨 근거로 님(니마)이 태양신이 되는가에 대하여 잠시 알아보도록 한다. 그 전제로서 님(니마)의 형태와 의미, 이로 말미암는 "니"의 낱말 겨레들을 더듬어 보기로 한다.

(1) '니'의 형태와 의미

낱말의 짜임새로 보아 니마는 니(日)+~마(경칭) 〉니마(님 〉임)로 나눌 수 있다. 그러면 니를 태양으로 본 까닭은 무엇인가. 말이란 인간 삶의 총체적인 양식으로 정의되는 문화를 속내로 한다. 이를 일러 언어의 문화투영이라 해둔다.

❺ 니와 땅이름

① 고창군古昌郡-일계현日谿縣-열야현熱也縣-니혜현泥兮縣 (대동지지 권7 의성)

② 니산尼山-열야산熱也山-노성魯城 (대동지지 권5 노성)

③ 참성단塹城壇-마니산摩尼山-산천제단은 초성단 아래 두었다山川祭壇在摩尼山醮星壇下(신증동국여지승람), 마니산摩尼山— 양산陽山 (대동지지)

④ 불을 일으키고 교화를 시작하였다. 이르러 단국이라 하였다發火始教熟食謂之壇國 (한단고기)

위의 보기에서 니가 泥-尼-熱-日-陽-古와 대응이 되는 것은 한자의 소리와 뜻을 빌려 쓴 "니"의 다른 적기로 보아 좋을 것이다. 그런데 도수희(1977)에서는 니(尼)와 노(魯)의 불일치를 주목한 나머지 열야를 덥이로 보았다. 유창균(1991)에서처럼 소리를 중심으로 하여 니로 대응시킴이 온당할 것으로 본다. 열야에서 야(也)는 열(熱)을 니로 읽으라는 한자의 뜻 읽기의 말음 표기로 보면 어떨까.

나머지 문제는 니(尼)와 노(魯)의 경우인데 소리로만 보면 이를 잘 풀이할 수 없게 된다. 그런데 이름이 고쳐지거나 달리 불릴 때 잘 나타나는 몇 가지 현상을 떠올리면 그 불일치를 무리 없이 수용할 수 있다고 본다.

신라 35대 경덕왕 757년에 땅이름을 고쳤다. 고칠 때의 준거로는 주 · 군 · 현 식의 2자, 옛 땅이름에서 나쁜 글자이거나 부르기 거북한 글자를 버리고 좋은 뜻만 이른바 가호자(佳好字)로 다시 쓰고, 새 이름은 한자의 소리로만 읽는 기준을 들 수 있다(김형규, 1975).

"니"와 관련된 일본의 자료도 찾아보기로 한다.

❻ 니와 일본 자료

① 일日〔니~히〕→土 · 尼 · 荷

② 니공尼公〔nigou〕, 일본日本〔nihon〕, 자산煮山〔nitasi〕, 자방煮方〔nikata〕, 단도丹塗〔ninuri〕; -ni(경칭 접미사)

③ 옛적 신라에 한 왕자가 있었는데 그 이름은 천일창(天日槍)이라고 하였다. (중략) 하늘의 태양이 여인의 옥문을 비쳤는데 그 옆에 천한 사나이가 감시하고 있었다. 그 뒤로 여인은 임신하여 붉은 구슬을 낳았고 뒤에 구슬은 다시 아름다운 처녀로 화하였다(고사기응신기)

위의 보기에서 형태소 "니"는 불을 드러내거나 그 속성을 보이며, 『고사기』에서는 천조대신과 태양신을 같은 숭배의 대상으로 보고 있다.

땅이름, 일본 자료와 함께 '니-태양(불)'의 대응 관계가 우리의 옛말과 만주어의 자료에서는 어떠한가를 살펴보자.

❼ 니와 해

① 니구泥丘(분화구 주위의 진흙 언덕), 니화산泥火山(진흙 화산), 니류泥流(진흙의 흐름-용암); 니긴쇠(熟鐵)(동문유해 하23), 닐딕(왜어유해 하38), 니을 연連(유합 상6), 니(此)(염불보권문 38), 니(稻)(구급간 1-86), 니(齒)(훈몽자회 상26)

② 유이니사금 · 탈해니사금 · 파사니사금 · 씨마니사금 · 사성니사금(삼국사기)

③ 닝구(上 · 頭)〈man〉-닌(영웅)〈tung〉

이제까지 "니"의 의미에 대하여 살펴보았는데 이를 간추려본다.

❽ "니"의 의미

① 〔중심 의미〕태양(日 · 火)(〉임금〉좋아하고 그리워하는 사람)

② 〔파생 의미〕뜨겁다 · 끓이다 · 익힘 · 진행 · 이 · 잇다 · 붉다 · 앞

(2) 니의 낱말 겨레

낱말 분화의 갈래로는 크게 "니" 계열이 있고 "님(니마)" 계열이 있다. 여기서 "님"은 "니마"의 닫힌 음절형이고 "니마"는 "니(日·主·上·蓋)+~마(경칭 접미사) 〉니마"에서 비롯되었다고 했다. 모음 교체와 어말 자음의 교체, 형태의 파생에 따른 분화형으로 보이는 낱말 겨례를 들자면 다음과 같다.

❾ "니"의 낱말 겨레

① 〔양성 모음계〕나히(年)(소학언해 6-26), 나흐로(以天年)(소학언해 6-52)~낫(아언각비), 나을진(進)(유합 하5), 낫밤(日夜)(소학언해 6-10)~나지여바미여(내훈2 하17)~여러낟거늘(開現)(능엄경 1-179), 낟만흠애미쳐(及日中)(명종소학언해 4-11), 두려이나타(圓現)(능엄경 1-79)~날와달와(日月)(능엄경 2-8), 飛生刃日其訓同날(아언각비), 나리져믈오(법화경 2-7) "나(ㅎ)~낫·낫다~낮(낮)·낟다(낟다 現)·낟(日)·날"

② 〔중성 모음계〕서르닛건(相接)(두시 초21-18), 아져긔닛다가(염불보권문 11)~제임금아니니저(용가 105), 니즐망(忘)(신중유합 하13), 어딜믈이즈면(忘善則)(어제소학 4-36)~구쳐니러(석상 6-3), 닐기(起)(훈몽자회 하13), 起는 닐씨니(석상 6-42), 川原에니르거나(원각경 상1의 2-136), 기운집니르다(사성통해 하4)~成은일씨라(훈민정음언해)~어버이를닏는츠례라(소학언해 2-49) "닛다(잇다)~닞다(잊다)~닐다·니르다(일다)~닏다"

③ 〔음성 모음계〕녈구름이(송가가사 1-7), 녈손님(송강가사 2-8), 넷날애(월곡 88), 녯정을(태평광기 1-6), 녯히(昔年)(한청문감 18), 萬人이우러네나(송강가사·장진주사), 우러밤길녜놋다(고시조·왕방연), 지새녜다(한청문감 12-11) "녀다(行)·녯·녜다(行)"

❾-①에서 '나'는 나이를 드러낸다. 히읗이 '나'에 달라붙어 "낳다"가 이루어진다. ㅎ-ㅅ-ㅈ-ㄷ-ㄹ과 같은 음절말의 소리 바꿈으로 "나(ㅎ)-낫-낮-낮-낟-날"등의 형태 분화가 일어나 이를 바탕으로 한 낱말의 겨레들이 빚어진다. 어말 자음의 교체는 주로 유음화와 터짐 같이

소리되기에 따른 분화 형태들이 대부분이다.

중성 모음계의 ❾-②의 경우도 큰 예외는 아니다. "닞다(잊다)"만 해도 그러하다. 시간이 가면 현재는 과거가 되며 기억 속에서 멀어져간다. 해서 돌아올 수 없는 가버린 날-옛날이 된다. "닐다(니르다)"는 어떠한가. 모든 힘의 근원은 불에서 말미암아 일어나는 것으로 그 불의 원천은 바로 태양이 아닌가.

태양신에게 드리는 말, 다시 겨레들에게 전하는 말-그러한 동작이 "니르다-이르다"로 상정될 수 있다. 이를테면 말 속에 영혼이 들어 있을 것이라는 언령설의 한 모습을 보여주는 본보기라고 하겠다.

낱말 겨레를 이룸에 있어 소리 바꿈과 낱말들의 합침과 갈라짐은 중요한 틀이 된다. 주로 명사류에 접미사 -다가 붙어 동사를 이루는 낱말되기에 따른 보기가 중심을 이룬다. 보기는 소리 바꿈에서 보인 것으로 대신하기로 하며 '명사1+명사2-명사' 에 따른 복합어를 알아본다. 중성 모음계의 자료들이 중심을 이룬다.

❿ "니"의 합성어

① 〔중성 모음계〕 니구무(신중유합 상20), 닛딥(역어유해 하10), 닛머리(훈민정음언해), 닛무음(두창집경험방 45), 닛발(처용가)~님빅곰빅(청구영언 123), 님재(두시 초10-7)~니마ㅅ돌(한청문감 123), 니마ㅅ박(역어유해 상32), 니마ㅅ살(한청문감 186)~니스리(석상 6-7), 니싓곳(구급간 1-90)

② 〔양성 모음계〕 낫도적(역어유해 상66), 낫맛감(본문온역방 6)~날달(월인곡 17), ᄂᆞᆯ즘싱(동문유해 하36), ᄂᆞᆯ가래(훈몽자회 17)

③ 〔음성 모음계〕 널구름(송강가사 1-7), 널비(서경별곡), 넷날(월곡 88)

이제까지 형태소 '니' 를 중심으로 낱말 겨레를 알아봄으로써 의미의 같음으로 생겨나는 '니' 의 갈래를 알아보았다.

3) 왕검(王儉)의 검과 곰 토템

앞에서 글쓴이는 단군왕검의 왕검을, 제사장이자 부족장인 단군이 비는 대상 신이라고 보았다. 왕검의 검은 그 앞의 왕을 님검(님금 〉 임금)으로 읽으라는 끝소리로 보면 된다. 검의 변이형으로서 검-금-감-곰-굼; 고마-구마(구무)-거미를 들 수 있다.

"니마(님→임)"가 단군이 제사하여 모시는 아버지 신이며 하늘의 태양신(불신)이라면, "고마(곰-검-감)"는 토템으로 보아 곰을 조상신이자 영혼의 상징으로 보는 퉁구스 사람들의 믿음에 걸맞은 기원의 대상 신이다. 단군신화에 나오는 근원 상징으로서 "곰-검(금)"의 걸림을 어떻게 풀이할 수 있을까.

우리글이 없던 때이니 한자의 뜻과 소리로써 우리말을 적었다. 하면 "왕검"의 "검儉"은 한자의 소리를 빌려다가 쓴 것으로 볼 수 있다. "검-금-곰-감" 등의 낱말을 이루는 음절 구조는 ㄱ-모음-ㅁ-모음으로 보인다.

국어 발전의 흐름으로 보아 열린 음절 구조에서 닫힌 음절 구조로 바뀌었음을 떠올릴 때, 닫힌 음절의 낱말로 되어 "고마(구마 · 구무) 〉 곰(굼)"이 된 것으로 보인다. 단군신화의 고마(곰)와 관련, 왕검의 검이 갖는 상징성과 표기에 대한 보기는 다음과 같다(이병도, 1961; 도수희, 1977).

⓫ '고마'의 상징성과 적기

① 〔신(神)〕 곰은 여인의 몸을 입었고 호랑이는 참지 못하였다熊得女身虎不能忌(삼국유사 권1), 고마敬고마虔고마欽(신증유합)~〔구멍(땅신)〕 슈신곰(尿孔)(구황간 3-121), 한 마리의 곰과 한 마리의 호랑이가 같은 굴에 살았다. 一熊一虎同穴而居(삼국유사 권1), 北爲구무바회津(용가 3-13), 구무孔구무穴(훈몽자회 18~〔뒤 · 검정〕 구성龜城(-龜山-熊神-漆原)(경상도지리지), 현무로써 신을 삼았다以玄武爲神(한서), 앞에는 주작이고 뒤에는 현무였다前朱鳥後玄武(예기), 곰ㅂ예(동동), 東

良北동량뒤(용가 7-25), 月伊谷頭衣谷-龜城山(경상도 지리지)~〔물水〕 목구멍소리는 뒤요, 어금니 소리는 다음이니 북동쪽이라喉居後而牙次之北東之位 (중략) 목구멍소리는 그윽하고 물기가 있어 묵묵한 소리다喉邃而潤水也(훈민정음 해례)~〔곰(거북 · 용 · 말)〕 고마ᄂᆞᄅ(熊津)(용가 3-15), 거미야거미야옹거미야네天龍비활량, 청융산에청바우미리국미리국(영남민요 · 왕거미), 古馬彌知(〉馬邑)/玄(검)+武(ㅁ)→검(玄武)

② 감물아甘勿阿(〉咸悅-黑山-咸羅-熊浦), 금마金馬(今麻只), 건마乾馬(위지), 개마蓋馬(玄菟-王儉城),금강錦江(公州-熊津), 고막부리古莫夫里(甘奚縣本古莫夫里); koma〈k-or〉kame〈jap〉 kuma〈lamut〉 kuma〈tung〉 〔熊〕~kam〈kor〉 k-ami〈일본〉〔神〕

③ 〔곰 · 고마〕 熊神 · 熊巖 · 熊只(곰熊(유합 상13)), 熊津(고마ᄂᆞᄅ(용가 3-15)), 熊川; 〔검 · 거미〕 龜山 · 龜旨 · 黑壤 · 漆原 · 거붑귀龜(유합 상14), 거믈흑黑(유합 상5), 거미야거미야(양산 · 왕거미 노래); 〔감〕 玄武 · 陰城(〉흑양)(대동지지), 가만할음陰(신자원), 새셔가만ᄒᆞ애라(동동)

어떤 겨레가 살던 공간에는 그들의 문화의 자취가 남게 마련이다. 그러므로 곰 숭배를 하던 고조선의 경우도 곰 토템의 그림자가 땅이름에 남아 있을 가능성이 있다. 이르자면 땅이름의 방사현상이라 하여 좋을 것이다.

⓬ 곰(검-금)의 땅이름 방사

① 〔음독 계열〕 감물甘勿(〉今勿〉陰達), 감천甘川(金泉)→外甘 · 中甘 · 內甘 · 佳勿 · 巨勿~가막골(釜洞 · 加莫洞), 감남굴(태안), 가매바우(옥천); 公州(熊津)→錦江 · 孔岩 · 甘泉 · 加馬洞 · 궁동 · 궁현(공주), 곰섬 · 안곰섬 · 밧곰섬(태안); 감내(횡성)~갑산(갑산), 갑동(공주), 갑파리(연기), 갑사(공주), 가ᄇᆡ샷다(동동); 구미(구미) 등

② 〔훈독 계열〕 (熊-계) 웅상(웅산), 웅봉(정선), 웅암 · 웅곡악 · 웅천(미인), 웅연(고부), 웅포(보령), 웅진(공주), 웅도(서산); (龜-계) 구령원(평산), 구담(단양),

구석(보은), 구성(정주), 구지진(김해), 구산포(철원), 구산(홍산), 구포(동래); (釜-계) 부곡(영천), 부산(동래), 부곡포(웅천), 부동(횡성); (陰-계) 음죽(흑석리), 음성(음성), 음동(오산); (玄-계) 현풍

지금도 경상도 방언에서는 단모음에 있어 ㅓ~ㅡ가 두드러지지 못하여 합침 음소로 쓰이는 조건을 생각하면 검~금의 넘나듦은 자연스러운 적기의 변형이라고 볼 수 있다. 더욱이 『삼국유사』의 지은이가 경산 출신의 석일연임을 떠올리면 ㅓ~ㅡ, ㅏ~ㅗ의 섞바뀜은 충분한 가능성을 갖고 있다고 하겠다. 일종의 모음 교체의 갈래에 넣어 큰 무리가 없을 것이다.

검(금)이 곰 토템의 고마(곰)에서 비롯했을 가능성은 오늘날의 어머니가 바로 검(금) · 고마(곰) · 구무(굼)에서 말미암은 것을 고리 지으면 더욱 미덥게 된다. 그것은 단군왕검의 어머니 신이 "고마(곰)-웅녀"이기 때문이다.

⓭ 고마(곰)와 어머니

① 가시개-hasaha · 가루-haru · 골-holo · 구유-huju · 고마(곰)-homottiri · ~ㄴ(마흔 · 쉬)-gon 〉 hon 〉 on 〈kor-mong(tung)〉

② 쇽(俗)-숗-쇼(소) · 뎍(笛)-뎧-뎌-져(저) · 견(見)-현 · 개(解)-해 · 개(奚)-해(ㄱ→ㅎ→ㅇ)

③ 고마(곰)-구마(굼)〔穴 · 熊〕→홈(홈파다)-훔(훔패다 · 후미지다)→옴(옴팍하다)-움(움퍽하다 · 우묵하다); 곰실곰실-홈실홈실-옴실옴실 homottɨri(곰)-homokkor(조상신)-homogen(영혼)〈tung〉

④ 〔"어머니"의 방언형〕 어머니 · 엄니 · 어무이 · 옴마 · 오마니 · 옴매 · 오매 · 오메 · 어메 · 엄마 · 움마 · 암마(최학근, 1978, 한국방언사전).

⑤ 〔삼국유사 고조선〕

스무 하루를 지나 곰은 여자의 몸을 입고 범은 뜻을 이루지 못하였다. (중략) 환웅은 짐짓 남자로 화하여 웅녀와 혼인을 하여 아들을 낳으매 단군왕검이라 하였다.

이러한 낱말의 갈라봄을 바탕으로 한 "고맙습니다"의 풀이는 '당신의 은혜가 고마(〉어머니)의 그것과 같다'는 역사 문화적인 의미로 되새길 수 있다.

4) 백제(百濟)는 곰 겨레가 세운 맥제

민족이 있는 곳에 그 민족의 언어가 있으며 언어의 역사는 민족과 성쇠를 함께 한다. 언어는 사회와 역사를 투영하는 음성상징의 문화기호로 볼 수 있다. 따라서 언어의 속내에는 상당한 문화정보가 깃들일 가능성이 높다.

이제 백제의 형태분석과 관련자료를 더듬어 보도록 한다.

⓮ 백제(百濟)의 형태

① 百濟-百+濟

② 百-백〔pæk〕/맥〔pæk〕-行杖道驅人五百(대한한사전)〔mai〈china〉〕〔mp〕〉〔m〕/〔p〕(복성모의 분화다) 맥貊(=豸白〔陌〕〕〉百/白 //大丘〉大邱. 加害〉嘉善〉加恩. 坡害平吏〉坡平 (貊=貊 대한한사전/일본서기)//句驪〉句麗

③ 제濟-재在: 城曰재(城/只)

④ 백제百濟-맥제貊濟(맥족貊族의 나라)

먼저 백제의 형태분석에서 보기(14가)와 같이 백제⇒백+제를 기본으로 본다. 여기서 복성모(複聲母) 이론을 고려하면 백(百)⇒백(paek)/맥(maek)과 같이 두 가지의 소리가 있음을 눈여겨보게 된다. 복성모 이론에 따르면 이러한 소리들은 본디 한때 ㅁ/ㅂ을 공유하고 있었는데 뒤로 오면서 분화의 과정을 거치면서 독립된 소리로 굳어져 쓰이게 된 것으로 풀이된다.

그럼 맥(貊)의 본질이 무엇이고 이는 북부 조선의 모든 나라를 일컬었던 곰과는 어떠한 관계가 있는지에 대하여 살펴보도록 한다.

⑮ 맥은 쇠를 먹고 곰과 아주 비슷하다. 맥(貘)은 달리 맥(貊)이라고도 적는다. 이름을 풀이함에 있어 가죽은 앉는 방석이나 이부자리의 거리로 쓰고 능히 외풍을 막을 수 있다. (중략) 곽박이 이르기를 곰과 비슷하며 머리는 작고 다리는 비교적 낮다. 흑백이 얼룩져 있다. (중략) 털은 길지 않고 윤이 나며 능히 쇠나 뼈나 뱀류를 잘 먹는다. 뼈마디가 아주 강하다. (貊-食鐵似熊夷貘亦作貊釋名時珍曰按陸佃云皮爲坐毯臥褥能消膜外之氣 (중략) 郭璞云似熊而頭小脚卑黑白駁文 (중략) 毛淺而光澤能舐食銅鐵及竹骨蛇虺其骨節强直中實小髓 본초강목) //貊-豸(豕)/(意符)+百(白/(聲符)):貊音陌(*陌上桑人)//貊: 食鐵似熊夷 매기맥(*매기=貊耳: 수퇘지와 암소의 튀기) 大韓古國名 나라이름맥 蠻貊오랑캐맥 (대한한사전)

홍안령 부근에 사는 어원카족이나 어룬춘족들은 아직도 곰 제의문화를 바탕으로 하고 있음이 손명희(1994)에서 밝혀진 바가 있다. 아무르강의 시츄섬에 사는 고아시아족들의 돌곰이나 나무 곰상을 숭배하는 일이 조금도 이상할 것이 없다.

이러한 곰 숭배 신앙이 어떻게 우리의 건국신화에 받아들여졌는가에 대하여 간추려 보도록 한다.

⑯ 웅녀는 더불어 혼인할 이가 없었다. 그래서 늘 신단수 나무 아래 가서 아이 갖기를 기원하였다. 환웅은 짐짓 사람으로 화하여 웅녀와 혼인을 하여 아이를 낳으니 이름을 단군왕검이라 하였다. (熊女者無與爲婚故每於壇樹下呪願有孕雄乃假化而婚之孕生子號曰壇君王儉)(삼국유사 권제1) 이때에 태백산 남쪽 기슭 우발수가에 문득 한 여인이 있어 물으니 답하였다. 나는 본시 하백의 딸 유화인데 여러 동생들과 함께 나가 놀다가 한 남자가 있어 말하기를,

"나는 하느님의 아들 해모수다."

이윽고 웅신산 아래 압록강가의 어느 집에 들어가 서로 정을 통하게 되었는데 이후로는 다시 돌아오지 아니하였다. (于時得一女子於太伯山南優渤水問之云我是河伯之女名柳花與諸弟出遊時有一男子自言天帝子解慕漱誘我於熊神山下鴨渌邊室中知(私)之而往不返)(삼국유사 권1 기이2)/太白山-熊心山(삼국사기 권13)(壇君王儉의

祖上-熊女/桓雄)/熊神山(熊心山)-太白山(=白頭山)

5) 백두산은 곰뫼

『삼국유사』를 보면 고구려를 세운 고주몽의 이야기가 실려 전해 온다. 주몽의 어머니 하백의 따님이었던 유화가 하느님의 아드님이던 해모수를 만나 웅신산(熊神山) 아래의 압록강가에서 사랑을 하여 주몽을 낳게 된다. 여기 웅신산은 다름 아닌 태백산이요, 오늘날로 말하자면 백두산이 된다. 중국에서는 불함산 혹은 장백산이라고 한다.

고구려의 시조 동명왕의 성은 고씨(高氏)요 이름은 주몽(朱蒙)이다. 이보다 앞서, 북부여 왕 해부루가 동부여로 피해 가고, 부루가 죽자 금와가 왕위를 이었다. 그때 한 여자를 태백산 남쪽 우발수(優渤水)에서 만나 물으니, "나는 하백(河伯)의 딸로 이름은 유화(柳花)다. 동생들과 놀러 나왔다가 하느님의 아들인 해모수를 만나 웅신산 아래 압록강가에서 정을 나누었다. 그는 한번 가고는 돌아오지 않았다. 나의 부모들은 중매 없이 결혼한 것을 꾸짖으며 나를 여기에 귀양 보냈다"고 하였다. 아직도 일본에서는 고구려를 고마라고도 이른다. 그렇다면 고주몽의 성인 고(高)는 고마 곧 곰을 가리킬 가능성이 있다. 이야기의 공간으로 웅신산이 나오는데 달리 태백산이라고도 이른다. 여기서 우리는 웅신산의 웅(熊)과 태백산의 백(伯)과 백두산의 백(白)이 곰을 드러내는 뜻은 아닌가 하는 의문을 갖게 된다.

백두산의 백(白)은 옛날 한자음이 백과 맥으로 소리가 나는 한자였다. 백제의 풀이에서도 좀더 자세히 알아보겠지만 맥(貊)은 『본초강목』에서 쇠를 먹고 곰과 비슷한 짐승이라고 하였다. 곰의 일종이면서 가장 강력한 곰이라는 풀이가 가능하다. 상징적으로 보면 쇠를 먹는다는 것은 쇠, 곧 철기 이후의 이야기임을 암시한다.

소리의 발달로 보아 백과 맥의 소리 가운데 맥 쪽이 더 먼저 발달하여 하나의 굳은 소리로 쓰였을 가능성이 높다. 우선 입술소리 가운데 가장 기본이 되는 소리가 미음이고 여기에다 글자를 더하여 읍을 만들기도 하였을 뿐 아니라 아이들의 언어습득 과정을 보더라도 미음 쪽이 더 먼저임을 보아서 그렇다고 본 것이다.

그러니까 백두산은 곰뫼 혹은 곰 머리 산이라고 할 수 있다. 백두산이 웅신산이니 이를 아니라고 할 수는 없다. 진해의 웅천동에 가면 지금도 곰산 곧 곰매가 있고 웅천의 옛날 이름이 웅신이었음을 알 수가 있다. 곰산을 웅산이라고도 이른다.

김포와 해남의 곰매는 물론이고 곰산의 경우, 전라도의 김제와 해남, 보성, 경상도의 창녕과 진해, 경기도의 김포와 충청도의 영동을 들 수 있다.

흔히 백두산을 백산(白山)이라고도 하는데 우리나라의 백두대간에는 백(白)- 계열의 산들이 있다. 오늘날 태백시의 태백산과 함백산, 그리고 백산, 소백산을 들 수 있지 않은가.

높은 산이니까 언제나 눈이 쌓인 곳이라 하여 흰 백자 백두산이라 하는 풀이도 있으나 겨레의 성스러운 산이자 단군신화의 고장이 된 백두산은 분명 곰뫼일 가능성이 높다. 경상도의 팔공산도 본디 그 이름이 공산(公山)이었는데 공주에도 공산이 있다. 곰골에서 공주가 나왔음을 고려하면 공산이 곰뫼일 가능성은 아주 높다.

우리나라의 전역에는 백두산으로 나오는 산의 이름과 마을 이름이 17곳이나 된다. 그러면 여기에도 눈이 많이 내려서 그러할까. 먼저 백두산이 있는 몇 곳을 알아보도록 한다.

⑰ '백두'의 지명 분포

백두산(경기강화내기리) 백두산(경기김포검단) 백두산(전남나주산포) 백두산(전남보성문덕) 백두산(광주광산) 백두산(전북진안부귀) 백두산(울산남장생포) 백두산(경남의령정곡) 백두산(경남김해) 백두산(경북경주양북장항) 백두산(경북성주용암) 백두산(충북옥천군북) 백두산(충북청원강서) 백두산(강원주단계) 백두재(충북청원강서) 백두점(경북상주낙동) 백두뿔(전남현경) (한글학회 1991, 한국땅이

름사전)

산의 북쪽은 중국 연변조선족자치주 안도현이다. 이도백하 쪽으로 올라가는 백두산 산행의 길섶에는 만주족의 시조 불고륜(弗庫倫)의 전설이 깃든 미인송 숲이 지나는 나그네들의 눈길을 끈다. 백두산의 서쪽에는 혼강(渾江)시가 있으며 동남쪽에는 북한의 양강도 삼지연이 있다.

백두산으로 가면서 제 땅을 두고 남의 나라를 경유해 갈 수밖에 없는 오늘의 현실이 참으로 가슴 미어지는 아픔을 남겨주었다. 힘이 없는 개인이나 겨레들이 겪어야 하는 억눌린 그런 정서랄까. 마음 무거운 발걸음으로 그래도 겨레의 영산을 찾아가는 을씨년스러운 나의 그림자가 가슴속에 드리운다.

백두산에서 흘러내리는 물길은 크게 5개로 갈라진다. 중국에서는 백두산을 장백산이라고 부른다. 가장 처음으로 손꼽히는 것이 두도백하(頭道白河)이다. 다음으로 이도백하와 삼도백하, 사도백하와 오도백하까지 있어 흑룡강의 원류라 할 송화강과 한 많은 두만강이 흐르며 고주몽의 신화의 고장에 압록강이 흐른다. 여기 백하라 함은 백두산에서 흘러내린 물이란 뜻으로 보아야 할 것이다.

백두산이 문헌에 처음으로 나타나는 이름은 불함산(不咸山)으로 중국의 지리서인 『산해경』에 나온다. 남북조의 위 시대에는 개마대산(蓋馬大山) 혹은 도태산(徒太山) · 태백산(太白山), 당나라 때는 태백산, 금(金)나라 때는 장백산 또는 백산(白山)이라 불렀으며 원나라 · 청나라 때에도 장백산이라는 이름은 변하지 않고 불려 지금껏 이어진다.

대략 900년 전부터는 백두산이라 하였다. 조선에서는 환하고 밝은 산이라 하여 한밝산이라고도 하였고 또 태백산 · 장백산이라고도 불리다가 그 후 백두산이라고 하였다. 중국에서는 장백산으로 불린 것을 알 수 있다. 산 이름은 여러 차례 바뀌었지만 날씨가 춥기 때문에 항상 눈 덮인 산이라는 뜻에서 그리 불렀다고 한다.

한마디로 백두산의 어원은 곰 머리 산이라는 말이 된다. 곰을 숭배하는 아이누나 어윈카 혹은 어룬춘 족들의 제의과정을 보면 곰 머리를 제단 위에 올려놓고 입에다 긴 막대기나 아니면 담뱃대를 물려서 그 앞에 부족장이 무릎을 꿇고 화해를 청하고 겨레들의 안녕과 번영을 기원한다.

그러니까 곰의 머리 부분이 가장 신성한 영험의 상징으로 여겨졌던 만큼 곰을 숭배하는 이들에게는 백두산의 높은 봉우리가 곰의 머리 부분이요, 곰신의 상징처럼 받들어졌을 것이다.

불함산(不咸山)도 곰 신앙과 무관한 것으로 보이지는 않는다. 한자의 뜻으로는 다함이 없는 산이라는 말이다. 여기 불함에서 '함'의 원소리가 감이고 보면 불함산은 불곰산이란 풀이도 가능하다. 곰 가운데 불곰이 가장 강력한 곰으로 상징적 의미를 띠었다고 볼 수 있는 것이다.

우리나라는 17개 정도의 백두산 전역에, 혹은 그 이상의 곰뫼에다 간절한 기원과 제사를 드렸을 것으로 보인다. 두고 온 고향 땅의 조상을 그리면서 곰신에게 예배하였다는 짐작을 하기란 어려운 일이 아니다.

공간은 다르나 같은 태백산맥의 줄기에 태백산이라 하여 오늘날에도 단군의 신당을 모신 곳이 있으니 강원도의 태백이 그렇다. 그러면 곰과 관련된 지명들이 어떻게 분포되어 있는지 살펴보도록 한다.

백산면(栢山面)의 흰백산 기슭에서 발원하는 곰강을 들어보자. 흰백산은 백병산을 이르며 백산이라고도 한다. 곰강은 큰 곰강과 작은 곰강이 있는데 큰 곰강은 산제당골 왼쪽에, 작은 곰강은 물병골 왼쪽에 있다. 두 골 모두가 가파른 산등성이인데 옛날에 곰이 살았다고 하여 붙인 이름이라고 한다.

고무골은 장광말을 지나서 괩밥재로 올라가다가 오른쪽에 있는데 옛날부터 곰이 많이 살았다고 하여 그리 부른 것이다. 동점에 가면 고무덫골이라는 곳이 있다. 삼동실 다음에 있는데 옛날 곰이 많이 있어 곰을 잡기 위하여 덫을 놓았기에 그리 부른 곳이다.

태백의 통리에 가면 고무등이 있다. 이곳은 곰이 많이 살았던 산등이며 큰 바위들이 있다. 그래서 고무등이라고 불렀다. 경우에 따라서는 곰과 비슷한 소리를 갖고 있는 굼 혹은 구멍에 이끌리어 생긴 전설도 있어 흥미롭다.

가령 진해 웅천동의 웅산이 그러한 보기라고 할 것이다. 웅산은 곰산 · 시루봉이라고도 한다. 산세가 가파르고 나무가 울창하다. 동쪽의 화산, 서쪽의 장복산과 능선으로 이어지며 동남쪽 진해만으로 흘러드는 아홉 내와 북서쪽 마산만으로 흐르는 남천의 발원지이다. 동남쪽 산기슭에는 구천동 계곡이 있고, 그 아래 신라시대 때 창건된 웅신사의 전설도 곰과 무관하지가 않다.

성주사(聖柱寺)는 고려 말 원종 때까지도 웅신사, 속칭 곰절이라고 하였는데 여기에도 재미있는 두 가지 이야기가 전한다.

첫 번째 이야기는 진경대사가 원래의 성주사 터에 가람을 중건하였을 때, 본래의 자리는 지금의 위치에서 북쪽에 있었는데, 하룻밤 사이에 곰이 전 목재를 현재 자리로 옮겨놓아 부처님의 뜻으로 알고 이곳에 절을 세웠다는 것이다.

두 번째 이야기는 불모산(佛母山)에 살던 곰이 배가 고파 내려왔으나 스님들이 수행에 열중하는 것을 보고 흉내를 내다가 그것이 공덕이 되어 후생에 사람으로 태어났다는 것이다. 인연을 따라 성주사에서 땔감을 하는 일을 하다가 밥이 타는 줄도 모르고 삼매에 든 것을 주지스님이 지팡이로 머리를 치며 깨우는 순간 깨달은 바가 있어 용맹 정진하여 큰스님이 되었단 이야기다.

한편 웅산을 곰산이라 하였는바, 여기 곰과 소리가 아주 비슷한 굼 혹은 구멍과 관련하여 내려오는 전설이 있다. 전설에 따르면, 옛날 함경도에 살던 이씨가 조상의 묘터를 구하기 위해 명당자리를 찾아 전국을 헤매다 이 봉우리에 큰 구멍이 2개 뚫린 좋은 묘터를 찾아냈다. 2개의 구멍 가운데 첫째 구멍에 묘를 쓰면 자손 중에서 임금이 나고, 둘째 구멍에 묘를 쓰면 천자가 나올 명당이었다.

이씨는 머슴인 주씨에게 자기 조상의 유골을 둘째 구멍에 놓도록 일렀다. 그러나 하인은 주인 모르게 자기 부친의 유골을 둘째 구멍에 묻고 주인이 준 유골은 첫째 구멍에 묻었다고 한다. 그래서 첫째 구멍의 후손 중에 조선 태조인 이성계가 태어나고, 둘째 구멍의 후손 중에 명 태조인 주원장이 태어났다는 것이다.

여기 구멍 전설이 나오는 것은 곰과 굼 혹은 구멍이 그 소리가 거의 같음으로 하여 생겨난 이야기로 보인다.

3. 상상력의 디딤돌

언어를 존재의 집이라고 보는 철학적 견해도 있다. 우리 주위에 존재하는 모든 것들이나 우리들 마음에서 일어나는 심리적인 사상(事象)들은 소리로 드러난다. 따라서 우리는 소리 상징으로 다시 만들어낸 세계를 살고 있다.

기본적으로 상징과 상징의 관계 속에서 상호작용을 통하여 삶을 이어가며 문화를 창조해간다. 이 세상에 존재하는 것들의 수효만큼 많은 소리나 낱말이 있는 언어란 없다. 그러니 동음이의어가 생기게 마련이고 유의어와 다의어가 발생하게 되어 있다.

언어적인 상상력은 연상과 유추, 그리고 비유에 따라서 생겨나며 쓰는 사람들의 문화에 따라서 변모해간다. 그것이 일상적이든 문학적이든, 그 표현의 뿌리에는 말하는 이의 인식과 체험이 배어 있다.

라이너 마리아 릴케는 문학은 체험이라는 단적인 정의를 내리기도 하였다. 같은 체험이라도 자신만의 독특한 비유나 또 다른 상상 속의 개성 있는 세계를 만들어냄으로써, 아름다운 예술의 세계는 물론 이 세상을 움직이는 원동력을 창출해가기도 한다. 다른 이가 표현하지 않은 관점과 방법으로 만들어내면 이러한 이미지들이 모여 예술의 세계를 이루게 되는 것이다. 특히 언어예술의 경우 그 속에 누구나 공감할 수 있는 보편성과 다른 이에게서 찾을 수 없는 독창성이 있으면 더더욱 좋다.

로크(Locke)의 지적대로 상상은 체험의 소재들을 결합-재결합하여 만들어내는 것이지 무에서 유를 만들어내는 과정은 결코 아니다. 흔히 모방이라 하거니와 본래의 원상(原像)을 모방하여 새로운 시각으로 혹은 약간의 변형을 만들어내는 힘이 상상력이요, 상상력에 따른 열매가 예술품이며 언어예술이 다름 아닌 문학이 되는 것이다.

1) 비유와 상징

시문학 표현의 제1원리가 은유(隱喩)이다. 모든 예술품에는 나름대로 다른 이가 표현하지 않거나 못한 새로움이 있는바, 이것을 곧 은유라고 한다. 은유가 일반화되어 대중적으로 쓰이면 은유로 인식되지 않고 일반적인 표현이 되고 만다. 우리는 흔히 이를 죽은 은유 곧 사은유라 한다. 가장 대표적인 것이 아호(雅號)요 별명이다.

특정사회에서 통용되는 은어도 이러한 범주에 든다고 볼 수 있다.

⓲ 사은유(死隱喩)와 호

① 청춘(青春)(푸른 봄=활기가 넘치는 청년): 청춘예찬/청춘극장/ 청춘만세

청천벽력(青天霹靂)(맑은 하늘의 벼락치기=전혀 예상치 못했던 일)

기러기 아빠(떨어져 살다가 때가 되면 만나는 남편이나 아버지)

② 아호: 자호(스스로가 붙인 호) 사호(임금, 스승, 친구, 어른이 준 호)

별명: 킁킁이/깜박이/총알/대포알/멍청이/뺀돌이/따오기/능구렁이/대추방망이

(*조어규칙 -어근+-이〉(어근)이

이와 같이 사은유의 단계는 아닐지라도 가장 보편적으로 널리 쓰이는 은유는 아마도 꽃말이라고 할 것이다. 꽃말은 너무나 많이 쓰이는 은유라서 거의 사은유에 가까울 정도이다.

⓳ 꽃말과 유래

과꽃(당신의 사랑이 걱정이다) 봉선화(빠른 해결, 나를 건드리지 마세요)

공작초(항상 좋은 기분) 베고니아(짝사랑) 나팔리아(순결) 데이지(천진난만) 라일락(젊은 날의 추억) 마타리(미인) 극락조화(사랑을 위해 멋 부린 남자) 다알리아(당신의 사랑을 알게 되어 기쁩니다) 등

한편 관용 표현을 보면 이 속에 많은 은유와 상징들이 담겨져 있으니 그 대표에 값하는 것이 바로 속담이며 굳어진 말뭉치로 볼 수 있다. 오랜 관습을 통하여 세속에 널리 통용되는 교훈적이고 상징성이 강한 은유적 표현이 이에 해당한다.

⑳ 큰 코 다친다(손해 많이 본다, 코-성 상징) 아닌 밤중에 홍두깨(뚱딴지같이 의외의 일, 홍두깨-성 상징) 굿에 간 어미 기다리듯(간절한 기다림) 믿는 도끼에 발등 찍힌다(배신 당하다) 땅 파다가 은을 얻었다(뜻밖의 소득) 임도 보고 뽕도 딴다(한 가지 일로 두 가지 이상의 이익을 보다) 싹수가 노랗다(희망이 없다) 선생 뒤는 개도 안 먹는다(가르침의 어려움) 비는 데는 쇠도 녹는다(빌면 용서 받는다) 강원도 안 가도 삼척 냉방(차디찬 방-싸늘한 인심) 함흥차사(무소식)

앞의 보기에서와 같이 이러한 관용적인 표현은 발생론적으로 볼 때, 어떤 역사적인 사연이 있어 만들어진 것도 있고 남성의 성을 상징하는 경우처럼 특정한 사물이나 신체의 부위의 모양이나 기능의 특징을 따서 은유적으로 표현하기도 한다.

요즈음 들어서는 보다 강력한 인상을 심어주기 위해 일상생활에도 은유적인 표현을 사용해 생생함과 전달력을 더하는 일이 있다. 이러한 표현을 통하여 언어의 상징 기능과 환정적인 정서기능의 만남을 이루어낸다.

㉑ 속전속결/패전투수/포문을 열었다(경기의 상황〈환정〉 + 경기 자체의 보도〈지시〉) 속이 부글부글 끓어올랐다(끓는 물처럼 화가 치밀어 오름) 속이 활활 탔다(애간장이 타다)

장마전선(장마의 기운)

이런 범주에 드는 자료를 찾아보면 훨씬 더 많은 보기들을 쉽게 얻을 수 있다. 은유를 포괄하는 비유적인 방법들에 대한 교수-학습의 방법 가운데 말 바꾸기라든가 구체적으로 작품의 장르를 바꾸어 역할 놀이나 글쓰기를 하게 함으로써 학습자로 하여금 언어적인 창의력과 가치 판단에 대한 가치명료화작업을 보다 낫게 할 수 있다고 본다.

㉒ 장르 바꾸기의 유형

진달래(김소월) ⟶ 수필/희곡/노랫말/짧은 콩트로 적기

메밀꽃 필 무렵(이효석) ⟶ 시/수필/희곡/판소리 대본 등으로 바꾸어 보기

사미인곡(정철) ⟶ 수필/시/노랫말/희곡 등으로 바꾸어 쓰기

창의적인 수학교육과 언어교육은 도구교과로서 영재교육의 기초라고 할 때, 이러한 장르를 바꾸어 언어교육을 수행하는 것은 매우 값진 활동이라고 본다.

2) 유추(類推)와 추상화

언어습득기의 어린이를 보면 불과 한두 단어에 지나지 않는 말을 갖고 자신이 하고 싶은 모든 표현을 일궈낸다. 그러나 차츰 더 많은 말을 배울수록 그는 주위의 가족들과 상호작용을 할 만큼 사용하는 낱말의 수가 늘어나고 자라면서 추상적인 개념어휘를 사용하게 된다.

이와 같이 말을 배우는 과정에서 어린이는 미분화 단계에서 분화 단계로 넘어간다. 말 자체가 계속되는 소리를 자음과 모음으로 나누어 심리적인 분절음으로 인식함으로써 비로소 언어적 존재로서의 자리를 차지하게 된다.

코르지브스키(korzibsky)는 그의 추상의 사다리(ladder of abstraction)의 그림에서 교수학습과정에서 학습자의 언어교육을 위해서는 추상의 사다리를 잘 이용할 줄 알아야 한다고 풀이하였다.

유추는 연상작용(聯想作用)을 기반으로 하며 때로는 형태의 통일을 가져오기도 하여 언어변화의 중요한 틀로 작용하고, 말을 만들어가는 조어 규칙 형성에도 중요한 작용을 한다.

㉓ 추상의 사다리

——〉〉〉〉————〉〉〉—————〉〉————〉

(검은 소)　　(소)　　(동물)　(생물)

——〈〈〈——————〈〈—————〈——

(1도)　　(2도)　　(3도)　(4도)

〈단어 형성 규칙〉

① 어근 + -이: 얼큰이/엉뚱이/언챙이/올챙이/뺀돌이/코쟁이/얼룩이/부엉이/기러기

② 어근 + -음: 처음/이름/춤/가심/떰

③ 어근 + - 기: 읽기/쓰기/듣기/말하기/서기/보기/달리기

④ 어근 + - 다: 먹다/입다/보다/자다/걷다/ 뛰다/달리다/쓰다…… (동사의 생성)

⑤ 지명 + -주/군/현: 충주-상주/화성군-원성군/김천현-동복현…… (행정 지명)

⑥ 본동사 + - 보다: 먹어보다/입어보다/자보다/차보다/읽어보다/나누어보다

사람이 무엇인가를 알아차린다 함은 언어적인 조건화보다는 시각적인 조건화에 의존하는 경향이 강함을 알 수가 있다(Brooks). 이른바 양식 의존적(modality-specific) 시각 정보가 가장 두드러진 전달 효과를 갖는다는 것이다.

따라서 보다 생산적인 의사소통의 창조성을 위해서라면 시각적인 효과를 가져올 수 있는 표현을 통하여 직접적인 자극을 주어야 할 것으로 보인다. 이른바 상상형 표상을 명제형 표현보다 자주 훈련함으로써

언어교육의 효과를 기대할 수 있다.

3) 가정과 연상

말이란 기본적으로 사회적인 약속이며 체계적인 하나의 가정이다. 하나의 낱말이 하나의 사물이나 사실을 가리킨다는 가정이다. 그러나 실제로는 그렇지 않다. 음운의 경우, 성대를 울리며 나는 소리를 끊어 자음과 모음으로 인식할 수 있다는 가정에서 음운론이 출발한다.

'사랑'이라는 소리는 발음을 하는 이마다 소리의 색깔이나 높낮이가 다를 수 있다. 그러나 우리는 사랑(sarang)이란 같은 소리로 받아들인다. 이렇게 우리는 소리를 하나의 약속으로 가정해놓고 수많은 가상-가정의 상황이나 시공을 우리의 삶에 맞추어 만들어간다.

전자정보시대를 살면서 대표적인 가상-가정의 공간은 다름 아닌 사이버(cyber)의 세계다. 마치 실재하는 공간으로 보고 그 안에서 친구를 사귀고 사기를 당하고 울고 웃기도 한다. 이른바 네티즌들은 옛날로 말하자면 모두가 도깨비들의 행진이 되는 셈이다.

이르자면 오늘날의 정보산업이라 하는 일체의 행위나 결과물들은 가상공간에서 이루어지는 가정의 산물들이다. 무엇인가를 가상-가정하여 놓고 이에 대한 객관적인 논거를 댈 수 있어야 정당한 결론이라고 한다. 러셀(Russell)의 글을 글쓰기의 전범으로 드는 예가 있는데 이 또한 주제와 가설 검증과 결론을 바탕으로 하고 있음을 볼 수 있다.

이러한 가상-가정의 의미와 정서들을 언어적으로는 어떤 형태와 모양으로 전개하는가.

㉔ 가정(假定)의 표현

① 형태 가정

오늘 저녁 청소년 축구팀이 이기겠지.(-겠-)

내일 우리 악회에 갈 것이다.(-ㄹ 것이다)

나는 너를 믿는다.(-는-)

② 통사 표현

만일 우리의 조국이 통일되면, 우리의 할 일은 무엇인가.(-면, -) (구속)

네가 반대를 하더라도 나는 간다.(-더라도, -) (방임)

네가 그를 만난들 무슨 방법이 있겠는가.(-은들, -) (방임)

날씨가 바람이 불지라도 위는 떠난다.(-을지라도, -) (방임)

③ 새로운 시공의 가정

문학 공간(천로역정)/공상과학(사이버 시공)/종교(믿음 - '믿-'〈地〉 또 다른 공간의 설정: 저승/극락/천국)

④ 글짓기-말하기에서의 교수-학습

가상 시간과 공간의 설정 구성(가상 인물-사건-배경) 친구의 이야기를 번안/옛날이야기를 번안/모둠별로 말하기 등

여기서 믿음이나 바람 같은 정신적이고 주관적인 가치 표현들은 종교적 상상력의 원천이고 여기서 만들어지는 공간들이 죽음 뒤에 있다고 믿는 가정의 공간과 시간이 된다.

기본적으로 가정이란 심리적인 연상(聯想)의 한 양태라고 볼 수 있다. 우리말 교육에서 가장 큰 화두는 창의적인 언어사용 기능을 키워주는 작업이다. 다음의 낱말을 중심으로 하는 형태소 단위부터 그 활동의 범주를 들어보도록 한다.

㉕

① 마인드 맵

중심 의미와 주변 의미 사이의 연결고리 찾기-이미지 부여하기/생각 짜내기

② 단어족 만들기

형태-의미 유연성 중심

③ 형태의 변형과 합성

④ 어휘 연상(집중과 분산) '행복' 하면 떠오르는 단어의 우선순위(나이-성별-건강

변인)

4. 언어의 문화투영과 통합기능

머리글에서 우리는 말소리의 지시기능과 정서적인 기능에 대하여 알아보았다. 언어를 문화의 기호로 보고 이를 통한 문화의 창조를 역사와 사회라고 한다면, 언어는 문화공동체요 민족공동체의 거멀못이 된다. 이르자면 언어공동체의 기반은 문화이며 민족의 정신세계가 담겨 있다고 볼 수 있다.

시대를 거슬러 오를수록 신(神) 중심의 제의문화적인 형태가 중심을 이룬다. 차츰 뒤로 오면서 종교와 정치가 분리되고 인간 중심의 문화가 되지만 겨레의 문화유산이라 할 말 속에는 화석처럼 남아 있어 문화생성의 생명력을 불어넣는다. 말하자면 문화 콘텐츠의 원동력이 될 수 있다고 본다. 문화란 삶의 양식의 결정체이기 때문에 문화가 담긴 말 속에는 앞서 이른 언어의 지시기능과 정서적인 기능의 가능성을 모두 안고 있다.

이러한 가능성을 보여주는 말이 오늘날 감사하다는 내용의 '고맙다'라고 할 수 있다.

이제 그 형태 분석을 통한 가능성을 살펴보도록 한다.

㉖ '고맙다' 와 어머니

① 형태 분석

고맙다: 고마(熊津고마ᄂᆞᄅᆞ(용비어천가)) + -ㅂ다(如)〉고맙다(당신의 은혜가 단군의 어머니 웅녀와 같다⟶당신의 은혜가 조상신의 은혜와 같다⟶당신의 은혜가 나의 어머니와 같다

② 고마(곰)와 어머니

· 고마欽 고마敬 고마虔(신증유합)(고마-경건한 대상)

· 소리의 변화: g 〉h 〉Φ 곰(고마)-호마(오마)-오마(옴)

· 어머니의 방언

- 오마-오매-오메-옴마-암마-어무이-어머이-엄마-어매-오마니-어망-으망
- 곰실곰실(굼실굼실)-홈칠홈칠(훔칠훔칠)-옴찔옴찔(움찔움찔)
- 곰 파다-홈 파다-옴 파다/곰패다-홈패다-옴패다
- 구물구물(고물고물)-후물후물(호물호물)-우물우물(오물오물)

사람은 살다 가도 그의 이름과 역사 기록은 남아 전하듯이 선인들이 살아가는 동안 쓰면서 문화를 일구었던 문화기호인 언어 속에는 건국신화와 정신세계가 담겨 있음을 알았다. 오늘날 어머니의 기원이 단군신화에 나오는 단군의 어머니인 웅녀일 가능성에 대하여도 알아보았다.

우리말 교육을 통한 영재교육을 함에 있어 이러한 언어의 문화론적 접근을 지향해야 할 하나의 가치로 봄이 온당하다고 본다. 교수-학습에서 유념해야 할 몇 가지 방향에 대하여 알아보도록 한다.

㉗ 언어교육의 문화론적 교수-학습

① (전승문화의 새로운 인식) 신화-전설-마을 유래/집안의 내력〉이미지 그리기와 글짓기

② 어휘 연상 훈련〉 속담 익히기와 패러디/금기어 찾기와 이야기 만들기/짧은 글짓기

③ 장르 바꾸기: 신화-전설-마을 유래

④ 열학 놀이: 발달 심리적 접근

이상의 언어의 문화론적 접근을 통해 언어기호가 갖는 문화적 특성을 이해하고 언어의 서술 · 지시적 기능과 정서 · 표현적인 기능을 함께 아우르는 한편, 전인적인 언어의 통합교육을 향해 발돋움할 수 있는 가능성을 크게 확대 심화해 나갈 수 있다고 본다.

참고문헌

머리(1994). 언어심리학, 정길정 역, 한국문화사.

정호완(1991). 우리말의 상상력 1-2, 정신세계사.

———(2004). 국어교육학의 얼개, 중문.

조명한(1984). 한국아동의 언어획득 연구, 서울대출판부.

최재서(1960). 문학원론, 춘조사.